ŒUVRES
DE
CHATEAUBRIAND

Polémique

TOME DIX-HUITIÈME

PARIS
DUFOUR, MULAT ET BOULANGER, LIBRAIRES-ÉDITEURS
6, RUE DE BEAUNE, PRÈS LE PONT-ROYAL
(Ancien hôtel de Nesle)

MDCCCLVIII

ID# ŒUVRES

DE

CHATEAUBRIAND

TOME XVIII

LORD BYRON

ŒUVRES

DE

CHATEAUBRIAND

Polémique

TOME DIX-HUITIÈME

PARIS

DUFOUR, MULAT ET BOULANGER, ÉDITEURS

6, RUE DE BEAUNE, PRÈS LE PONT-ROYAL

(Ancien hôtel de Nesle)

M DCCC LVIII

POLÉMIQUE

PRÉFACE

1827

Je n'ai pas recueilli, dans ce volume, tout ce que j'ai publié sur les affaires du temps, depuis 1818 jusqu'à 1827; j'ai fait un choix : des écrits éphémères n'ont d'intérêt que celui même du moment. Qui pourrait relire des réflexions sur un ancien budget, ou des raisonnements sur une vieille nouvelle?

J'ai fait disparaître aussi de ces feuilles d'un jour les attaques trop personnelles que justifiaient et motivaient les circonstances : toutefois, une composition *polémique* a dû garder le caractère indiqué par son propre nom.

On pourra remarquer peut-être, dans la variété infinie des sujets que j'ai traités, ma fidélité à mes principes : la religion, le roi, la Charte et les honnêtes gens, voilà le texte dont je ne me suis jamais écarté, et que j'ai commenté de mille manières.

Mais deux époques bien différentes divisent naturellement ces deux productions successives de neuf années.

A la première époque, après les Cent-Jours, je faisais l'éducation constitutionnelle des royalistes; je combattais la faction buonapartiste, qui cherchait à réveiller la faction révolutionnaire, et j'essayais d'arrêter les gouvernements sur la pente démocratique où ils s'étaient placés.

A la seconde époque, les positions étaient changées : les buonapartistes et les révolutionnaires n'existaient plus ; les royalistes avaient obtenu la victoire par la Charte, mais beaucoup d'hommes que j'avais ralliés aux libertés légales les avaient trahies. Mon public, sous le rapport constitutionnel, n'était plus le même ; on avait passé d'une extrémité à l'autre, et j'étais obligé d'avertir les gouvernements des dangers de l'*absolutisme*, après les avoir prémunis contre l'entraînement populaire.

Ces faits sont exacts, et prouvent que je suis resté immobile dans ce qui m'a paru le juste milieu politique.

Accoutumé à respecter mes lecteurs, je ne leur ai jamais livré une seule ligne que je n'aie écrit cette ligne avec tout le soin dont je suis capable. Sans ce témoignage que je me rends de la conscience et de la bonne foi de mon travail, je n'aurais pas réimprimé mes opuscules polémiques : il y a tel de ces opuscules qui m'a coûté plus de temps et de peine, proportion gardée, que les plus longs ouvrages sortis de ma plume.

POLÉMIQUE

Paris, ce 22 octobre 1818.

Lorsque Buonaparte eut disparu, il resta de sa tyrannie des institutions fortes et un peuple obéissant. Avec ces deux éléments on pouvait tout créer, la liberté comme l'esclavage : si l'on sentait le poids du second, on se rappelait les malheurs qu'avait coûtés la première ; peut-être désirait-on moins la liberté que la fin de l'oppression.

Les Bourbons furent et parurent des libérateurs. Quelques grands criminels les virent arriver avec remords ; tous les Français les reçurent comme l'espérance.

Le roi était maître de donner à la France tel gouvernement qu'il eût voulu : tout était possible alors, excepté le rétablissement de l'ancien régime, dont les éléments n'existaient plus. Nul doute que la constitution même de l'*empire* eût paru bonne avec les Bourbons. La magnanimité de Louis XVIII aima mieux briser nos chaînes que les consacrer.

Le roi, remonté sur son trône, délégua l'administration de son pouvoir. Ceux qui s'en trouvèrent chargés firent des fautes de plusieurs sortes : les unes par rapport aux hommes, les autres relativement aux institutions. On aurait dû licencier l'armée : si l'on eût pris ce parti, Buonaparte n'aurait pas fait vingt lieues en France après son débarquement à Cannes. Conserver la presque totalité des administrateurs impériaux, ce fut une autre erreur capitale.

Quant aux institutions, la commission nommée pour rédiger les articles de la Charte ne constitua pas assez fortement la chambre des pairs : les priviléges et les substitutions manquant à cette chambre, elle se trouva trop rapprochée du caractère d'une Chambre des députés. Par une méprise opposée, en resserrant le nombre des députés et fixant l'âge de l'élection à quarante ans, on donna à la Chambre des députés quelque chose de la constitution d'une Chambre des pairs. Sans soldats formés pour elle, la couronne resta isolée entre les deux autres pouvoirs que le temps n'avait point consolidés : Buonaparte n'eut qu'à étendre la main pour la reprendre.

Après le 20 mars toutes les fautes étaient connues, tous les masques tombés : on savait que faire et qui choisir.

On parut d'abord vouloir prendre la vraie route : on parla de substitutions pour la Chambre des pairs ; on changea provisoirement l'âge et le nombre des députés : on se proposa de réviser d'autres articles de la Charte.

On écarta beaucoup d'administrateurs ; on en écarta trop. Le bon sens prescrivait de ne pas confier les hautes places à ceux qui venaient de donner des preuves récentes de leur infidélité ; mais il fallait épargner les subalternes : le contraire eut lieu. On ménagea les grands, on frappa les petits, ce qui était se donner à la fois l'air de la peur et de la vengeance : c'était faire beaucoup de mécontents et quelques ingrats. La justice doit voir sous son bandeau ; ce bandeau doit la rendre impartiale, non aveugle.

La Chambre de 1815 fut convoquée. Jamais la Providence n'avait tant fait pour le salut d'un royaume. Après trente années de malheurs, paraissait enfin une assemblée qui voulait mettre la religion dans la morale, la morale dans les lois, la force dans le trône, la liberté chez le peuple, la justice partout. Et, ce qu'il y a de remarquable, les membres de cette assemblée, qui avaient suivi différents chemins, se rencontraient au même but : ils voulaient le bien, ou par le souvenir de leurs maux, ou par celui de leurs fautes. Ceux que la fortune avait enrichis, ceux qu'elle avait dépouillés, venaient, en s'embrassant au pied du trône, lui offrir le sacrifice de ce qu'ils avaient acquis ou perdu. C'est encore faire un noble présent que donner ce qu'on nous a ravi : beaucoup d'hommes protestent contre leurs malheurs ; il y en a peu qui les ratifient.

Les ministres pouvaient conduire une telle assemblée avec un fil, la faire marcher avec un mot : ils aimèrent mieux la combattre. Quelques phrases sur la religion, un cri d'honneur, un *vive le roi!* leur assuraient une majorité puissante : ils préférèrent se jeter dans la minorité. De pitoyables raisons d'amour-propre causèrent ce malheur : les intérêts de la vanité furent préférés à ceux de la patrie.

Comme la minorité ne décrète pas des lois, le résultat nécessaire du parti que l'on avait embrassé fut la dissolution de la Chambre ; comme on n'avait rien fait en cassant cette Chambre si l'on n'obtenait une majorité, il fallut employer pour l'acquérir toute espèce de moyens : comme une majorité ne pouvait être prise parmi les hommes qui composaient la première, on dut la chercher ailleurs. On rétablit l'âge et le nombre des députés fixés par la Charte. Le premier ministère avait cru qu'une assemblée réduite en nombre, augmentée en âge, était facile à conduire : c'était oublier que la majorité est flottante dans une Chambre peu nombreuse, surtout lorsqu'un cinquième de cette Chambre se renouvelle tous les ans : c'était oublier que l'âge de quarante ans est l'âge de l'ambition et des passions politiques.

Alors un grand scandale fut donné : des commissaires partirent pour les départements, avec mission de faire nommer ou de faire rejeter les candidats désignés. Des ministres écrivirent des circulaires dans le même esprit, des préfets osèrent eux-mêmes en répandre dans leurs propres et privés noms. Les candidats exclus étaient des hommes tels que MM. de Kergorlay, de Bonald, de Villèle, de Corbière, etc. Partout on voyait voter les hommes qui avaient proscrit les Bourbons pendant les Cent-Jours; partout se présentèrent d'anciens agents de police qui, durant vingt ans, avaient fait fusiller les serviteurs du roi. Les individus mis en surveillance par mesure de haute police, en raison de leur conduite après le 20 mars, furent relâchés, afin qu'ils pussent se rendre à leurs collèges électoraux : on vit accourir jusqu'à un homme accusé d'avoir été juré dans le procès de la reine. Voilà ce que les *correspondances privées* ont présenté à l'Europe comme des élections libres, manifestant le vœu de l'opinion du peuple français ! Je ne dis pas tout ; des choses que l'on croit cachées me sont connues : j'ai entre les mains un volume de faits *prouvés* qui serviront à l'histoire.

La double conséquence de tout ceci fut de se jeter dans les bras de ceux qu'on avait appelés, et de calomnier ceux qu'on avait exclus; il fallait et récompenser des hommes dont on s'était servi, et justifier les mesures qu'on avait prises.

On rappela donc aux places les hommes des Cent-Jours, d'où l'on chassa les royalistes. Quiconque dans l'administration avait fait quelques remontrances contre les nouvelles mesures, ou refusé de les favoriser, fut destitué : ainsi tombèrent tour à tour les préfets de Gap, de Carcassonne, de Montpellier, de Nîmes, de Mende, de Clermont, de Moulins, de Bourges, de Niort, de Périgueux, de Laval, du Morbihan, de Rouen, de Tours, d'Amiens, de Bar-le-Duc, et tant d'autres royalistes dans les plus petites comme dans les plus grandes places. La chose en est venue au point que, lorsqu'on veut réussir dans une demande, il faut cacher soigneusement ce qu'on a fait pour le trône.

Ce n'était pas tout de repousser en France les royalistes, il fallait les calomnier et les perdre en Europe. Alors commencent ces *correspondances privées*, où les injures les plus grossières font place aux plus atroces accusations, moyen de diffamation inconnu même à Buonaparte. Buonaparte tuait ceux qu'il estimait ; il mettait du prix à la pureté de la victime : quand il a déshonoré quelqu'un, c'est moins par sa haine que par sa faveur.

Les concessions faites aux hommes amenèrent les concessions aux principes. Les hommes devenus l'appui du ministère avaient leurs systèmes : il fallut suivre en partie ces systèmes, ou courir la chance de se voir abandonné. De là les lois démocratiques des élections et du recrutement ; de là les ordonnances qui en sont dérivées ; de là les entraves que l'on a mises au concordat. L'esprit a suivi l'homme, l'opinion est sortie de la chose : mille brochures, où les principes de la monarchie légitime sont attaqués, paraissent chaque jour ; mille libelles contre la religion, les prêtres et les nobles, sont donnés quand ils ne sont pas vendus : tout cela doit être. Si un parti dangereux inquiète aujourd'hui les ministres, qu'ils ne s'en prennent qu'à eux-mêmes ; ce sont eux qui l'ont ranimé au moment où il allait s'éteindre : ils l'ont appelé pour leur puissance : Dieu veuille que ce ne soit pas pour leur malheur !

C'est dans cette position que la France recouvre enfin sa dignité et son indépendance [1]. C'est un de ces moments qui font la destinée des empires : un ministre qui ne le sentirait pas ferait mieux d'aller cultiver son héritage que de labourer le champ du public.

Trois opinions divisent aujourd'hui la France : celle qui s'attache au pouvoir se compose des hommes qui ont ou qui attendent des places : il faut y joindre les égoïstes qui ne se soucient de rien, les faibles qui ont peur de tout, et ces hommes errant de maîtres en maîtres, de principes en principes, qui applaudirent à l'ordonnance du 13 juillet, qui bénirent celle du 5 septembre, porteurs de toutes les livrées, approbateurs de tous les systèmes, qui s'effrayent de penser, qui n'ont pas même l'honneur d'une mauvaise opinion.

Ajoutez une portion considérable de ministériels éclairés, pleins d'honneur, de probité, de talents, qui voient le mal comme nous, et qui, se défiant trop de leurs lumières, craignent de prendre une résolution. Ces hommes offrent un espoir à la France : le jour où ils passeront aux royalistes, dont ils sont tout près par les sentiments, ils rendront le plus grand service à leur pays.

C'est avec ce contre-poids que les ministres actuels veulent tenir la balance égale entre les indépendants et les royalistes. Ce jeu de bascule, qu'on ne peut jouer longtemps dans un gouvernement représentatif, est près de finir. Les opinions vont retrouver leur indépendance avec celle de la patrie : ce ne sera plus par des intrigues qu'on parviendra à les tenir en équilibre.

Les royalistes font la grande division de la France : la tête de la société et le corps du peuple sont évidemment royalistes. Les royalistes vont se classer : par une imprudence insigne, on les a jetés dans l'opposition. Cette

---

[1] La retraite des alliés.

opposition, qui n'existe pas encore hors des chambres, se formera, parce qu'elle dérive, comme le crédit, de la nature du gouvernement constitutionnel.

Les royalistes, bien que plus nombreux que leurs adversaires, ont, jusqu'à présent, paru plus faibles, faute d'oser parler et d'avoir un organe. Ils mettaient toujours leurs espérances dans quelque chose de vague, d'indéfinissable : l'opposition faisait peur à leurs vertus. Je les ai ouïs souvent s'écrier : « Comment faire telle chose? comment prendre tel parti? Écrire, parler, se montrer, est si peu dans nos mœurs, dans nos convenances! »

Erreur que tout cela : nous sommes dans l'empire de la Charte; nos devoirs sont changés. Jadis on pouvait être beaucoup par sa position ; maintenant on n'est quelque chose que par soi-même : jadis on voulait des titres; maintenant on demande des talents : nouvelle espèce de noblesse qui s'étend dans l'avenir, comme l'ancienne dans le passé; celle-là compte les aïeux, celle-ci, la postérité.

Le refuge des royalistes est donc maintenant dans une opinion. Ils se défendront d'un bout de la France à l'autre par l'uniformité des sentiments. S'ils éprouvent des injustices, leurs journaux en dehors, la minorité dans les deux chambres, élèveront la voix. On sera obligé de les ménager lorsqu'on les trouvera partout prêts à se faire entendre à l'opinion publique. On n'a pas voulu d'eux pour appui, ils sont forcés de se constituer opposition, afin de n'être pas écrasés. Bientôt nous serons étonnés de voir cette opposition croître et s'étendre. Elle brisera la petite digue de la censure; misérable obstacle qui prouve à quel point le ministère ignore le gouvernement représentatif.

Telle est la position des royalistes; celle des indépendants est bien connue. Le ministère est-il assez fort pour lutter seul avec ses créatures contre les opinions hostiles que lui-même a fait naître, contre les périls qu'il a placés jusque dans les fondements de la monarchie? Quel parti va-t-il prendre? Essayera-t-il de tenir la balance entre deux opinions, l'une son propre ouvrage, l'autre objet de sa haine? Qu'il ne s'y trompe pas, la position n'est plus ce qu'elle était : chaque opinion, devenue plus libre, va se prononcer plus fortement. Ce que nous avons comme loi, comme système administratif, n'est pas complet. Nous ne resterons pas où nous sommes; il faudra reculer ou avancer : ou nous achèverons de nous précipiter dans la partie démocratique de la Charte, ou nous remonterons du côté monarchique.

Le ministère se flatterait-il d'amener l'opinion indépendante à une soumission passive, en lui donnant les places, les honneurs, les richesses? Buonaparte l'a fait.

Mais le ministère est-il Buonaparte, et oublie-t-il la nature de nos institutions? Pour gouverner despotiquement, il faut que la constitution soit despotique : sans quoi il y a un côté par où l'arbitraire s'enfuit.

Sous l'usurpateur il n'y avait pas de Charte ; il n'existait point d'institutions qui pussent reproduire l'esprit de contention. Il suffisait de gagner quelques hommes pour détruire l'opinion de tout un parti. Transformez aujourd'hui les indépendants en ministériels, il en naîtra d'autres demain. La Charte amènera tôt ou tard ses conséquences, où il y aura révolution. Tôt ou tard nous aurons la liberté de la presse, tôt ou tard les lois d'exception seront rejetées : il s'élèvera dans la Chambre des députés des orateurs populaires, des hommes influents. Et croyez-vous qu'avec une tribune, des journaux non censurés, vous empêcherez les indépendants de renaître en les attachant au ministère ? Le jour où ils seront à vous, ils ne seront plus indépendants ; d'autres prendront leur place : vous croirez avoir conquis une opinion, vous n'aurez enchaîné que des hommes.

Si donc, après avoir travaillé en France et en Europe à perdre les plus fidèles serviteurs du roi ; après les avoir représentés, au moyen des *correspondances privées*, comme une race perverse et stupide, on avait conçu le projet de les écraser par les mains de ceux qui furent leurs premiers ennemis, voici qu'elles seraient les conséquences d'un projet d'ailleurs trop épouvantable pour y croire :

1° On ne s'attacherait point le parti démocratique par ce moyen, car ce parti renaîtra toujours de la nature libre de nos institutions : on satisferait ses passions, sans contenter sa politique ;

2° En anéantissant les royalistes, vous auriez appris à la terre que les vertus, les talents honorables, les sacrifices, la fidélité, peuvent être comptés pour rien. Les peuples profiteraient vite de cette leçon : au premier mouvement, ils ne manqueraient pas de la mettre en pratique contre les autorités mêmes qui l'auraient enseignée. Vous tomberiez dans une suite de révolutions : l'injustice est un sable mouvant et stérile, où l'on ne fonde ni ne moissonne.

Quoi qu'il en soit des desseins du ministère, desseins que l'avenir nous apprendra, ce qui menace aujourd'hui le plus, c'est l'opinion que le ministère a flattée. Cette opinion nous fait pencher vers la démocratie ; elle ne demande aujourd'hui que des choses plus ou moins raisonnables, demain elle avancera d'un pas : de concession en concession elle aura bientôt dépouillé la prérogative royale.

Le ministère a quelquefois l'air de sentir le danger ; mais des flatteurs, mais des succès qui ne tiennent pas à lui, mais sa haine contre les royalistes, l'empêchent de revenir sur ses pas : quand il dort, il marche au précipice en rêvant ; quand il veille, il y court par amour-propre et par colère. Et pourtant il n'a pas un moment à perdre : les lois qu'il a voulues augmentent le danger. Chaque année, la loi des élections reproduit une lutte dangereuse et pénible ; chaque année, cette loi met en question les principes de la monarchie. N'aura-t-on jamais d'autre ressource contre le vice de cette loi que l'usage de l'arbitraire et de la corruption ? Faudra-t-il toujours soumettre les électeurs à des cartes, multiplier les patentes, faire voyager des commissaires, déplacer les administrateurs pour les envoyer aux colléges électoraux ? Laissez aller la loi toute seule, elle vous mène à la démocratie ; essayez de la retenir, vous ne pouvez l'arrêter que par des moyens illicites. Un seul moment de relâche, le mal est sans remède : une majorité démocratique arrivée, il y a révolution. Ainsi, notre destinée tient à une distraction des ministres ; et s'ils n'ont pas cette distraction, notre existence monarchique est fondée sur une corruption. Telle est cette loi, qu'elle vous place entre une révolution inévitable et une prévarication forcée : pour soutenir le trône, il faut violer la loi ; pour accomplir la loi, il faut exposer le trône.

Que si l'on dit que telle est la position de l'Angleterre, l'assertion est fausse. En Angleterre, la corruption des élections ne s'étend qu'aux hommes ; la loi est saine, car elle ne fait entrer dans la chambre des communes que la propriété. Peu importe alors à la monarchie que de riches candidats achètent des suffrages : le choix peut nuire à l'existence du ministère, jamais à celle de l'État.

La démocratie est au fond de la loi de recrutement comme au fond de la loi des élections. L'ordonnance qui l'a suivie a augmenté le mal, puisqu'en vertu de cette ordonnance on pourrait désorganiser à la fois toute la garde royale. Ici le ministère lutte encore contre la démocratie ; c'est encore lui qui a établi cette nouvelle lutte : il aime à se créer des obstacles.

Enfin l'ordonnance sur la garde nationale achève de démocratiser nos institutions [1].

Tandis que l'interprétation littérale d'une ordonnance pouvait offrir un moyen de déplacer à volonté les officiers de la garde royale, une autre ordonnance, par une coïncidence singulière, allait atteindre les officiers de la garde nationale : de sorte qu'on aurait pu voir briser à la fois tous les appuis et tous les instruments de la restauration.

Est-ce une chose sage, dans les temps où nous vivons, d'ôter au trône l'avantage qu'il retirait d'une correspondance plus intime entre l'héritier du trône et les sujets de ce trône ? La monarchie légitime est-elle depuis si longtemps relevée qu'il soit politique de couper brusquement les relations de bienveillance par lesquelles nos princes communiquaient avec les Français !

Au moment où notre armée n'est pas encore créée, était-il bon de bou-

---

[1]. Elle ôtait à Monsieur, aujourd'hui le roi, le commandement de la garde nationale.

leverser la garde nationale? N'eût-il pas été meilleur de laisser l'organisation actuelle tomber par un mouvement insensible? L'armée se serait formée tandis que la garde nationale se fût dissoute ; et, de même que les soldats auraient eu le temps de s'assembler sur nos remparts pendant le service des citoyens, ceux-ci, à leur tour, seraient rentrés dans leurs foyers sous la protection des soldats.

On peut douter que l'institution d'une garde nationale permanente soit une chose bonne en principe. Mais une fois l'existence de cette garde admise, n'est-il pas évident que son organisation ne saurait être trop monarchique, par la raison même que son principe est républicain? La démocratiser, c'est abonder dans ses défauts.

Une chose fait illusion : un État se soutient, il semble même prospérer au milieu des principes qui peuvent le perdre. On rit des prophètes ; on attribue à la faiblesse de leurs cerveaux, aux intérêts de leurs passions, ce qu'ils disent dans la simplicité de leur cœur, dans l'amour de leur patrie. On triomphe aujourd'hui : La France, s'écrie-t-on, est florissante et tranquille ; les fonds montent, la dette se paye, les alliés se retirent : si l'on eût suivi vos idées, serions-nous dans cet état de prospérité?

Que les parents et les serviteurs des ministres raisonnent ainsi, rien de plus naturel. Les admirations de famille et les affections domestiques ne sont point défendues par la Charte : c'est un bien léger dédommagement des soucis qui environnent un homme d'État. Mais quand on n'appartient ni au foyer ni à l'antichambre, on voit les choses autrement.

Il y a dans un pays comme le nôtre une vigueur qui ne dépend point des hommes : la France vit d'elle-même, et, pour ainsi dire, de son propre tempérament. Le cercle de ses années est pour elle un cercle de richesses naturelles. Rien ne peut empêcher nos blés de mûrir, nos vins et nos huiles de couler, pas même le ministère. Ainsi, d'abord, on ne peut rien attribuer de nos prospérités natives à la bonté du système qu'on a suivi. Hélas! nous avons vu le plus beau soleil se lever et se coucher sur nos malheurs et sur nos crimes!

Rendons ensuite à nos institutions la portion de nos succès qui appartient à ces institutions mêmes : nous avons du crédit parce que nous avons un gouvernement représentatif, que notre dette n'excède pas nos forces, que nos fonds n'ont pas encore atteint le niveau des autres fonds de l'Europe. Quand il se fût trouvé quelques royalistes parmi les ministres, les conseillers d'État, les préfets, les sous-préfets, cela n'eût pas empêché la rente de monter et l'année d'être abondante.

Les étrangers quitte la France. Je reconnais ici l'œuvre de la sagesse du roi. Je fais aussi la part à la modération des princes alliés. Je paye à notre auguste monarque, pour ce nouveau bienfait, un nouveau tribut d'amour et de reconnaissance. Cela fait, il faut bien, sous peine d'ineptie, que je voie dans l'évacuation de notre territoire quelque chose qui tient aussi à la position de la France et aux relations politiques de l'Europe. Tenir longtemps garnison chez un peuple belliqueux, chez un peuple encore tout près de ses triomphes, chez une nation de vingt-six millions d'hommes, dont la population militaire s'est accrue par trois années de paix, était-ce une chose facile? De plus, les intérêts des différentes cours, qui, réunies dans un danger commun, reprennent dans la paix leurs divisions naturelles, n'étaient-ils pas encore un obstacle à une occupation prolongée dans un même but, et, pour ainsi dire, sous un même drapeau?

Voilà donc trois choses heureuses sur lesquelles le système qu'on a suivi n'a rien à réclamer : nos moissons, notre crédit et la délivrance de notre territoire. Reste à examiner la tranquillité de la France.

D'abord cette tranquillité a été troublée : sans les services inappréciables des généraux Donadieu et Canuel, nous aurions vu renaître de grands malheurs. Mais je veux bien convenir que les insurrections de Grenoble et de Lyon étaient comme un reste de la coupable folie des Cent-Jours : ce dernier mouvement ayant été contenu, il est peu probable qu'on le voie renaître. J'admets que tout est calme, et j'ajouterai, à la grande satisfaction des admirateurs éclairés du système ministériel, que rien ne remuera en France.

La lassitude est partout; chacun soupire après le repos : les uns veulent du moins profiter des restes de leur vie; les autres, commençant cette vie, ne partagent ni nos haines ni nos amours. Les générations se succèdent chaque jour en silence; et celles qui naissent et celles qui meurent ramènent incessamment dans le monde le calme de l'enfance et des tombeaux. On croit qu'on a toujours affaire aux mêmes hommes, et par le fait on agit sur une société nouvelle.

En outre, il y a chez les vieux peuples un progrès réel de civilisation qui rend les mouvements populaires et moins fréquents, et plus faciles à apaiser. La machine de la société est assez connue, même du vulgaire, pour que tout aille tellement quellement, malgré les fautes. Un village aujourd'hui se conduit seul, une administration marche, bien que le chef soit absent ou incapable. Le défrichement des forêts, la multitude des grands chemins, les communications entretenues par le commerce et l'imprimerie, font régner une sorte de police naturelle qui maintient l'ordre à la surface de la société. D'une autre part, le morcellement des propriétés, l'abolition des ordres de l'État, ont fait disparaître les grandes tentations de la cupidité et de l'envie. Il n'y a plus dans les mœurs du peuple de fanatisme : à peine avons-nous des passions. La foule végète en paix, sûre d'être toujours ce qu'elle est, quoi qu'il arrive : elle a assisté à tant de spectacles, qu'elle est indifférente à tout. Cela prouve-t-il qu'une révolution est impossible? loin de là, cela prouve qu'il suffirait de quelques hommes pour accomplir une révolution; cela prouve la vérité de ce que j'ai avancé dans *la Monarchie selon la Charte :* « Par l'établissement du système, disais-je, les révolutionnaires espèrent que toutes les places se trouveront dans leurs mains au moment de la catastrophe. Les autorités diverses étant alors dans le même intérêt, le changement s'opérera d'un commun accord, sans résistance, sans coup férir. »

Le système que l'on a suivi n'est donc point la cause de la paix de la France; la France est tranquille, parce qu'elle ne peut être agitée. Ses révolutions futures, si elle doit en éprouver, ne s'accompliront point dans le trouble, mais dans le repos : *Suscepere duo manipulares imperium... transferendum, et transtulerunt.*

Conclusion : Je ne vois rien d'heureux qu'on puisse attribuer au système des ministres, et je vois parfaitement ce que ce système a de désastreux. Il ne fonde point la royauté, il ne tend point à rétablir les bases morales et religieuses; il est si peu monarchique, dans le sens du gouvernement *de droit,* qu'il conviendrait également au gouvernement *de fait,* et que celui-ci pourrait l'adopter sans y rien changer. Je cherche en vain dans ces combinaisons les intérêts de la monarchie légitime.

En voulant être despotique par les théories et les hommes démocratiques, le ministère court risque d'être entraîné malgré ses efforts. Y a-t-il quelque moyen d'éviter ce danger? Un bien simple, et le plus facile du monde : favoriser la religion, reviser les lois dangereuses, se rapprocher des principes et des hommes monarchiques : une fois dans cette route, la monarchie de saint Louis peut encore marcher huit cents ans.

Paris, 29 octobre 1818.

Les élections sont à peu près terminées : elles sont ce qu'elles doivent être dans l'esprit de la loi. La loi est démocratique; il est naturel qu'elle amène des hommes dans le sens du pouvoir où elle incline : c'est l'arbre qui produit son fruit. Cet arbre sera d'autant plus productif que le ministère s'efforce d'élaguer les rameaux vigoureux qui pourraient en absorber la séve, c'est-à-dire, pour parler sans figure, que le ministère met toute sa science à s'opposer à la nomination des royalistes, d'où il résulte que l'action de la loi n'éprouve aucune résistance.

En dépit de son expérience, le ministère continuera-t-il de croire qu'il y a en France un parti mixte, capable de tenir l'équilibre entre les deux opinions réelles, l'opinion royaliste et l'opinion indépendante? L'opinion ministérielle n'est qu'une pure négative, une absence de volonté : or, il n'y a point de puissance dans le néant.

Si les députés sortants, remplacés par des indépendants, étaient des membres de l'opposition de droite, on pourrait dire que les ministres, désespérant de faire passer des ministériels, ont favorisé les élections des indépendants, dans la crainte de voir nommer les royalistes ; il y aurait de l'apparence à ce raisonnement. Mais le ministère n'a pas même cette consolation ; il ne peut pas dire qu'il a voulu ce qui arrive, car ce sont des candidats ministériels qui ont été culbutés, des présidents de colléges électoraux qui ont péri sur leur chaire curule ; c'est, en un mot, la fleur de l'armée qui s'est ensevelie au champ d'honneur. On va jusqu'à dire que le président du collége où M. Manuel a été nommé n'a obtenu que huit voix. Les ministres ne peuvent donc pas nier leur défaite ; ils vont bientôt voir revenir leurs blessés ; ils les panseront avec des places.

Il est vrai que le ministère, battu sur un point, dira qu'il a vaincu sur un autre. En effet, quelques membres de l'opposition de droite n'ont pas été réélus ; mais ils sont en petit nombre, et quelques-uns d'entre eux n'ont pas été remplacés par des ministériels, mais encore par des indépendants. Le côté droit a perdu, mais le côté gauche a gagné aux dépens de la majorité ministérielle.

Si les royalistes, plus nombreux que les indépendants, sont cependant moins forts dans une lutte contre le ministère, cela tient au caractère même et à la position des royalistes. Aucune ambition ne les conduit ; ils ne résistent que dans le cercle de la conscience et du devoir. S'ils s'aperçoivent que l'on ne veut pas d'eux, ils se retirent. Ils ne comprennent pas encore bien l'opposition où on les a jetés : quand on vient inconstitutionnellement leur présenter le nom du roi, ils inclinent la tête à ce nom sacré, et se laissent opprimer par le ministère. Ils semblent, depuis vingt-six ans, avoir si bien appris le rôle de victimes, qu'ils ne peuvent plus l'oublier.

Il faut faire observer encore que le ministère a montré dans ces dernières élections une opposition aux nominations royalistes bien plus prononcée qu'aux nominations indépendantes ; toutefois il est vrai de dire en général que le crédit ministériel, si puissant aux élections de 1816 et 1817, a bien perdu de son importance en 1818.

N'accusons cependant pas la docilité des préfets. Nous les avons vus en 1815 favoriser de tout leur pouvoir la nomination des royalistes : on en voulait alors, et la matière était abondante. Nous les avons vus en 1815 fureter dans tous les coins de leur département pour y trouver des ministériels ; il leur en fallait à tout prix : ils eurent le bonheur de s'en procurer. Comment n'ont-ils pas obtenu le même succès dans cette dernière campagne ?

Pour atténuer l'effet des élections, on se vante déjà d'être sûr du parti des indépendants. On dit : « Nous aurons facilement tels et tels : nous les achèterons. » Pour l'honneur des Français, je suppose qu'il n'y a personne à vendre ; mais enfin, sous la Charte, s'il était possible qu'il y eût un tarif pour les hommes, il est certain qu'il n'y en a pas pour les opinions.

Les ministres, dit-on d'autre part, sont déjà tout consolés des nombreux échecs qu'ils viennent d'éprouver, et, ne pouvant encore donner le nom de ministériels aux députés nouvellement élus, ils sont convenus de les appeler ministériels *inclinant vers l'indépendance* : le mot est joli.

Après tout, répètent les clients et les serviteurs, l'opposition de gauche ne se recrute que de quelques voix : elle ne changera pas la majorité. C'est une grande erreur que de fonder ses calculs dans une Chambre populaire sur le nombre absolu : un seul homme de talent peut faire ou défaire une majorité. D'ailleurs, encore un renouvellement de cinquième, et vous verrez le résultat de la loi.

On se demande si les ministres effrayés ne vont pas incliner à l'opposition royaliste, ou s'ils ne sacrifieront pas de nouveau à l'objet de leur peur. Dans l'espoir de s'attacher à l'opposition démocratique, lui accorderaient-ils la nouvelle loi démocratique ? s'imagineront-ils la gouverner parce qu'ils seront tout ce qu'elle voudra ? Comme Attale dans le camp de ses maîtres, se croiront-ils souverains parce que l'opinion dont ils porteraient le joug permettrait à leur servitude de traîner la pourpre ministérielle ?

A Dieu ne plaise que nous autres royalistes éprouvions aujourd'hui une satisfaction coupable à voir s'accomplir nos prédictions ! Que sont les triomphes de l'amour-propre auprès des dangers de la patrie ? Et ces dangers, ce n'est pas nous qui les imaginons ; il nous suffirait, pour y croire, de nous rappeler les efforts de toute espèce que firent les ministres l'année dernière, afin d'écarter de la tribune législative les mêmes hommes qui s'y trouvent portés aujourd'hui. Et cependant ces hommes avaient été appelés aux élections de 1816 ! Ainsi, on les voulait lorsqu'ils étaient faibles, on les repousse lorsqu'ils paraissent forts, tour à tour instruments des passions ou objets des frayeurs ministérielles. Que tout cela est à la fois pitoyable et funeste ! Quelle déplorable conception que cette loi, dont les auteurs semblent avoir ignoré les premiers principes de la monarchie !

Il est curieux de remarquer les mouvements qu'on se donne aujourd'hui auprès des royalistes : on se récrie sur le *scandale* des élections, on nous invite à tonner contre les indépendants. Mais en supposant que ces indépendants soient aussi dangereux qu'on le dit, de quel droit les ministériels viennent-ils se plaindre à nous des choix qui les alarment ? Où étaient les indépendants en 1815? On ignorait jusqu'à leurs noms. Qui les a créés? qui a fait revivre leur doctrine? qui a repoussé les hommes qui pouvaient les combattre, si ce n'est le ministère? Qu'ont donc fait les indépendants de plus que certains ministériels? M. Benjamin Constant n'a-t-il pas montré, l'année dernière, qu'il sied mal à de hauts personnages de rechercher la conduite que l'on a tenue pendant les Cent-Jours? Cette délicatesse du ministère au sujet des indépendants est au moins inconvenante : en s'élevant contre eux, ne craint-il pas de blesser quelques-uns de ses amis?

Quant à nous, nous l'avons dit et nous le répétons, la querelle des indépendants et des ministériels n'est pas la nôtre : ce ne sont pas les indépendants qui nous ont poursuivis et calomniés. Nous rejetons leurs principes ; mais ils se rencontrent avec nous dans plusieurs opinions constitutionnelles : ils viennent d'être justes et généreux sur l'affaire du général Canuel. Nous ne les craignons donc pas pour nous ; mais nous craignons leurs principes pour la France, et nous nous élevons contre la loi des élections, non pour des intérêts personnels, mais pour ceux du trône et de la monarchie.

La France est encore pleine de ressources : d'un mot on peut dissiper toutes ces apparences de danger. Ce qui paraît si fort n'est rien : qu'on ose attaquer le fantôme, et il s'évanouira. Mais c'est avec la religion, avec la liberté légale qu'il faut combattre : placez-vous dans la vraie monarchie constitutionnelle, et vous n'aurez rien à craindre des systèmes révolutionnaires. Vous avez devant vous la plaine ou le précipice, il faut marcher ou tomber : c'est à vous de choisir, et voilà tout.

Paris, 2 novembre 1818.

Je ne puis me taire sur ce qui arrive dans ce moment : cet événement ne se lie point au sujet que je viens de traiter ; mais il m'est en quelque sorte personnel, et l'on me permettra d'en parler ici.

M. le baron Canuel, M. le comte de Rieux-Songy, M. de Romilly et M. de Chauvigny-Blot, viennent d'être déchargés de toute accusation, et rendus à la liberté, en vertu d'un arrêt de la cour royale : on sait que MM. de Chappedelaine et de Joannis avaient déjà été acquittés. Ainsi se maintient l'ancienne et incorruptible équité de notre magistrature ! ainsi se manifeste toujours la courageuse indépendance du barreau français[1] ! ainsi s'évanouit la prétendue conspiration royaliste !

---

[1] *Voyez* les beaux Mémoires de MM. Berryer fils, Couture et Ducancel.

Je ne puis que féliciter les nobles victimes des dénonciations les plus folles comme les plus abominables. Je me regarde moi-même vengé par l'arrêt qui prononce leur innocence : mon nom, celui de quelques-uns de mes amis, n'ont-ils pas été outragés dans cette affaire déplorable? C'est M. de Larochejaquelein, digne de ses frères; c'est M. Berthier de Sauvigny, dont les services et les malheurs sont si connus dans les annales du royalisme ; c'est M. le duc de Fitz-James, resté sans tache au milieu de tant de bassesse ; c'est M. le marquis de Vibraye, un des naufragés de Calais; c'est M. le baron de Vitrolles, négociateur pour les Bourbons à Troyes, et prisonnier de Buonaparte pendant les Cent-Jours; c'est M. le marquis de Puyvert, enfermé dix ans dans les cachots de l'usurpateur; c'est M. Agier, défenseur des compagnons de Moreau, Georges et Pichegru, et qui, pendant les Cent-Jours, osa présenter une pétition à la Chambre des représentants pour le rappel des Bourbons; c'est moi-même enfin, et plusieurs autres ; c'est cette troupe de *conspirateurs* qui devait, avec les sauveurs de Lyon et de Grenoble, attenter à la liberté et peut-être à la vie du roi ! « Vous avez su, a dit le juge-instructeur à M. de Romilly, que MM. de Chateaubriand, de Fitz-James, de Vibraye, Berthier de Sauvigny, de Limayrac, de Vitrolles, de Berthier, La Poterie, Larochejaquelein, de Chauvigny-Blot, de Viomesnil, Roussiale, etc., étaient de la conspiration ; que les réunions avaient lieu chez MM. de Fitz-James, de Chateaubriand, de Vitrolles, et que ces différentes réunions correspondaient avec celles qui se tenaient chez le général Chappedelaine, et dont vous faisiez partie [1]. »

Ce même juge-instructeur a dit encore au général Canuel : « Vous connaissez M. de Chateaubriand; vous êtes allé chez lui tel jour; vous y êtes resté jusqu'à minuit : quelles étaient les personnes qui étaient chez lui? Qu'y a-t-on dit [2]? etc. » Que M. le juge d'instruction sache que tous les amis du roi peuvent entrer chez moi à toutes les heures du jour et de la nuit ; mais que tout ennemi du roi, lorsqu'il me sera connu, ne passera jamais le seuil de ma porte. Pendant quatre mois, la *correspondance privée* n'a cessé de nous représenter comme des traîtres, et elle a trouvé des hommes assez stupides pour croire à de pareilles abominations. Que va-t-elle dire aujourd'hui? Par quelle nouvelle imposture justifiera-t-elle son imposture? Est-ce donc notre tête que l'on voulait? car personne ne peut nous enlever l'honneur. La haine contre les royalistes s'est bien accrue : naguère on ne faisait encore que les amnistier pour avoir été fidèles : aujourd'hui aurait-on voulu leur faire subir la peine de ce crime? Est-ce notre

---

[1] *Voyez* la Défense du baron Canuel, etc., interrogatoire de M. de Romilly, 18 août.
[2] *Voyez* l'Interrogatoire du général Canuel.

sang que désirent ces dénonciateurs, ennemis de la légitimité? Mais quand avons-nous refusé de le verser pour notre roi? Heureux, ô vous, mon cousin et mon frère, immolés en accomplissant vos devoirs! Vous n'êtes point morts le cœur flétri, l'âme abreuvée de dégoût et d'amertume! Heureux les royalistes qui ont payé de leur vie leur attachement à leur souverain! Heureux, vous surtout, ô prince dont j'ai tant déploré la perte! Quand vous tombâtes à Vincennes, quand vous fûtes précipité encore à demi vivant dans la fosse creusée à vos pieds, quand on jeta des pierres sur votre poitrine pour étouffer votre dernier soupir, au moins vous ignorâtes le sort qui attendait vos compagnons d'armes; vous quittâtes la terre sans avoir été témoin de leur misère et de leur douleur. Et que sais-je! votre mort peut-être nous a épargné l'horreur de voir calomnier aussi le héros de Berstheim, le petit-fils du grand Condé!

Paris, le 17 novembre 1818.

Nous avons dans ce moment une nouvelle preuve de l'inutilité et même du danger de la censure. Il est merveilleux de lire dans nos gazettes des articles extraits des gazettes de Londres, et de n'y pas trouver les dernières nouvelles arrivées de Sainte-Hélène. A qui prétend-on les cacher? Les journaux anglais ne sont-ils pas dans tous nos cabinets de lecture? les ambassadeurs et une foule de particuliers ne les reçoivent-ils pas? n'arrivent-ils pas dans nos ports? Les gazettes de Belgique ne franchissent-elles pas nos frontières? Quelques heures après l'arrivée du courrier de Londres, la prétendue évasion de Buonaparte était connue de tous les porteurs d'eau et de toutes les servantes de Paris. Qu'en résulte-t-il donc de ces interdictions de la censure? Des fables monstrueuses, que la réalité dissiperait.

Jeté au milieu des mers où le Camoëns plaça le génie des tempêtes, Buonaparte ne peut se remuer sur son rocher sans que nous ne soyons avertis de son mouvement par une secousse. Un pas de cet homme à l'autre pôle se ferait sentir à celui-ci. Si la Providence déchaînait encore son fléau, si Buonaparte était libre aux États-Unis, ses regards, attachés sur l'Océan, suffiraient pour troubler les peuples de l'ancien monde : sa seule présence sur le rivage américain de l'Atlantique forcerait l'Europe à camper sur le rivage opposé.

Et toutefois cet homme formidable aurait depuis longtemps cessé de l'être pour nous, n'était le fatal système établi par les ministres. Mais si, comme avant le 20 mars, les partisans de l'usurpateur obtiennent seuls la confiance, occupent seuls les places; si des lois démocratiques ressuscitent la puissance et les passions populaires, c'est de nouveau paver le chemin à l'homme de malheurs. La tentative de son évasion est du mois de septembre; il était donc possible qu'il nous arrivât pour les élections et pour le recrutement : il aurait pu voter à son tour pour ceux qui ont voté pour sa dynastie, et avoir le plaisir d'entendre retentir son nom.

Paris, ce 30 novembre 1818.

Ce fut le 25 du mois d'août 1451 que Bayonne ouvrit ses portes à Charles VII, et que les Anglais quittèrent la France. On avait vu en l'air une croix blanche, surmontée d'une couronne qui se changea en fleur de lis. On conclut de cette merveille que le ciel voulait que les Français se réunissent, et qu'ils prissent tous la croix blanche telle que nos gens d'armes la portaient alors. Au moment où j'écris, les derniers soldats étrangers abandonnent nos frontières : allons-nous nous réunir, et prendre tous la croix blanche? Cela dépend des ministres. On dit qu'ils s'occupent déjà de leurs discours, et qu'ils veulent régenter tout le monde. Dans ce cas, un rapprochement est impossible. Si le ministère affecte la menace, il ne fera peur à personne; on l'aime trop pour le craindre.

Les uns se flattent que le retour du président du conseil amènera d'heureux changements; les autres prétendent que nous resterons comme nous sommes; c'est notre sentiment : nous croyons même qu'on abondera dans le sens de l'opinion indépendante. L'antipathie des ministres contre les royalistes l'emportera; ils nous ont fait trop de mal pour nous le pardonner.

Qu'un homme en place est heureux! Il peut faire autant de sottises qu'il le veut, et aussi longtemps qu'il le peut. Mais si un beau jour il lui est utile de changer de système, il n'a qu'à parler. Qu'il dise seulement : « J'ai fait, je vous assure, tout le bien possible; j'ai empêché tout le mal qui ne s'est pas fait. Continuez-moi ministre, et vous verrez; » chacun, enchanté, répète les paroles du grand homme : il pense comme vous et moi, disent les bons royalistes; il n'a aucune raison d'être mauvais. Il a été forcé de faire comme les autres pour garder sa place; mais au fond c'est lui qui a empêché telle destitution, qui s'est opposé à la désorganisation de la garde royale. — Qui vous a dit cela? Hé! mais c'est le ministre lui-même. — Dans ce cas, le fait est certain.

Le Conservateur a sa part d'injures dans tous les pamphlets du jour; mais il ressemble aux médecins, qui ne craignent pas de s'exposer au mauvais air des hôpitaux, pour guérir des fièvres contagieuses ; il continue à purifier l'opinion, à ranimer les idées monarchiques et les droits d'une sage liberté. Le bruit de la tentative de Buonaparte pour s'évader de Sainte-Hélène inquiétait les esprits, quand *le Conservateur*, en racontant le simple fait, a dissipé les alarmes. Alors il a fallu se décider à instruire le public. Le premier esclave de la censure, le grave *Moniteur*, s'est excusé de son silence sur ce que quelques journaux anglais paraissaient douter de la vérité d'un événement consigné dans un rapport du gouverneur de Sainte-Hélène. On voit que *le Moniteur* a le secret des dépêches officielles, ce qui l'a rendu cette fois un peu incrédule.

Tandis que les feuilles ultra-libérales en France accusent *le Conservateur* de gothicisme, il est curieux de voir *l'Argus*, en Angleterre, l'anathématiser comme libéral. *L'Argus* reproche au *Conservateur* ses principes constitutionnels ; il attaque, sous les mêmes rapports, les *Réflexions politiques* et la *Monarchie selon la Charte*. Nous allons mettre tout le monde d'accord : nous acceptons des ultra-libéraux notre brevet de vieux royalistes, et nous prenons de la main de M. le marquis de Chabannes notre certificat de constitutionnels.

Nos tribunaux retentissent encore de la douloureuse affaire de madame de Saint-Morys. Rien ne peint mieux l'esprit des temps que cet épouvantable procès : des juges écoutent une discussion sur le duel, sans qu'on rappelle les anciennes lois, regardées comme abolies, tandis qu'on reconnaît force juridique à une foule de décrets de la Convention ; une veuve plaide elle-même pour son mari tué, et ce n'est pas elle qui attaque, c'est elle qui se défend contre celui qui a tué son mari ; à cette cause se joignent des détails révoltants sur la mort du gendre de la veuve infortunée : et personne ne parle de madame de Saint-Morys, et Paris, et la France entière ont été occupés de madame Manson ! Voilà ce que nous sommes. Doux, indulgent, humain, citoyen vertueux, brave soldat, M. de Saint-Morys était un de ces hommes rares chez lesquels la chaleur des sentiments n'exclut pas les lumières de la raison ; la modération de son esprit réglait les mouvements de son cœur. Il n'aura eu, en expirant, que le regret de mourir pour sa propre cause, et non pour celle de son roi.

Ce nom de madame Manson nous fait souvenir qu'on vient de publier une dernière déclaration de Bastide et de Jausion, faite en présence d'un magistrat et d'un prêtre ; ils y protestent de leur innocence. Desrues en fit autant, mais au moins ne chercha-t-il pas à provoquer les soupçons contre des innocents ; et Jausion n'a pas craint de le faire. Ces infortunés avaient-ils pu oublier les dépositions de leurs complices et des témoins oculaires, de la Bancal, de Bach, de Bousquier, des enfants de la Bancal, de madame Manson, et de tant d'autres ?

Si les journaux étaient libres, rien de plus naturel que cette publication ; mais quel goût singulier la censure a-t-elle pour de pareils morceaux, lorsqu'il faut lui forcer la main pour l'obliger à parler de l'innocence des royalistes ?

Une considération plus grave vient se mêler à ces réflexions. Si les débats qui ont précédé le jugement ont établi jusqu'à l'évidence la culpabilité des accusés ; si la conviction de deux jurys a pu seule déterminer deux fois l'arrêt de la justice, n'y a-t-il pas péril pour la société à laisser mettre en question les lumières ou l'équité des tribunaux ?

Le public semble se décider contre la loi des élections ; mais on doute que le ministère ait quelque rapport avec le public. En attendant, les raisonnements principaux sont de deux sortes : « La loi des élections, disent les indépendants, est une loi populaire : une concession faite au peuple, des droits acquis que vous ne pouvez plus retirer. En ce faisant vous vous placeriez en dehors de la nation. »

« Ce n'est point, disent plus justement les royalistes, une loi populaire, c'est au contraire une loi qui exclut le peuple des élections, et qui crée une classe de privilégiés à cent écus : et dans cette classe de privilégiés réside essentiellement l'opinion démocratique. Pour que la loi fût populaire, il faudrait qu'elle descendît plus bas. Loin d'avoir donné des droits au peuple, vous lui en avez ôté. Corriger la loi, c'est vous replacer dans la monarchie, dont vous êtes sortis. »

Ainsi l'on raisonne. Mille projets sont formés : les serviteurs particuliers des ministres voudraient faire à la loi des élections un amendement dont le résultat serait de donner à leurs maîtres une espèce de dictature pour cinq années. Reste à savoir si les Chambres consentiraient à violer la Charte, à gêner l'exercice de la prérogative royale, afin d'établir un renouvellement intégral qui ne serait pas uni au changement radical de la loi. On parle aussi de former une seconde classe d'électeurs qui seraient choisis parmi des hommes de soixante ans : cela ne conviendrait pas trop mal à une vieille monarchie.

Les députés arrivent lentement à Paris. Les embaucheurs pour le ministère les attendent à leur débotté ; ils se tiennent en embuscade à la porte des hôtels garnis, comme nos anciens recruteurs sur le quai de la Ferraille : l'enrôlement volontaire n'est plus en faveur. Cependant chaque député s'occupe de son travail : on assure qu'un membre de l'opposition de gauche a le projet de renouveler la proposition de M. le maréchal Macdonald, en faveur des émigrés dont les biens ont été vendus ; les royalistes reviennent comme ils sont partis ; les doctrinaires s'attachent plus à faire des prosélytes qu'à préparer des opinions.

Nous attendons, pour parler des élections du Gard, à avoir reçu tous les renseignements. Les hommes voulant avec sincérité la liberté des suffrages doivent, quelles que soient leurs opinions, se réunir pour mettre fin à des scandales qui feraient de notre gouvernement représentatif une véritable moquerie. Nous n'avons point examiné les discours des présidents des colléges électoraux, car on ne peut tout examiner : ils nous auraient cependant fourni des rapprochements curieux avec d'autres pièces authentiques. Nous aurions fait remarquer la grande prudence d'un président, qui loue si bien les électeurs d'avoir toujours été soumis à l'autorité du moment : heureux ceux qui prêchent d'exemple !

Paris, 3 décembre 1818.

J'ai parlé de l'état intérieur de la France relativement à la politique[1].

J'ai dit que le système ministériel tend à faire sortir le despotisme des principes populaires; que ce système veut former une royauté sans royalistes, une monarchie sans bases monarchiques.

J'ai annoncé que nos lois fondamentales, ouvrages irréfléchis du ministère, le mèneraient malgré lui à la démocratie.

Maintenant je vais considérer le système ministériel dans ses effets moraux ; ici le mal est grand ; la plaie est au cœur.

Le ministère a inventé une morale nouvelle, *la morale des intérêts :* celle des *devoirs* est abandonnée aux imbéciles.

Or, cette morale des intérêts, dont on veut faire la base de notre gouvernement, a plus corrompu le peuple dans l'espace de trois années, que la révolution entière dans un quart de siècle.

Ce qui fait périr la morale chez les nations, et avec la morale les nations elles-mêmes, ce n'est pas la violence, mais la séduction : et par séduction j'entends ici ce que toute fausse doctrine a de flatteur et de spécieux. Les hommes prennent souvent l'erreur pour la vérité, parce que chaque faculté du cœur ou de l'esprit a sa fausse image : la froideur ressemble à la vertu; le raisonner, à la raison; le vide, à la profondeur; ainsi du reste.

Donc, le dix-huitième siècle fut un siècle destructeur, car nous fûmes tous séduits. Nous rîmes de la religion ; nous dénaturâmes la politique ; nous nous égarâmes dans de coupables nouveautés de paroles. Au lieu de regarder en haut, nous regardâmes en bas, cherchant l'existence sociale

[1] *Voyez*, ci-dessus l'article du 22 octobre.

dans la dégradation de nos mœurs, dans les principes populaires : nous commencions à voir ce que l'Écriture appelle *les vices des derniers temps :* mot profond.

La révolution vint nous réveiller : en poussant le Français hors de son lit, elle le jeta dans la tombe. Toutefois le règne de la Terreur est peut-être, de toutes les époques de la révolution, celle qui fut la moins dangereuse à la morale. Pourquoi? Parce qu'aucune conscience n'était forcée : le crime paraissait dans sa franchise. Des orgies au milieu du sang, des scandales qui n'en étaient plus à force d'être horribles; voilà tout. Les femmes du peuple venaient travailler à leurs ouvrages domestiques autour de la machine à meurtre, comme à leurs foyers; les échafauds étaient les mœurs publiques, et la mort, le fond du gouvernement. Rien de plus net que la position de chacun : on ne parlait ni de spécialité, ni de positif, ni de système d'intérêts. Ce galimatias des petits esprits et des mauvaises consciences était inconnu. On disait à un homme : « Tu es chrétien, noble, riche : meurs; » et il mourait. Antonelle écrivait qu'on ne trouvait aucune charge contre tels prisonniers, mais qu'il les avait condamnés comme aristocrates. Monstrueuse franchise, qui nonobstant laissait subsister l'ordre moral; car ce n'est pas de tuer l'innocent comme innocent qui perd la société, c'est de le tuer comme coupable.

En conséquence, ces temps affreux sont ceux des grands dévouements. Alors les femmes marchèrent héroïquement au supplice ; les pères se livrèrent pour les fils, les fils, pour les pères; des secours inattendus s'introduisaient dans les prisons, et le prêtre que l'on cherchait consolait la victime auprès du bourreau qui ne le reconnaissait pas. Alors les paysans vendéens se faisaient des armes des débris de leurs charrues, pour enlever des batteries de canon; alors Larochejaquelein tombait, enveloppé dans le drapeau blanc, dans les mêmes champs où, à la bataille de Poitiers, « fut occis, dit Froissard, monseigneur Geoffroy de Charny, la bannière de France entre ses mains. »

La morale, sous le Directoire, eut plutôt à combattre la corruption des mœurs que celle des doctrines ; il y eut débordement. On fut jeté dans les plaisirs comme on avait été entassé dans les prisons. Dissipateur de l'avenir, on forçait le présent à avancer des joies sur cet avenir, dans la crainte de voir renaître le passé. Chacun n'ayant pas encore eu le temps de se créer un intérieur, vivait dans la rue, sur les promenades, dans les salons publics. Familiarisé avec les échafauds, et déjà à moitié sorti du monde, on trouvait que cela ne valait pas la peine de rentrer chez soi. Il n'était question que d'arts, de bals, de modes : on changeait de parures et de vêtements aussi facilement qu'on se serait dépouillé de la vie.

Tandis qu'une partie du Directoire favorisait cette corruption, en faisant falsifier des pièces historiques, publier des romans infâmes, vendre et abattre les restes des monuments de nos rois, une autre partie prenait une route opposée. La Réveillère-Lepeaux inventait la *théophilanthropie*. Cette vision était au moins conforme à la morale : les *théophilanthropes* ne préconisaient pas les intérêts ; ils recommandaient les devoirs. Ridicules, mais pauvres, ils ont épargné à la mort le soin de les dépouiller : elle les a trouvés nus.

Sous Buonaparte, la séduction recommença, mais ce fut une séduction qui portait son remède avec elle : Buonaparte séduisait par un prestige de gloire ; et tout ce qui est grand porte en soi un principe de législation. Il concevait qu'il était utile pour lui de laisser enseigner la doctrine de tous les peuples, la morale de tous les temps, la religion de toute éternité. Il recherchait même les victimes de la révolution : il y avait honneur à avoir souffert. Ceux qui refusaient d'entrer dans le nouvel ordre social restaient à part ; ils s'élevaient comme des ruines vénérables au milieu des édifices modernes. On disait en les regardant avec un sentiment de respect : Voilà la vieille France !

Pourquoi donc un royaliste isolé, sans appui, sans fortune, sans influence, était-il quelque chose aux yeux d'un homme qui comptait les hommes pour rien ? Cet homme n'avait pas pour maxime de se rapprocher de la faiblesse. C'est qu'il voyait dans le royaliste un ennemi naturel de ces dogmes démocratiques que, par un contre-sens stupide, nous favorisons aujourd'hui ; c'est que le royaliste lui représentait une force, la force morale, la preuve irréfragable de la puissance du devoir. Il reconnaissait dans cette puissance un grand élément de la société, puisqu'elle avait maintenu la monarchie pendant quatorze siècles. Le devoir, toujours le même, fait participer les gouvernements qu'il soutient à la permanence de son principe ; l'intérêt, variable et divers, ne peut être que la base mouvante d'un édifice de quelques jours.

Je dis encore que l'ordre moral est moins attaqué, quand la fausse position où il se trouve est la suite d'une fausse position politique. Or, avant la restauration, le gouvernement lui-même était une violence : les prospérités pouvaient être injustes, l'infortune non-méritée, sans qu'il y eût dépravation. La chose existante n'était point le résultat d'un consentement, mais d'une force ; les droits de la morale n'étaient pas méconnus : ils n'étaient que violés.

Mais si ces droits continuent d'être violés sous un gouvernement légitime, il s'ensuit qu'ils sont méconnus, et cela ne va pas moins qu'à établir qu'ils sont en eux-mêmes chimériques ; que, par le fait, ils n'existent point : alors il y a principe de dissolution dans le corps social.

Je ne serais pas étonné de m'entendre répondre : Fonder la société sur un devoir, c'est l'élever sur une fiction ; la placer dans un intérêt, c'est l'établir dans une réalité.

Les esprits spéciaux ne seraient-ils que des esprits bornés? Je remarque que leur positif est presque toujours un manque d'idées : ce sont des joueurs d'échecs qui ne voient que le premier coup, et qui n'ont pas assez de force de tête pour calculer la série des coups renfermés dans le mouvement qu'ils font. Il faut donc leur apprendre que c'est précisément le devoir qui est un fait, et l'intérêt une fiction. Le devoir qui prend sa source dans la Divinité descend d'abord dans la famille, où il établit des relations réelles entre le père et les enfants ; de là, passant à la société, et se partageant en deux branches, il règle dans l'ordre politique les rapports du roi et du sujet ; il établit dans l'ordre moral la chaîne des services et des protections, des bienfaits et de la reconnaissance. C'est donc un fait très-positif que le devoir, puisqu'il donne à la société humaine la seule existence durable qu'elle puisse avoir.

L'intérêt est une fiction quand il est pris, comme on le prend aujourd'hui, dans son sens physique et rigoureux, puisqu'il n'est plus le soir ce qu'il était le matin ; puisque à chaque instant il change de nature ; puisque, fondé sur la fortune, il en a la mobilité. J'ai intérêt à conserver le champ que j'ai acquis, mais mon voisin a intérêt à me le prendre : si pour s'en rendre maître il n'a besoin que de faire une révolution, il la fera, car il est reconnu que partout où il y a intérêt, il n'y a plus crime.

On réplique : « Les lois sont là pour maintenir l'ordre et la propriété. » Eh ! que sont les lois sans les devoirs ? Elles sont lois tant que je serai le plus faible ; le jour où je deviendrai le plus fort, n'étant arrêté par aucun devoir, je me rirai de ces lois, et j'en ferai d'autres à mon usage. Et cela m'arrivera souvent ; car une mort, une naissance, un accident fortuit peuvent faire varier ma position : il faudra que la société se modifie autant de fois que mes intérêts cesseront d'être les mêmes. L'intérêt meurt avec l'homme, le devoir lui survit : voyez si vous voulez faire une société mortelle comme notre corps, ou immortelle comme notre âme.

Que si vous dites que je ne parle ici que de l'intérêt personnel ; qu'il y a d'autres intérêts généraux, d'autres nécessités politiques qui consolident la société ; que chacun, par exemple, veut l'ordre, la paix, la prospérité de l'État, parce qu'il maintient l'ordre, la paix, la prospérité des individus et des familles : tout cela sont des mots. Par la morale des intérêts, chaque citoyen est en état d'hostilité avec les lois et le gouvernement, puisque, dans la société, c'est toujours le grand nombre qui souffre.

On ne se bat point pour des idées abstraites d'ordre, de paix, de patrie ; ou si l'on se bat pour elles, c'est qu'on y attache des idées de sacrifices ; alors on sort de la morale des intérêts pour rentrer dans celle des devoirs :

tant il est vrai que l'on ne peut trouver l'existence de la société hors de cette sainte limite!

Les bonnes lois ne sont que la conscience écrite : la morale des intérêts contrarie la conscience. Que disent les lois? Respectez le bien d'autrui. Que disent les intérêts? Prenez le bien d'autrui. La morale des intérêts est donc par le fait antisociale. Elle prend pour levier politique les vices des hommes, au lieu d'agir avec leurs vertus. Or, les vices sont faibles et caducs; vous bâtissez donc avec des instruments qui se briseront dans vos mains.

Qui remplit ses devoirs s'attire l'estime; qui cède à ses intérêts est peu estimé : c'était bien du siècle de puiser un principe de gouvernement dans une source de mépris!

Le système des intérêts est le système du despotisme, qui resserre tout; il contrarie la nature du gouvernement représentatif, qui étend tout. Dans ce dernier gouvernement la vie est en commun : de là ces nombreuses associations existantes en Angleterre, et consacrées à toutes les sortes de malheurs et d'industries. La plupart de ces associations ne sont pas fondées sur des intérêts personnels, puisqu'elles sont soutenues par des hommes riches et puissants, à l'abri des infortunes qu'ils soulagent. Dans notre ancienne monarchie, c'était la religion qui se chargeait de cette partie des devoirs sociaux. Maintenant que nous avons renversé nos fondations chrétiennes, si nous ne créons pas, à l'aide de la morale des devoirs, un esprit public, les intérêts individuels ne rétabliront pas les monuments de l'antique charité. Élevez nos hommes politiques à ne penser qu'à ce qui les touche, et vous verrez comment ils arrangeront l'État. Ils chercheront à arriver au pouvoir par mille bassesses, non pour faire le bien public, mais pour faire leur fortune. Vous n'aurez que des ministres corrompus et avides; semblables à ces esclaves mutilés qui gouvernaient le Bas-Empire, et qui vendaient tout au plus offrant, se souvenant d'avoir eux-mêmes été vendus.

Par la morale des intérêts l'âme humaine perd sa beauté; la vertu, ses leçons; l'histoire, ses exemples. Je n'ai point demandé aux ruines de Sparte si Léonidas avait connu la morale des intérêts. « Il y a des pertes triomphantes à l'envy des victoires, dit Montaigne; ni ces quatre victoires sœurs, les plus belles que le soleil ait oncques veu de ses yeux, de Salamine, de Platée, de Mycales, de Sicile, n'osèrent oncques opposer toute leur gloire ensemble à la gloire de la desconfiture du roi Léonidas. » La France, comme la Grèce, repousse par son caractère la morale des intérêts. Notre vieille monarchie était fondée sur l'honneur : si l'honneur est une fiction, du moins cette fiction est naturelle à la France, et elle a produit d'immortelles réalités. Était-ce pour l'intérêt ou le devoir que la fleur de la chevalerie française mourut à Crécy et à Poitiers? Était-ce l'intérêt ou le devoir qui porta les bourgeois de Calais à livrer leurs têtes à Édouard? Quand Charles VII était à Bourges, et Henri V à Paris, tous les intérêts étaient d'un côté, tous les devoirs de l'autre. Qui l'emporta, des intérêts ou des devoirs? On trouve, dans les anciens comptes de la ville de Chartres, une somme de 40 sous donnée à un tailleur pour avoir raccommodé le pourpoint de Henri IV : il paraîtrait que ceux qui suivaient alors ce roi n'y trouvaient point un grand intérêt.

Remarquez ceci : les intérêts ne sont puissants que lors même qu'ils prospèrent. Le temps est-il rigoureux, ils s'affaiblissent. Les devoirs, au contraire, ne sont jamais si énergiques que quand il en coûte à les remplir. Le temps est-il bon, ils se relâchent. J'aime un principe de gouvernement qui grandit dans le malheur : cela ressemble beaucoup à la vertu.

Il y a plus : les mauvaises consciences ne sont pas touchées, autant qu'on le pourrait croire, par la morale des intérêts, et c'est ce qui trompe dans les catastrophes des empires. On se dit : Cet homme est si bien traité, il a toutes les places! pourquoi voudrait-il faire une révolution? Parce que sa conscience lui fait des reproches; parce qu'il ne peut exister dans un ordre de choses légitime; parce que la société des méchants est sa société naturelle : comme ces malheureux depuis longtemps accoutumés à vivre dans les bagnes, il ne peut respirer à son aise que dans un air infect et pestiféré.

Quoi de plus absurde que de crier aux peuples : Ne soyez pas dévoués! n'ayez pas d'enthousiasme! ne songez qu'à vos intérêts! C'est comme si on leur disait : Ne venez pas à notre secours; abandonnez-nous, si tel est votre intérêt. Avec cette profonde politique, lorsque l'heure du dévouement arrivera, chacun fermera sa porte, se mettra à la fenêtre, et regardera passer la monarchie. Ce n'est pas en favorisant les passions, mais en les combattant, que tous les législateurs ont cherché à donner force aux empires. Platon défendait le vin à la jeunesse, et ne le permettait qu'aux vieillards. Si la politique n'est pas une religion, elle n'est rien; or, la religion ne commande pas aux hommes d'être avares et égoïstes : elle leur prescrit des règles toutes contraires. La société, comme l'homme, n'est forte que de privations : lorsque les Romains vivaient de fromentée et de pois chiches, ils étaient libres et puissants. C'était alors qu'ils avaient des rois pour instruments de servitude, selon l'expression de Tacite : *Ut haberent instrumenta servitutis et reges*. Ils étaient esclaves et faibles lorsque Héliogabale les nourrissait de gâteaux et de foies de murène. Camille les délivra de Brennus avec son épée; pour échapper aux mains d'Alaric, ils donnèrent des épiceries et des manteaux. Ils rachetèrent leur liberté avec du sang; leur esclavage, avec de la pourpre. A la première époque ils en étaient à la morale des devoirs ; à la seconde, au système des intérêts.

Et quel moment a-t-on choisi pour établir parmi nous ce vil système ? celui-là même où l'on était, pour ainsi dire, affamé de devoirs, et disposé à les remplir tous. Pourquoi la France pleurait-elle de joie en 1814, au seul nom d'un roi qu'elle n'avait jamais vu ? Pourquoi chacun s'empressait-il de faire des sacrifices qui semblaient conformes à l'équité ? Pourquoi ce transport des pères de famille, qui présageaient des jours plus heureux pour leurs enfants ? Il semble qu'on ait peur des sentiments généreux prêts à renaître. Quand la Chambre de 1815 écoutait avec tant de respect et de résignation la lecture d'un traité si cruel à la France, tout annonçait dans cette religieuse et monarchique assemblée le retour aux plus touchants devoirs. Espérances d'un avenir réparateur, qu'ils sont coupables les hommes qui vous ont fait évanouir !

Que voulez-vous que le peuple conclue de la morale qu'on lui prêche, du spectacle qu'on lui donne ? De toutes parts on lui répète, dans un jargon subtil, qu'il a bien fait d'avoir fait ce qu'il a fait, d'avoir pris ce qu'il a pris ; que si les nobles ont été égorgés, les prêtres proscrits, les propriétaires dépouillés, c'est apparemment leur faute ; que ces nobles étaient des tyrans ; ces prêtres, des fanatiques ; ces propriétaires, des aristocrates : que ce sont eux qui ont tué Louis XVI par leur résistance ; que le trône n'a péri que par hasard ; que si l'on a détruit la monarchie, c'était pour son bien ; que rien n'est si beau que la révolution ; qu'il y a une alliance naturelle entre cette révolution et la royauté légitime. Oui, il y a alliance : si je m'en souviens bien, elle fut faite le 21 janvier 1793, à dix heures dix minutes du matin ; la démocratie fut témoin, et prêta serment, en cette qualité, sur la tête sanglante de Louis XVI !

De telle façon, endoctriné par de tels pédagogues politiques, le peuple de nos villes voit l'exemple confirmer la leçon : on chasse à ses yeux des plus grandes places comme des plus petites tous ceux qui ont eu le bonheur de rendre quelque service à la couronne ; on élève aux honneurs tous ceux qui ont trahi cette même couronne. Les paysans dans les campagnes reçoivent les mêmes enseignements : là reparaît l'ancien propriétaire qui fut persécuté pour son roi ; il revient mourir de faim à la porte de la maison où jadis il distribuait ses aumônes. Au moins est-il honoré dans son indigence, dans ses sacrifices ? Point : on le dépeint comme un ennemi du roi, un conspirateur, un pervers, un stupide. On lui avait donné d'abord un chétif emploi pour vivre ; on le lui ôte. Dépouillé comme royaliste par les agents d'un gouvernement usurpateur, il est dépouillé de nouveau comme royaliste par les ministres d'un gouvernement légitime.

Rien n'est plus facile à un ministre que de signer négligemment une destitution que lui commande la haine, que lui enlève l'intrigue ; le soir il n'en retrouve pas moins sa table, son lit, ses laquais de toutes les sortes. Mais le malheureux qu'il a frappé, le pauvre royaliste qui, pour remplacer la perte entière de sa fortune, n'avait que les modiques appointements d'une place ignorée, retrouve-t-il sa table, son lit, ses serviteurs ? Il ne retrouve qu'une famille en larmes, que la compagne de son exil, que des enfants élevés dans la misère à prier Dieu pour le roi ! Voulez-vous donc qu'il se mette au service des possesseurs de son bien ; qu'il devienne le valet de sa ferme ? Cela serait possible à la rigueur ; mais il ne faudrait pas qu'il eût reçu au service du roi des blessures qui l'empêchent de labourer une terre ingrate, de creuser au moins sa tombe dans le sillon qui n'est plus à lui.

Par un tel système, un horrible ravage est fait dans le cœur humain ; c'est comme si vous donniez des leçons publiques de trahison, d'injustice et d'ingratitude. Les docteurs de cette science sont véritablement assis dans la chaire empestée. Les méchants diront : « Continuons à faire le mal, puisqu'on en est récompensé. » Les bons commenceront à regarder la vertu comme une duperie, les sacrifices comme une sottise. Dans cet ordre de choses, il n'y a que des prospérités fragiles, *fortuna vitrea*, des bénédictions que le ciel maudit. Bouleverser toutes les idées du juste et de l'injuste, c'est mettre la hache dans les fondements de la société humaine, c'est briser tous les liens de l'obéissance et de la fidélité. Vous prêchez la morale des intérêts, en contradiction avec celle des devoirs : hé bien ! voici la conséquence de cette morale, si vous parveniez à l'établir : le gouvernement ne serait plus qu'un accident dans l'État, accident tantôt légitime, tantôt illégitime, tantôt républicain, tantôt monarchique, au gré de l'intérêt dominant, et une révolution politique deviendrait le moindre des événements chez un peuple.

Nos enfants s'élèvent au milieu du désordre des idées morales : leurs oreilles et leurs yeux s'accoutument à entendre et à voir le mal ; ils apprennent à étouffer leurs vertus, à suivre leurs passions. Quelle race doit donc sortir du milieu de nos exemples ? La jeunesse, naturellement généreuse, sera flétrie avant d'avoir atteint l'âge où l'expérience détruit les illusions. Ces systèmes, que nous promenons sur la France, loin de la fertiliser, la rendront stérile : ils ne ressemblent pas à ces charrues qui fécondent la terre, mais à celles qui coupent les fleurs :

> Purpureus veluti cum flos succisus aratro
> Languescit moriens.

Paris, 5 décembre 1818.

Que dit-on aujourd'hui ? On dit qu'il n'y aura pas renouvellement dans l'administration, mais seulement remue-ménage. Si, pour le bonheur de la France, on consent à rester ministre, il est tout simple qu'un tel sacrifice soit au moins adouci par la faculté de changer de ministère.

Ces arrangements de famille, en cas qu'ils aient lieu (car qui peut sonder la profondeur des conseils ministériels?), n'altéreront en rien le système général, ou plutôt ils lui donneront une nouvelle force ; les ministres joueront aux quatre coins sans que nous changions de place. Les hommes d'État ne laissent point leurs mœurs domestiques influer sur la publique destinée. Cependant on pourrait croire que le ministère est divisé en deux parties trop faibles pour s'exclure mutuellement : l'un, par jugement comme par loyauté, voudrait se rapprocher des royalistes ; l'autre, par goût comme par humeur, se jette dans les bras des indépendants. Dans cette position perplexe la session s'ouvrira, et la nécessité d'avoir une majorité obligera peut-être l'autorité à favoriser encore l'opinion démocratique.

Les autorités se sont aventurées dans une espèce d'impasse politique, d'où elles ne savent plus comment sortir. De là mille projets fantastiques : c'est très-sérieusement que les caudataires des ministres rêvent le renouvellement intégral, sans autres modifications dans la loi des élections. Lorsque les royalistes combattaient pour une loi complète, ils demandaient aussi le renouvellement intégral : ils le voulaient avec le changement d'âge, l'augmentation de nombre et les deux degrés d'élection. Nous ne demanderons point aux ministres ce que deviendront, dans leur nouveau projet, leurs réclamations contre la violation de la Charte, ce que deviendront l'ordonnance du 5 septembre et sa médaille, monuments triomphaux de notre invariable retour à la Charte. Nous ne citerons point à ces ministres leurs propres discours contre le renouvellement intégral : il faut ménager l'amour-propre et ne pas faire rougir la pudeur. Nous dirons que le principal argument seulement répété dans ces discours était celui-ci : *Que le renouvellement intégral amènerait une révolution tous les cinq ans.* Ce raisonnement, faux lorsqu'il s'applique à une loi monarchique, est parfaitement juste avec la loi démocratique que nous avons aujourd'hui. Ainsi, par le renouvellement intégral, nous aurions le despotisme ministériel pendant cinq ans ; et, après cinq ans, l'espérance d'une république. Au lieu de sauver la France, nous n'aurions sauvé que le ministère ; nous serions tombés dans la méprise du *dauphin* de la fable. Dans quelle antichambre ce grand dessein a-t-il pris naissance ? Cela sent bien ce fier esprit d'égalité, en même temps que d'humble soumission, répandu parmi ces hommes qui attendent leur dîner ou leur maître.

Pourquoi les ministres veulent-ils le renouvellement intégral? Parce qu'ils craignent le renouvellement partiel : se croyant sûrs de la majorité, ils s'arrangent pour la garder cinq années. Voyez l'énorme vice de cette mesure. Si, dans le cours de cinq ans, vous perdez la majorité (ce qui est très-possible et même très-probable, puisque cette majorité ne se compose que d'un petit nombre de voix), que ferez-vous? Si la Chambre refusait un budget, la couronne n'oserait donc la dissoudre, dans la peur de voir arriver une Chambre toute démocratique? Voilà la position dans laquelle on se placerait en prenant un de ces demi-partis qui perdent tout et ne sauvent rien.

Le sort de la France est pour ainsi dire aujourd'hui entre les mains des députés qui, jusqu'à présent, ont cru devoir voter avec le ministère. Ils peuvent faire cesser ces coupables hésitations; ils peuvent, en s'unissant à la minorité, forcer le ministère à changer de système : la patrie, qui leur devra son salut, placera leurs noms parmi ceux de ses meilleurs et de ses plus généreux citoyens.

Ce n'est pas tout : on sème des bruits sur la suspension de la liberté de la presse; du moins on voudrait étendre la censure jusque sur les feuilles semi-périodiques. On n'a songé à cette grande mesure constitutionnelle que depuis l'apparition du *Conservateur*. Vous verrez que nous porterons malheur à *la Minerve*. Mais pourtant qui est-ce qui lit *le Conservateur*? Y a-t-il un ouvrage plus lourd, plus ennuyeux? On s'y abonne d'une manière folle, mais en vérité on ne sait pourquoi. Pas un seul esprit spécial qui écrive dans cette rapsodie : jamais de positif, d'administratif, de *statistif!*

Pourquoi les ministres demanderaient-ils la suspension de la liberté de la presse? n'ont-ils pas la loi sur les *cris* et *écrits* séditieux? Ne trouvera-t-on pas bien dans les ouvrages d'un royaliste quelque page contre la légitimité, et dans les livres d'un indépendant quelque phrase contre la liberté? Qu'on fasse donc mettre à la Force ces écrivains séditieux. Alors la littérature ministérielle régnera glorieusement en France : le dieu de l'harmonie, comme une divinité assyrienne dont le nom nous échappe, descendra au quai Malaquais sur un char tiré par des mouches; la police, nouveau Parnasse, fleurira ornée de toutes les grâces de la liberté.

En attendant que la liberté soit totalement ravie à la presse, pour la plus grande gloire de la Charte, on fait un étrange usage des journaux déjà censurés. Une partie de la plaidoirie de M. Couture, dans l'affaire du général Canuel, est omise dans les journaux. Est-ce que tous les sténographes se sont entendus pour négliger les mêmes passages, ou bien ces passages ont-ils été rejetés par la censure? Alors nous demanderions de quel droit la police se permet de supprimer quelque chose des débats qui doivent être publics, et qui sont du ressort immédiat de la justice? Nous avons déjà fait remarquer cette audace de la police à propos du procès de Plaignier, procès dans lequel la vie de plusieurs hommes était compromise.

Des tribunaux de justice à l'arbitraire il y a un peu loin : il semble pourtant que nous prenions plaisir à nous jeter dans cet arbitraire. Dans le 245ᵉ n° du *Bulletin des Lois*, on trouve une ordonnance, cotée n° 5538, qui distrait certaines communes de certains cantons pour les réunir à d'autres cantons, et qui transporte les registres de ces communes aux archives d'une autre mairie, ce qui suppose réunion de mairies. Dans ce cas, comment les ministres qui, l'année dernière, ont présenté aux Chambres des échanges de cette nature, ne se sont-ils pas souvenus qu'ils faisaient faire par une ordonnance ce qui est matière de loi? Il est fâcheux d'être obligé de les rappeler sans cesse à la Charte.

Le *Bulletin des Lois* est la véritable image du chaos où nous avons été ensevelis pendant un quart de siècle. Là sont entassés pêle-mêle tous les débris de la monarchie; là se trouvent les documents confus de toutes nos erreurs et de tous nos crimes. Le portique de ce monument est digne du monument lui-même : c'est le rapport de Couthon sur le tribunal révolutionnaire, et le décret de la Convention qui établit ce tribunal. Au frontispice sont gravés la république, un niveau et un œil, comme pour surveiller la restauration. La mort est partout dans la loi. Cette loi déclare que les *ennemis du peuple sont ceux qui provoquent le rétablissement de la royauté...* et qui cherchent à altérer la pureté des *principes révolutionnaires*. Couthon s'élève, dans son rapport, contre la faction des *indulgents*. « On demanda, dit-il, on obtint des défenseurs officieux pour le tyran détrôné de la France... Par ce seul acte, on abjurait la république; la loi elle-même immolait les citoyens au crime... »

Quand donc arrachera-t-on ces pages du *Bulletin des Lois*, où l'on n'a pas inscrit les ordonnances rendues à Gand, mais où l'on trouve les décrets des Cent-Jours? Quand cessera-t-on d'asseoir la monarchie sur les bases de la démocratie? Quel étrange piédestal aux ordonnances du roi, que la loi sur la formation du tribunal révolutionnaire !

Ce mot de *révolutionnaire* est aujourd'hui l'objet des plus vives sollicitudes. On le défend, on le lie à tous les intérêts : il est du moins authentique, puisque nous venons de le trouver dans le numéro 1ᵉʳ du *Bulletin des Lois*; c'est le prendre à sa source. Il paraît que, sous la Convention, il y avait aussi des conspirateurs qui ne concevaient pas la pureté des *principes révolutionnaires*, et à qui l'on coupait la tête pour les rendre plus intelligents. On aime à voir que quelques-uns de nos journaux défendent ce mot chéri. Mais que ne disent-ils pas, ces journaux censurés? Nous avons

lu dernièrement, dans *le Moniteur*, un article qui nous a affligés, parce que nous sommes sensibles à l'indépendance de notre patrie. Cet article est relatif à la déclaration des puissances. On y rencontre ce passage :
« C'est contre la possibilité, même la plus éloignée, d'un désastre semblable, que l'Europe est désormais rassurée, par l'auguste fédération de tous les monarques, veillant tous d'un commun accord sur les mouvements de l'esprit révolutionnaire, et *prêts à défendre mutuellement leurs droits légitimes.* »

Et quels sont donc les mauvais Français qui peuvent nous donner pour motif de tranquillité la surveillance de l'Europe ? Avons-nous besoin de tuteurs ? Une pareille surveillance serait plus propre à nous troubler qu'à nous maintenir en paix. Avant la publication des pièces officielles, nous avions quelque crainte : on nous avait alarmés par des bruits de *garanties mutuelles*. Nous nous demandions quelles seraient ces *garanties;* si elles ne donneraient pas droit ou prétexte aux étrangers de se mêler de nos affaires intérieures, si on ne viendrait point encore nous parler des *circonstances*, si nous en serions encore à recevoir dans des notes diplomatiques des certificats de bonnes vie et mœurs ; si nous n'aurions fait que changer en une garnison d'ambassadeurs une garnison de Cosaques. Rien de tout cela heureusement n'existe dans la déclaration ; nous sommes laissés à nous-mêmes : on nous confie à cet honneur, seconde providence de la France, qui ne l'a jamais trahie. La police devrait au moins gourmander une censure qui laisse passer des articles tels que celui que nous combattons, d'autant plus que cet article se trouvant dans le *Moniteur*, on pourrait le croire officiel. Que la police ne soit pas constitutionnelle, chacun le sait ; mais il faut au moins qu'elle soit française.

Paris, le 22 décembre 1818.

Les événements politiques qui ont eu lieu depuis huit jours feront époque.

A l'ouverture de la session, tous ceux qui veulent le salut de leur patrie ont travaillé à la réunion des hommes monarchiques : des négociations ont été ouvertes entre les minorités royalistes des deux Chambres, et les royalistes qui jusqu'à présent avaient cru devoir voter avec le ministère.

Du moins les royalistes n'auront rien à se reprocher : on ne les taxera plus d'ambition ; on ne pourra plus dire qu'ils sont implacables, exclusifs, intraitables. Leur conduite dans les dernières circonstances leur méritera l'estime universelle. Cette totale abnégation d'eux-mêmes n'était pas toutefois sans inconvénients politiques ; ils l'ont senti : ils ne se sont pas abusés sur les résultats ; mais il leur importait, avant tout, de prouver par un fait authentique leur sincère désir d'union, et d'ôter tout prétexte à la calomnie. Mais ces hommes, si prompts à capituler sur leurs prétentions, à renoncer aux places pour eux-mêmes, seront inflexibles sur les choses : plus leur modération a été grande quand il ne s'est agi que de leur intérêt personnel, plus leur opposition sera forte quand il sera question de combattre pour les intérêts de la monarchie. On dit, par exemple, que le projet des ministres est de demander la suspension des élections pendant trois ans. Croient-ils trouver un seul royaliste qui vote pour un projet aussi monstrueux, pour un projet qui créerait une nouvelle loi d'exception, pour un projet qui gênerait l'exercice de la prérogative royale, et qui n'aurait d'autre résultat que de maintenir les ministres en place, en laissant la France en péril ? Si la législation peut se donner par exception des pouvoirs pour trois ans, pourquoi ne se rendrait-elle pas perpétuelle ? C'est arriver tout droit au *Long Parlement*.

Les ministres trouvent sans doute la loi des élections dangereuse, s'il était vrai qu'ils voulussent suspendre les élections pendant dix années. Dans ce cas, pourquoi ne la changeraient-ils pas, certains, comme on le leur a démontré, qu'ils ont avec les royalistes la majorité dans les deux Chambres ?

Pensent-ils, au contraire, que la loi est bonne ? Alors pourquoi demanderaient-ils la suspension des élections ?

Une partie du ministère ne serait-elle que la dupe de l'autre dans ce projet de suspension ? Au lieu de garder la Chambre trois années, ne pourrait-on pas avoir l'arrière-pensée d'en provoquer la dissolution ? Ne se flatterait-on pas d'obtenir, à force d'intrigues, de caresses, de menaces, des choix purement ministériels, et d'essayer de prouver ainsi que la loi des élections est excellente ? Terrible partie, dont les chances ne seraient pas en faveur de la monarchie légitime, *contre une fille sanglante de la Convention*.

Quoi qu'il arrive, si les royalistes, après avoir offert tant de fois une alliance généreuse, après avoir mis cette alliance au plus bas prix ; si les royalistes, disons-nous, sont encore repoussés, leur conduite dans les Chambres est d'avance tracée. Ils ne voteront point pour une suspension des élections, qui, dans l'état actuel de la loi, perdrait plus sûrement la France que le remplacement partiel ; suspension qui ne sauverait pas la monarchie, mais seulement le ministère. On ne s'attend pas aussi que les royalistes se prononcent contre la liberté de la presse. Ils seront conséquents à ce qu'ils ont dit et fait : ils repoussent toute loi d'exception. Autant ils seraient décidés à soutenir la plus forte loi de répression relative aux abus de la presse, à demander des cautionnements considérables pour les journalistes, des châtiments rigoureux pour la calomnie, des peines terribles pour les ouvrages où la légitimité serait attaquée, la constitution ébranlée, la sûreté de l'État compromise, autant ils rejettent la censure arbitraire, qui réunit les inconvénients de la licence et de l'esclavage, qui ne prévient aucun des délits que nous venons d'énumérer, qui donne tout aux uns en refusant tout aux autres, qui n'est jamais que l'instrument du parti en pouvoir, et qui détruit radicalement le gouvernement représentatif.

Que va faire le ministère? sur qui s'appuiera-t-il? Maintenant il n'y a plus de milieu possible : il faut être pour les principes monarchiques, ou abonder dans le sens de la démocratie. Tout est divisé dans les Chambres; la majorité n'existe nulle part. Chaque fraction du ministère va donc s'engager dans des rangs opposés, et mener au combat, les uns contre les autres, les royalistes, les indépendants, les doctrinaires, les ministériels de deux ou trois couleurs? A quels moyens sera-t-on alors obligé de recourir! La *correspondance privée* se mêlera-t-elle encore de nos dissensions nouvelles? Quand serons-nous assez Français pour dérober au moins aux étrangers la connaissance de nos misères?

On nous a fait beaucoup de mal; on a rappelé les principes de nos erreurs et les hommes de nos adversités. Que ceux qui peuvent nous sauver sachent pourtant que rien n'est encore perdu; qu'ils sachent que, si nous périssons, ce sera par une minorité misérable. C'est devant quelques lois et une centaine d'hommes que vous abaissez le pavillon de la monarchie. Osez regarder en face vos ennemis; faites un signe, et demain la France est royaliste. Voyez quelle consternation quelques mots du discours du roi, et la seule espérance d'une réunion entre les honnêtes gens, avaient jetée dans le parti! Les révolutionnaires fuyaient déjà, ou exhalaient leur rage en invectives impuissantes. Écartez les petits esprits qui vous obsèdent, et vous serez étonnés du calme qui renaîtra parmi nous. Ces hommes, rendus à leur nullité, n'auront pas un seul partisan : ils disparaîtront dans l'oubli qu'appellent la médiocrité de leurs talents et la servilité de leur caractère : ils ne sont forts que de l'idée ridicule que vous avez conçue de leur capacité; ils ne sont à craindre que de la crainte encore plus ridicule qu'ils vous inspirent.

C'est vous-mêmes qui créez le fantôme dont vous êtes poursuivis; c'est vous qui produisez des oppositions fictives; c'est dans votre imagination que gît l'obstacle : vous voyez ce qui n'est pas. Et néanmoins il est vrai que n'ayant à combattre qu'une ombre, cette ombre peut vous terrasser. A force de caresser les penchants révolutionnaires, vous leur donnez de la consistance; à force de respecter la démocratie, vous l'établissez : toute la révolution a offert ce prodige d'une nation sacrifiée par une poignée d'hommes à une chimère.

Si une partie du ministère ne se retirait pas, si nous devions désespérer de l'autre partie du ministère en qui nous aimions à placer notre confiance, il y aurait encore des ressources. Ne perdons jamais courage; la France est revenue de loin : quand Charles VII fut sacré à Reims, elle était plus malade qu'elle ne l'est aujourd'hui. Puisse l'huile sainte qui doit bientôt couler sur la tête d'un descendant de saint Louis fermer nos plaies, adoucir nos ressentiments, nous donner à nous-mêmes les vertus royales, à savoir, l'amour de la paix, l'oubli des maux soufferts, et la force de faire du bien à nos ennemis!

Paris, 28 décembre 1818.

Encore une année ajoutée à la vieille monarchie de Clovis! Que de fois, depuis la fondation de notre empire, nous avons brûlé ce que nous avions adoré, adoré ce que nous avions brûlé! *Adora quod incendisti, incende quod adorasti.* Le temps, qui retrouve encore debout ce royaume après quatorze siècles, retrouve aussi les descendants des premiers Français, sinon avec les mêmes mœurs, du moins avec les mêmes passions. Nous nous agitons, comme les compagnons de Clovis, pour quelques dépouilles : la révolution nous a vus retourner à la liberté et à la férocité de nos ancêtres; nous avons tué des rois et des enfants de rois. Que nous reste-t-il de toutes ces fureurs? que nous restera-t-il des haines et des ambitions qui nous tourmentent encore? Que de bruit pour arriver au silence! que d'efforts pour obtenir six pieds de terre! Laissez venir un autre 1er janvier, et les acteurs seront descendus de la scène, et nous-mêmes nous ne serons plus là pour blâmer ou applaudir.

Toute cette morale n'empêche pas qu'on ne veuille toujours être ministre, maire du palais, et même portier, s'il y a lieu. On encensera toujours Landry, Ébroïn, Bertaire, lorsqu'ils seront puissants : on les insultera toujours lorsqu'ils seront abattus. Aujourd'hui pourtant on est assez embarrassé, car on ne sait qui est ministre. Que la position des personnes prudentes est pénible! Le mieux pour elles serait de se coucher jusqu'à l'événement. Quoi qu'il arrive, elles sont bien sûres d'avoir un ministère : alors elles sortiront, comme le renard, pour louer le lion dans sa force; comme l'âne, pour donner le coup de pied au lion malade.

« Dans le doute abstiens-toi, » disait un sage. Ne sachant ni quels ministres on aura, ni quel système on va suivre, il nous est impossible de tirer nos lecteurs de la perplexité qu'ils doivent éprouver.

Jusqu'au moment où nous pourrons les instruire, nous engageons les royalistes à suspendre leur jugement, et à se défier des bruits que l'on répand de tous côtés. La démocratie menacée par un changement de système s'agite et crie, ce qui prouve qu'elle est faible et qu'elle a peur. Elle va jusqu'à dire qu'elle fera présenter des pétitions par les électeurs, en cas que la législature veuille toucher à la loi des élections; comme si les électeurs ne cessaient pas d'exercer des droits au moment même où les colléges cessent d'être rassemblés! comme si ces droits n'avaient pas besoin, pour acquérir force légale, de l'ordonnance royale qui convoque les colléges électoraux! Où en serions-nous si les électeurs allaient s'imaginer qu'ils forment un corps, lequel peut avoir des volontés hors de la fonction spéciale à laquelle il est appelé? Ce serait là de la pure démagogie, des comités d'électeurs comme en 1789. Il est toujours bon que les prétendus constitutionnels se trahissent, et qu'ils nous montrent leur arrière-pensée. Les électeurs ont le droit de pétition individuelle, comme simples *citoyens :* s'ils veulent, en cette dernière qualité, présenter des pétitions aux deux Chambres pour le maintien de la loi actuelle des élections, ils en sont bien les maîtres; mais il y aura d'autres citoyens qui demanderont le changement de cette loi : le roi et les majorités des Chambres trancheront la question. Qu'on ne croie pas venir nous intimider comme en 1793. Dieu merci, ce temps d'*égarements* est passé. Il suffit que le gouvernement marche ferme, et qu'il cesse de craindre une centaine de petits personnages qui lui font illusion. Pour les réduire à la nullité la plus complète, il ne lui faut que le courage de les mépriser : dans vingt-quatre heures tout serait fini.

On s'étonne, au reste, un peu trop de ce qui arrive dans ce moment relativement au changement de ministère, parce qu'on ne songe pas assez à l'espèce de gouvernement établi par la Charte.

Dans une monarchie absolue, il n'y a pas à proprement parler de ministère; il n'y a que des ministres. Presque jamais ils ne sont renvoyés à la fois; l'intrigue les place et les déplace un à un. La lutte n'existe dans l'intérieur du palais qu'avant la chute : le public ignore et cette lutte, et le temps qu'elle a duré. La gazette lui apprend quel est son maître; il s'incline et obéit.

Dans un gouvernement constitutionnel, c'est une opinion qui ouvre et qui ferme les portes du pouvoir. Un ministère tombe souvent avant d'être remplacé, comme cela est arrivé plusieurs fois en Angleterre : survient alors une espèce d'interrègne ministériel. Il faut que le ministère à recomposer remplisse les conditions voulues, qu'il ait la majorité dans les Chambres, et que, choisi dans une opinion arrêtée, il s'avance avec toute la force de cette opinion. S'il ne réunit pas ces deux conditions, il est perdu : contrarié par les Chambres, flottant entre les partis, ne s'attachant personne, il est bientôt obligé de céder la place aux opinions opposées, lesquelles reviennent avec une puissance accrue de toute la faiblesse de l'opinion qui n'a pas su triompher.

Paris, ce 8 janvier 1819.

L'époque où nous vivons est essentiellement propre à l'histoire : placés entre deux empires dont l'un finit et dont l'autre commence, nous pouvons porter également nos regards sur le passé et dans l'avenir. Il reste encore assez de monuments de l'ancienne monarchie pour la bien connaître, tandis que les monuments de la monarchie qui s'élève nous offrent au milieu des ruines le spectacle d'un nouvel univers. Nous-mêmes, avec nos malheurs et nos crimes, nous venons nous placer dans ce tableau ; du moins, si notre siècle est peu fécond en grands hommes et en grands exemples, il est fertile en grands événements et en grandes leçons.

En attendant que l'*Histoire* fasse de nous des personnages, les *Mémoires* nous réclament pour des portraits : le cardinal de Retz peut nous peindre avant que Tacite nous juge. Ce sera un tableau curieux que celui des quinze jours qui viennent de s'écouler. L'Europe, trompée si longtemps, s'étonnait que l'expérience condamnât un système jusqu'alors préconisé comme un chef-d'œuvre de sagesse. La France s'effrayait de la renaissance des principes et des hommes révolutionnaires. Ce qu'on avait prévu arrivait : les deux opinions réelles croissaient, tandis que l'opinion mixte allait disparaître. On assurait qu'une division régnait dans le ministère ; qu'une partie des ministres voulait soutenir l'ancien système ; qu'une autre partie, au contraire, inclinait à un changement de mesures : de sorte qu'il ne s'agissait pas de la chute entière des ministres, mais de la retraite de quelques-uns d'entre eux, selon l'opinion qui prédominait dans le conseil.

A cette cause de dissolution se mêlaient des ambitions particulières, s'il est vrai que tel ministre désirât le département de tel autre. La session s'ouvrit au milieu de ces incertitudes. Le bruit courait que rien n'était prêt. Les députés fixaient leurs regards sur un ministère divisé, dont on annonçait le changement tous les quarts d'heure : ils étaient venus pour discuter des lois, ils assistaient à des querelles.

Les Chambres donnèrent dans ce moment un exemple de bon esprit et de bonne conduite. Uniquement occupés du bien public, les hommes monarchiques se réunirent pour former une majorité à tout ministère qui voudrait remédier aux maux de la patrie.

Ici l'on s'apercevra que nous ne pouvons ni ne devons entrer dans les détails. Que de choses à la fois comiques et déplorables l'avenir nous apprendra! Quel jour jeté sur différents caractères! Que de ministères gagnés et perdus, faits et défaits! Que de conférences inutiles! Que de discours singuliers! Que de combinaisons bizarres! Combien de rôles joués par un même homme! Combien de *journées des dupes* dans un seul jour! Combien de tâtonnements, de craintes, de désespoirs! Tout cela en présence de la France, à peine guérie des blessures de la révolution, et qui, remplie des souvenirs de ses grandes catastrophes, attendait en s'étonnant l'issue de ces petites intrigues.

Il suffit que l'on sache qu'un ministre en faveur a été sur le point de partir pour une ambassade éloignée, et que différentes combinaisons de ministère ont eu lieu. La haine contre les royalistes, la difficulté d'avouer qu'ils avaient eu raison, après les avoir accablés de calomnies; la faiblesse des uns, la passion des autres, la ruse de ceux-ci, l'audace de ceux-là, la frayeur des salariés et des révolutionnaires, ont fait manquer un accord qui pouvait avoir pour la France les suites les plus importantes et les plus heureuses.

Que faut-il penser du nouveau ministère? que peuvent espérer ou craindre de lui les hommes monarchiques? C'est ce qu'il convient d'examiner.

D'abord, pour être justes, remarquons qu'aucun membre du conseil ne porte la tache des Cent-Jours; tous les ministres actuels donnèrent, au contraire, à une époque désastreuse, des preuves de courage et de dévouement; ils pourront donc, sans rougir, parler de fidélité, et ne seront point exposés à se voir frappés par un de ces mots qui précipitent un orateur de la tribune. Ce n'est pas qu'une faute noblement reconnue ne puisse porter au bien une âme élevée; mais dans une âme vulgaire, une première erreur corrompt toutes les actions de la vie : on fait mal, parce qu'on a mal fait; et l'on hait dans les autres la vertu qu'on n'a eu le courage ni de garder ni de reprendre.

Cette part d'éloges faite au nouveau ministère, il faut convenir qu'il se présente sous un aspect inquiétant.

Sur les six ministres qui composent le conseil responsable, trois sont connus par leur administration précédente : il est probable que les trois autres suivront l'impulsion de ceux qui semblent être les personnages dominants.

Et d'abord de quelle manière opérera-t-on sur les fonds et les revenus de l'État? Lorsqu'un homme est rappelé à des fonctions qu'il a déjà exercées, il est naturel qu'on juge de ce qu'il fera par ce qu'il a fait; de là les sentiments opposés que produit sur les esprits la nomination de monsieur le ministre des finances : satisfaction momentanée chez les spéculateurs sur la rente, crainte chez les contribuables : les uns et les autres se sont souvenus du budget de 1814.

Les centimes additionnels centralisés au trésor, et portés de trente-deux à cinquante, malgré la paix, malgré l'excédant des recettes sur les dépenses, excédant prouvé par les millions que Buonaparte trouva au 20 mars dans nos caisses publiques; l'intérêt de huit pour cent concédé aux porteurs des obligations du trésor, auxquelles on donnait cependant en garantie trois cent mille hectares de forêts, et les biens des communes; nos dettes, portées si haut dans les inventaires, que celui-là même qui avait contracté ces dettes reconnut, quelques mois après, qu'elles s'élevaient à peine à la moitié de la somme additionnée; les dépenses évaluées à leur *maximum*, les recettes calculées à leur moindre produit : telles furent les opérations financières de 1814.

Elles amenèrent leur résultat naturel. Les contribuables, qui s'attendaient à un dégrèvement, se trouvant accablés d'impôts, sentirent moins le bienfait de la restauration; la confusion des fonds du domaine extraordinaire avec les fonds du trésor jeta des inquiétudes dans l'armée accoutumée à recevoir des dotations sur le domaine extraordinaire; des communes dépouillées de leurs biens se plaignirent; des conseils généraux, privés de leurs attributions, s'alarmèrent : ainsi fut ébranlée la foi qu'on avait eue au retour de la justice, cette reine de l'ancienne monarchie, et l'inséparable compagne de nos rois. Si quelques fautes dominent l'époque qui précéda les Cent-Jours, ce furent celles qui découlèrent de notre système de finances.

On peut douter qu'il fût utile de s'attacher aux jeux de la Bourse, et de trop perdre de vue les intérêts de la population payante, les propriétés communales, les libertés administratives. Au moment où les germes de prospérité dont la France abonde allaient se développer par l'influence d'un règne de paix et de liberté; au moment où l'on revenait aux idées saines et conservatrices, on ne parut occupé en finances que d'un tour de force, que de l'idée de payer les obligations du trésor avec l'excédant des recettes. Était-ce au véritable crédit que l'on faisait le sacrifice d'intérêts si précieux? Mais le crédit n'était-il pas garanti par la supériorité des recettes sur les dépenses, par l'entassement du numéraire, par la non-nécessité même de ce crédit, puisqu'ayant tant d'argent d'avance, et si peu de dépenses éventuelles, aucune occasion de crédit ne se présentait? C'était donc l'intérêt des créanciers de l'arriéré qui primait les autres intérêts? Mais pourquoi la liquidation des titres de ces créances éprouvait-elle tant de difficultés dans les bureaux? pourquoi l'intérêt des créances ne courait-il que du jour où l'on avait obtenu la faveur de la liquidation? Les droits des créanciers, auxquels on paraissait vouloir tout accorder, se trouvaient par le fait dans une position défavorable.

Ces mesures financières de 1814 ne sont pas d'un heureux augure. Déjà des administrateurs ont été changés; déjà on entend parler de ventes de forêts, de reprises des biens des communes. Cependant aujourd'hui c'est de raison et non de système qu'on a besoin : il faut que la monarchie entre jusque dans les finances. La vue aussi doit être étendue; quand on n'embrasse pas l'ensemble des objets, on se renferme dans une spécialité qui peut tout perdre en politique. Des convois apportaient l'or à la Banque le jour où d'autres convois emportaient l'espérance et le bonheur de la patrie. Ce n'était pas la peine d'avoir des millions en caisse au mois de mars 1815, pour être obligé de payer en 1818 l'arriéré dû aux musiciens du Champ de Mai [1].

Toutefois, quelle que soit la crainte ou l'espoir qu'inspire dans ce moment la nomination de monsieur le ministre des finances, il n'est pas certain que cette crainte ou cet espoir puisse se réaliser. Les impôts sont tels, qu'il est impossible de les accroître, et la grandeur de notre dette publique interdit tout nouvel emprunt au moyen duquel on chargerait l'avenir de supporter les fautes du présent. Ajoutons qu'il existe une si forte masse de rentes et de reconnaissances de liquidation dans les mains des étrangers, que les mesures qui tendraient à exagérer fictivement le cours des fonds publics ne feraient qu'augmenter la sortie de notre numéraire.

Passons au ministère de la guerre.

Les affaires de ce gouvernement étant confiées à l'ancien ministre, il est probable que le système militaire actuel sera maintenu dans toute sa vigueur. On sait que la loi du recrutement attaque virtuellement les principes de la monarchie. Les ordonnances, conséquences naturelles de cette loi, frappent particulièrement la garde royale.

Si du département de la guerre nous venons au département de l'intérieur, nous trouverons qu'il reste encore quinze ou vingt préfets et plusieurs sous-préfets de l'opinion royaliste. Monsieur le ministre de l'intérieur va-t-il les changer? on le craint; on craint surtout l'influence des subalternes qui se glissent dans les administrations. Un homme d'État se doit bien garantir de ces talents médiocres qui prennent les irritations de leur amour-propre pour les besoins de la société, leurs prétentions pour des principes, et l'envie pour la politique.

Le ministère qu'on avait un moment espéré était résolu à proposer le changement de la loi des élections; il est donc probable que le ministère qui a pris sa place ne veut pas changer cette loi. Dans ce cas, que devien-

---

[1] Le fait est exact : on vient de payer ce qui était dû aux musiciens au Champ de Mai.

drons-nous au mois de septembre ? On parle de dissoudre la Chambre, afin d'écarter l'opposition de droite et celle de gauche, et d'obtenir des députés purement ministériels.

Si l'on craint des élections partielles, comment osera-t-on se jeter dans des élections générales ? L'opinion démocratique prévaudra dans les colléges électoraux ; rien ne saurait empêcher la loi des élections de porter son fruit. On ne pourrait lutter contre le mauvais esprit de cette loi qu'avec l'opinion royaliste; mais si on écarte les royalistes de toutes les administrations ; si on les combat dans les colléges électoraux ; si eux-mêmes, fatigués de tant d'injustices, ne se présentent pas à ces colléges, ce ne sont ni les préfets ministériels, ni l'opinion ministérielle, qui repousseront le torrent démocratique. Allons plus loin.

Supposons que tous les préfets, que tous les commissaires de la police supprimée ou non supprimée ; que toutes les places promises ou données, que toutes les patentes, que toutes les cartes d'électeurs, que tous les rôles de ces électeurs plus ou moins vérifiés ; que toutes les caresses et toutes les menaces, que tout l'argent et toutes les destitutions produisent une Chambre ministérielle, c'est-à-dire une Chambre livrée au pouvoir du moment, nous disons que l'on tombe ici dans un autre abîme.

On peut exercer sur quelques départements des influences directes; ces influences se perdent dans la masse des élections libres ; mais croit-on que si l'on parvenait à faire, d'un bout de la France à l'autre, des élections fictives ; que si deux opinions puissantes, les seules réelles ; que si ces deux opinions opprimées, par des moyens illégaux, venaient à élever la voix : croit-on qu'on pût tenir à une pareille clameur ? N'y aurait-il pas un mouvement d'indignation contre ceux qui auraient osé avilir nos institutions, violer la Charte, rendre dérisoire le plus cher comme le plus sacré de nos droits ? A moins d'anéantir toute liberté de la presse, de détruire tous les journaux, toutes les brochures, tous les livres, une opinion formidable se formerait, et emporterait peut-être, par sa réaction, les choses et les hommes. Et si la presse se taisait, pourrait-on étouffer la voix de la Chambre des pairs ?

Le ministère voit-il le danger de la position où il se trouve ? Ne va-t-il pas s'endormir, tâcher de passer la session tellement quellement, sans présenter de lois susceptibles de grande controverse ? Ne songe-t-il pas même à une prorogation des Chambres ? et, content d'avoir vécu sans combattre avec une majorité flottante, ne croira-t-il pas avoir triomphé ? Mais alors qu'il sera cruellement réveillé ! Voit-il, au contraire, le danger ? il peut s'en tirer, et se faire un immortel honneur en proposant le changement de la loi des élections. Prendra-t-il ce parti ? Rien n'est moins probable. Il sera entraîné par les hommes sur lesquels il s'est appuyé : il faudra qu'il leur accorde et les places et les lois, conséquences forcées de cette union.

En résumant ce que nous venons de dire, le nouveau ministère se montre avec un système de finances qui pourra engloutir les dernières propriétés nationales; avec une loi de recrutement qui ronge la garde et l'armée; avec une loi d'élections qu'on n'a plus qu'un seul moment pour changer; avec une administration qui tend à exclure des places jusqu'au dernier royaliste. Il a pour partisans les hommes démocratiques, et pour défenseurs les correspondants privés.

Nous avons exposé avec sincérité et sans amertume ce que nous pensons du nouveau ministère; nous croyons qu'il ne se soutiendra pas longtemps tel qu'il est : c'est avec regret que nous venons troubler, par de funestes présages, la joie qu'il doit éprouver des éloges dont il est aujourd'hui l'objet. Journaux censurés, feuilles indépendantes, tout est devenu ministériel : la brebis égarée retourne au bercail, et la prospérité, pardonnant une infidélité passagère, rappelle ses hôtes à ses banquets. *Le Conservateur* est demeuré seul inébranlable; il garde ainsi le caractère de l'opinion dont il est l'organe, opinion que rien n'effraye, que rien ne séduit, que rien ne rend qu'à la conviction du bien, qui résiste à tout ce qui ne lui présente pas l'idée de l'ordre. C'est une chose admirable que l'immobilité des hommes monarchiques : le monde a beau changer d'eux, ils restent les mêmes. Ils voient aujourd'hui passer les intrigues comme ils ont vu passer les échafauds. On ne les trompe ni ne les épouvante : souvent victimes, jamais dupes, après trente ans de proscriptions ils sont ce qu'ils ont été. Royalistes de toutes les classes, nous vous le répétons, vous êtes les plus forts et les plus habiles. Il faudra que l'on revienne à vous, ou que la monarchie périsse. Vous avez lassé le temps et les bourreaux; vous triompherez de l'injustice et de la calomnie.

Paris, ce 18 janvier 1819.

Un grand empereur disait : *Revois ce que tu as vu, si tu veux revivre.* On peut dire avec autant de vérité : *Redis ce que tu as dit, si tu veux persuader.* Nous avons plusieurs fois parlé de la *correspondance privée,* mais il ne faut pas nous lasser de dénoncer au public ce manifeste que de mauvais Français publient dans les journaux anglais contre leurs compatriotes et leur pays. Cette *correspondance privée,* nous le répétons, a sa source dans des rangs élevés. Elle a pour but de tromper l'Europe sur notre véritable position, et de répandre hors de France des mensonges qu'elle n'oserait pas publier ici. Sous un seul rapport, elle est assez curieuse : elle fait connaître d'avance les projets de nos ministres. Doit-il y avoir des destitutions, va-t-on remplacer des royalistes par des hommes des Cent-Jours; aussitôt la *correspondance* calomnie les administrateurs qu'on renvoie, et fait l'éloge de ceux qu'on appelle; elle tâche d'amortir ainsi l'effet de ces mesures, cherche à endormir les bons esprits, et présente comme des faits isolés des déplacements qui ne sont que l'accomplissement d'un système général. M. Pitt disait que la Convention mettait ses flottes sous la protection des tempêtes : le système que soutient la *correspondance privée* veut mettre l'Europe sous la protection de la révolution.

Nous allons, pour la première fois, traduire une lettre de la *correspondance privée* : nous la prenons dans le *Times* du 15 janvier; elle a été répétée dans *le Courrier* du même jour. Nous n'y ferons que les retranchements qui nous sont commandés par des bienséances impérieuses. Nous ferons ensuite le commentaire du texte.

Extrait du Times *du* 15 *janvier.*

« Paris, 11 janvier.

« Après les grands événements, on en connaît peu à peu la cause. Tout ce que j'ai appris sur le dernier changement du ministère prouve que le duc de Richelieu a résigné la présidence de notre ministère de la manière la plus spontanée, d'après les plus mûres réflexions, et avec la détermination la plus fixe de ne plus accepter ce poste élevé, quelque pressé qu'il en pût être. Il a cédé uniquement au sentiment de son inhabileté pour la direction des affaires [1] : non, certes, à défaut de talent, mais parce qu'il avait été précipité dans une fausse route, par les faux renseignements qu'il avait été induit à écouter depuis son retour d'Aix-la-Chapelle. Il n'a pas épargné les reproches à quelques-uns de ses correspondants et de ses conseillers, qui ont abusé de son inexpérience pratique de notre situation intérieure [2], pour lui inspirer des alarmes exagérées : il a même, dit-on, adressé noblement cette déclaration à l'empereur de Russie, pour le mettre sur ses gardes contre les suggestions trompeuses que l'on pourrait faire parvenir jusqu'à Pétersbourg.

« Le comte de Nesselrode, qui était à Paris avec M. Pozzo di Borgo, et qui a observé avec lui tout ce qui s'est passé, a pu informer l'empereur

---

[1] Yielded only to the feeling of his inability to direct affairs.
[2] Who had abused his practical inexperience of our internal situation.

son maître de toute la suite de cette affaire [1]. Ils doivent avoir été bien convaincus, par l'évidence de leur propre sens, qu'il était impossible de réaliser les chimères que l'ambition désespérée des *ultra* proclamait dans toute l'Europe.

« M. Pozzo di Borgo, au plus fort de la crise, a obtenu une audience du roi. Si des rapports fondés sur l'autorité la moins douteuse [2] doivent être crus, il commença par quelques insinuations sur la démission non encore divulguée du duc de Richelieu, lorsque Sa Majesté, qui participait aux regrets que lui exprimait M. Pozzo, voulut bien lui communiquer une lettre de M. le duc de Richelieu lui-même, contenant la déclaration que ni les ordres formels de son souverain, ni les vœux de toute l'Europe, ne le décideraient à reprendre un fardeau sous lequel il se sentait lui-même prêt à succomber [3]. L'audience fut ainsi abrégée, et demeura sans objet.

« Le comte de Nesselrode a eu également, avant son départ, des conférences avec certains de nos ministres : il paraît avoir applaudi, ainsi que votre ambassadeur, au choix du marquis Dessoles. L'un et l'autre l'ont connu avant sa présente élévation, qui ne surprendra pas ceux qui sont instruits des événements précédents de sa vie, et qui sont capables d'apprécier sa juste réputation de talents, de caractère et de fermeté dans les circonstances les plus difficiles.

« Le comte de Nesselrode, en particulier, connaît la grande estime que professe l'empereur son maître envers notre premier ministre, particulièrement pour ses principes politiques, que l'empereur Alexandre a eu l'occasion d'apprécier dans plusieurs conversations, que Sa Majesté aime à provoquer, parce qu'elle est sûre d'y exceller.

« Quel rare bonheur produit par cette chance inespérée qui a appelé à la tête de nos affaires un homme également estimé en Angleterre et en Russie, et qui est digne de cette estime par le double mérite d'une impartialité à la fois politique et française [4] !

« Nous trouvons une nouvelle preuve de cette estime générale dans le ton de la plus grande partie de vos journaux, et dans les innombrables lettres particulières de votre pays, dont plusieurs sont écrites par les personnes les plus distinguées parmi vous. Notre tranquillité intérieure et la paix générale ne peuvent que gagner à ces sentiments bienveillants, et à l'estime mutuelle qui est exprimée par les organes des trois plus puissantes nations de l'Europe [5]. Qui, après cela, peut exciter la moindre discor-

---

[1] Of the whole series of transactions.
[2] On the most inquestionable authority.
[3] Under which he felt himself ready to sink.
[4] By the double merit of an impartiality at once political and french.
[5] By the organe of the three most powerful nations in Europe.

L'ABBÉ DE RANCÉ

dance ou élever la moindre plainte, comme semblerait l'indiquer un de vos correspondants, certainement mal informé sur ce point? S'il s'élevait de telles plaintes, elles ne pourraient résulter que des calculs intéressés de quelques prétentions personnelles.

« Ne croyez pas qu'il ait été sérieusement question du prince de Talleyrand dans nos combinaisons ministérielles : personne ne pense à lui. . .
. . . .
On a répandu le bruit que l'arrangement de notre cabinet n'était pas conclu, et que le duc de Dalberg revenait de Turin pour en faire partie, quoique, dans la réalité, cet ambassadeur ne revienne qu'en conséquence d'un congé obtenu depuis longtemps, et sans aucun rapport aux circonstances actuelles : tout ce qu'on écrit de contraire est une pure invention.

« Vous êtes peut-être impatient de connaître l'opinion de nos *ultra* sur notre révolution ministérielle. Au fond, ils n'aiment ni M. de Richelieu, ni M. Molé, ni même M. Lainé, auquel ils ne pourront jamais pardonner à cause de la loi des élections, dont il a été le plus éloquent défenseur; mais ils flattaient dernièrement ces trois ministres, dans la vue de les détruire [1]. Maintenant, ils montrent fort peu d'intérêt pour ces anciens ministres, et même ils les accusent de n'avoir pas eu le courage de marcher dans le périlleux sentier où ils avaient souffert qu'on les engageât. *Le Conservateur* ne leur accorde pas le moindre regret; mais il lance ses foudres contre le maréchal Gouvion-Saint-Cyr et le baron Louis dont il connaît l'intime union, et il garde le silence sur leurs collègues dont il ne prononce pas même le nom : petit artifice qui ne peut pas produire un long effet, et dont la seule vue est de jeter sur les autres ministres un soupçon qui pourrait inquiéter les libéraux; mais ce piége est trop grossier, et personne ne s'y prendra.

« Les projets de loi que l'on propose dans ce moment, et les changements qui vont avoir lieu parmi les gens en place, fourniront une prompte réponse à ces insinuations, et porteront les *ultra* à donner une pleine carrière à cette furie que les plus politiques d'entre eux recommandent de tenir confinée dans les salons jusqu'à nouvel ordre.

« Le ministère est unanime dans le sentiment que le premier moyen de fortifier son autorité est dans l'obéissance de ses agents, et dans l'identité de leurs vues avec les siennes. Ainsi il est résolu à destituer les fonctionnaires qui manquent de volonté ou d'habileté pour exécuter les ordres qu'ils reçoivent; et il y en a beaucoup de cette sorte. Trois préfets ont déjà été changés : ceux de la Vendée, des Côtes-du-Nord et de la Vienne. M. Rogniat, frère du général de ce nom, va à Bourbon-Vendée, quoique cet administrateur fût préfet durant le voyage de Gand [2]...

---

[1] In order to destroy them.
[2] During the journey to Ghent.

« Des exclusions de cette espèce cesseront lorsque tous les partis montreront le même désir de se rallier autour du trône pour l'intérêt général, et qu'ils manifesteront l'oubli du passé pour garantir l'harmonie du présent.

« Il est question de rapporter l'ordonnance qui exclut, sans formalité, de la Chambre des pairs plusieurs membres que le roi y avait nommés pour leur vie. Cela garantira l'existence de tout le reste, et montrera par un nouvel exemple que le roi n'a jamais rien promis en vain, comme Sa Majesté se plaît à le répéter souvent. »

Reprenons en détail cette misérable lettre :

« Après les grands événements, on connaît peu à peu leur cause. Tout ce que j'ai appris sur le dernier changement du ministère prouve que le duc de Richelieu a résigné la présidence de notre ministère de la manière la plus spontanée, d'après les plus mûres réflexions, et avec la détermination la plus fixe de ne plus accepter ce poste élevé, quelque pressé qu'il en pût être. Il a cédé uniquement au sentiment de son inhabileté pour la direction des affaires, etc. »

Il est difficile de renfermer dans quelque chose de plus vague un plus grand nombre de faussetés. On va voir, par le seul ordre des dates et des faits, si la retraite de M. de Richelieu a été l'effet d'une résolution spontanée, ou s'il a succombé aux intrigues de ceux qui voulaient perpétuer le système dont la France est la victime.

Dès le 12 de novembre dernier, avant que M. le duc de Richelieu fût arrivé d'Aix-la-Chapelle, on commença à faire sonder les députés de la minorité de droite sur leurs dispositions relativement à la loi des élections, à la censure, et même à la liberté individuelle. Ils déclarèrent qu'ils désiraient le changement de la loi des élections et le maintien de toutes les libertés constitutionnelles.

Le 17 et le 18 du même mois, des négociations s'ouvrirent entre les minorités royalistes et les royalistes ministériels. Le 25 et le 26, on reçut des communications plus décisives. Des amis de quelques ministres annoncèrent que ces ministres étaient disposés à proposer le changement de la loi des élections, et que, dans ce cas, les ministres opposés se retireraient.

Le 28, le président du conseil arriva à Paris. Le bruit courut que M. le ministre de l'intérieur avait offert sa démission.

Le 29, changement de scène : le ministère paraissait résolu à maintenir la loi des élections, et à demander seulement le renouvellement intégral, projet que repoussaient toutes les opinions des Chambres.

Le 1ᵉʳ et le 2 décembre, des mutations de ministère semblèrent mettre d'accord tous les ministres.

Le 3, il survint un accident : on parla de la retraite d'un ministre en faveur. Les royalistes en furent informés.

Le 6, projet du ministère, qui ne réussit pas, par l'opposition d'un ministre.

Les deux minorités royalistes achevèrent de se réunir le 12, et montrèrent, le 13, le 14 et le 15, qu'elles formaient, par cette réunion, une majorité incontestable. Mais le 16, une démarche qui ne signifiait rien en elle-même (une visite de M. le duc de Richelieu à M. le comte Decazes) divisa un moment les royalistes ministériels, et rendit la majorité douteuse. On rentra dans les anciennes perplexités.

Le 19, on reprit l'idée d'un ministère décidé à proposer le changement de la loi des élections.

Il paraîtrait que MM. de Richelieu, Lainé et Molé offrirent leur démission le lundi 21 : ces démissions n'ayant pas été, dit-on, acceptées, on assure qu'un de ces trois ministres voulut exiger des deux autres qu'ils ne resteraient au ministère qu'autant que M. le comte Decazes serait éloigné, et partirait pour l'ambassade de Pétersbourg. On ignore jusqu'où cette mesure a été poussée ; mais on tient pour certain que M. le comte Decazes travailla sérieusement à son départ.

M. le comte Decazes ne partit point ; et le jeudi 24, M. le duc de Richelieu parut seul chargé de composer un nouveau ministère. MM. de Lauriston, Mollien, Siméon et de Villèle furent simultanément mandés le jeudi au soir chez M. le duc de Richelieu : il paraît que le premier aurait eu le portefeuille de la guerre ; le second, le portefeuille des finances ; le troisième, le portefeuille de la justice ; et le quatrième, le portefeuille de la marine. Les ministres désignés se trouvèrent en présence les uns des autres, la plupart pour la première fois. Ils ne montrèrent tous qu'un sentiment, celui de l'impossibilité d'établir un tel ministère dans de telles circonstances.

Alors, et seulement alors, et point du tout *spontanément*, comme on le voit, M. le duc de Richelieu songea à se retirer des affaires. Cependant on parla encore de la composition d'un ministère qui paraissait devoir convenir à toutes les opinions, et qui aurait mis fin aux inquiétudes de la France. M. le duc de Richelieu serait resté aux affaires étrangères ; M. Lainé, à l'intérieur ; M. Roy, aux finances ; M. Lauriston aurait pris le département de la guerre, et M. de Villèle celui de la marine.

Ce fut le samedi 26 qu'eut lieu la séance de la Chambre des députés, dans laquelle M. Beugnot fit le rapport sur la demande des six douzièmes de l'impôt.

L'opposition de gauche demanda la remise de cette décision au mardi : cette proposition fut adoptée.

Qui pourrait croire qu'une chose aussi peu importante en soi a fait un si grand mal ? On répandit le bruit à l'instant que la majorité se prononçait contre M. le duc de Richelieu, et que, s'il s'arrêtait au ministère projeté, il n'obtiendrait pas le vote des six douzièmes.

M. le duc de Richelieu donna sa démission, et le ministère actuel fut nommé.

Ainsi l'assertion de la *correspondance privée* est dénuée de toute vérité. La retraite de M. le duc de Richelieu n'a point été l'effet d'une résolution spontanée, mais le résultat d'une longue intrigue par laquelle ceux qui voulaient conserver le système actuel ont fatigué cet homme de bien. Nous ignorons si M. le duc de Richelieu a fait des reproches à ses amis, s'il a écrit à l'empereur de Russie pour le *mettre sur ses gardes;* nous ne sommes point des amis du noble duc, mais nous croyons que ses amis ne l'ont point trompé ; et nous pensons aussi que M. le duc de Richelieu est trop bon Français pour rendre compte au cabinet de Saint-Pétersbourg des affaires intérieures de la France. La *correspondance privée* a ses raisons pour n'attribuer la formation du nouveau ministère qu'à la retraite volontaire de M. le duc de Richelieu, et à l'aveu qu'il aurait fait de sa propre insuffisance. Elle ne veut pas avouer que M. le duc de Richelieu sentait la nécessité d'abandonner le vieux système, et de se rapprocher des hommes monarchiques ; elle craindrait, par cet aveu, de donner du poids à l'opinion royaliste, et de condamner le système du ministère actuel ; elle vient au-devant des reproches de l'Europe.

« Le comte de Nesselrode, qui était à Paris avec M. Pozzo di Borgo, et
« qui a observé avec lui tout ce qui s'est passé, a pu informer l'empereur
« son maître de toute la suite de cette affaire ; ils doivent avoir été bien
« convaincus par l'évidence de leur propre sens qu'il était impossible de
« rétablir les chimères que l'ambition désespérée des ULTRA proclamait dans
« toute l'Europe.

« M. Pozzo di Borgo, au plus fort de la crise, a obtenu une audience du
« roi. Si des rapports fondés sur l'autorité la moins douteuse doivent être
« crus, il commença par quelques insinuations sur la démission non encore
« divulguée du duc de Richelieu, lorsque Sa Majesté, qui participait aux
« regrets que lui exprimait M. Pozzo, voulut bien lui communiquer une
« lettre de M. de Richelieu lui-même, etc. »

A Dieu ne plaise que ces *ultra,* dont l'*ambition* est si *désespérée,* fassent jamais partie d'un ministère libre qui s'appuierait du crédit d'un ambassadeur étranger ! Où en serions-nous s'il était vrai que des ambassadeurs, de quelque nation qu'ils soient (lorsque nous ne sommes plus liés par des traités, lorsque ces traités accomplis ne laissent aucun prétexte de se mêler de nos affaires intérieures) ; où en serions-nous, s'il était vrai que des ambassadeurs se crussent avoir le droit de demander compte de ce que nous faisons ? Quelle est donc l'*autorité* qui a pu apprendre à la *correspondance privée* ce qui s'est passé entre le roi et M. Pezzo di Borgo ? Misérables écrivains salariés, penseriez-vous faire estimer le ministère actuel, en ayant l'air de mendier pour lui la bienveillance de l'Europe d'une manière si honteuse ? On découvre dans vos lâches apologies que vous êtes mal assurés : ces royalistes que vous insultez sans cesse ne font point dépendre leur sort et leur opinion du retour d'un courrier.

« Ne croyez pas qu'il ait été sérieusement question du prince de Tal-
« leyrand dans nos combinaisons ministérielles ; personne ne pense à
« lui, etc. »

Nous ne savons pas réellement s'il a été question de M. le prince de Talleyrand. Nous ne ferons point l'éloge de cet ancien ministre, par la raison que nous avons supprimé les outrages que lui adresse la *correspondance privée*. Mais nous savons que ce n'est pas lui qui nous a donné la loi des élections et la loi du recrutement.

« Vous êtes peut-être impatient de connaître l'opinion de nos ULTRA sur
« notre révolution ministérielle. Au fond, ils n'aiment ni M. de Richelieu,
« ni M. Molé, ni même M. Lainé, auquel ils ne pourront jamais pardonner
« la loi des élections.

« . . . .

« *Le Conservateur* ne leur accorde pas le moindre regret, etc. »

Ainsi la *correspondance privée* soutient la loi des élections ; elle soutient aussi le ministère actuel.

Elle prétend qu'au fond les royalistes ne regrettent point l'ancien ministère ; elle a parfaitement raison. Ils ont constamment combattu ce ministère. Cela ne veut pas dire qu'ils ne se fussent joints de tout leur cœur à la partie du ministère qui voulait abandonner un système funeste.

On voit ici la *correspondance privée* s'occuper du *Conservateur*. Et comment ce *Conservateur*, qui ne compte pas encore quatre mois révolus, est-il déjà devenu une si grande puissance ? Comment la *correspondance privée* le mêle-t-elle aux premiers intérêts politiques, à la chute des ministères, aux mouvements des ambassadeurs, aux dépêches des diplomates ? Il faut donc que ce *Conservateur* soit le représentant d'une opinion prépondérante. Mais, d'un autre côté, la *correspondance privée* assure que l'opinion royaliste n'est rien en France : voilà comme les hommes de mauvaise foi se coupent, se trahissent, et laissent malgré eux percer la vérité.

« Le ministère est unanime dans le sentiment que le premier moyen de
« fortifier son autorité est dans l'obéissance de ses agents et dans l'iden-
« tité de leurs vues avec les siennes. Ainsi, il est résolu à destituer les
« fonctionnaires qui manquent de volonté ou d'habileté pour exécuter les
« ordres qu'ils reçoivent, et il y en a beaucoup de cette sorte. Trois pré-
« fets ont déjà été changés : ceux de la Vendée, des Côtes-du-Nord et de

« la Vienne. M. Rogniat, frère du général de ce nom, va à Bourbon-
« Vendée, quoique cet administrateur fût préfet pendant le voyage de
« Gand. »

La *correspondance privée* nous annonce donc des destitutions ? En effet, elles se multiplient sous nos yeux. Cela ne nous surprend point ; il y a longtemps que nous les avons prédites. Quand toutes les autorités administratives, civiles, politiques, judiciaires et militaires seront changées, on verra ce qui adviendra. Remarquons, pour l'instruction de nos lecteurs, cette expression, le *voyage de Gand* : STUPETE, GENTES ! Ce sont les hommes qui se disent les amis du ministère, ce sont les hommes qui paraissent connaître si intimement ses projets, c'est la *correspondance privée* qui parle ainsi : cela nous explique pourquoi nous voyons tant de voyageurs de l'île d'Elbe.

« Il est question de rapporter l'ordonnance qui exclut sans formalités,
« de la Chambre des pairs, plusieurs membres que le roi y avait nommés
« pour leur vie. »

Cette ordonnance, dit-on, est rapportée. On prétend même que les pairs qui sont ou qui pourront être rappelés entreraient sur-le-champ dans la Chambre des pairs, si l'ancienne minorité de cette Chambre, devenue majorité, était opposée au ministère. Il faudrait faire ici deux suppositions injurieuses : l'une, que l'ancienne minorité de la Chambre des pairs appuierait tous les actes du ministère nouveau, quels qu'ils fussent, dans la crainte de voir revenir les pairs exclus par l'ordonnance ; l'autre, que les pairs rappelés auraient engagé leur opinion aux ministres. Nous nous faisons une plus noble idée des pairs de France : tous ceux qui siègent maintenant dans la Chambre verront toujours avec respect des choix qui dépendent uniquement de la puissance et de la sagesse du roi : ils sont, de plus, persuadés que tout nouveau pair saura conserver la dignité et l'indépendance de son opinion.

Les nations voisines se laisseront-elles berner encore longtemps par la *correspondance privée ?* Comment peuvent-elles être dupes de ces récits dont il leur est si aisé de connaître la source ? Il n'y a pas de si mince individu à Paris qui ne puisse nommer l'auteur de la *correspondance privée* ; et les cours étrangères et les peuples étrangers ignoreraient ce qui est en France le secret de la comédie ! L'Europe croit entendre la voix de la France, et elle n'entend que la voix de quelques hommes intéressés à défendre un système funeste, par la raison que ce système favorise leurs passions, accroît leurs fortunes, et les maintient dans les places et dans les honneurs !

Mais combien ces hommes eux-mêmes sont imprévoyants ! Pensent-ils recueillir les derniers fruits de la moisson qu'ils ont semée ? Illusions !

Poussés par une faction puissante, quand ils seraient parvenus à chasser tous les serviteurs du roi, à écarter tous les hommes monarchiques, alors ils tomberaient eux-mêmes victimes de leur aveugle haine.

Bientôt la faction triomphante serait elle-même trompée dans ses calculs ; elle se diviserait en civile et en militaire. Les démocrates, qui auraient cru parvenir à la liberté, arriveraient encore une fois à l'esclavage : un sabre remplacerait leur constitution, et les généraux renverraient les écrivains indépendants dans les bureaux de la police.

Ceux qui ont langui si longtemps sous le despotisme des baïonnettes, ne craignent-ils pas de voir renaître ce despotisme ? Espérerait-on trouver dans la puissance militaire un abri contre la démocratie ? Ce ne serait qu'un nouveau péril. Nous errons d'écueils en écueils, pour ne pas vouloir suivre la route du bon sens, de la justice et de la véritable liberté. Nous laissons périr la morale et la religion, comme pour rendre nos maux incurables. Buonaparte avait tué la révolution, nous l'avons exhumée, et nous prodiguons l'encens à ses restes impurs. Restaurateurs de ses œuvres, propagateurs de ses maximes, nous enlevons la consolation à la mort, l'innocence à la jeunesse. Il semble que nous prenions surtout un soin particulier d'empoisonner les générations nouvelles : nous avons raison. Rendons la postérité complice de nos opinions ; subornons l'avenir : les criminels doivent chercher à corrompre le juge.

Paris, ce 21 janvier 1819.

C'est aujourd'hui le jour du grand sacrifice ; il semble que la mort redouble d'activité pour augmenter la pompe de sa fête. Elle vient de frapper quatre reines ; elle continue parmi nous sa moisson. M. Hue, après avoir partagé la captivité du roi-martyr, est allé le rejoindre aux pieds de ce souverain Arbitre qui casse les sentences iniques et punit les juges prévaricateurs. L'oraison funèbre de M. Hue est prononcée aujourd'hui dans toutes les églises de France : c'est Louis XVI lui-même qui l'a faite, en écrivant dans son testament le nom de son fidèle serviteur.

M. Hue est sorti de la vie avec un compagnon digne de lui, M. l'abbé Legris-Duval. Ce dernier avait voulu accompagner Louis XVI à l'échafaud, comme le premier l'avait servi dans les fers. A un vrai talent pour la parole, M. Legris-Duval joignait la charité la plus active, le caractère le plus doux, les vertus les plus modestes : il est descendu de la chaire de vérité dans la tombe, où toutes les vérités chrétiennes trouvent leurs preuves.

Ces deux hommes, dont la conduite, les discours et les écrits avaient combattu les doctrines modernes, n'ont été devancés que de quelques jours dans un autre monde par le dernier des amis de Voltaire, et le dernier des encyclopédistes. M. l'abbé Morellet avait aidé à poser les premières pierres de la moderne Babel : il a été témoin de la confusion des langues et de la dispersion des peuples. Il s'en est allé quand il ne restait plus rien de cette antique société qu'une fausse philosophie a détruite.

Représentant d'un autre siècle parmi nous, M. l'abbé Morellet avait connu Montesquieu, Voltaire, Buffon et Rousseau. Il aimait à nous raconter leur gloire, comme ces vieux soldats qui, restés seuls au milieu des générations nouvelles, se plaisent à parler des généraux illustres sous lesquels ils ont combattu.

On remarque dans les écrits de M. l'abbé Morellet de la lecture, de la perspicacité, de saines doctrines littéraires. Ses derniers ouvrages ne renferment peut-être pas des jugements d'une impartialité rigoureuse ; mais l'écrivain qu'il a critiqué avec le plus d'amertume aime à reconnaître ce qu'il lui doit, et le profit qu'il a tiré de la leçon. Il faut convenir, d'ailleurs, que la peinture d'un amour et d'une nature sauvages devait paraître étrange à un homme qui avait passé sa vie dans les déserts d'Auteuil et dans le salon de madame Geoffrin.

Au reste, les bonnes actions valent mieux que les bons livres. On se rappellera toujours que M. l'abbé Morellet a plaidé et gagné la cause des enfants des condamnés. Aujourd'hui n'aurions-nous pas encore besoin de son éloquence ? Le temps des victimes est-il passé sans retour ? C'est avec une peine réelle que nous voyons ainsi disparaître les véritables gens de lettres ; car on ne peut plus appeler de ce nom ces littérateurs sans études, commis le matin, homme du monde le soir, portant dans les affaires, avec la présomption de l'ignorance, les sentiments de haine et d'envie qui sont comme les remords ou la conscience de la médiocrité.

Ces esprits faibles, qui se nomment entre eux des hommes forts, sont depuis la restauration le véritable fléau des ministères. Ils font partager aux hommes d'État leurs petites passions, leurs basses vengeances d'amour-propre, leur faux système de politique. Le ministère nouveau n'a point échappé à l'influence des apprentis ministres : c'est la coterie qui a triomphé. Or, ouvrez les ouvrages et les journaux de la coterie, vous y verrez partout haine des royalistes, doctrines antimonarchiques, admiration de la plupart des erreurs révolutionnaires.

Et pourtant les génies spéciaux qui fournissent au ministère ses inspirations n'ont pu rédiger un projet de loi constitutionnel et raisonnable.

Quant à la loi sur le changement de l'année financière, comment n'a-t-on pas vu qu'il y avait un moyen bien simple de trancher la difficulté sans violer la Charte? Faites faire sur-le-champ le budget de l'année actuelle ; fermez la session au mois d'avril ; convoquez les colléges électoraux au mois de mai ; rassemblez les Chambres au mois de juin pour discuter le budget de 1820, et vous rentrez ainsi dans l'ordre du temps sans porter une loi, sans exposer la France à rester dix-huit mois sous la dictature ministérielle.

Mais des élections au mois de mai! s'écrie-t-on. Seront-elles moins dangereuses au mois d'octobre? Vous êtes donc effrayés des élections? Comment soutenez-vous alors que la loi des élections est parfaite? Si elle est défectueuse, au contraire, que ne la changez-vous? Avec de la bonne foi, avec un désir sincère de réconciliation et de paix, tout serait facile ; tout est difficile avec des systèmes, des passions et des vanités.

Lorsque nous fûmes forcés de parler du nouveau ministère, nous nous exprimâmes avec une mesure que commandaient également le bon sens et la justice. Ce ministère nous était en partie inconnu ; nous n'étions pas sans crainte sur la marche qu'il allait suivre ; mais nous trouvions aussi dans les intérêts mêmes de ce ministère quelques motifs d'espérance.

Notre espoir a été trompé ; la modération bien connue du président du conseil, son esprit fin, son caractère conciliant, n'ont pu arrêter le mal. Nous annonçons avec douleur à la France royaliste que le nouveau ministère n'est que le continuateur des fautes du ministère qu'il a remplacé.

Avec moins d'éclat, il semble avoir plus de violence. Il tâtonne, il craint ; il cherche une majorité qui ne lui est pas assurée, et pourtant ses actes ont quelque chose de décidé. La Charte l'arrête peu : du premier coup il apporte deux lois inconstitutionnelles. Incertain dans sa marche, il paraît avoir un but ; indécis dans ses projets, il est fixé dans sa doctrine.

Ce que nous avions prévu des nouvelles opérations ministérielles commencé à se réaliser. L'avis inséré dans le *Moniteur* du 13 janvier est la preuve du penchant irrésistible qui entraîne le ministère actuel des finances à s'occuper des intérêts de la Bourse, sans trop songer à ceux des contribuables. Par cet avis, le ministre fait connaître aux porteurs de rentes que le trésor leur payera, à dater du 18 de ce mois, le semestre qui ne leur sera dû que le 22 mars, et qui n'aurait été payé à plusieurs que le 12 avril. Quoique cette avance soit faite sous l'escompte de 5 pour cent l'année, nous devrions la regarder comme des *étrennes,* ou comme la joyeuse entrée de M. le ministre des finances, si cette avance ne devait en définitive être payée par le trésor public, c'est-à-dire par les contribuables.

Sans parler de l'idée assez bizarre de transformer le trésor public en une espèce de caisse d'escompte, on pourrait demander à quel taux M. le ministre des finances emprunte lui-même les capitaux qu'il va prêter à 5 pour 100.

Dira-t-on qu'il n'emprunte pas? Mais n'existerait-il point un traité avec les receveurs généraux, qui obligerait M. le ministre des finances à recevoir au trésor tout l'argent qu'ils voudraient y verser d'avance, en leur tenant compte des intérêts à 6 pour 100, et leur allouant en outre un droit de commission? M. le ministre des finances n'emprunte-t-il pas de fait à tous les porteurs de ses bons royaux et de la caisse de service? n'emprunte-t-il pas en faisant escompter les effets à terme que lui produisent des douanes et les coupes de bois? Il emprunte réellement tous les jours par mille opérations diverses, et le taux de ses emprunts est toujours au-dessus de 6 pour 100.

Ainsi, à moins que M. le ministre des finances n'ait remboursé à la fois tous les fonds particuliers des receveurs généraux, tous les bons royaux, tous les billets de la caisse de service, etc., etc.; à moins qu'il ne doive rien à personne; à moins qu'il ne possède aujourd'hui en numéraire 70 ou 80 millions, lesquels n'aient et ne puissent avoir aucun autre emploi, il est évident qu'il grève le trésor de toute la différence de l'intérêt supérieur qu'il paye à l'intérêt inférieur qu'il reçoit pour escompter; il est évident qu'en chargeant le trésor il charge les contribuables; qu'il les charge, disons-nous, inutilement, illégalement, inconstitutionnellement.

Les principes constitutionnels ne sont-ils pas violés si un ministre peut, à sa volonté, disposer de l'argent du trésor, en changer l'application, ou pour les sommes ou pour le temps des payements? L'État ne serait-il pas compromis si un événement imprévu survenait dans l'intervalle de la distraction des fonds, et rendait nécessaire un autre emploi de ces mêmes fonds? Enfin, comment se fait-il qu'une détermination aussi considérable ne soit motivée sur aucune loi, ni même autorisée par une ordonnance royale? Que devient la responsabilité du ministère, lorsqu'un simple avis, sans signature, prescrit l'emploi d'une partie de la fortune publique. De grands dangers sont attachés à de pareilles mesures; et un ministre des finances qui paye ce qu'il ne doit pas fait toujours craindre un ministre des finances qui ne payera pas ce qu'il doit.

Au reste, pour soutenir ces jeux de bourse, il faudra bien en venir à la vente de nos forêts. On parle déjà d'un projet d'ordonnance qui remonterait à une date de dix ou douze jours. Quand la France sera dépouillée, que nous restera-t-il? Une réponse horrible a été faite à cette question par un révolutionnaire : *Sept cent mille soldats payés par la confiscation des biens de vingt mille familles.*

Heureusement les soldats de la légitimité ne combattent que les ennemis et ne dépouillent point les Français. Espérons que notre armée conservera le bon esprit qui l'anime. Cependant la loi de recrutement et les ordonnances qu'elle a produites font un grand mal.

Nous avons à combattre un système qui ne brise pas toujours l'obstacle qu'il rencontre, mais qui tourne la difficulté, et ne fait un pas en arrière que pour avancer de nouveau. Quand on jette un regard sur un chemin parcouru, on ne peut s'empêcher de remarquer la rapidité de la course. Depuis l'ordonnance du 5 septembre, vingt-quatre préfets ont été destitués. Quelques-uns de ces préfets ont été replacés, puis destitués encore. Quatre ont été mis à la retraite ; un seul a donné sa démission (M. le comte Berthier, frère du colonel de la garde, qui vient de perdre son régiment.) La plupart de ces administrateurs avaient rendu des services importants à la monarchie avant et après les Cent-Jours.

Les changements arrivés dans les tribunaux n'ont pas été moins remarquables : à Montpellier, par exemple, les magistrats qui avaient refusé de prêter serment à Buonaparte après le 20 mars se trouvent éloignés par une fatalité inexplicable. La cour de Nîmes vient d'être instituée par une ordonnance du 8 décembre dernier. Parmi les magistrats qui composaient cette cour, sept conseillers avaient eu le noble courage dans les Cent-Jours de refuser le serment exigé par l'usurpateur. Un seul de ces dignes conseillers a gardé sa place.

Les conseillers-auditeurs, à l'exception d'un seul, avaient suivi ce bel exemple ; il en restait cinq lors de l'installation : l'un d'eux a été éliminé ; un autre a été transféré à Montpellier, en qualité de substitut du procureur général ; les deux plus anciens ont été laissés dans leurs fonctions d'auditeurs ; un seul a été élevé à celles de conseiller en titre, et c'est celui qui avait prêté serment à Buonaparte.

Même chose est arrivée dans l'ordre militaire. D'une autre part, les hommes des Cent-Jours ont été appelés de préférence aux emplois ; de sorte que, dans le système, non-seulement la fidélité n'a compté pour rien, mais elle semble avoir nui à ceux qui la tinrent pour quelque chose.

Nous entendons répéter qu'on en agit ainsi sous Henri IV. Il faut redresser cette mauvaise foi ou cette ignorance. L'exemple serait mal choisi pour justifier le système, puisqu'enfin Henri IV fut assassiné par Jean Châtel depuis son abjuration, et qu'il finit par tomber sous le poignard d'un fanatique imbu des maximes de la Ligue. On l'avait averti en prose et en vers de se défier de sa trop grande clémence.

> Ante fuit ducibus magnis clementia virtus ;
> Post fuit hæc virtus, extincto Cæsare, crimen.

Ensuite il n'est pas vrai que le ministère de Sully suivit les mesures qu'adopte aujourd'hui notre ministère ; il n'est pas vrai qu'on renvoya tous les royalistes, pour donner leurs places aux ligueurs. On n'érigea point l'ingratitude en système de politique. Les partisans de l'Union à qui l'on accorda des honneurs et des emplois ne les obtinrent point au détriment des amis de Henri IV. Il y eut partage, il n'y eut point exclusion.

De plus, la France ne fut point remise tout entière et tout à la fois entre les mains de son prince légitime. Il fut obligé d'en faire la conquête pied à pied ; et les commandants des places ne lui ouvraient leurs portes qu'après des capitulations qu'il était obligé de tenir : cette position explique les concessions de Henri IV.

Enfin Henri IV, en embrassant la religion catholique, se réunit aux deux premiers ordres de l'État, au clergé et à la noblesse, à l'archevêque de Lyon, aux évêques de Paris, de Chartres, de Reims, etc. ; à MM. de Mayenne, de Nemours, de Mercœur, d'Aumale, d'Harcourt, de Brissac, de Villeroi, de Givry, et à mille autres ; c'est-à-dire qu'il abandonna le parti républicain, où il s'était trouvé comme général, pour passer comme roi dans le parti monarchique.

Aujourd'hui, au contraire, le système ministériel tend à faire sortir la royauté de l'opinion monarchique, pour la faire entrer dans l'opinion républicaine : contre-sens qui serait pervers s'il n'était stupide. Ce populaire Henri IV se joignait donc aux aristocrates. Il savait bien qu'il ne pouvait être roi avec des religionnaires qui se croyaient en droit d'examiner les titres de la souveraineté politique, comme de scruter les principes de la puissance spirituelle, et avec d'Aubigné qui rêvait une république fédérative. Même dans le parti monarchique où il se plaça et dut se placer, son indulgence ne passa pas certaines bornes : l'édit de Paris, du 28 mars 1594, exclut de l'amnistie générale ceux qui auraient trempé dans l'assassinat de Henri III ; et l'article 5 du traité de Folembray (janvier 1596), répète la même exclusion en ces termes : « Voulons que des choses dessus dictes rien soit excepté, fors l'assassinat du feu roy, nostre très-honoré seigneur et frère. »

Ainsi donc l'exemple dont on veut s'appuyer est nul, et nos ministres peuvent réclamer la gloire d'être les inventeurs de leur système : ils n'ont rien de commun avec Sully. Ce système, ils ont cru sans doute le maîtriser en s'y jetant : erreur de vanité commune à tous les hommes. Mais qu'ils sont emportés loin de ce qu'ils voulaient peut-être !

La Charte restera ; elle sera notre sauvegarde. Elle nous mettra à l'abri et de ceux qui voudraient nous ramener le despotisme impérial et de ceux qui chercheraient à nous replonger dans la république. Les honnêtes gens finiront par l'emporter ; ils ne se découragent pas ; ils savent que les hommes passent, et que la raison demeure. Combien a-t-on gémi des fautes de l'ancien ministère ! Ce ministère est tombé ; celui-ci tombera à son tour, et plus vite encore.

Que les correspondances privées le vantent, on sait pourquoi ; que tout ministère qui succède à un ministère soit toujours le plus beau et le meilleur, c'est dans l'ordre ; que la France ait tremblé en apprenant qu'on allait former une administration royaliste, on connaît la vérité de cette assertion : mais on sait aussi que deux lignes du discours du roi avaient abattu ceux qui, quelques jours après, ont levé si fièrement la tête; que leur peur était risible et pitoyable; que l'espoir de voir embrasser un système monarchique avait répandu la joie dans le royaume.

Quant aux royalistes, comme ils sentent leur force, ils ne sont point du tout consternés de ce qu'un ministère se forme dans une opinion différente de la leur. En examinant l'état des partis, rien ne les effraye; ils n'aiment, ni n'estiment, ni ne craignent les révolutionnaires. Ceux-ci peuvent se tenir assurés qu'il n'y aura plus d'émigration. Les partisans de la royauté légitime défendront leur vie et leurs foyers; et si jamais on les forçait de rentrer dans le droit naturel, on les trouverait sur les champs de bataille, mais on ne les traînerait plus à l'échafaud.

Les royalistes savent ensuite que la coterie qui pousse le ministère se réduit à une centaine d'hommes. Si ces hommes sortent des places, ils disparaîtront pour toujours, car ils ne sont rien par eux-mêmes; s'ils gardent ces places, ils en descendront l'un après l'autre, parce qu'ils n'ont aucun talent.

Il n'y a plus rien d'entier, hors l'opinion monarchique. La Chambre des députés, brisée en diverses sections, attend ce qui doit la réunir. On se dispute le matin des places qu'on doit perdre le soir. Les nouvelles élections nous menacent, les affaires de la religion périclitent. Les colléges sont en proie à des insurrections, résultat d'une éducation qui n'a plus la religion pour guide. Des écoliers philosophes veulent être indépendants, et souscrire pour le Champ-d'Asile. On ferme les écoles des frères de la Doctrine chrétienne, où régnaient encore la soumission et la paix. On nomme, pour instruire la jeunesse sous les Bourbons, des hommes qui ont condamné Louis XVI à la reclusion et au bannissement, et rejeté l'appel au peuple. Non content d'avoir corrompu le passé, on en veut à l'innocence de l'avenir, et l'on empoisonne les générations dans leur source. Toutes les doctrines qui nous ont perdus sont de nouveau préconisées : on cherche à ranimer les haines populaires contre les prêtres et les nobles; on invente des conspirations royalistes. Ceux qui rendirent quelque service à la couronne perdent leurs places, et sont obligés de défendre leur honneur devant les tribunaux. Le 21 janvier voit la disgrâce des anciens serviteurs de Louis XVI. On s'agite, on crie; on imprime les choses les plus abominables : hé bien! tout cela passera. Plus le mal paraît grand, plus il sera court : *si gravis, brevis*. Ce sont les derniers efforts du génie révolutionnaire. Les royalistes attendent en silence, les yeux fixés sur les événements futurs. Défenseurs de la légitimité et dépositaires des principes monarchiques, ils se souviennent qu'ils ont deux choses à sauver : le roi et la France!

R. — POLÉM.

Paris, 17 février 1819.

Nous marchons : si l'on pouvait se désintéresser de la patrie, se mettre à l'écart, regarder passer tous ces personnages qui courent tête baissée à leur ruine, il y aurait de quoi s'émerveiller de leur folie. Les choses en sont venues au point que, tandis que l'on remarque les fautes de détail, l'ensemble des choses périclite, et les rouages de la machine menacent de se briser ou de s'arrêter à la fois. Le danger n'est plus dans tel ou tel ministère en particulier ; l'opinion n'est plus précisément dans les Chambres ; ce n'est plus une loi, un discours, qui fixent l'attention publique : on a déjà dépassé tous ces intérêts, et l'on en est à savoir s'il y aura ou s'il n'y aura pas d'ordre social.

Ce serait une chose inexplicable, si l'on ne connaissait l'orgueil des systèmes et les fureurs de la vanité, que de voir tant d'hommes aujourd'hui effrayés, tant d'hommes maintenant éclairés sur les faux principes qui nous guident, ne rien faire néanmoins pour en arrêter les effets : loin de revenir sur leurs pas, les dépositaires du pouvoir suivent à l'envi la route tracée. Ils ont beau soutenir à la tribune, dans leurs discours, qu'ils ne veulent *semer la division ni dans la garde ni dans l'armée ;* qu'ils *ne favorisent pas l'agiotage,* leur manière même de se défendre prouve qu'ils font ce qu'ils disent qu'ils ne font pas.

Au ministère de la guerre, les premiers plans ne sont point abandonnés. Les destitutions continuent ; elles tombent presque toutes sur des officiers qui ont anciennement servi dans les armées royales, ou sur des jeunes gens qui n'ont été employés que depuis la restauration. Une série d'ordonnances est jetée comme un filet sur l'armée, et enlève tour à tour les militaires qui ont donné le plus de gages à la royauté légitime. Ces ordonnances sont véritablement un chef-d'œuvre : il faut les étudier pour voir avec quelle subtilité elles expliquent la loi du recrutement au désavantage des royalistes, et au détriment de la prérogative royale. Voici une remarque qui en vaut la peine : Buonaparte faisait tous ses efforts pour obliger les fils de famille à entrer dans son armée ; il les prenait de force ; il leur envoyait des brevets de sous-lieutenants à domicile ; il les contraignait d'entrer dans les gardes d'honneur ; il voulait remplir ses camps de propriétaires et d'hommes monarchiques. Aujourd'hui, sous l'autorité légitime, il n'y a rien que l'on ne fasse pour écarter les fils de famille qui s'empressent de solliciter du service : s'ils y sont entrés, quoi qu'on ait fait pour les en exclure, on leur dispute leur grade, on les rejette à la queue des contrôles, on les destitue au moindre prétexte, et à force de dégoût on les oblige à se retirer. Et c'est ainsi qu'on prétend reconstruire la monarchie!

Il y a de bonnes gens qui s'endorment, *carpebant somnos*. On leur dit qu'on ne changera plus rien à la garde : les voilà tout satisfaits. Oui, mais il y a des ordonnances préparées, mais tôt ou tard elles seront mises à exécution. On prétend même qu'on va changer le système entier des légions, ce qui amènerait la dislocation des cadres des officiers et la refonte totale des états-majors de l'armée.

Lorsqu'en soutenant la loi de recrutement on a sacrifié la prérogative royale, que disait-on pour motiver ce sacrifice? On disait que l'armée allait acquérir, par le nouveau mode d'avancement, la fixité des emplois; et voilà que l'on efface deux officiers d'un haut rang du contrôle actif de l'armée, sans jugement préalable, sans même s'enquérir jusqu'à quel point ces officiers étaient entrés dans la chose dont on fait le prétexte de leur destitution! Avant la révolution, nul officier ne pouvait perdre son grade que par le jugement d'un conseil de guerre; et c'est ce qui existe encore dans tous les pays militaires de l'Europe. Et maintenant, sous notre gouvernement constitutionnel, le caprice d'un ministre, peut-être la vengeance d'un subalterne, pourra priver le militaire le plus distingué du prix de son sang et de ses longs travaux.

On a beaucoup répété que des officiers n'avaient pas le *droit* de faire ceci, de faire cela : pourquoi donc ceux qui raisonnent de la sorte nous ont-ils tant parlé des *droits des soldats*, à l'occasion de la loi du recrutement? Pourquoi nous ont-ils fait entendre que, si l'armée se souleva en 1789, c'est qu'on avait méconnu *ces droits?* Il ne convient pas à ceux qui ont dépouillé la prérogative royale par la loi du recrutement, qui ont établi par cette funeste loi un principe démocratique dans l'armée; il ne leur convient pas aujourd'hui de nier leurs propres principes. Souvenons-nous que le système ministériel est surtout dangereux dans le département de la guerre. Ce n'est pas dans ce département une chose indifférente que des destitutions multipliées. En changeant un corps d'officiers, on peut changer en trois mois l'esprit de l'armée. Nous ne cesserons point de signaler ce péril : il est grand, il est imminent. Puisque, tôt ou tard, nous aurons avec la loi des élections une Chambre des députés démocratique, tâchons du moins de conserver la monarchie dans l'armée : ne donnons pas le bras à la tête révolutionnaire que nous avons modelée et façonnée de nos propres mains.

Il est d'autant plus urgent de veiller à ce danger, que le venin démocratique se glisse dans toutes les autres branches de l'administration : partout les principes de la monarchie sont méconnus. Dans les finances, on sacrifie les intérêts de la propriété à un fol esprit d'agiotage. Dans ce moment on se trouve un peu débarrassé des grosses masses de rentes qui pesaient sur la place de Paris. Il paraîtrait qu'il existe une sorte de coalition entre le ministre des finances, MM. Baring, Laffitte et autres, pour ne vendre des rentes que dans une proportion convenue, jusqu'à l'adoption de quelque grande mesure financière. Quelle sera cette mesure? apparemment la vente des forêts. Tout notre génie, depuis trente ans, consiste à nous dépouiller. Mais n'est-ce pas une chose inconcevable qu'on n'eût pas encore remis aux Chambres les comptes qui étaient faits il y a deux mois? On les refaisait, nous dit-on. S'il eût été égal aux ministres de refaire la monarchie au lieu du budget, on se serait arrangé après.

En attendant les comptes faits et refaits de M. le ministre des finances, le propriétaire est accablé d'impôts. Nous avons sous les yeux un document qui prouve que vingt-quatre pièces et demie de vin commun, recueillies sur sept arpents de vigne, auprès de Toulouse, ont été imposées, en droits réunis ou octroi, à la somme de 880 francs. Les mêmes pièces de vin, en 1788, auraient coûté, pour tout impôt, 29 livres 16 sous : nous nous perfectionnons. Au reste, quand on charge le contribuable, l'agioteur doit prospérer; quand on craint des révolutions, les affaires de la Bourse sont brillantes. En France, aujourd'hui, beaucoup de propriétés sont à vendre; chacun veut avoir sa fortune en portefeuille. Malheur au ministre qui verrait, dans la hausse des fonds produite par cette cause, un signe de prospérité publique!

Mais c'est au ministère de l'intérieur que tout s'agite, s'échauffe, se remue. On assure que le chef de ce département a partagé sa dépouille entre ses amis : comme Alexandre le Grand partant pour la conquête du monde, il ne s'est réservé que l'espérance. Aux uns il a départi les communes; aux autres, les arts et la librairie : l'héritage du frère du roi a été donné à un ancien sous-secrétaire d'État de la guerre.

Il est résulté du démembrement de cet empire une étrange confusion : entre quatre ou cinq demi-ministres, on ne sait plus à qui on a affaire. Chacune de ces petites excellences montre la ferveur du noviciat : l'une fait jeter à terre les arbres des Champs-Élysées, l'autre abat des préfets et des sous-préfets, l'autre destitue les professeurs qui se sont opposés aux insurrections des colléges. On se demande comment ces insurrections se sont propagées, comment la jeunesse a manifesté un si déplorable esprit. A Nantes, le tumulte a été grand : trois coups de pistolet annoncèrent à minuit le soulèvement du collége. L'autorité du premier magistrat fut méconnue : il fallut attaquer de vive force les dortoirs, les salles d'étude. Ces scènes, commencées à Paris, se sont répétées dans plusieurs départements.

Nous allons proposer un problème à nos lecteurs.

Est-ce le ministère de la police qui s'est fondu dans le ministère de l'intérieur, ou le ministère de l'intérieur qui s'est noyé dans le ministère de la police? Le secret et l'arbitraire, qui appartiennent essentiellement à celui-ci, ont-ils envahi celui-là, ou bien la publicité et la constitutionnalité du premier ont-elles passé dans le second? Le ministère de la police est supprimé de nom; l'est-il de fait? Les divisions et subdivisions de ce ministère n'existent-elles pas encore? n'ont-elles pas à leur tête les mêmes hommes, jouissant des mêmes appointements, exerçant les mêmes fonctions? N'y a-t-il pas dans les départements des commissaires de police qui correspondent, comme de coutume, avec leurs anciens chefs? Si cela est, n'est-ce pas une chose énorme, une chose alarmante pour la société, qu'un homme se trouve investi, dans une monarchie constitutionnelle, de deux ministères, lesquels mettent dans sa dépendance les préfets, sous-préfets, conseillers de préfecture, maires, adjoints, conseils généraux, tous les agents du commerce, tous les employés aux mines, aux ponts et chaussées, aux arts et aux métiers, toute la garde nationale, toute la gendarmerie de France, tous les agents publics et secrets, et tous les budgets secrets et publics de l'intérieur et de la police?

D'une autre part, quelle doit être la conduite du citoyen? dans quel rapport se trouve-t-il avec une police dite *supprimée?* S'il est mandé par un commissaire de police, doit-il obéir? De quelle autorité ce commissaire tient-il ses pouvoirs? Est-ce du ministre de l'intérieur ou du ministre de la justice? Quelqu'un peut avoir à se plaindre d'un acte arbitraire de la police; qui recevra sa plainte? quel ministère connaîtra du délit? Cette suppression du ministère de la police n'aurait-elle servi qu'à créer une police mystérieuse, plus dangereuse que la police avouée, parce qu'on ne connaît point sa responsabilité directe? Les commissariats de police dans les départements deviendraient donc des espèces de tribunaux arbitraires sous la direction d'un chef invisible? Rien ne serait plus dangereux que cet état de choses. Ou la police générale, c'est-à-dire la police politique, est supprimée, ou elle ne l'est pas. Si elle est supprimée, qu'on détruise promptement tout ce qui en caractérise l'existence; si elle ne l'est pas, rendons-lui un chef visible qui nous réponde sur sa tête de la liberté des citoyens.

De quelque côté qu'elle arrive, cette police est assez singulière sous un gouvernement représentatif; elle se glisse dans nos maisons; elle vient s'asseoir à nos foyers avec une simplicité antique. Des hommes qu'elle ne connaît pas sans doute, et qui abusent de son nom respectable, s'introduisent, à sa faveur, chez des hommes paisibles. Ces hommes, pour le bien des maîtres, cherchent à corrompre les serviteurs, les invitent à dérober quelques petits papiers inutiles. Nous connaissons une maison où deux hôtes de cette espèce s'étaient établis: ils s'adressèrent malheureusement à un domestique breton qui, n'entendant pas le français, fit part à son maître des propositions des deux étrangers. Le maître dit à son domestique de traiter ces gens officieux avec toutes sortes d'égards, et de leur donner les papiers dont ils semblaient si friands. En conséquence, on leur remit des chiffons, dont on garda la note, leur promettant mieux pour l'avenir. Ils furent si transportés d'aise, qu'ils promirent au domestique de lui faire une pension de 50 francs par mois; et, pour lui prouver qu'ils étaient hommes de parole, ils voulurent sur-le-champ lui donner 100 francs de gratification. L'un des deux étant allé à la campagne, écrivit à l'autre, touchant cette petite affaire, ce billet, dont l'original est entre nos mains; nous connaissons de plus les noms et les demeures de ces deux honnêtes personnes; elles fréquentent de très-bons lieux : elles vont souvent chez M. le duc de Fitz-James, pour lequel elles semblent avoir un attachement tout particulier. Voici donc le billet en question; nous supprimons, par charité, les noms des deux correspondants :

« Je vous préviens, mon cher T..., que je n'arriverai que demain, à midi, à Paris, et je descendrai chez M. R..., où j'ai beaucoup à écrire. Si vous comptez avoir quelque chose du domestique du vicomte Cha... [1], vous *pourrai* alors venir me trouver, et lui dire que vous lui *remettrai* les papiers qu'il vous remettra à l'*heure* qu'il reviendra avec vous.

« Lui avez-vous donné les 100 francs que j'ai laissés chez vous samedi?
« D... »

Qu'est-ce que ce vicomte Cha...? Serait-ce un parent ou un ami du *Conservateur?* un homme qui aurait écrit contre la police trois ou quatre chapitres abominables? Il mériterait bien qu'on lui eût *acheté secrètement* ces vilains chapitres, avant qu'ils fussent imprimés : il y aurait gagné autant que la police; car enfin il n'aurait pas été destitué d'une place inamovible. Si ce vicomte Cha... avait voulu continuer ce petit commerce de vieux papiers, son domestique aurait reçu d'un bienfaiteur inconnu une innocente pension de 50 francs par mois, non compris les gratifications; mais c'est un homme intraitable, et avec lequel il n'y a rien à faire.

Après un pareil document, tout autre fait paraîtrait insipide. Abandonnons les détails, et jetons un regard sur l'ensemble de notre position.

Une agitation et une décomposition singulière se manifestent dans le corps social : la jeunesse, soulevée, demande l'indépendance; la religion, sans appui, voit ses prêtres à la charité; neuf évêques et un seul archevêque composent tout le haut clergé de France; des artisans de destruction ne dissimulent point le projet d'abolir l'épiscopat, et de nous amener à quelque chose de moins que le protestantisme; l'impiété et la république prêchent ouvertement leurs doctrines dans des brochures révolutionnaires;

[1] Ce nom est ainsi abrégé dans le billet.

des bruits absurdes se répandent dans nos campagnes. Les paysans sont d'autant plus portés à croire ces bruits, qu'ils voient rentrer dans les places les hommes qui occupaient ces places pendant les Cent-Jours, et qu'ils se souviennent de ce que ces hommes disaient alors des Bourbons, des proclamations qu'ils faisaient contre cette auguste famille. Puisque ces individus sont employés de nouveau, le bon sens du peuple en conclut qu'ils avaient raison alors, et que leur retour annonce quelque catastrophe prochaine. D'un autre côté, un parti puissant pousse à la domination militaire, et les espérances de notre révolution cherchent à mettre à profit les souvenirs de notre gloire.

Nous demandons au père de famille qui forme aujourd'hui un plan pour l'établissement de ses enfants, si, dans les chances de son avenir, il n'admet pas les terribles chances d'une révolution; si une vague inquiétude ne se mêle pas à tous ses projets? Ce n'est point aux hommes de parti que nous adressons cette question; c'est à celui qui, étranger aux querelles politiques, ne connaît le gouvernement que comme le protecteur de ses droits. Ceux même que des vanités blessées ont jetés dans la faction démocratique tremblent de leur propre triomphe : ils se rappellent les échafauds où montaient ensemble les accusateurs et les victimes. Pourquoi ce malaise général? Parce que le système adopté a rouvert la porte à tous les hommes, à toutes les doctrines révolutionnaires; parce que ceux qui ont voulu faire de ces hommes et de ces doctrines le soutien de leur puissance sont entraînés par le torrent dont ils ont rompu les digues. Le ministère s'imagine aujourd'hui ne suivre que son propre système, et il ne s'aperçoit pas qu'il n'est plus le maître de rien; il croit donner le mouvement, et c'est lui qui le reçoit. Veut-il faire passer une loi, il faut qu'il capitule sur les principes, qu'il donne des effets en nantissement; il escompte avec des destitutions et des places le petit succès qu'on lui prête : les intérêts le ruinent, et la monarchie payera le capital.

Et cependant qu'il eût été facile de tout arranger ! Qu'il était aisé, sans persécuter personne, en employant les gens de bien de toutes les opinions, de mettre la religion et la morale dans l'éducation, l'ordre et la justice dans l'administration, l'économie dans les finances, l'espoir, le bonheur et la paix partout ! On ne voulait que le repos, on ne demandait que le repos. Les hommes monarchiques sont toujours les plus nombreux ; et néanmoins il est vrai qu'une poignée de méchants peut encore plonger la France dans la terreur; les affreuses divinités révolutionnaires qui nous ont fait périr une première fois sont rentrées dans l'abîme, et cependant nous pouvons encore être immolés à leurs simulacres.

Les ministres peuvent-ils se dissimuler encore que ces destitutions, qui tombent sur les fidèles sujets du roi, ont des résultats funestes? Il semble que plus un homme a donné de marques de dévouement, que plus il a rempli ses devoirs, surtout pendant les Cent-Jours, plus il doit être écarté : tout cela pour donner des leçons de fidélité aux peuples, pour enseigner à chacun ses devoirs, pour faire triompher la justice, ce soutien éternel des empires.

On ne se cache plus : le système effronté marche tête levée. Aussi ce n'est plus sous le rapport de l'exclusion des royalistes qu'il faut considérer les destitutions ; cela va sans dire, la chose est convenue. Ce qu'il faut voir dans ces destitutions répétées (laissant à part toute considération morale), c'est qu'elles avilissent les agents du gouvernement, leur ôtent toute autorité sur les peuples, détraquent la machine entière de l'administration, et la feront tomber en ruines.

Les ministres ne veulent pas de révolution? Que veulent-ils? On dit qu'ils rêvent toujours une suspension de la loi des élections. Ils flattent quelques ambitions particulières, et parlent de réunions qui ne réunissent personne. Ils demandent dix-huit mois d'impôts : acheminement au despotisme ministériel. Pendant ces dix-huit mois, que ne peut-on pas faire? On nous a mis en péril ; et, pour nous en tirer, on ne trouverait d'autre moyen que de nous priver de nos libertés constitutionnelles : rare effort, admirable conception !

M. le garde des sceaux, qui a combattu à la tribune un beau mouvement du discours de M. de Villèle, pense qu'on ne céderait plus à des *soldats impies et à d'insolentes paroles* ; il pourrait être dans une cruelle erreur. L'assemblée que dispersa Buonaparte était soutenue par les souvenirs récents de la révolution ; elle était remplie d'esprits plus ou moins habiles, mais tous fermes dans un système politique, tous éprouvés par de longs périls : toutefois, cette assemblée fut dispersée par les baïonnettes. Qu'un général se présentât maintenant pour opprimer la liberté publique, que trouverait-il devant lui? Serait-il arrêté par ces hommes à principes incertains, qui, jadis soldats de la cause royale, se font aujourd'hui les apôtres des doctrines qui les ont proscrits ; par ces hommes qui, tout affaiblis de l'opinion qui les abandonne, ne sont pas fortifiés de l'opinion qui les saisit, et qui, flottant entre le despotisme et la liberté, ne sont propres ni à soutenir une monarchie, ni à fonder une république?

Paris, ce 1er mars 1819.

La proposition de M. le marquis de Barthélemy a été repoussée par l'influence du ministère. L'aveuglement de ceux qui nous ont gouvernés depuis quatre ans est un miracle : toutes les fois que la Providence a voulu nous sauver, ils ont brisé entre leurs mains l'instrument de notre salut. Comme en toute progression sur une pente, le mouvement s'est accéléré à mesure que nous sommes descendus plus bas. On a d'abord chassé un à un les royalistes ; ensuite on en est venu aux destitutions générales. Ces destitutions ont passé du civil au militaire. La révolution que l'on rétablissait dans les hommes a été reportée dans les choses : la loi des élections et celle du recrutement ont démocratisé la monarchie. Effrayé, mais trop tard, des conséquences de son système, le dernier ministère a voulu s'arrêter, et il a disparu.

Nous avons montré un rare instinct de médiocrité : si, dans les derniers rangs de l'empire, sous Buonaparte, il existait quelques génies secondaires dont on eût à peine entendu parler, c'est là que nous avons été chercher de grands hommes pour la monarchie légitime. Tous ces pygmées ont roidi leurs petits bras pour soutenir les ruines colossales sous lesquelles on les a placés. Sentant l'inutilité de leurs efforts, leur vanité blessée les a rendus persécuteurs. Envieux par nature, ils ont écarté le mérite, dans quelque opinion qu'il se soit trouvé. La tyrannie craint le talent ; si elle est faible, elle le redoute comme la puissance ; si elle est forte, elle le craint comme la liberté. Incapables de sentir les actions généreuses, ces hommes prennent la fidélité pour l'ambition, le dévouement pour la sottise, l'honneur pour l'intérêt ; et noblement armés contre le malheur, ils achèvent à terre ceux que la révolution a laissés expirants sur le champ de bataille. Pour ressembler à nos premiers révolutionnaires, il ne leur manque que le courage d'exécuter le mal dont ils ont la pensée : ils s'abstiennent parce qu'ils sont impuissants ; leur innocence n'est qu'une lâcheté de plus.

Où allons-nous ? Chacun se le demande, personne ne le peut dire. Nous avons dépassé tous les rivages ; nous voguons à pleines voiles sur une mer inconnue. Et qu'on ne s'aille pas figurer qu'il s'agisse encore de Chambres, de ministères, de lois, de discours. Nous n'en sommes plus là. Nos institutions, debout en apparence, sont tombées. Avons-nous une loi des élections, quand des achats simulés de propriétés fictives, quand des patentes, des cartes, des locations frauduleuses, de doubles emplois d'impôts, peuvent donner des droits à ceux qui n'en ont pas ; quand des préfets changent, augmentent, diminuent à volonté la liste des électeurs ?

On discute aujourd'hui une loi sur la responsabilité des ministres. Mais y a-t-il une telle chose que cette responsabilité, lorsque vingt, trente, quarante, cinquante, soixante pairs, parents ou amis des ministres, peuvent être tout à coup introduits dans la Chambre haute, et venir s'asseoir sur le banc des juges ? Or, c'est pourtant sur la responsabilité ministérielle que roule la monarchie représentative : ôtez cette responsabilité, il n'y a plus rien.

On apporte une loi sur la liberté de la presse ; nouvelle dérision. Où est cette liberté dans cette loi ?

On substituera la diffamation à la calomnie : cela s'entend ; c'est pour nous empêcher d'ouvrir *le Moniteur*, c'est pour nous interdire l'histoire. Les crimes veulent punir les souvenirs.

Un ouvrage pourra être saisi avant le jugement. Belle liberté de la presse !

Il faudra déposer un exemplaire d'un journal, même quotidien, avant sa publication ; ce qui détruit par le fait un journal quotidien.

Il sera défendu de rendre compte des séances secrètes des Chambres sans leur autorisation, et néanmoins on sera obligé d'insérer les publications officielles. Qu'entend-on par des *publications officielles ?* Sont-ce tous les actes du gouvernement ? Alors les gazettes seront transformées en *Bulletin des Lois.* Sont-ce les articles politiques de la police ? Pourquoi ne pas dire alors qu'il n'y aura de journaux que pour la police ?

La loi parle des *outrages à la morale publique ou aux bonnes mœurs ;* mais, pour ne pas déroger au Code et à la sagesse du siècle, elle ne parle point des outrages à la religion.

Le mot vague de *provocation*, introduit dans la prétendue loi sur la liberté de la presse, la *provocation indirecte*, et le crime de lèse-majesté, se trouvent, pour ainsi dire, à tous les articles de la loi : c'est injure faite au pouvoir souverain que tant de précautions prises pour le mettre à l'abri ; il n'y a que les mauvais rois qui aient besoin de sauvegardes. Quand un prince n'est pas défendu par ses vertus, il faut qu'il le soit par ses lois. Ce ne fut pas Marc-Aurèle, ce fut Tibère qui inventa le crime de lèse-majesté. Et, d'ailleurs, ce crime a perdu en France une partie de son application, en vertu de la Charte, qui abolit la confiscation des biens. Le rusé Tibère, tout en défendant sa personne, avait encore trouvé le moyen de faire du crime de lèse-majesté une loi de finances. La preuve que ce crime avait fini à Rome par être considéré comme une mesure fiscale, c'est qu'on voit des princes, en parvenant à l'empire, annoncer qu'ils ne feront mourir aucun sénateur, comme s'ils eussent déclaré qu'ils ne lèveraient aucun nouvel impôt.

Tout, dans nos nouvelles lois, détruit donc la monarchie constitutionnelle, et les trois pouvoirs de l'État ne sont pas moins ébranlés.

La couronne a cédé sa principale prérogative en abandonnant, par la loi du recrutement, son pouvoir sur l'armée.

La pairie existe-t-elle, si elle est tantôt à vie et tantôt héréditaire, tantôt prescrivant un majorat, tantôt n'en exigeant plus ; ici déclarée première dignité, et jouissant des premiers honneurs ; là, compatible avec des fonctions qui la mettent sous la dépendance d'un commis ? N'était-elle faite que pour être un instrument ministériel, pour être jetée à la tête du premier venu ? Les Anglais sont si jaloux de l'honneur de la pairie, que le bill qui investit le prince de Galles de la régence déclare que ce prince ne pourra conférer la pairie que pour des services éminents rendus à la Grande-Bretagne. Le premier bill proposé par M. Pitt, en 1788, portait la même clause.

Et si la Chambre des pairs est plus nombreuse que la Chambre des députés, il faut donc augmenter celle-ci ; il faut donc revenir sur ce qu'on a fait, oublier les lois, les ordonnances, les discours ! Et nous croirions avoir une constitution !

Si les trois pouvoirs de la société sont mobiles, quel respect aura-t-on pour les lois émanées de ces pouvoirs ? Persuadons-nous donc que le ministère a porté, par ces dernières mesures, un coup funeste au gouvernement représentatif, de même que, par son système général, il met en péril la monarchie légitime.

Est-ce par un calcul que nous sommes arrivés à ces résultats ? Calcul dans ceux-ci, instinct dans ceux-là, conspiration peut-être dans quelques-uns. Nous sommes livrés aux jacobins et aux buonapartistes ; les uns détestent toute forme monarchique ; les autres abhorrent toute espèce de liberté. Et que désirent ces révolutionnaires, auxquels le ministère s'est abandonné ? La république ? l'empire ? Ils ne savent pas exactement ce qu'ils veulent ; mais ils savent très-bien ce qu'ils ne veulent pas : ils ne veulent pas la légitimité. Peu leur importe à présent ce qu'ils mettront à sa place ; il faut d'abord qu'ils se délivrent de l'objet de leur haine. Ils se battront ensuite entre eux, ou se réuniront pour faire la guerre à l'Europe ; car une guerre avec l'Europe est encore un des rêves de la faction.

Mais le peuple, dit-on, ne se soulèvera pas. Les jacobins sont peu nombreux, leur faction n'a plus de racines : cela est vrai ; mais une poignée d'intrigants sans capacité suffit, au moyen du système adopté, pour changer la face de la France : de vils et faibles animaux minent quelquefois les fondements d'un palais, ou percent un vaisseau de haut bord.

Nos petites combinaisons ne changeront point la nature des choses. Nous avons introduit mille germes de destruction dans l'État. En vain nous espérons que les maximes qui ont déjà perdu la monarchie la sauveront; notre espérance sera déçue. Préconiser ces maximes après le mal qu'elles nous ont fait, c'est imiter les Romains, qui mettaient au rang des dieux les monstres qui les avaient dévorés. Jamais il n'a existé d'empire sans religion et sans justice; il n'en existera jamais. Or, la religion, où est-elle? où sont ses ministres? Le philosophisme tient lieu de sagesse; une bienfaisance de parade a remplacé sa charité. Elle n'élève point l'enfance, on ne lui confie point l'infirmité et la vieillesse; on lui dérobe l'innocence et le malheur; on la laisse seule prier pour nous dans ses temples en ruines. L'épiscopat tombe; ce n'est qu'en bravant les persécutions que les missionnaires parviennent à prêcher la parole de Dieu. La liberté de la pensée existe pour tous, excepté pour le pasteur qui instruit son troupeau. Des préfets révisent les mandements des évêques; et l'Évangile, qui a soumis le monde à sa règle, est soumis à la censure de la police [1].

Quant à la justice, où la trouverons-nous? où sont les cœurs qu'elle a réjouis, la famille qu'elle a visitée, le serviteur fidèle qu'elle a couronné de ses mains? Nous avons réduit l'ingratitude en système, et constitué la trahison comme un pouvoir. Telle est, nonobstant cette politique, la nécessité de la justice pour l'existence des peuples, que, si l'on supposait une société uniquement fondée sur l'iniquité, cette injustice, établissant peu à peu des droits, aurait besoin de la justice pour subsister.

Toutefois il y avait dans la restauration une difficulté que tous les hommes d'État étaient incapables d'apercevoir, et qu'ils n'ont pas même soupçonnée. Si la restauration avait paru au temps de l'anarchie, sa tâche eût été facile. Il lui eût suffi d'appeler à elle le pouvoir, de remonter de la licence à l'ordre, progrès naturel des choses. Ne trouvant rien debout, elle eût édifié ce qu'elle eût voulu : elle est arrivée, au contraire, au milieu de l'ordre, dans des institutions fausses, il est vrai, mais fortes et complètes. Alors la légitimité a été obligée de prendre place parmi les illégitimités toutes classées. Au lieu de resserrer les liens, son devoir a été de les relâcher : elle est venue comme une liberté; elle a marché du despotisme à l'indépendance légale; et, dans ce mouvement rétrograde qui intervertissait l'ordre naturel, il était difficile de savoir où s'arrêter. Afin de rendre la politique moins étrangère, des esprits éclairés auraient fait tous leurs efforts pour multiplier les légitimités morales : on s'est attaché, au contraire, à les détruire. L'incapacité passionnée perd les royaumes; elle ne conspire pas toujours, mais ses petites haines sont pires qu'une conspiration véritable. Veut-elle frapper un homme, elle tue une institution. Elle

---

[1] De cet excès on est tombé aujourd'hui dans l'excès opposé : tant nous savons peu garder un juste milieu.

renversera la pairie pour se conserver, et elle aura l'ingénuité de le dire.

Au reste, nous ne doutons point que l'Europe ne soit menacée d'une révolution générale, par la raison que le christianisme s'affaiblit, et que toujours la chute d'une religion a entraîné la chute des empires : le faîte tombe quand la base s'écroule. Mais les insensés qui poussent à cette destruction se flattent en vain d'atteindre à leurs chimères républicaines. Les peuples européens, comme tous les peuples corrompus, passeront sous le joug militaire : un sabre remplacera partout le sceptre légitime, et ce sabre conviendra particulièrement à la France, amoureuse des armes, folle de l'égalité, mais qui de liberté ne se soucie guère [1]. Le gouvernement de fait, autrement le gouvernement des parjures, deviendra, puisqu'il prend place dans l'ordre politique, le gouvernement dominant ; il détruira toute vertu dans le cœur des hommes, il sera le châtiment réservé à leur bassesse.

Nous assistons à la décomposition de la société, parce que le principe religieux qui la soutint pendant tant de siècles se retire. Et nous, nous pensons atteindre, par la sagesse de ces hommes dont les noms seraient ici des ridicules, à cette perfection que la sagesse des Antonins ne put obtenir ! Tout stupides de révolution, tout hébétés de philosophisme, mélange de niaiserie et d'orgueil, nous nous croyons des hommes forts, parce que nous persécutons les gens de bien, que nous nous entendons en police, que nous savons combien de millions d'œufs rapportent les poules de France, et que nous rêvassons les abstractions politiques dans la poussière de nos bureaux. Et pourtant les faibles mains qui ont ouvert les écluses ne peuvent plus les fermer : le torrent se précipite, et nous emporte. Ce qui était hier une affaire principale ne l'est plus aujourd'hui ; ce qui eût paru impossible ce matin, ce soir n'est plus qu'une chose naturelle et facile. On s'étonnait des injustices particulières : on ne s'étonne plus que de ce qu'elles ne sont pas encore toutes accomplies. Chacun cherche en quoi il a bien mérité de la légitimité pour connaître ce qu'il a à perdre : on descend dans son for intérieur ; on s'examine ; on compte ses vertus passées pour deviner ses souffrances à venir. Quand on est frappé, on peut toujours dire : « C'est pour tel service ! » comme le proscrit romain s'écriait : *C'est pour ma maison d'Albe !*

Hé bien ! achevez votre ouvrage ; mais sachez que votre jugement sera prononcé avant le nôtre. Quoi qu'il arrive, nous autres royalistes, nous serons exempts de reproches ; toujours sur la brèche, toujours avertissant du danger, nous le voyons arriver sans crainte, parce que nous l'avons jugé

---

[1] Cela peut être vrai, mais pour un moment : l'espèce humaine marche à la liberté et y arrivera, quels que soient les obstacles qui arrêtent ou prolongent sa marche.

depuis longtemps. Il n'y a d'extraordinaire dans tout ceci que les ministres chargés du salut de l'État : la position, du reste, est naturelle. Les jacobins veulent renverser le trône, les honnêtes gens veulent le soutenir : c'est dans l'ordre. *Les révolutionnaires font leur métier ; les royalistes font leur devoir.* Cette belle parole, que le prince de Talmont prononça en allant à l'échafaud, explique les hommes et les doctrines qui continuent à diviser la France.

Paris, le 3 mai 1819.

Hier dimanche, 2 mai, a commencé, au mont Valérien, la retraite annuelle pour la fête de l'Invention de la sainte Croix ; fête qui semble aujourd'hui plus particulière à la France, où la Croix, après tant de bouleversements, a été retrouvée. Les anciennes congrégations religieuses du mont Valérien sont remplacées maintenant par ces missionnaires que poursuivent de leurs anathèmes et de leurs insultes les écoliers de Diderot et les singes de Voltaire. La tradition fait remonter à près de huit cents ans l'établissement du premier solitaire sur cette montagne ; du moins, le frère François donne sept cents ans d'antiquité à l'ermitage du Calvaire, dans une lettre qu'il écrivait, vers l'an 1539, à Guillaume Coeffeteau, commentateur des *Psaumes* de David [1].

Ce qu'il y a de certain, c'est qu'en 1400 il y avait sur le mont Valérien un reclus nommé Antoine. Nous avons encore une lettre qui lui fut adressée par le célèbre Jean Gerson, à qui l'on a quelquefois attribué mal à propos l'*Imitation de Jésus-Christ*.

Depuis le solitaire Antoine jusqu'à la révolution, la succession des ermites au Mont-Calvaire n'avait point été interrompue. Jean du Houssay, Jean le Comte, Pierre de Bourbon, le frère François et Nicolas de La Boissière, donnèrent tour à tour, dans cette retraite, l'exemple de la douceur et de la pauvreté évangéliques. Il se forma autour d'eux une société de ces hommes qui, dans tous les temps, chassés du monde par des passions ou des malheurs, ne peuvent retrouver la paix que dans la religion et la solitude. Hubert Charpentier, prêtre et bachelier de Sorbonne, établit, en 1633, auprès des anciens solitaires, une congrégation nouvelle : il fit construire une église et un séminaire ; et, consacrant son institution au plus grand mystère des chrétiens, il bâtit les chapelles des stations, et éleva

---

[1] Il ne faut pas le confondre avec Nicolas Coeffeteau, évêque de Marseille, et auteur de divers traités commandés par Henri IV et le pape Clément.

la croix, qui firent donner au mont Valérien le nom de la *montagne du Calvaire*. Les peuples confondirent bientôt les deux ordres des prêtres et des solitaires, et montèrent plus fermement à l'ermitage, depuis qu'ils y étaient attirés par le signe du salut.

Les tableaux de la création que l'on découvre du sommet des montagnes augmentent dans le cœur de l'homme le sentiment religieux ; à la vue de tant de merveilles, on se trouve naturellement disposé à adorer la main qui les tira du néant. Plus on s'élève vers le ciel, moins il semble que la prière ait d'espace à franchir pour arriver à Dieu : les anciens Perses sacrifiaient sur les hauteurs, et les Grecs avaient couronné de leurs temples les cimes de l'Olympe, du Cythéron et du Taygète. Les rochers des Alpes étaient consacrés par les divinités du Capitole ; mais si les Romains avaient un Jupiter Pœnnin sur le Saint-Gothard, ils n'y avaient pas un hospice : personne ne s'y enterrait vivant pour secourir le voyageur : ce sont là les œuvres du christianisme.

Lorsque le philosophisme troublait parmi nous les notions du bon sens, on déclamait contre les croix et les ermitages. Si l'on eût consulté les peintres, ils auraient été d'un autre avis que les philosophes, qui pourtant se piquaient d'aimer les arts. Que de paysages en France ont été gâtés par la destruction des futaies, des vieilles abbayes, des monuments religieux ! Et quel mal y avait-il donc que, du sein d'une grande ville, l'homme qui marchait peut-être à des crimes, ou qui poursuivait des vanités, aperçût, en levant les yeux, des autels sur le sommet de nos collines ? La croix, déployant l'étendard de la pauvreté aux yeux du luxe, rappelant le riche à des idées de souffrances et de misères, était-elle donc si déplacée auprès de nos parcs et de nos châteaux ? Les solitaires avaient à leur tour, du haut de leurs montagnes, le spectacle des orages du siècle, et s'applaudissaient de l'abri qu'ils avaient trouvé. Ce commerce de sentiments religieux et d'idées morales entre le monde et la solitude avait bien son prix. Convenons surtout que nos poëtes connaissaient peu leur art lorsqu'ils se moquaient de ces monts du Calvaire, de ces missions, de ces retraites, qui retraçaient parmi nous les sites de l'Orient, les mœurs des solitaires de la Thébaïde, les miracles de la religion, et les souvenirs d'une antiquité qui n'est point effacée par celle d'Homère.

Il y a quelques années que nous allâmes en pèlerinage au mont Valérien. Arrivé à l'ermitage, dont il existait encore des ruines, nous nous assîmes sous une avenue de tilleuls qui couronnait le coteau. Nous avions à notre droite les bois de Saint-Cloud et de Meudon ; devant nous, Paris ; à gauche, Montmartre, Saint-Denis, et les collines qui bordent les vallées de Montmorency ; derrière nous, les hauteurs de Saint-Germain et de Marly où se termine le cercle de l'horizon. La Seine, coulant au milieu de ce beau bassin parmi des bois, sous des ponts, le long des villages, semblait, par ses détours multipliés, vouloir toucher à tous les lieux célèbres dans notre histoire.

Nous songions aux révolutions, aux siècles, aux hommes qui s'étaient succédé sur ces bords; nous nous représentions les Gaules, et ce grand espace couvert de forêts; nous voyions ensuite arriver les Romains, les rois chevelus paraissaient; la Gaule devenait France : alors passaient les trois races.

Au milieu de cette fuite éternelle, de ce changement sans fin de la face de la société et même de la nature; au milieu de ce tableau dont les aspects ont été tant de fois renouvelés, où les champs de rosiers ont succédé aux forêts, les chaumières aux palais, les palais aux chaumières; où les hommes ont paru cent fois avec des langages, des mœurs et des coutumes divers, une seule chose était restée la même : une croix de bois, élevée au sommet du mont Valérien, avait vu tomber autour d'elle les monuments en apparence les plus durables, sans être ébranlée de leur chute. Un petit royaume de solitaires, placé au haut d'une colline, toujours gouverné par le même monarque, toujours attaché aux mêmes principes, s'était perpétué sans révolution, tandis qu'au pied de la montagne, la grande monarchie française avait changé de maîtres, d'opinion et de malheurs. Tout passe; la religion seule demeure. Les solitaires du mont Valérien n'avaient vu qu'une seule chose aussi invariable que leur existence : c'était le pèlerinage des infortunés qui vinrent dans tous les siècles conter leurs diverses douleurs au pied de la même croix.

Aussi les retraites qu'on avait ouvertes à la piété n'étaient-elles que des stations des souffrances de Jésus-Christ. Les rois montaient au mont Valérien avec la foule : Henri IV se reposa dans la cellule d'un des pauvres frères; la femme de Louis le Grand se prosterna au pied de la croix, et en 1789 S. A. R. madame la comtesse d'Artois fit chanter un *Salve* solennel dans la chapelle des ermites. C'était la veille de nos malheurs : les bénédictions que demandait la princesse ne devaient être accordées qu'à son auguste époux et à ses fils, lorsqu'après trente années d'exil ils sont venus rendre hommage pour le trône rétabli à la croix relevée.

Les ermites du mont Valérien ne faisaient que des vœux simples : le livre qui contient leur règle est touchant par sa naïveté. Ils recevaient les malades, et les hommes du monde qui consacraient quelques moments à la retraite. Si la grandeur cherchait quelquefois chez eux une consolation à ses ennuis, la philosophie y trouvait un remède à ses dégoûts. Bernardin de Saint-Pierre raconte qu'il alla un jour demander à dîner aux ermites du mont Valérien avec J.-J. Rousseau. « Nous arrivâmes chez eux, dit-il, un peu avant qu'ils se missent à table, et pendant qu'ils étaient à l'église,

J.-J. Rousseau me proposa d'y entrer, et d'y faire notre prière. Les ermites récitaient alors les litanies de la Providence, qui sont très-belles. Après que nous eûmes prié Dieu dans une petite chapelle, et que les ermites se furent acheminés à leur réfectoire, Jean-Jacques me dit avec attendrissement : « Maintenant j'éprouve ce qui est dit dans l'Évangile : *Quand « plusieurs d'entre vous seront rassemblés en mon nom, je me trouverai « au milieu d'eux.* Il y a ici un sentiment de paix et de bonheur qui pé-« nètre l'âme. » Je lui répondis : Si Fénelon vivait, vous seriez catholique. Il me repartit, hors de lui et les larmes aux yeux : Oh! si Fénelon vivait, je chercherais à être son laquais, pour mériter d'être son valet de chambre. »

En 1789, il y avait au Calvaire environ quarante ermites et quatre ou cinq prêtres; en 1790, le Calvaire fut détruit, et les prêtres renvoyés; en 1792, on chassa les ermites; en 1793, Merlin de Thionville acheta le Calvaire, et loua à quatre ou cinq ermites le petit bâtiment actuellement existant; il détruisit l'église des prêtres, et ne laissa subsister que celle des solitaires; il abattit les stations. En 1803, Merlin vendit le Calvaire à M. Gouai, curé de l'Abbaye aux Bois. Un jardin anglais avait remplacé le jardin potager des ermites au mont Valérien. Le dimanche, au lieu des offices divins, on entendait les tambours et les violons d'un bal public : la *nouvelle religion* faisait naître un moment un rire insensé parmi les malheureux dont l'ancienne essuyait les larmes. Rapprochement singulier : les païens avaient élevé un temple à Adonis sur le véritable Calvaire.

Voilà qu'au milieu des triomphes de notre sagesse, au milieu de ces joies nées de nos pleurs, voilà que la croix reparaît tout à coup! Le nouveau propriétaire, le curé de l'Abbaye aux Bois, rétablit le culte du Calvaire : les vieilles statues de saint Antoine et de saint Paul ermite sortent des réduits où elles étaient cachées, et viennent reprendre leurs places. Lorsque nous fîmes au mont Valérien le pèlerinage dont nous avons parlé, la croix était plantée vis-à-vis d'un kiosque, et l'on voyait une tête de saint Antoine sur la voûte d'un souterrain qu'on avait transformé en glacière. M. Hondouart, ancien supérieur des ermites, était encore vivant à cette époque. Pendant la révolution, cultivant une vigne au pied de la montagne, et couvert de l'humilité chrétienne comme d'un voile, il avait échappé aux yeux des bourreaux. Nous le trouvâmes au Calvaire; nous visitâmes avec lui l'ermitage en ruines. On lisait encore sur les murs quelques sentences à demi effacées, telles que celle-ci, qui promettait une société aux solitaires : *Deliciæ meæ esse cum filiis hominum,* « J'ai fait mes délices d'être avec les enfants des hommes; » et celle-ci, qui convient aux voyageurs chrétiens : « Qui me donnera les ailes de la colombe? Je prendrai mon vol et me reposerai; » et celle-ci encore, si formidable à ceux qui prétendent étouffer leurs remords : « Le ver qui les ronge ne mourra point. »

En 1805, le curé de l'Abbaye aux Bois mourut, et ses héritiers vendirent le Calvaire à un négociant. Le culte de la croix continua d'être public. En 1808, les curés de Paris rachetèrent le Calvaire du nouveau possesseur, et proposèrent à Buonaparte un établissement que le ministère rejeta. Ils furent alors obligés de rendre le Calvaire à celui qui le leur avait vendu, en lui payant un dédit de 10,000 francs. Le négociant ne put à son tour effectuer le payement primitif, et les héritiers du curé de l'Abbaye aux Bois rentrèrent dans leur propriété. Ce fut alors qu'ils cédèrent le Calvaire à l'abbé de la Trappe. Mais en 1811, à l'époque du concile de Paris, la publication du bref d'excommunication dans la communauté des trappistes, près de Gênes, entraîna la suppression de l'ordre et la confiscation du Calvaire. Trente ouvriers furent envoyés de nuit au mont Valérien, et celui qui avait gagné tant de batailles à la face du soleil crut devoir se cacher dans l'ombre pour abattre une croix. Pendant trois ans tout culte fut interdit ; l'église des ermites, qui restait encore, fut abattue : on se proposait de la remplacer par une autre église dont le dôme ferait le pendant de celui des Invalides. Une maison d'éducation pour les orphelines des officiers de la Légion d'honneur s'éleva sur les ruines de l'ermitage : l'ancien asile de la paix devait servir de retraite aux victimes de la guerre. Au moins dans ce projet les grossiers plaisirs révolutionnaires ne succédaient pas aux nobles pénitences de la foi. Il y a une alliance secrète entre la religion et les armes, dans tous les pays, et surtout en France, berceau de la chevalerie ; les militaires sont naturellement religieux : ce ne sont pas les baïonnettes de nos soldats, ce sont les plumes de nos révolutionnaires qui ont égorgé les prêtres.

Au moment de la restauration, tout était abandonné sur le Calvaire : M. l'abbé de Janson, qui venait, de concert avec M. l'abbé de Rauzan, de former l'établissement des Missions de France, détermina le gouvernement à prendre des arrangements avec l'abbé de la Trappe. Ensuite il sollicita et obtint la jouissance des emplacements du mont Valérien, et il rétablit le culte de la croix.

Les stations qui viennent de s'ouvrir cette année sont d'autant plus intéressantes que M. l'abbé de Janson arrive de Jérusalem, et qu'il a pu montrer au pied du Calvaire du mont Valérien de pieux objets rapportés du véritable Calvaire. La solennité d'hier était admirable : les missionnaires signalant la vanité du monde devant un monument élevé par l'homme de gloire sur les débris de l'asile d'un obscur ermite ; ce monument non achevé, et n'étant lui-même qu'une ruine ; le conquérant qui l'entreprit exilé sur un rocher au milieu des mers ; le prêtre jadis exilé revenu dans sa patrie, et annonçant la perpétuité de la religion sur un monceau d'anciennes et de nouvelles ruines, quel sujet de sentiments et de réflexions !

Qu'on y joigne la grandeur et la beauté du site, l'éclat du soleil, la verdure du printemps ; qu'on se représente la pompe religieuse ; cette tente formant l'église de la Mission, comme aux premiers jours du christianisme ; ces trois croix élevées dans les airs ; ce mélange de prédications et de chants ; cette foule couvrant les flancs de la colline, tantôt marchant en procession avec les prêtres, tantôt s'arrêtant aux stations, tombant à genoux, se relevant, recommençant sa marche en chantant des cantiques nouveaux ou les vieilles hymnes de l'Église, et l'on concevra comment il était impossible d'échapper à l'impression de cette scène. On a surtout remarqué le moment où, parvenus à la dernière station, les archevêques et les évêques présents à la cérémonie se sont réunis sur le rocher au pied de la croix. Le groupe religieux se dessinait seul sur le ciel avec la croix et la crosse d'or, tandis que les fidèles étaient prosternés. Ces vénérables pasteurs, vieux témoins de la foi décimés par la révolution, semblaient tenir une espèce de concile en plein air ; et, confessant la religion pour laquelle ils avaient souffert, ils rappelaient ces anciens Pères de l'Église composant, après la persécution de Dioclétien, le symbole de Nicée.

Le succès des missionnaires étonne les hommes de parti. Il est dur, en effet, d'avoir pendant trente ans bouleversé la France pour déraciner la religion, et d'avoir perdu son temps ; il est dur pour ceux qui nous ont régénérés de n'avoir pu établir ni un gouvernement, ni une institution, ni une doctrine durables, et de voir d'*ignorants* missionnaires échappés au martyre, pauvres, nus, insultés, calomniés, charmer le peuple avec un crucifix et une parole de l'Évangile. Ce démenti donné à la sagesse du siècle n'est-il pas intolérable ? Comment souffrir des apôtres qui rétablissent les droits de la conscience, et qui prêchent la soumission à l'autorité légitime ? On fait des chansons abominables, on étale des caricatures où les missionnaires prennent pour autel un bûcher : reste à savoir si ces chants ne sont pas semblables à ceux que l'on faisait entendre autour de la guillotine ; si ces bûchers ne sont pas ceux que l'on alluma pour y jeter les ecclésiastiques. Non, il faut être juste : on n'a pas brûlé le clergé ; on l'a seulement envoyé mourir à Cayenne et dans les cachots ; on n'a fait que massacrer les capucins dans leur couvent à Nîmes, qu'égorger les prêtres dans la glacière à Avignon, que les noyer dans les bateaux à soupape à Nantes, que les massacrer à Paris aux Carmes et dans la prison de l'Abbaye. Un témoin oculaire nous a raconté comment la chose se passait, pour le plus grand triomphe des lumières sur la superstition et les préjugés. « A dix heures, dit M. Journiac Saint-Méard, l'abbé Lenfant, confesseur du roi, et l'abbé Chap de Rastignac, parurent dans la tribune de la chapelle qui nous servait de prison, et dans laquelle ils étaient entrés par une porte qui donnait sur l'escalier. — Ils nous annoncèrent que notre dernière heure approchait, et nous invitèrent à nous recueillir pour recevoir leur bénédiction. — Un mouvement électrique, qu'on ne peut définir, nous précipita tous à genoux, et, les mains jointes, nous la reçûmes. — A la veille de paraître devant l'Être suprême, agenouillés devant deux de ses ministres, nous présentions un spectacle indéfinissable. L'âge de ces deux vieillards, leur position au-dessus de nous, la mort planant sur nos têtes et nous environnant de toutes parts, tout répandait sur cette cérémonie une teinte auguste et lugubre : elle nous rapprochait de la Divinité, elle nous rendait le courage ; tout raisonnement était suspendu ; le plus froid et le plus incrédule en reçut autant d'impression que le plus ardent et le plus sensible. Une demi-heure après, ces deux prêtres furent massacrés, *et nous entendîmes leurs cris.* »

Quel est l'homme qui lira les détails suivants sans que ses yeux se remplissent de larmes, sans éprouver les crispations et les frémissements de la mort ? Quel est celui dont les cheveux ne se dresseront pas d'horreur ?

« Notre occupation la plus importante était de savoir quelle serait la position que nous devions prendre pour recevoir la mort le moins douloureusement possible, quand nous entrerions dans le lieu des massacres. Nous envoyions de temps à autre quelques-uns de nos camarades à la fenêtre de la tourelle, pour nous instruire de celle que prenaient les malheureux qu'on immolait, et pour calculer, d'après leur rapport, celle que nous ferions bien de prendre. Ils nous rapportaient que ceux qui étendaient leurs mains souffraient beaucoup plus longtemps, parce que les coups de sabre étaient amortis avant de porter sur la tête ; qu'il y en avait même dont les mains et les bras tombaient avant le corps, et que ceux qui les plaçaient derrière le dos devaient souffrir beaucoup moins... Hé bien ! c'était sur ces horribles détails que nous délibérions. Nous calculions les avantages de cette dernière position, et nous nous conseillions réciproquement de la prendre, quand notre tour d'être massacrés serait venu. »

Chantez maintenant de joyeux refrains ; imaginez des caricatures bien bouffonnes sur les sujets précédents ; faites l'éloge de la Convention : quand vous serez en verve, ne vous gênez pas. Il est si courageux aujourd'hui d'attaquer le reste de ces prêtres échappés aux pamphlets de Marat et aux héros de septembre ! il faut tant d'esprit pour rire de ces hommes qui n'ont ni pain ni asile, et qui ne demandent que la permission de consoler les misérables ! Lorsque l'*Esprit* vous saisira, nous seconderons en vous l'inspiration révolutionnaire, en vous lisant quelque beau passage du *Journal des Jacobins,* vos illustres devanciers. Nous ouvrirons *le Moniteur ;* et puisqu'il vous plaît de parler d'échafauds et de massacres, nous compterons.

Dans vos caricatures, vous prétendez que les missionnaires ont un tarif pour leurs services : oui, ce tarif des fautes est un seul repentir. Est-ce trop cher? Mais vous-mêmes, n'avez-vous pas eu vos tarifs? Les *bons* avec lesquels vous payiez chaque assassinat aux Carmes et à l'Abbaye n'existent-ils pas encore? Vous êtes des esprits positifs; vous aimez les faits : voilà un fait.

Les missionnaires vous déplaisent; leurs solennités vous importunent. Mais n'avez-vous pas eu aussi vos fêtes? Le bourreau marchait à la tête de ces pompes de la Raison : puis venait un âne couvert des habits pontificaux; puis on traînait les vases sacrés et la sainte hostie; puis on mitraillait les citoyens. Il est vrai que les missionnaires n'ont rien à présenter de pareil : ils portent aussi la sainte hostie, mais elle n'est pas souillée; ils ne prêchent pas la haine, mais la charité; ils ne fomentent pas les divisions, ils recommandent l'oubli des injures; c'est surtout à la *station du pardon* qu'ils s'arrêtent; et à la fin de leurs cérémonies, au lieu d'égorger des hommes, ils montrent au peuple la victime pacifique offerte pour le salut des persécuteurs comme pour celui des persécutés.

Hommes de révolution, vous feriez mieux de vous taire : vous échouerez dans vos projets, et ne réussirez qu'à vous rendre odieux. Grâce à votre audace, qui n'est surpassée que par votre faiblesse, on commence à ouvrir les yeux. Les honnêtes gens de toutes les nuances d'opinion sentent la nécessité de se réunir. Les tribunaux font parler les lois, et ce réveil de la justice ranime l'espérance. C'est aujourd'hui le 3 mai, jour qui a rendu à la France son roi et son père. Cette seule date devrait avertir les petits impies du moment que s'ils ne parviennent à renverser le trône, c'est en vain qu'ils prétendent détruire la religion. Le trône de saint Louis, sans la religion de saint Louis, est une supposition absurde; la légitimité politique amène de force la légitimité religieuse. On ne peut reconstruire l'ordre social qu'en le fondant sur les mœurs, et on ne rétablit les mœurs qu'en rétablissant la religion.

Paris, le 12 mai 1819.

Il y a un jeu qu'on appelle le *petit bonhomme vit encore*, jeu que les anciens connaissaient sous un nom plus noble, et dont Lucrèce a emprunté cette belle comparaison de la vie que les hommes se transmettent dans leur course rapide ici-bas :

Quasi cursores vitai lampada tradunt.

Il a paru ces jours derniers une caricature qui représentait le jeu du *petit bonhomme :* ce n'est point le flambeau de la vie que les personnages se passaient mutuellement, mais celui de la monarchie, qui pourrait bien s'éteindre entre des mains ennemies, si l'on s'obstine à l'y laisser plus longtemps.

On voyait, dans la caricature, le personnage le plus auguste; après lui, deux femmes; après les deux femmes, un homme qui ressemblait à Buonaparte; ensuite une autre femme, ensuite un enfant, ensuite un militaire dont les traits rappelaient les portraits du prince Eugène; enfin, un autre militaire qui veut fuir le jeu, et que le militaire, son voisin, retient par la main. Cette caricature a été vendue avec profusion. On la dit aujourd'hui arrêtée par la police : mieux vaut tard que jamais.

Malgré les tentatives du parti révolutionnaire, et les négligences de la police; malgré le système ministériel, malgré les destitutions de presque tous les royalistes, malgré les impiétés et les calomnies qu'on imprime de toutes parts, nous pouvons apprendre à nos lecteurs, avec une vive satisfaction, que l'opinion royaliste fait des progrès considérables. Ils nous permettront, pour dédommagement de nos sacrifices, de nous attribuer une partie de l'honneur de ce changement. Avant l'établissement du *Conservateur*, l'opinion royaliste était sans organe; on n'avait, pour connaître la *vérité*, que les journaux jacobins et les gazettes ministérielles. La censure tenait dans l'oppression les feuilles royalistes : à peine pouvaient-elles faire entendre quelques plaintes. Le découragement était général. *Le Conservateur* parut, et tout se ranima. La France vit avec épouvante qu'on n'allait à rien moins qu'à la replonger dans des révolutions; que les hommes qui, depuis trente ans, font tous ses maux recommençaient à agir et à écrire, et que la conséquence de ces déclamations éternelles contre les nobles et les prêtres, la féodalité et la religion, serait de nous ramener au règne de la fraternité et de la mort. Or, la France, qui ne veut plus de révolution, s'est réveillée; les honnêtes gens de toutes les nuances d'opinion ont senti qu'il fallait se réunir, pour opposer une digue à l'invasion démocratique, trop favorisée par le système ministériel. D'autres feuilles royalistes se sont établies à l'ombre du *Conservateur;* et, si l'on compare l'époque où cet ouvrage a pris naissance à l'époque où nous sommes arrivés, on verra que l'opinion s'est singulièrement améliorée.

Les ministres ne pourront pas nous dire qu'ils sont pour quelque chose dans cette amélioration, à moins que ce ne soit pas le résultat même de leurs fautes. Ces fautes, tout énormes qu'elles sont, pourraient néanmoins se réparer, n'était l'effet de la loi du recrutement sur l'armée.

Qu'on se souvienne toujours qu'une assemblée démocratique produite par la loi des élections, et une armée démocratisée obéissant à cette assemblée, amèneraient une révolution infaillible. L'opinion publique aurait beau être excellente, elle n'empêcherait rien, parce que l'opinion ne peut rien contre le canon.

Grâce à Dieu, la garde, si violemment travaillée, n'a point encore été rompue. Tantôt on a voulu donner de l'avancement aux officiers, et les officiers, par un dévouement admirable, ont préféré servir dans un grade inférieur, pour avoir l'honneur de rester plus près du roi; tantôt on a parlé de réunir les régiments d'infanterie de cette garde, ce qui entraînerait la suppression de la moitié des officiers. Aujourd'hui on met en avant un nouveau raisonnement : Nous sommes, dit-on, environnés de puissances militaires; il faut augmenter notre armée. Or, les régiments de la garde coûtent autant que coûterait l'entretien d'un corps deux fois plus considérable : donc la garde est bonne à détruire, afin d'acquérir un plus grand nombre de soldats.

Ceci est une règle d'arithmétique, et non pas un raisonnement; les hommes ne sont pas, comme les chiffres, d'une valeur invariable, et les choses sont encore moins soumises que les hommes aux résultats absolus. Si un corps d'élite attaché à la personne du roi, animé par tous les objets d'émulation, par tous les motifs de gloire, rend autant de service qu'un corps deux fois plus nombreux, mais qui, bien qu'aussi vaillant sans doute, est moins exercé, moins bien armé, moins bien entretenu, quel avantage trouverez-vous alors à obtenir par la quantité ce que vous avez par la qualité? Et peut-on nier que les corps d'élite n'aient souvent décidé du sort de la victoire? Tous les souverains de l'Europe n'ont-ils pas des gardes à qui ils doivent particulièrement leurs derniers succès? La maison militaire des rois de France s'est toujours fait remarquer par sa bravoure, depuis les sergents à massue de Philippe-Auguste, les archers du corps de Charles VII, les gentilshommes au bec-de-corbin de Louis XI, les gardes du corps de Charles VIII et de François Ier, les gardes françaises de Charles IX, les gendarmes de Henri IV, jusqu'aux mousquetaires et aux grenadiers à cheval de Louis XIII et de Louis XIV. La maison du roi contribua à tous les succès et soutint tous les revers de Louis le Grand : on sait qu'elle triompha à Fleurus, fit capituler Lille, emporta miraculeusement Valenciennes et Condé, vainquit à Cassel, et sauva l'honneur à Malplaquet. Après avoir, sous Louis XV, ramené la victoire à Fontenoy, elle disparut sous Louis XVI dans les foudres révolutionnaires. Du milieu de la tempête sortit cette fameuse garde impériale qui a rempli le monde de la renommée de ses exploits, et dont les vétérans font aujourd'hui la force et l'orgueil de la garde royale. Quels ennemis de l'honneur de la France pourraient répudier un si bel héritage de gloire? Les considérations politiques ajoutent une nouvelle force aux considérations militaires : après vingt-sept années d'illégitimité, après la trahison des Cent-Jours, toute théorie doit céder à la nécessité de mettre en sûreté le monarque. Le trône est la clef de la voûte : vous défendrez en vain le royaume, si vous ne sauvez pas le roi.

Puisque nous parlons de soldats et de gloire, n'oublions pas que c'est demain l'anniversaire de la mort de M. le prince de Condé. Nous lisons ces paroles dans le testament de ce prince : « Ceci est mon testament ; et s'il n'est pas exactement légal, d'après les anciennes lois françaises et celles du pays dans lequel je l'écris, ou de celui que j'habiterai le jour de ma mort, je prie mon fils de ne point s'arrêter à ces formes.

« Je connais trop le cœur de mon roi pour croire avoir besoin de recommander mon fils à ses bontés..... J'ose répondre que le dernier des Condés est aussi digne de son estime et de ses bontés que l'était son trop malheureux fils, et que son père a tâché de l'être. »

Grand Dieu ! le prince de Condé ne sachant pas quel *pays il habiterait le jour de sa mort*, cette recommandation d'un Condé pour le *dernier des Condés*, le souvenir de *ce trop malheureux fils*, voilà la révolution tout entière ! Que Bossuet n'eût-il point ajouté au dernier chef-d'œuvre de son éloquence, si, lorsqu'il pleurait sur le cercueil du grand Condé, il eût pu prévoir l'avenir !

Il serait bien temps de mettre un terme à cette révolution si féconde en crimes. Par quelle fatalité cherchons-nous à en perpétuer l'esprit ? Chaque ministre, avec les meilleures intentions du monde sans doute, suit un chemin qui ne peut le conduire qu'à de dangereuses erreurs. Si de la guerre nous passons aux finances, nous voyons un plan qui semble être celui d'un avare : entasser des écus, supputer trop haut les dépenses et trop bas les recettes, afin de thésauriser, c'est tout le système. On s'est si bien trouvé de ce système au 20 mars, lorsqu'il est arrivé un homme qui s'est emparé des coffres ! Nous autres, qui cheminions vers Gand par monts et par vaux, il nous eût été très-agréable d'avoir un *bon* de M. le ministre des finances pour payer la poste ; mais le trésor était resté fidèlement à Buonaparte : il n'y manquait pas une obole, sauf quelques centaines de mille francs donnés à quelques personnages qui se retirèrent avec *le vivre et le couvert*, comme le rat dégoûté du monde.

Des lettres de Russie annoncent que la nouvelle de la nomination des soixante pairs n'a pas été reçue du public à Pétersbourg avec plus de faveur qu'à Londres. Quand nos ministres nous faisaient entendre, à la tribune et dans leurs journaux censurés, que les étrangers approuvaient leur conduite, nous n'avons cessé de réclamer contre cet abandon de la dignité nationale : nous aimons à croire qu'elle est mieux sentie aujourd'hui. Pour nous, nous n'hésitons point à déclarer que, le jour où il s'agirait de l'honneur et de l'indépendance de la patrie, il n'y a point d'opinion politique qui nous empêchât de nous réunir à quiconque, combattant pour le trône légitime, voudrait vivre et mourir Français.

Ce serait une chose utile de savoir combien il faudrait de sots ministres pour composer un ministère d'esprit; nous savons à merveille combien il faut de ministres d'esprit pour former un pauvre ministère. Tous les hommes n'ont pas tous les talents : le ministère actuel réunit sans doute à l'art de l'administration et des négociations diplomatiques la connaissance des finances et de la guerre, mais il n'a pas reçu l'éloquence en partage; chose assez fâcheuse dans un gouvernement représentatif.

Cependant M. le garde des sceaux a soutenu, sinon disertement, du moins vaillamment, la discussion sur la liberté de la presse, et ses collègues l'ont laissé seul dans la mêlée. Grâce à ses efforts, les trois lois sur la liberté de la presse ont passé à la Chambre des députés. Filles du ministère et de la minorité de gauche, elles tiennent de leur père cet esprit de police, et de leur mère ce caractère démocratique, si bien en harmonie avec les libertés constitutionnelles et les principes monarchiques.

Dans les années précédentes, on avait ouvert franchement, et sans préambule, la discussion sur la liberté de la presse; mais cette année, le ministère étant tombé à des hommes supérieurs, on a posé des principes. On a découvert que la presse ne faisait pas de mal, mais qu'elle pouvait devenir la cause du mal, ce qui éclaircit prodigieusement la question. Tout étant devenu si lumineux, il en est résulté trois lois embrouillées, renforcées de quelques amendements obscurs, sans compter ceux qui ont été rejetés. Jadis on faisait peu de lois, et seulement dans le cas d'une nécessité absolue; on ne songeait alors qu'à les approprier au besoin du moment, et l'on s'abstenait de tout raisonnement superflu. Venaient ensuite les magistrats et les jurisconsultes qui, chargés d'appliquer ces lois, en développaient les principes. Aujourd'hui nous sommes bien les plus habiles : nous commençons par faire l'esprit d'une loi qui n'est pas faite; et, d'après cette opération théorique élaborée dans notre cerveau, nous créons la loi pratique. Ainsi nous disons gravement à l'écrivain : « Savez-vous ce que vous faites quand vous écrivez? — J'écris. — Ce n'est pas cela. Votre écrit est-il coupable, ou donne-t-il occasion d'être coupable? — Je n'en sais rien. — Ne voyez-vous pas que la presse n'est que l'instrument d'un crime, et n'est pas le crime lui-même? — Et qu'est-ce que cela prouve? — Qu'est-ce que cela prouve! ne sentez-vous pas que cela change tout *l'esprit de la loi?* »

M. Jourdain aurait été un grand ministre de nos jours. « Sais-tu ce que tu fais, dit-il à Nicole, quand tu dis un U? — Je dis U, répond Nicole. — Oui, réplique M. Jourdain; mais quand tu dis U, qu'est-ce que tu fais? — Je fais ce que vous me dites. — Oh! l'étrange chose que d'avoir affaire à des bêtes! U, vois-tu? je fais la moue, U. »

On est fâché, comme M. Jourdain, de n'avoir pas étudié plus tôt pour apprendre tout cela.

La discussion, commencée d'une manière si brillante dans la Chambre des députés, s'est terminée d'une manière plus éclatante encore. L'orateur du gouvernement, niant les principes généraux dont il est ordinairement le champion, a dit : « Que la révolution nous ayant légué une société toute nouvelle, il est résulté, de l'égalité introduite dans les replis de l'ordre civil, qu'il n'y a plus aujourd'hui en France que le gouvernement et des individus ; que d'un côté la puissance publique est la seule qui soit réelle et forte, parce qu'il n'y a plus de puissances intermédiaires, de patronages aristocratiques, de corporations, de priviléges particuliers ; et que de l'autre cette puissance publique, si réelle et si forte, sera singulièrement exposée par la liberté de la presse, vu que cette puissance est partout vulnérable dans une multitude d'agents dont on ne saurait raisonnablement espérer que la conduite ne donnera lieu à aucun reproche légitime. » De sorte que de la constitution nouvelle de l'ordre social, qui doit produire de si beaux développements, il résulte que le peuple n'a aucun moyen de défendre sa liberté contre le gouvernement, ni le gouvernement son existence contre l'opinion. Était-ce ce que l'orateur voulait prouver ?

Après la discussion de la presse est venue la discussion du budget. Celle-ci s'est ouverte avant-hier, tant par un rapport sur le règlement des comptes des exercices de 1815, 1816 et 1817 que par la réponse de M. le commissaire du roi à un précédent rapport relatif au budget définitif de 1815, 1816 et 1817. Il ne se trouvait qu'une petite différence de 194 millions entre les calculs du ministre et ceux de la commission de la Chambre des députés. M. le commissaire du roi pense que cette inconcevable disparité tient à ce qu'on n'a pas bien entendu une phrase du ministre ; il réduit, par un éclaircissement, la différence entre les calculs du ministre et ceux portés dans le rapport à 58,464,000 francs. Cette différence, a-t-il ajouté, n'est qu'apparente, et tient seulement à des opinions diverses en matière de comptabilité. Ces opinions sont un peu chères.

Un membre de l'opposition de gauche a parlé contre le projet de loi d'une manière piquante et spirituelle ; mais comme le budget est matière pesante pour les contribuables, nous ne voulons pas le discuter légèrement, et nous nous proposons d'y revenir.

Avant qu'on s'occupât de cet objet principal de la session, des pétitions avaient amené des questions importantes. Deux ex-substituts près le tribunal de première instance de Paris ont demandé le payement de leur traitement pendant les Cent-Jours.

Un membre de la minorité de gauche, soutenant les pétitionnaires, et combattant les adversaires de la pétition, a avancé que ceux qui blâment ce qui s'est fait à l'époque des Cent-Jours auraient été bien malheureux si ces honnêtes gens ne s'étaient chargés de conduire la France. Ce fut sans doute cette nécessité de conduire la France qui porta un député de la Chambre des Cent-Jours à demander avec tant de chaleur l'élévation de Napoléon II au trône de Louis XVIII. Mais, en vérité, les hommes des Cent-Jours eussent-ils été mieux traités sous l'usurpation que sous la légitimité? De quoi se plaint-on? Il n'y a pas jusqu'aux musiciens du Champ de Mai dont on ait payé les gavottes et les rigodons arriérés.

Ceux qui appuieront les pétitions pour le rappel des bannis seront également bons logiciens. Il est bizarre en effet que des hommes soient bannis, tandis que d'autres hommes, qui ont eu une conduite toute semblable, occupent les premières places de l'État, et sont comblés de pensions et d'honneurs. Si l'on eût suivi le premier système, les bannis auraient eu tort de réclamer : ils auraient dû attendre, en un respectueux silence, les effets toujours certains de la miséricorde royale; mais dès lors que les hommes des Cent-Jours sont préférés aux amnistiés de Gand et aux compagnons de Larochejaquelein; dès lors qu'on rappelle, par une décision ministérielle, les régicides éloignés par une loi, un système de rigueur, qui n'est suivi que pour quelques individus, devient une sorte d'injustice. Il y aurait une chose raisonnable à faire ; ce serait d'envoyer les royalistes prendre la place des bannis : ils ont l'habitude de l'exil et du malheur; leur présence est un contre-sens et un reproche au milieu du système ministériel.

La minorité de droite s'est tue pendant le cours de toutes ces discussions ou du moins elle n'y a pris part que rarement, et toujours pour proposer des choses justes et généreuses. A la diminution des idées saines et des bonnes raisons, on s'est bien aperçu de son silence. En revanche, si elle a peu parlé, elle a écrit. Les opinions imprimées de M. Bellart sont pleines de sens et de chaleur. M. de Bonald a répandu un petit écrit intitulé *Réflexions sur la séance de la Chambre des députés du 17 avril 1819*. C'est là qu'on trouve, non une métaphysique obscure et stérile, mais une métaphysique féconde et lucide, qui prend sa source dans la morale et sa lumière dans le ciel. M. de Bonald, homme de génie, est de plus un homme de bien : c'est une chose fâcheuse pour *la bonne vieille cause* de la révolution que la minorité royaliste renferme tant de nobles caractères, de talents et de vertus.

Cette minorité peut maintenant reprendre la parole : elle a prouvé ce qu'elle a voulu prouver : l'expérience est faite. On ne cessait de dire : Ce sont les discours des royalistes qui aigrissent la minorité opposée, et qui forcent les ministres à s'appuyer sur cette minorité. Maintenant que l'on juge. Le calme est-il revenu? les ministres ont-ils été moins ardents dans la poursuite des royalistes? ont-ils fait moins de concessions à l'opinion démocratique? a-t-on entendu professer des principes moins opposés à ceux de la monarchie légitime? Un très-grand bien a donc été obtenu, puisque la France a été éclairée : cette nouvelle manière d'instruire la patrie par le silence a réussi au delà de ce qu'on pouvait espérer.

Les *correspondances privées* qui vont enfin être détruites par la suppression de la censure, parce qu'elles perdront leur autorité lorsqu'elles seront traduites et flétries dans nos journaux, les *correspondances privées* font aujourd'hui l'éloge de l'assassin de Kotzebüe ; elles le comparent à Charlotte Corday, d'où il résulte que Kotzebüe est Marat. Cependant Marat était un grand ennemi des rois et des prêtres, ce qui devait le faire chérir des *correspondances privées ;* et Kotzebüe était le défenseur du trône et de l'autel. Mais dans les premiers transports de la reconnaissance pour Sand, on a sacrifié la mémoire de Marat par une comparaison injurieuse à ce demi-dieu, quitte à rétablir ses statues quand la religion des frères et amis aura relevé les échafauds fraternels.

Les mêmes *correspondances privées* crient contre les Suisses et insultent nos tribunaux : c'est dans l'ordre. Elles annoncent des épurations dans notre armée : c'est dans l'ordre. Elles s'épuisent à dire que nos ministres vivent dans la meilleure intelligence : c'est encore dans l'ordre. Les jacobins en France tiennent les mêmes discours : ils invitent surtout M. le ministre de l'intérieur à ne pas se ranger du côté des royalistes, qui, disent-ils, ne lui pardonneront jamais l'ordonnance du 5 septembre. Les royalistes, à qui l'on n'a jamais pardonné leurs malheurs, ont toujours oublié le mal qu'on leur a fait. Les mêmes hommes qui appellent à leur secours M. le ministre de l'intérieur lui ont-ils pardonné les lois d'exception, le bannissement des régicides, et ces fameuses lettres que nous avons, où M. le ministre de l'intérieur s'exprime avec tant d'énergie, et donne des ordres si sévères contre ces hommes *auxquels le remords est étranger, que le pardon ne peut ramener, que la clémence offense, que l'on ne peut rassurer, parce qu'il est des consciences qui ne sauraient l'être?* C'est à lui d'examiner, l'histoire de la révolution à la main, de quel côté on oublie et l'on pardonne.

Il est vrai de dire pourtant que les divisions qui semblaient exister dans le ministère ont cessé, du moins momentanément. On en assigne plusieurs causes, et en particulier celles qui peuvent naître de l'affaire de Bruxelles : dans le danger, on serre les rangs.

Juste retour des choses d'ici-bas : l'année dernière, quelques-unes des personnes qui se sont dévouées à l'établissement du *Conservateur* virent leur nom compromis dans la prétendue *conspiration du bord de l'eau ;* et voilà que l'ancien chef de cette police où retentissent tant de conspirations se trouve à son tour impliqué dans une de ces conspirations ; il est obligé aujourd'hui de se défendre dans *le Moniteur*, comme nous nous défendions dans *le Conservateur*.

Tels sont les graves inconvénients que produit notre police générale, née, comme on l'a dit, dans la fange révolutionnaire, de l'accouplement de l'anarchie et du despotisme. Tous les mauvais sujets de l'Europe, tous les espions se croient obligés de s'adresser à cette police quand ils méditent quelque crime : ils déposent dans son sein leurs abominables secrets. Si la justice déjoue leurs complots, alors, pour se sauver, ils sont obligés de compromettre le nom et la dignité de la France.

Il est temps que les ministres qui n'ont point été élevés à une école de délation et de turpitude cessent d'accorder leur confiance aux anciens agents de la police du Directoire et de Buonaparte. Ces hommes qui réussissaient sous le despotisme, parce que la puissance absolue servait à cacher leurs trames, ces hommes ont cru qu'ils pouvaient suivre leur marche accoutumée sous le règne de la liberté et de la légitimité. Ils étaient trop bornés pour s'apercevoir qu'avec des jugements publics et la liberté de la presse, toutes leurs machinations seraient déjouées ; ils n'ont pas songé qu'appartenant à la révolution, et ne voulant pas inventer de conspirations révolutionnaires, ils seraient obligés de continuer à faire comme sous Buonaparte des conspirations royalistes, ce qui, sous le roi, deviendrait une odieuse absurdité. Qu'est-il résulté de ces menées ? on n'a trompé personne, et partout on n'a trouvé de conspirateurs que ceux qui avaient imaginé des conspirations.

Veut-on savoir jusqu'à quel point la manie de faire et de découvrir des conspirations a été portée ? Tandis que M. le ministre de la police était compromis dans une conspiration à Bruxelles, un autre personnage grave était également compromis en Bretagne : l'histoire est curieuse.

A quelques lieues de Dinan, sur les bords de la Rance, s'élève un château gothique. M. de ***, ancien seigneur de ce château, avait dans toutes les occasions périlleuses pris les armes pour la cause royale. Longtemps chef des chouans, et connu comme tel dans le pays, il était par conséquent devenu suspect depuis le retour de la légitimité. Son manoir, flanqué de tours féodales, était surveillé par ces hommes qui, depuis l'an 1793 jusqu'à ce jour, ont dénoncé les royalistes à la Convention, au Directoire, à Buonaparte, et qui continuent à les dénoncer au gouvernement royal, par habitude. Le château depuis longtemps semblait tout à fait abandonné ; cependant on avait entendu dans ses cours, ses jardins et ses bois, une voix qui criait : *Vive le roi ! aux armes ! marche ! en avant les gars !* Il faut remarquer que ce dernier commandement des chefs de la Vendée était jadis celui de Duguesclin, et que le cœur du héros breton était déposé dans un couvent de bénédictins à Dinan. *En avant les gars !* était donc un vieux cri de loyauté et de victoire, connu de toute antiquité dans les bois des Côtes-du-Nord.

Grande dénonciation, rapport circonstancié, rassemblement de chouans dans le château, exercice à feu, évolutions, cocardes vertes, telles que celles indiquées à la Chambre des pairs, et niées par M. le ministre de l'intérieur. Le jour est pris pour attaquer la forteresse. On marche avec précaution la nuit, par des sentiers déserts. On arrive au lever du jour au pied du donjon. On somme le gouverneur d'abaisser le pont-levis; rien ne paraît. On se disposait à donner l'assaut, lorsqu'une porte vient à s'ouvrir, et l'on voit sortir un paysan avec ses bœufs. Arrêté par les assiégeants, il est conduit à leur capitaine, qui l'interroge sur le cri séditieux de *vive le roi!* entendu dans le château. Le chouan, démêlant l'affaire, répond, dans son langage breton : « Mes biaux messieurs, vous ne trouvarez pas les gars ; mais si vous voulaz entrer, vous prendraz le général. » On se jette dans le château, on se saisit des passages. Au milieu de tout ce bruit, un vieux corbeau effarouché prend sa volée; et le paysan de crier : « Le général s'envole, vous avaz fait trop de tapage. » C'était un corbeau privé à qui M. de*** avait appris à répéter : «Vive le roi! en avant les gars! » On ne put jamais forcer le général à descendre de l'arbre où il s'était réfugié : il avait la prudence de sa race ; et, quoiqu'il fût blanc comme neige de toute cette conspiration, il savait bien que la calomnie s'obstinerait à le noircir.

Paris, 25 mai 1819.

Les trois projets de loi sur la liberté de la presse ont passé aux Chambres. Deux ont reçu la sanction royale; et au moment où nous écrivons cet article, le troisième est peut-être sanctionné. Il a paru nécessaire de hâter la publication de cette xxxvie livraison du *Conservateur*, pour faire cesser les bruits divers relatifs à cet ouvrage.

Le *Conservateur* ne changera rien à sa forme; il restera sous la nouvelle législation tel qu'il était sous l'ancienne. Il fournira son cautionnement comme ouvrage semi-périodique; il a acheté les cinq mille livres de rentes exigées par la loi.

M. le baron Trouvé, homme distingué par son caractère, sa belle conduite pendant les Cent-Jours, par ses talents administratifs et littéraires, va devenir l'éditeur responsable du *Conservateur*. Toutes les personnes qui se sont fait un devoir de soutenir *le Conservateur* continueront à parler à cette tribune publique des royalistes. Elles aiment trop leur pays pour ne pas achever le bien qu'elles ont si heureusement commencé; elles ne cesseront de faire le sacrifice de leur repos que quand ce sacrifice ne sera plus nécessaire. Vivement touchées de l'empressement honorable avec lequel la saine opinion de la France a répondu à leur appel, elles n'abandonneront point cette opinion, et seront toujours prêtes à défendre la religion, le trône et les libertés publiques.

Loin donc de se dissoudre et de se démembrer comme on s'était plu à le dire, le *Conservateur* s'organise, et prend une nouvelle stabilité. Nous avons quelquefois parlé du bien qu'il a fait; nous devons en parler encore, afin de montrer quelle sera maintenant sa tâche au milieu des journaux devenus libres.

Qu'on veuille bien se rappeler l'époque où le *Conservateur* a paru l'année dernière : les journaux royalistes étaient opprimés par la censure; les journaux d'une opinion opposée, et soumis pourtant à cette même censure, jouissaient de la plus grande liberté. Les principes religieux, les principes moraux, les choses et les hommes monarchiques, étaient journellement attaqués. Aucune réfutation n'était possible, ou du moins la censure mettait de telles restrictions à la réponse, qu'il était aussi expédient de se taire. D'une autre part, des feuilles semi-périodiques, affranchies de tous les jougs, répandaient tous les poisons. Il y avait de ces feuilles pour toutes les classes de la société, pour tous les genres de calomnie : elles faisaient à la France le même mal que la *correspondance privée* faisait à l'Europe. On avait la faiblesse d'en avoir peur : les niais admiraient, les poltrons tremblaient, les méchants se réjouissaient; une poignée d'hommes se disait un parti, prétendait représenter l'opinion de la France; et, chose déplorable! on sollicitait l'alliance de ces hommes.

Ce fut au milieu de cette crise que se forma l'association du *Conservateur*. Ceux qui en conçurent l'idée croient avoir bien mérité de leur pays. Ils ont fait voir qu'avec de la constance et de la fermeté on peut, par les plus petits moyens, obtenir de grands résultats. Les ennemis mêmes sont obligés de reconnaître nos succès, et les changements heureux opérés par le *Conservateur*. Les journaux révolutionnaires déclinent; nous les avons chassés de poste en poste. Le courage est revenu aux honnêtes gens; au dehors nous avons porté un coup mortel à la *correspondance privée*, et le *Conservateur*, traduit en toutes langues, lu en tous pays, réimprimé en Suisse, a servi à détromper l'Europe comme à éclairer la France.

Enfin il a produit un dernier bien : il a forcé la main aux ministres sur la liberté de la presse.

Lorsque ceux-ci ont vu qu'ils ne pouvaient plus enchaîner l'opinion royaliste, que d'autres feuilles s'établissaient à l'ombre du *Conservateur*, ils ont abandonné la censure.

Nous n'avons jamais varié sur la nécessité d'établir la liberté de la presse. Ceux des royalistes qui, par les motifs les plus respectables, craignaient l'usage de cette liberté, sont-ils convaincus aujourd'hui que leur frayeur était sans fondement? Nous ne cessions de leur dire que la censure était la licence pour une opinion, et la servitude pour une autre; qu'elle donnait le moyen de l'attaque et refusait celui de la défense. Voient-ils maintenant la vérité de cette assertion? Les journaux révolutionnaires sont-ils plus violents, plus mauvais, plus impies, plus antimonarchiques qu'ils ne l'étaient sous la censure? Pas davantage; au contraire, ils semblent même plus modérés : et quel essor n'ont point pris les journaux royalistes!

Et voyez comme les ministres ont été réduits à l'instant même à leur propre force, comme on a connu sur-le-champ la mesure de leur pouvoir. Il ne leur reste que deux journaux, *le Moniteur* et le *Journal de Paris :* tout le reste est contre eux, car les feuilles qui leur sourient quand ils font l'éloge de la Convention, qui les gourmandent quand ils frappent les régicides, sont leurs ennemis autant et plus que les feuilles royalistes.

Il est évident que *le Conservateur*, au milieu de l'indépendance des journaux quotidiens, a changé de position. Il cesse d'être soldat; mais, sans s'ériger en chef, il ne doute point que l'opinion royaliste ne lui accorde cette attention qu'il a méritée par son dévouement dans un temps critique : il a droit encore à cette attention par la position plus indépendante des hommes qui l'ont établi, et qui vont le soutenir. Ces hommes ont accepté l'honneur de l'inimitié que les ministres leur ont si gratuitement et si libéralement accordée, et ils sont à l'abri de toute séduction comme de toute crainte. *Le Conservateur* veillera donc sur la bonne direction des opinions royalistes, et les empêchera de s'égarer dans leurs succès, comme il les a ranimées dans leurs revers.

Jusqu'ici les journaux royalistes marchent dans une excellente direction; ils se montrent amis du roi, amis de la Charte. L'Europe va voir enfin où sont les vrais constitutionnels, les hommes qui veulent réellement la monarchie sans oppression, la liberté sans licence.

Le *Journal des Débats*, jadis le plus entravé par la censure, a repris ses bonnes doctrines et sa supériorité; *la Quotidienne*, qui a lutté si courageusement contre cette même censure, redouble de zèle et de talents; *la Gazette de France*, revenue franchement au royalisme, s'est fait remarquer dernièrement par des articles aussi bien pensés que bien écrits; le brave et brillant *Drapeau blanc* continue de se battre aux avant-postes; *la Bibliothèque royaliste* répond victorieusement à *la Bibliothèque historique*, et garde le *Trésor* des chartes révolutionnaires. Nous espérons que *la Bibliothèque religieuse*, *l'Oracle français*, *le Panache blanc*, se soutiendront à Paris, et que *la Ruche d'Aquitaine* à Bordeaux, *le Provincial* à Nîmes, *l'Ami du Roi* à Toulouse, et plusieurs autres, continueront à maintenir la bonne opinion des provinces. Au reste, si le cautionnement faisait disparaître quelques feuilles royalistes, il est probable qu'il nous débarrasserait de quelques journaux révolutionnaires. Quant aux feuilles ministérielles, comme elles sont réduites à deux, il ne sera pas difficile à qui de droit de les soutenir : mais elles n'obtiendront pas plus de faveur que les ministres n'obtiennent de succès.

Paris, 1er juin 1819.

Un fait resté invinciblement démontré d'après les débats qui viennent d'avoir lieu dans la Chambre des députés, c'est que le ministère actuel est le plus faible de tous les ministères qui ont paru depuis la restauration. Des hommes d'État qui ont pris leur parti sur un système, quelque funeste qu'il soit, peuvent encore se soutenir s'ils ont du talent ; ils perdent leur pays, il est vrai, mais sans se perdre eux-mêmes. Il leur reste, au milieu des calamités publiques, la réputation d'esprits dangereux et cependant habiles ; mais quand on joint à des doctrines périlleuses une insuffisance reconnue, on est jugé.

Qu'est-ce que des hommes qui tantôt repoussent de nos lois le nom de la religion, tantôt font l'éloge de la Convention d'exécrable mémoire, puis maudissent les régicides et parlent de l'assassinat du juste couronné, laissent ensuite des journaux ministériels faire amende honorable ou *déshonorable* pour ces dernières paroles, et finissent par rappeler ces mêmes régicides qu'ils avaient à *jamais* condamnés : tout cela dans l'espace de quelques jours ? Et qui pensent-ils satisfaire par une variation aussi déplorable ? Croient-ils que la révolution leur pardonne le fameux *jamais* ? En vain ils feraient rentrer le dernier des ex-conventionnels, en vain ils sacrifieraient le dernier des royalistes : l'expiation serait insuffisante. Si les ministres voulaient emprunter l'appui du parti révolutionnaire, ils ont perdu désormais cet appui. Ils repoussent d'un autre côté l'assistance des royalistes : l'inconséquence et la faiblesse ne sauraient aller plus loin.

Le monde civilisé avait vu, avec la satisfaction que donne toujours la justice, le bannissement des régicides relaps. La peine d'ailleurs était peu proportionnée à l'offense. Aller vivre dans les pays voisins, en emportant sa fortune, n'est pas un si grand châtiment lorsqu'on a commis un si grand crime. Quand la fidélité a langui vingt ans dans la terre étrangère ; quand le roi lui-même a connu les chagrins de l'exil, les régicides qui ont été prendre sa place pensent-ils exciter une commisération qu'ils n'accordaient pas au petit-fils de saint Louis, à la double majesté de l'innocence et du malheur? Ces hommes qui ont émis un vote horrible ; ces hommes qui, au moment du procès de Louis XVI, ont prononcé des discours qui font frémir ; ces mêmes hommes n'ont-ils pas, pendant les Cent-Jours, signé l'Acte additionnel, et conséquemment signé le bannissement perpétuel de Louis XVIII, comme ils avaient décrété la mort de Louis XVI ? N'ont-ils pas juré foi et hommage à l'usurpateur, qui avait remis en vigueur les lois contre les émigrés ; lois en vertu desquelles on aurait pu verser le sang de notre roi, de nos princes, et traîner Madame à l'échafaud de son père et de sa mère ? Quand il n'existera plus en France un seul honnête homme misérable ; quand on se sera bien assuré qu'aucun Vendéen blessé avant ou pendant les Cent-Jours ne manque des premières nécessités de la vie, qu'aucun soldat de l'armée de Condé ne tend la main comme Bélisaire, alors on pourra appliquer aux régicides relaps ce qui restera de surabondant dans la charité. Mais tant que l'on n'aura pas essuyé les pleurs du dernier royaliste, la pitié pour les hommes qui ont assassiné Louis XVI et proscrit Louis XVIII sera un outrage à l'infortune, une insulte à la vertu. Que ferait-on aujourd'hui en rappelant les anciens régicides dont le cœur a été réchauffé par la trahison des Cent-Jours ? On déclarerait implicitement à l'Europe que juger un monarque est une action comme une autre, une action indifférente en soi, susceptible d'interprétations diverses ; on reconnaîtrait par cela même le principe de la souveraineté du peuple ; l'on préparerait la chute des rois.

Détournons les yeux de ce spectacle affligeant ; portons nos regards, en finissant cet article, sur une scène consolante : contemplons les royalistes. Que leur position est belle ! Spectateurs de ces débats, auxquels ils sont si heureusement étrangers, ils voient leurs ennemis se disputer entre eux, se faire des reproches mutuels, se réunir, se diviser, pour se réunir encore et pour ne jamais s'entendre. Tandis que tout s'agite, les royalistes, invariables dans leurs principes, fidèles à Dieu, fidèles au roi, poursuivent tranquillement leur noble carrière. Le présent est forcé de leur accorder son estime, l'avenir ne leur refusera pas quelque gloire. Si plusieurs d'entre eux n'ont aujourd'hui d'autre champ d'asile que leur conscience, c'est un abri sûr qu'aucune révolution ne peut leur enlever. Mais enfin des jours plus sereins se lèveront pour eux ; leur constance sera couronnée. Déjà leur opinion fait de toutes parts des conquêtes : on commence à reconnaître que là se trouvent les talents, là où se rencontre la probité. Encore quelque temps, et l'on ne cherchera plus les sauveurs de la France dans les restes impurs de la Convention, dans les anciens agents de la police ; on n'opposera plus aux hommes de vertu et de liberté les échappés de nos crimes et de nos servitudes.

Paris, 13 juin 1819.

« *Nous* LE *changerons,* » disaient en riant les députés sortant de la séance du 9 juin. De qui parlaient-ils? de M. le ministre des finances. Celui-ci, avec une naïveté digne d'un meilleur siècle, s'était écrié, au sujet d'une proposition royale : *Nous* LA *changerons!* Or, comme il est plus constitutionnel de changer un ministre qu'une proposition royale, les députés se contentaient de faire une légère correction à la phrase. Il y a cependant une chose à dire en faveur de M. le ministre des finances : c'est qu'il était à Gand, ainsi que M. le comte Beugnot. Ils n'y étaient pas l'un et l'autre, il est vrai, comme volontaires royaux, mais comme médecins venus après la mort du malade pour procéder à l'ouverture du corps, et examiner cette pauvre monarchie, qui était morte entre leurs mains. Espérons, puisque ce royaume ressuscité a été confié de nouveau à des docteurs si habiles! Aussi, avec quelle force l'un propose le budget, avec quelle dextérité l'autre le soutient, et comme tout va!

Jusqu'à présent il reste prouvé, par les débats sur les finances, que l'augmentation des recettes s'élève à 45 millions; les économies faites par la Chambre des députés, sur les différents ministères, montent à la somme de 20 millions 424,000 francs. On pourrait donc diminuer les impôts de la somme de 65 millions 424,000 francs. Le *déficit* supposé de 56 millions n'existe pas. Le ministère ne paraît disposé qu'à consentir à une réduction de 17 millions d'impôts. Il s'avise un peu tard, et la réduction est loin de la somme à laquelle on a le droit de prétendre. Il fallait au moins céder de bonne grâce, et ne pas disputer avec acharnement, non-seulement les millions, mais le denier, mais l'obole qu'on voulait laisser dans la poche du contribuable. Désormais la popularité de la réduction est perdue pour les ministres; elle restera tout entière aux députés. Mais les ministres se vengeront bien de l'opinion publique; ils destitueront M. Bricogne, et casseront quelques receveurs royalistes, qui périront par représailles pour le budget. Il faut que justice se fasse.

Quand on voit les ministres assis sur leur banc à la Chambre des députés, on ne saurait se défendre d'une sorte d'attendrissement. Nous nous épargnons ce spectacle, parce que, connaissant notre penchant à nous jeter du côté des victimes, nous évitons la seule tentation assez forte pour nous entraîner aux erreurs ministérielles. Il faut en convenir, on ne peut par être plus battu que le ministère. Les hommes de talent de toutes les nuances d'opinion se sont réunis pour l'accabler.

M. le comte de La Bourdonnaye a attaqué le budget du ministère de la guerre; son discours a vivement frappé : la force alarme toujours la faiblesse. Quelques criailleries n'arrêteront pas M. de La Bourdonnaye; il en est dédommagé par l'estime publique : le marché est bon. A propos des discours de l'honorable député, on a parlé de *notes secrètes, de tutelle des alliés*, et l'on a laissé de côté et la note secrète de M. Bignon, et la note secrète de la *correspondance privée*, et les certificats de bonnes vie et mœurs que les ambassadeurs étrangers donnaient, dans leurs notes diplomatiques, à nos ministres, lesquels étaient tout fiers de cette approbation européenne. Si la *correspondance privée* crie aujourd'hui contre certains ambassadeurs, qu'elle se rappelle les temps où elle parlait avec jubilation du bon accueil que ces mêmes ambassadeurs avaient fait à telles propositions de lois, à tels personnages ministériels. Il ne convient point à ceux qui descendaient si bas de le prendre aujourd'hui sur un ton si haut. Jamais on n'a vu les royalistes faire leur cour aux envoyés des puissances alliées, et nos ministres nous ont souvent donné ce spectacle. A la tribune les royalistes se sont élevés avec force contre toute menace de l'opinion diplomatique. Et combien de fois nos nobles gouvernants n'ont-ils pas usé de cette menace ! Quiconque ne voudrait pas l'indépendance de la France serait indigne du nom de royaliste. Qu'on s'exprime sans détour : la patrie est-elle menacée ? Demain, s'il le faut, le côté droit va voter 600 millions et 600 mille soldats ; la Vendée tout entière offrira ses bras et ses armes : mais cela ne veut pas dire qu'il soit bon de chasser de l'armée les militaires connus par leur attachement au trône; qu'il soit juste, qu'il soit politique de préférer l'officier de Waterloo à l'officier vendéen. Servez-vous du premier, mais n'excluez pas le second ; ne traitez pas la fidélité comme vous traiteriez la poltronnerie : chez un peuple aussi amoureux des armes que les Français, la légitimité serait en péril si la fidélité pouvait fermer le chemin de la gloire.

On se demande comment le ministère sortira de la crise où il se trouve ; il est amusant de le voir s'attribuer l'amélioration de cette opinion ; ce serait de l'esprit, si ce n'était de la bonhomie.

Que fera-t-il donc, qu'imaginera-t-il de nouveau ? De quelle ordonnance sommes-nous menacés ? Les ministres garderont-ils la Chambre actuelle des députés, comme on leur en soupçonne l'envie ? Mais il leur faudrait violer toute la Charte ; mais, dans cette Chambre, ils ne sont pas même sûrs de la majorité. Néanmoins le temps presse, la session finit, les élections approchent.

Autre question : si les ministres se retirent, qui prendra leur place ? Peut-être le petit ministère : il est probable qu'il nous faudra épuiser cette série d'écoliers qui se disent des maîtres. Nous avons déjà vu passer bien des

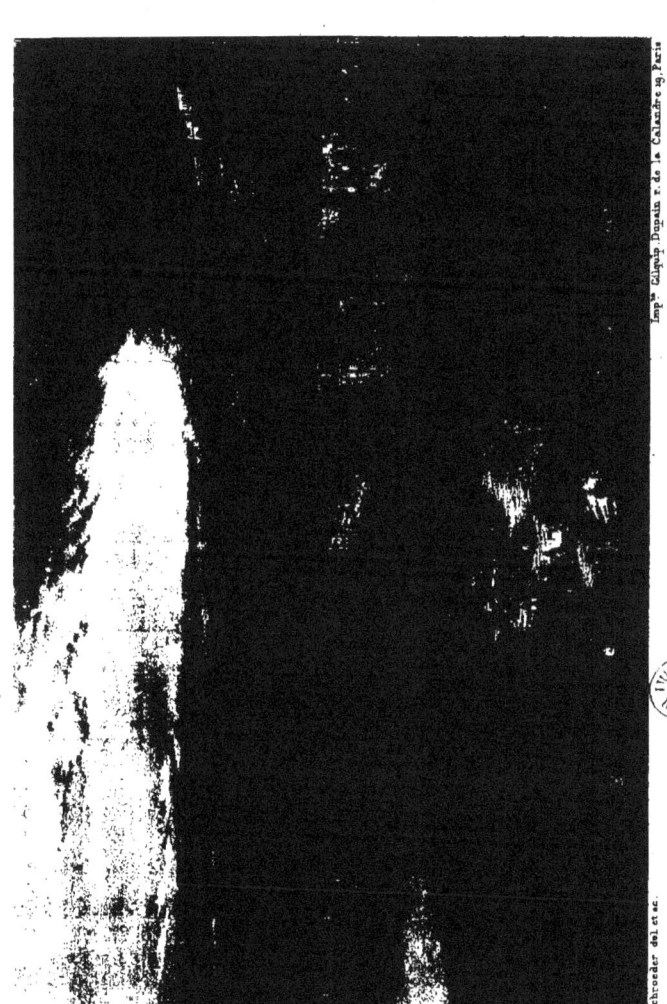

NAPLES
(Vue du jardin royal)
(Italie)

renommées : nous verrons encore passer celles-là. Il en sera de nos petits grands hommes comme de nos petits grands livres : on dira qu'ils sont essentiels à la prospérité de la France, que rien ne peut aller sans eux : une fois arrivés, personne n'en voudra ; et peut-être alors ira-t-on chercher les hommes de talent pour en finir.

Il y a pourtant une autre espérance : la *correspondance privée* nous indique la route que nous devrions prendre pour notre bonheur ; elle nous invite à créer un premier ministre, autour duquel les cinq ou six autres viendraient se grouper.

Les indépendants ont conçu la crainte de voir les royalistes arriver au pouvoir. Un homme de beaucoup d'esprit et de talent vient de prouver doctement que les royalistes sont de pauvres diables qui n'ont jamais su profiter de leurs avantages. Selon lui, en 1814, ils ont tout gâté par leur orgueil, tout aliéné par leur puissance en 1815, tout exaspéré par leur rage en 1816 : bref, ils ne sont bons à rien. Voyons.

Premièrement : les royalistes n'ont pu montrer ce qu'ils auraient été comme gouvernants pendant le cours de la révolution, puisque ceux qui échappaient à la mort languissaient dans les cachots ou dans l'exil. *Que l'abbé musqué et le capucin fétide,* comme l'a dit éloquemment un indépendant, *tombent sous le rasoir national!* Pendant que ce vœu patriotique était exaucé, il était assez difficile aux royalistes de montrer leur capacité administrative.

Secondement : depuis la restauration, les royalistes ont toujours eu contre eux la majorité du gouvernement. Or, par principe, devoir, honneur, amour, ils ne peuvent rien contre le gouvernement du roi, car ils ne seraient plus royalistes : donc on n'a pas pu savoir s'ils avaient ou n'avaient pas ce qu'il faut pour conduire les hommes.

Voici donc un singulier résultat : depuis vingt-cinq ans les royalistes, dépouillés, proscrits, massacrés, subsistent toujours. Aujourd'hui, après tant de calamités, chassés de toutes les places, calomniés par les ministres et les révolutionnaires, opprimés par une opinion qui a parlé seule pendant quatre années, ils se relèvent plus nombreux, plus fermes, moins découragés que jamais. Il faut cependant qu'il y ait une certaine force de caractère, une certaine élévation d'âme, une certaine vigueur de principe et de génie dans ces hommes si *faibles* et si *médiocres,* pour avoir résisté à des épreuves si longues, si multipliées, si diverses. Pour anéantir les capables indépendants, que faudrait-il faire ? Les oublier pendant quinze jours.

Le genre d'attaque dirigé cette fois par les indépendants contre les royalistes est gauche et maladroit ; car, précisément, ce qui fait le caractère distinctif des indépendants, c'est leur impuissance démontrée à conserver le pouvoir. Depuis trente ans ils n'ont jamais pu garder cette liberté dont ils font tant de bruit. Pourquoi ne sont-ils pas restés les maîtres en 1789? Que sont-ils devenus en 1793 sous Marat, en 1795 sous le Directoire? Buonaparte mit un bon nombre d'entre eux à la police, qui n'est pas, ce nous semble, l'école de Brutus. Quelques-uns de ceux qui crient si fort à la *Charte* aujourd'hui n'étaient-ils pas dans la domesticité du tyran, ne se tenaient-ils pas à la portée de la sonnette, le tout pour être plus libres et pour mieux attester les droits de l'homme? La vérité est que les indépendants ont parmi eux des gens d'esprit, mais qu'il n'y a dans leur parti ni un orateur, ni un homme d'État, ni un homme de tête. S'ils arrivaient au pouvoir, ils le perdraient comme ils l'ont toujours perdu; ils feraient de nouvelles révolutions sans obtenir la liberté qu'ils prétendent chercher, parce qu'ils sont incapables de liberté par leur caractère, leurs habitudes, et principalement par leurs doctrines subversives de tout ordre comme de toute forme de gouvernement. Nous les verrions, criant à l'indépendance, recevoir encore, ou tout au plus se choisir un maître. Qui prendraient-ils? Dieu le sait. Dans les états généraux de la *Satire Ménippée*, le docteur Rose donne sa voix, pour l'élection d'un souverain, à *Guillot Fagotin*, marguillier de Gentilly; et le cardinal de Pellevé opine en faveur du marquis des *Chaussons*. Ces deux familles royales existent peut-être encore parmi les indépendants.

Nous autres royalistes, si nous devenions des hommes puissants, nous n'exécuterions pas de si grandes choses, car notre choix est tout fait; nous dirions aux indépendants, avec d'Aubray, député du tiers état, dans la même satire : « Nous sommes Français; allons avec les Français exposer notre vie et ce qui nous reste de bien pour assister notre roi, notre bon roi, notre vrai roi. »

Dans ce fameux numéro de la *correspondance privée*, dont les indépendants se sont alarmés, que nos journaux quotidiens royalistes ont fait connaître; dans ce numéro, où les deux minorités de gauche et de droite sont grossièrement insultées, il est encore parlé d'une *expérience récente*, « laquelle prouve que de petits succès de tribune n'ont rien de commun avec la *science du cabinet et les talents de l'administration.* » On entend assez ce que veut dire cette expérience *récente*. Il s'agit d'un homme pour lequel le ministère ne crut pas avoir assez d'honneurs à prodiguer. Et quels éloges ce même homme n'a-t-il pas reçus dans la même *correspondance privée!* Quand cet homme de bien entra au ministère, nous le connaissions mieux, et nous avions plus travaillé, dans un temps, à le porter aux affaires que ceux qui l'employaient alors. Nous le combattîmes lorsqu'il fut entraîné dans une fausse route, sans méconnaître son talent, sans cesser d'aimer et d'estimer sa personne. Comment avait-il pu croire que les buonapartistes et les révolutionnaires, qui feignaient de le caresser, lui pardonneraient jamais sa fermeté sous Buonaparte, et sa belle conduite pendant les Cent-Jours? Il voit aujourd'hui quel fonds on doit faire sur l'amitié de pareilles gens. Qu'il se console! la *correspondance privée* peut calomnier, mais elle ne peut déshonorer personne : c'est une chose remarquable, que tout ce qui est vil n'a pas le pouvoir d'avilir, et que l'honneur seul peut infliger le déshonneur.

On ose, dans cette *correspondance*, on ose parler de sentiments français ; on ose accuser les royalistes de chercher l'opinion étrangère, quand cette *correspondance* traduit au tribunal de l'Angleterre nos querelles domestiques, et prend pour juge de ses diffamations le public de Londres! N'est-ce pas la *correspondance privée* qui a annoncé la première des conspirations imaginaires? N'est-ce pas elle encore qui, depuis l'ordonnance du 5 septembre, n'a cessé d'insulter au malheur et à la vertu? Pas un beau nom qu'elle n'ait essayé de flétrir : elle a quelquefois lancé ses traits à des hauteurs qu'il ne lui était pas donné d'atteindre.

A peine a-t-on repoussé ses outrages, qu'elle vous en adresse de nouveaux. Voici qu'un dernier numéro de cette *correspondance* répète et aggrave toutes les calomnies, déjà renouvelées à propos du discours de M. de La Bourdonnaye. Le correspondant ajoute à ses invectives des absurdités telles que les laquais de Paris rougiraient de les avancer, même dans les antichambres de la police. Il prétend expliquer le secret de M. Bignon, et il n'explique rien, ou plutôt il dissimule mal la frayeur que lui inspire ce secret. Il invite M. le ministre des finances *à ne pas s'abandonner lui-même*. D'après cela, nous faisons nos compliments de condoléance à M. le baron Louis ; son arrêt est prononcé. A en croire le *correspondant*, « les royalistes n'ont jamais déployé plus d'audace. » Il y a des gens qui prennent la bonne conscience pour de l'audace : ils n'auront jamais cette audace-là. « La maison de M. de Chateaubriand doit être *le quartier général* des royalistes ; M. le comte de Bruges doit avoir fourni le cautionnement du *Conservateur*. » Les fonds nécessaires au cautionnement du *Conservateur* ont été pris dans la caisse de M. Le Normant, éditeur du *Conservateur*, sur une partie du produit du trimestre actuel des abonnements au *Conservateur* : c'est fâcheux, mais c'est exact.

M. de Chateaubriand a dit que le public regardait la *correspondance privée* du *Times* comme écrite sous la direction particulière d'un ministre. Un journal ministériel a cru répondre, en faisant entendre que l'on pourrait, si l'on voulait, soupçonner M. de Chateaubriand d'être pour quelque chose dans la rédaction de la *correspondance* du *New-Times*. Hé bien! M. de Chateaubriand déclare que NI LUI, NI SES AMIS, NE SONT POUR RIEN DANS CETTE CORRESPONDANCE, QUELLE QU'ELLE SOIT.

Il y a longtemps que M. de Chateaubriand souffre pour la cause royale.

Trop heureux de l'avoir utilemement servie, il pouvait tout supporter, hors d'être accusé de trahison envers un roi qu'il venait de suivre pour la seconde fois dans l'exil. Non-seulement la *correspondance privée* a avancé cet odieux mensonge, mais un juge d'instruction criminelle (sans doute par l'ordre de qui de droit ou *sans droit*) a osé faire porter sur le nom de M. de Chateaubriand d'outrageants interrogatoires.

Les ministres ont donc, de leur plein gré (quelques-uns en reconnaissance d'importants services), fait la guerre, et une guerre cruelle, à M. de Chateaubriand : il n'a point refusé le combat, mais il ne s'est point caché dans des *correspondances privées*; il a tout publié à la face du soleil, et n'a jamais calomnié personne. Telle est sa DÉCLARATION FORMELLE.

Si la *correspondance privée* du *Times* n'est pas rédigée par un homme occupant une haute place en France, alors elle n'est rien qu'un misérable libelle, qui perd son autorité en Europe, et par conséquent son pouvoir de nuire : si au contraire elle est l'ouvrage d'un homme en pouvoir, il est important de connaître le personnage.

Le journal ministériel dit aujourd'hui qu'il est possible que le « *correspondant* tienne au ministère ; que c'est là le *secret des dieux*. » De quels dieux ? on en compte trente-six mille, et il y en a d'une singulière espèce. Le secret des dieux serait-il celui de la comédie ?

Encore une fois, quiconque peut avoir le malheur d'être soupçonné de diriger une pareille correspondance se doit à lui-même de démentir un bruit aussi peu honorable. En attendant qu'on ait pris ce parti loyal, nous poursuivrons sans relâche les auteurs inconnus de la *correspondance privée* du *Times*. Nous mettrons le public en garde contre cette machine à calomnies. Hâtons-nous d'avertir que cette même *correspondance* existe aussi en Allemagne. On la trouve dans les feuilles de Weimar et d'Augsbourg ; un homme important à Strasbourg la fait porter à Kehl par un exprès.

Calomniateurs anonymes, payants ou payés, la presse est libre en France aujourd'hui. Que n'imprimez-vous dans les journaux de Paris ce que vous publiez dans les gazettes de l'Allemagne et de l'Angleterre ? Montrez-vous du moins Français en quelque chose : renfermez vos mensonges dans votre patrie. Ayez le courage de dire qui vous êtes : un peu de honte est bientôt passé. Ajoutez votre nom à vos articles : ce ne sera qu'un mot méprisable de plus.

Paris, 29 juin 1819.

Le ministère ne saurait s'attirer à la fois un plus grand nombre d'ennemis, et s'isoler davantage des hommes et des opinions : il ne recueille ni le fruit du bien, ni le fruit du mal qu'il peut faire. Il arrive au moment où des contradictions perpétuelles, où des jeux de bascule trop répétés ne donnent plus de mouvement aux choses : un temps vient que les intrigues secrètes, les concessions mystérieuses perdent leur mémoire. Que fait-on alors? on imagine des ressources bizarres : on frappe au hasard des coups d'État. Ce qui s'est passé dans la séance du 19 hâtera peut-être l'explosion d'une de ces mesures violentes, si funestes en général aux gouvernements. En effet, depuis quelques jours, des bruits de cette nature circulent dans le public; on parle d'une communication aux Chambres, laquelle aurait pour but de faire voter à la suite du budget de cette année le budget de l'année prochaine, et de doubler le cinquième des députés rentrants : ces deux choses accomplies, il y aurait dissolution de la Chambre des députés, et élections générales.

Quand serons-nous donc tranquilles? Quand ferons-nous demain ce que nous faisons aujourd'hui? Les ministres cesseront-ils de fatiguer un peuple qui n'aspire qu'au repos? Quoi! toujours des essais, des changements! Le 13 juillet 1815, on aurait augmenté la représentation nationale et changé l'âge des députés (ce qui était conforme à la raison et aux principes d'une vraie liberté), on aurait proposé la révision de quelques articles de la Charte; le 5 septembre 1816, on serait rentré dans la Charte, en protestant que jamais on n'en sortirait; et voilà qu'on retournerait à l'ordonnance du 13 juillet, oubliant et l'ordonnance du 5 septembre, et les grands discours qu'on a faits, et les belles choses qu'on a dites, en faveur de cette ordonnance.

Il faut chercher la raison de ces variations déplorables : d'un côté dans la ferme résolution du ministère de rester en place à tout prix; de l'autre côté dans la frayeur que causent à ce même ministère les institutions qu'il a créées ou défendues; institutions dont on vient, pour ainsi dire, de le menacer dans le sein même de la Chambre populaire. On loue la loi des élections pour s'attacher un parti; la vérité est qu'on en est épouvanté. Dans le désir de conserver cinq ans la Chambre actuelle des députés, il entre autant de crainte des élections nouvelles que d'envie de se perpétuer au pouvoir. Au reste, il n'y aura jamais de sûreté pour la France que la loi

R. — POLÉM. 13

des élections ne soit modifiée : tôt ou tard elle le sera, ou nous recommencerons la révolution.

Mais le projet du doublement du cinquième semble contredire ce que nous avançons. Ne voyez-vous pas que ce projet, s'il existe, ne serait qu'une de ces incohérences qui résultent des plans irréfléchis du ministère, des affaires compliquées dans lesquelles il s'embarrasse par humeur ou par faiblesse? Si, d'une part, ce ministère veut échapper à la loi des élections en gardant la Chambre actuelle des députés (quoiqu'il n'ait pas la majorité dans cette Chambre), d'une autre part il est pressé par l'ordonnance du 5 mars, laquelle ordonnance, en augmentant de soixante membres la Chambre des pairs, rend nécessaire l'accroissement de la Chambre des députés pour rétablir l'équilibre. Toujours occupé de ses petits intérêts du jour, il regarderait comme un point capital de faire voter sur-le-champ un second budget, afin d'être libre pendant quinze ou seize mois, et de regagner ainsi ce qu'il a perdu par le rejet de l'année financière!

Mais comment l'idée du doublement du cinquième actuel, et de la dissolution subséquente de la Chambre, se rencontre-t-elle avec la frayeur d'une élection démocratique? Demandez tout cela aux têtes qui rêvent tant de choses contradictoires. Savons-nous si ces projets seront exécutés, si l'on n'a pas déjà changé de desseins? Bien habile qui prévoirait aujourd'hui ce qu'enfanteront demain la légèreté et l'impéritie!

Les moyens des ministres sont nuls; leur système est insensé : ils n'échapperont point à cette double cause de ruine. On prétend qu'ils sont désolés de la liberté de la presse : ils étaient peu effrayés lorsque l'opinion démocratique parlait seule. Attaquer la religion, ébranler les principes de la royauté, calomnier les hommes monarchiques, tout cela n'était rien; mais aujourd'hui que l'opinion royaliste se défend, qu'elle ose soutenir le trône et l'autel, le ministère serait-il alarmé? Jadis le Directoire le fut aussi lorsque la presse devint libre : les plus fiers républicains demandèrent la suppression de la liberté de la presse; car c'est une chose bien remarquable, une chose que nous avions dite, et qu'on n'avait point voulu croire, que toutes les fois que la presse est devenue vraiment libre, l'opinion royaliste a triomphé. Le royalisme est une plante naturelle au sol de la France : ses racines sont enfoncées si avant dans notre religion et dans nos mœurs, qu'on ne peut parvenir à l'arracher. Depuis trente ans on la fauche, et elle repousse sans cesse; aussitôt qu'on la cultive, elle abonde, et couvre tout.

Écoutez ces fameux constitutionnels qui accusent les royalistes de ne rien vouloir de libéral; ils s'écrient que le gouvernement ne peut marcher sous le feu croisé des journaux! Et comment fait-on en Angleterre? Sans doute il serait plus commode pour un ministère, à la fois piteux et violent, de régner avec la censure, de lâcher les jacobins sur les royalistes, sans permettre à ceux-ci de se défendre, sans laisser ceux-là attaquer les combinaisons ministérielles. Il serait fort agréable de pouvoir rétablir les institutions impériales. Notre administration, composée des préfets et des créatures de Buonaparte, aimerait beaucoup à nous donner un budget par ordonnance : on y mettrait autant de millions que l'on voudrait ; on évaluerait les recettes et les dépenses selon le bon plaisir de MM. les directeurs. Personne ne serait là pour examiner les comptes : point de ces importuns réviseurs d'additions ; point de ces chicaneurs de chiffres ; pas une voix qui pût s'élever contre les rapports infidèles, contre la calomnie ou l'incapacité : tout serait tranquille ; on n'entendrait point de discussion ; on perdrait la France tout à son aise. Cette maudite liberté de la presse gâte tout ; avec cette liberté il n'y a pas un petit grand homme qui puisse être certain de n'être pas un sot, ni un ministre qui soit sûr de coucher au ministère.

Les ministres veulent-ils conserver leurs places ; il faut d'abord qu'ils soient habiles ; ensuite il faut qu'ils embrassent une opinion, et qu'ils marchent franchement avec cette opinion. S'ils sont libéraux, ils suivront une route périlleuse pour la monarchie, mais du moins la presse libérale viendra à leur secours ; s'ils sont royalistes, ils prendront le chemin du salut pour le trône, et ils seront soutenus par la presse royaliste. Mais que prétendent-ils aujourd'hui ? Dans quelle opinion les rencontre-t-on ? Que veulent-ils et à qui en veulent-ils, quand ils vont se cacher dans le *Journal de Paris* ? Peut-on afficher plus ridiculement sa misère, et le néant de toutes conceptions politiques ? Les deux principales opinions de la France serrent de près les ministres, et finiront par les étouffer. On conçoit que Buonaparte, qu'un géant doué de force, pourrait tenir dans cette position, et écarter en se débattant l'une et l'autre armée ; mais où est le géant ?

Ce n'est pas non plus avec des destitutions que le ministère parviendra à se créer un public : il aura beau placer ses créatures, les salariés du gouvernement, si nombreux qu'ils soient, ne formeront jamais que l'imperceptible minorité de la France. D'ailleurs le système des destitutions est usé, et en horreur à tous les partis. Pourquoi cela ? C'est que les injustices trop souvent renouvelées finissent par causer une alarme générale, et par révolter ceux mêmes qui en profitent. Observez encore que ce ne sont pas les royalistes de 1815 que l'on destitue, car il n'y en a presque plus à destituer. Sur qui tombent donc aujourd'hui les destitutions ? Sur des hommes qui marchaient naguère avec le ministère, mais qui ne peuvent plus se résoudre à le suivre. Ce ministère est si inconcevable, il s'écarte tellement de toutes les notions connues, que ses agents sont forcés de se mettre en opposition avec lui ; il crée plus de royalistes par sa déraison qu'il n'en détruit par sa violence. C'est ainsi que le centre de la Chambre des députés l'abandonne, et qu'il se réunit maintenant, dans les trois quarts des votes, au côté droit. La plupart des anciens ministériels sont devenus royalistes : quiconque ne veut pas de révolutions est forcé de s'éloigner du ministère. Nous sommes intimement convaincu qu'il n'aura pas l'année prochaine la majorité dans la Chambre des pairs : les nouveaux pairs prendront l'esprit de leur institution ; ils ne voudront pas plus que les anciens pairs de lois démocratiques, de principes, d'opinions et d'hommes révolutionnaires.

Il n'y a plus qu'une chose qui fasse encore illusion à certains esprits sur le système actuel, c'est le repos de la France. Ce repos n'est point l'ouvrage du ministère ; il vient de deux causes : 1° de la lassitude du peuple ; 2° de la nature de nos institutions.

Quant à la lassitude du peuple, elle est patente. Indifférent à tout, le peuple ne prendra part à rien ; mais aussi il laissera tout faire.

Quant à la nature de nos institutions, voici comme elles produisent la paix :

La Charte a créé une espèce de despotisme des lois, semblable par sa force au despotisme des hommes ; toutefois avec cette différence que le despotisme des lois établit la liberté, et que le despotisme des hommes la détruit.

A l'abri de ce despotisme des lois, le peuple jouit du plus profond repos ; on ne peut ni lui enlever ses enfants par une mesure arbitraire, ni lui faire payer un écu qui ne soit pas porté au budget. Aucune vexation n'est possible : nul n'a le droit d'entrer chez un citoyen, de le molester, de le dépouiller, de l'arrêter, de le mettre en prison. Le dernier de nos paysans peut aller partout où il veut, et quand il veut ; il ne dépend de qui que ce soit ; il ne doit compte à personne de sa conduite, de ses actions, de ses sentiments ; et pour peu qu'il se renferme dans le cercle tracé par la Charte, il est aussi libre que le roi.

Il y a là-dedans un bien immense : ce bien est le principe du repos dont nous jouissons ; mais ce bien-là on ne le doit qu'au roi, uniquement au roi. Les opinions monarchiques, ayant enfin conquis la liberté, viennent ajouter leurs forces à cette prospérité constitutionnelle avec laquelle elles sont en pleine harmonie. Ministres qui causez nos alarmes, combien il vous serait facile de nous rendre heureux, et d'attirer des bénédictions sur vos têtes ! Arrêtez le cours de vos destitutions insensées ; faites des lois monarchiques ; ne vous obstinez pas à tout sacrifier à un fantôme révolutionnaire, qui n'existe que par votre propre volonté ; soutenez la religion, embrassez franchement la Charte, et nous marcherons sans efforts, dans le calme le plus complet, vers le plus haut point de prospérité où un peuple puisse atteindre.

Nous le répéterons éternellement : il y avait, après la restauration, deux routes étroites et tortueuses pour parvenir à notre perte, une route large et droite pour arriver à notre salut. On aurait également renversé la monarchie légitime, ou en essayant de rétablir purement l'ancien régime, ou en voulant régner avec les principes et les partisans de la révolution. Il fallait donc prendre dans les institutions sociales, à l'époque de la restauration, ce que le temps y avait introduit d'inévitable, et choisir parmi les hommes ceux qui avaient conservé les principes moraux de l'ancienne société ; autrement, il fallait confier la politique à la morale, faire exécuter la Charte par les honnêtes gens ; et, par cette expression d'*honnêtes gens,* nous n'entendons point désigner une classe exclusive de citoyens : les honnêtes gens sont partout, dans toutes les espèces d'opinions ; seulement on ne les trouve point parmi les assassins, les persécuteurs et les traîtres.

Nous osons dire que jamais on n'établira rien, que jamais on ne sortira des embarras politiques où l'on se trouve, si l'on ne revient au plan simple et raisonnable que nous avons proposé. Nos ministres, aveuglés par la haine, irrités par le mauvais succès, ont mieux aimé crier contre les royalistes, et se jeter tête baissée dans les intérêts moraux révolutionnaires. Le résultat de cette conduite a été d'établir le trouble au sein du repos, la crainte de l'avenir au milieu de la sécurité du présent. La France, tranquille par la force de ses institutions, est inquiète par la faiblesse de ses ministres.

Dans l'espace de quatre années on a vu passer onze ministres ; on a changé deux ou trois fois de système sur la Chambre des députés, et augmenté la Chambre des pairs d'une façon disproportionnée ; on a donné force de loi à des ordonnances, et l'on s'est servi des ordonnances pour violer des lois ; on a chassé et rappelé les régicides, transformé des conspirations buonapartistes en conspirations royalistes, épuré et réépuré les administrations. Si la France existe encore, c'est que ses institutions l'ont sauvée, c'est que les royalistes sont sans cesse occupés à replacer les pierres de l'édifice que les ministres démolissent sans cesse.

De tant de variations il ne peut résulter pour nous qu'un grand et dangereux état de faiblesse. Le moindre choc, le plus petit événement mettrait en péril cette société qui paraît extérieurement si solide, mais dont on n'a pas affermi les bases. Les ministres ont blessé toutes les opinions, froissé tous les intérêts, outragé tous les hommes, exaspéré tous les partis ; et, ce faisant, ils ont tout préparé pour une catastrophe. Que si, par exemple, une faction nous poussait à la guerre ; que si une politique passionnée ou perverse ne sentait pas ou feignait de ne pas sentir combien la paix, si utile à la France, est nécessaire à la légitimité, on serait averti, mais trop tard, par des calamités sans fin, combien le système suivi était funeste. C'est pour cela que la Chambre des députés a mille fois raison de réduire le budget au plus strict nécessaire. D'inutiles millions entassés dans notre trésor ne serviraient qu'à favoriser les plans de quelques esprits bornés, qu'à faciliter à des hommes imprudents les moyens de se précipiter dans des mesures irréparables.

Une question se présente. Des hommes de caractères différents ont tenu depuis quatre années le timon des affaires : ils ont été forcés de l'abandonner, après avoir essayé de se diriger vers le port. Faut-il en conclure que nos *ministères* plutôt que nos *ministres* ont été travaillés d'un mal secret, mal qui les a tous également attaqués et détruits? Nous prendrions volontiers pour ce mal l'esprit même qui s'est manifesté d'une manière uniforme dans ces divers ministères. Cet esprit promet et ne tient point, caresse et repousse. Il ne crée rien : sa qualité propre est de dissoudre; aucune majorité, soit dans les ministères, soit dans les Chambres, ne peut se former avec lui. Il se précipite dans les difficultés sans savoir comment il en pourra sortir, frappe un grand coup pour vaincre un petit obstacle, tue une institution pour atteindre un homme. Veut-il le crime ou la vertu, la liberté ou l'esclavage? Qui nous le dira?

Paris, ce 2 juillet 1819.

Depuis longtemps on ne lisait plus le *Journal de Paris;* mais la liberté de la presse ayant mis chaque chose à sa place, et toutes les opinions s'étant séparées du ministère, l'opinion purement ministérielle n'a trouvé de refuge que dans le seul *Journal de Paris.* Alors on s'est vu forcé de lire cette pauvre feuille; car, dans un gouvernement représentatif, on est bien obligé de savoir ce que pensent les ministres. Cette feuille nous accuse de n'avoir pas prononcé le plus petit mot de réconciliation; elle s'indigne contre nous, parce que nous nous contentons d'être victimes, et que nous ne voulons pas être dupes. A l'entendre, le Caucase nous aurait portés dans ses flancs; nous aurions été nourris du lait d'une tigresse.

> E 'l Caucaso gelato,
> E le mamme allatar di tigre Ircana.

Le journal ministériel se trompe : nous avons pour lui un grand sentiment de pitié. Il prétend qu'il nous *survivra.* Eh! sans doute, comme l'*Almanach de Liége,* les *Prophéties de Matthieu Laensberg,* les *Étrennes mignonnes;* ces ouvrages-là ne meurent point.

Mais pourquoi les ministériels attaquent-ils toujours les royalistes, et jamais les révolutionnaires? Il y a dans ce moment même des feuilles périodiques qui portent l'audace jusqu'à la folie contre la religion et la légitimité.

Ne serait-ce pas au fils unique du ministère, au *Journal de Paris*, à réfuter ces abominations? Il nous en laisse le soin : nous l'en remercions; mais la religion et la légitimité ne sont-elles rien pour le ministère, et ne voit-il d'ennemis dans l'État que les royalistes?

Quoi qu'il en soit, *le Conservateur* ne cessera d'encourager les ministres; chaque jour il les oblige à déployer de nouveaux talents. Nous avions admiré, par exemple, la supériorité de caractère qui rendait muet un ministre au commencement de la session. Cette observation l'a fait sortir de son silence; il a pris la parole pour déclarer qu'il changerait une proposition royale : on n'attendait rien moins de la hache de l'éloquence de ce nouveau Phocion. Nous avions avoué que nous ne pouvions nous défendre d'une sorte d'attendrissement à l'aspect de ces ministres battus, si tristement assis sur leur banc à la Chambre des députés. Ce mot a réveillé le courage d'un autre ministre, qui, s'élançant à la tribune, a vivement interpellé un membre de l'opposition; celui-ci, imitant la première partie de la conduite constitutionnelle du ministre d'abord silencieux, s'est retranché dans la taciturnité, et il a eu raison. Il y a des interpellations embarrassantes, sur lesquelles on juge plus convenable de se taire. Et, par exemple, lorsque nous avons repoussé les calomnies de la *correspondance privée* du *Times;* lorsque nous avons déclaré que ni nous ni nos amis ne sommes pour rien dans la *correspondance privée* du *New-Times;* lorsque nous avons désiré qu'on s'exprimât avec autant de franchise sur la *correspondance privée* du *Times*, pourquoi n'a-t-on pas répondu? Pourquoi les écrits ministériels n'ont-ils jamais flétri cette correspondance diffamatoire? Pourquoi tous les journaux royalistes se sont-ils tus sur la *correspondance privée* du *Times* aussi longtemps qu'ils *ont été soumis à la censure*, tandis qu'ils l'ont attaquée vigoureusement et victorieusement aussitôt qu'ils ont été rendus à la liberté? Enfin, par quel noble hasard la *correspondance privée* ne prend-elle jamais un ministre à guignon, qu'il ne soit chancelant ou tombé? Cela prouve au moins que cette correspondance n'est faite ni par les indépendants, ni par les royalistes. Encore une fois, est-elle du ministère? le public en est persuadé.

La *correspondance privée* fait entrevoir la possibilité du coup d'État que nous avons annoncé les premiers. Que sera-ce, s'il a lieu, que ce coup d'État ministériel? Rien sans doute qu'un homme de sens puisse imaginer. Mais enfin il est vrai qu'avec une loi démocratique des élections, un renouvellement par cinquième, deux minorités, des sessions de six mois, un système d'administration qui crée des partis et qui tend à tout diviser, il est vrai qu'on ne saurait gouverner. Il y a quatre ans que nous répétons ces choses-là aux ministres : les voient-ils maintenant? Ils auraient deux moyens sûrs et prompts de se tirer d'embarras : le premier serait de s'en aller, le second de se faire royalistes. Ces *coups d'État* sauveraient inévitablement la France.

La *correspondance privée* parle encore de la séance du 19 juin, mais très-modérément, et en ménageant, comme les ministres, le propre parti qu'ils prétendent attaquer. On ne peut trop revenir sur cette séance; il en est résulté pour le public cinq faits précieux :

1° Il n'y a point de *secret;*

2° Il y a des comités révolutionnaires que les autorités ne poursuivent point;

3° Les indépendants attendent la Chambre que doit amener la loi des élections; loi qui, selon l'expression du journal ministériel, a mis la minorité de droite, c'est-à-dire les royalistes, *en coupe réglée;* ce qui est très-avantageux pour la monarchie légitime;

4° Les ministres ont eu des conférences avec la minorité de gauche; ils ont pris des engagements avec elle; ils lui ont donné des espérances que chacun peut interpréter;

5° Les régicides, contre lesquels les ministres font de si beaux discours, sont l'objet de la sollicitude de ces mêmes ministres.

De nouvelles pétitions, demandant le retour des bannis, n'ont pas ramené la même scène dans la séance du 25 juin. Les indépendants ont senti qu'ils seraient battus, et qu'ils ne devaient pas forcer leurs amis les ministres à parler une seconde fois contre eux. De leur côté, les ministres, assez fâchés d'avoir été contraints de faire une première algarade, ont évité de se compromettre derechef avec les partisans de leur système. Le public s'attendait à quelques nouvelles révélations : il a été trompé. La paix s'est faite en vertu d'un ordre du jour, ou convenu d'avance, ou voté spontanément par cet instinct de conservation que les partis ont comme les individus. Cette paix sera cimentée par le retour de plusieurs régicides, dont on assure que la liste est déjà dressée. Ils reviendront tous. Pourquoi pas? Nous ferons quelques remarques.

Première remarque : elle s'applique aux régicides relaps.

En rappelant ceux-ci, on viole manifestement une loi portée par les trois branches de la législature. Ni le moyen évasif du *sursis indéfini,* ni le droit de faire grâce, ne peuvent s'appliquer également au cas dont il s'agit. Ainsi, les régicides rentrés restent toujours sous le coup de la loi, tant que cette loi n'est pas rapportée, ou que l'instance n'est pas périmée. Au premier changement de système ministériel, ils pourraient être frappés de déportation, sans qu'ils eussent aucun moyen de s'en garantir. Qu'auraient-ils gagné à leur rappel illégal?

Seconde remarque : elle concerne les indépendants.

Des hommes poussent aujourd'hui à la mesure administrative favorable au retour des ex-conventionnels relaps. Ils trouvent bon que l'on viole une loi par une ordonnance. Hé bien ! nous leur prédisons qu'ils porteront la peine de cette dérogation inconstitutionnelle. Ce *précédent* retombera sur eux. Si une ordonnance peut détruire une loi quelconque, une ordonnance pourra modifier la loi des élections et la loi du recrutement. Indépendants, libéraux, doctrinaires, vous vous récrierez alors, vous ferez de grands discours, vous parlerez Charte et principes. On vous dira qu'il y a un *précédent*, un précédent que vous avez sollicité, approuvé, béni. Que répondrez-vous ? Aurez-vous deux poids et deux mesures ? Soutiendrez-vous que le roi et les Chambres n'avaient pas le droit de décréter une loi d'ostracisme, comme le parlement d'Angleterre a le droit de porter un *bill d'attainder ?* Prenez-y garde : si vous contestez un *droit* aux trois pouvoirs législatifs, vous contestez toute l'existence constitutionnelle, vous contestez tout ce que vous réclamez vous-mêmes de la révolution.

D'ailleurs ce n'est pas là la question : les régicides relaps ne sont point bannis en vertu d'un *jugement;* ils le sont en vertu d'une loi d'*amnistie*, dans les *exceptions* de laquelle ils se trouvent compris. Or, les indépendants ne nieront pas, s'ils sont conséquents dans leur propre système, qu'un acte d'amnistie est de la compétence directe de l'autorité législative : c'est ce que prouvent des milliers d'exemples tirés des gouvernements républicains ou monarchiques, dans tous les temps et de tous les pays. Les indépendants savent aussi qu'une loi d'amnistie ne peut s'étendre à tous les cas possibles, et qu'il est de la nature d'une règle d'avoir des exceptions. Ainsi portent à faux ces grands raisonnements de principe qu'on voulait faire sur le prétendu *jugement* prononcé par les trois pouvoirs législatifs contre les régicides relaps. Voilà de la logique, de la saine logique : mais l'esprit de parti se rend-il à l'évidence de la raison ?

Les révolutionnaires, les partisans de la Convention, les professeurs du gouvernement de fait voudraient-ils soutenir que le *régicide* n'est pas en lui-même un crime ? Écoutons ce que dit à ce sujet un fameux jurisconsulte :

« . . . . Ainsi, quiconque oserait attenter à la personne sacrée du légitime souverain commettrait celui de tous les crimes qui a le plus d'étendue dans ses effets, et qui par conséquent doit être le plus sévèrement puni. D'un côté, comme le coupable jette le trouble dans l'État, il est juste que jamais l'État ne lui serve d'asile. C'est un monstre qui n'a plus de patrie, contre qui tous les souverains doivent s'armer, et pour qui l'univers entier ne doit plus être qu'un précipice. D'un autre côté, comme le souverain, en tant que souverain, ne meurt jamais, et qu'il n'y a point de prescription contre lui, il est naturel que les coupables des crimes de lèse-majesté trouvent en lui un éternel vengeur. Ce sont là les causes de l'imprescriptibilité de ce crime.... »

Quel est le jurisconsulte qui a écrit ou publié une opinion aussi tranchante? C'est M. Merlin de Douai, *le régicide*! Dans la seconde édition du *Répertoire de Jurisprudence*, publié en 1784, M. Merlin, alors avocat au parlement de Flandre et secrétaire du roi, établit l'imprescriptibilité du crime de lèse-majesté seulement en ces termes : « Suivant quelques auteurs, le crime de lèse-majesté est encore excepté de toute prescription. » Mais dans la troisième édition, faite par M. Merlin en 1808, et dans la quatrième en 1813, on trouve à l'article *Prescription* le passage augmenté, et tel que nous l'avons cité plus haut. Ainsi, c'était après s'être rendu coupable du meurtre de Louis XVI, et sous ce qu'on appelait la *quatrième* dynastie, que M. Merlin publiait cette terrible doctrine contre le régicide! Ainsi, l'assassin du roi légitime se condamnait lui-même comme le dernier des hommes pour assurer les droits, calmer les craintes et flatter les passions de l'usurpateur! Nous ne savons s'il existe un autre exemple de cette nature : cela est digne des temps peints par Tacite, de ces temps où Tibère s'écriait : *O homines, ad servitutem paratos!*

Troisième remarque : elle regarde les ministres.

Tandis que les ministres enfreignent la loi qui bannit les régicides, pensent-ils avoir détruit la doctrine du régicide par des discours sur des pétitions? Prétention ridicule! Ce sont les faits qui persuadent les hommes, et non pas les déclarations des principes. Empêcherez-vous de commettre un *crime* par la frayeur d'un *raisonnement*? Que vous gourmandiez les régicides, ils vous feront la question du cocher *blâmé* par le parlement de Paris. Si l'on peut juger et condamner un monarque, sans qu'il en résulte rien de fâcheux pour le prétendu juge; si non-seulement ce juge vit en paix dans sa patrie, mais s'il garde encore ses honneurs et ses pensions; si, pour chaque tête de roi qu'on peut abattre, on gagne 36 ou 24,000 liv. de rente, on trouvera facilement des Bradshaw et des Harrison. Peu importe qu'on foudroie la *théorie* du régicide, si la *pratique* de ce crime a de si heureux résultats.

Quatrième remarque : elle est relative aux royalistes.

Les ministres ont bien l'esprit assez élevé pour avoir cru tourmenter les royalistes par le rappel des régicides; c'est une petite joie qu'il est utile de leur ôter.

Les royalistes détestent le crime sans haïr le criminel; il y a plus, sous le rapport de la question personnelle; ils regardent aujourd'hui le bannissement des régicides comme une véritable dérision. Lorsque les plus grands coupables des Cent-Jours occupent des places supérieures dans l'État, n'est-ce pas une injustice relative que d'exiler des hommes pour les mêmes trahisons qui valent à d'autres hommes des honneurs et des richesses? Les royalistes n'ont eu dans tout ceci que la voie de la représentation; ils ont défendu les principes, et montré le péril où l'on courait. On ne les écoute pas : ils gémissent sur le sort de la monarchie, mais ils sont tranquilles sur le leur. En cas de nouvelles révolutions, ils sont bien résolus à ne plus se laisser égorger ; ils ont pour eux le nombre, l'habileté, les talents, l'honneur, une vie sans crimes et sans remords : que pourraient-ils craindre? Quand on aura replacé dans les rangs de leurs ennemis une douzaine de vieillards souillés du sang du *juste couronné*, l'armée révolutionnaire en sera-t-elle plus forte? Les prêtres gaulois qui sacrifiaient des victimes humaines à la tête des bataillons ne décidaient pas de la victoire.

Cependant le ministère compte tirer avantage de son grand combat contre les pétitions. Il espère se servir, pour influer sur les élections, de la thèse qu'il a soutenue contre la théorie du régicide. Les préfets, maires et adjoints diront aux directeurs : « Ne vous en rapportez pas aux mauvais propos des royalistes ; les ministres ne sont point les amis des révolutionnaires. N'ont-ils pas anathématisé le régicide, proclamé la légitimité, rompu des lances pour la dignité de la couronne? Les ministres sont de très-bons royalistes, mais des royalistes modérés, et qui ne veulent pas mettre le feu à la maison. Nommez donc en sûreté de conscience les candidats que ces grands hommes d'État vous désignent. »

Et nous, nous dirons aux honnêtes gens qu'ils ne doivent donner leurs voix à aucun candidat porté par le ministère ; nous leur dirons que ce ministère prouve trop qu'il n'a point changé de système, puisque sa conduite est en opposition directe avec ses discours, puisqu'il déclame contre les régicides et les rappelle, puisqu'il ne cesse de soutenir les lois antimonarchiques, de calomnier les hommes monarchiques, et de les chasser de toutes les places.

Des aveux précieux, échappés dans la chaleur de la discussion, montrent encore qu'il existe des relations particulières entre les gouvernants et les libéraux. Ces derniers n'ont-ils pas reproché aux premiers des espérances trompées? Lisez les journaux, écoutez les discours ; que de tendres plaintes adressées par les indépendants aux ministres! On leur dit à peu près : « Vous nous attaquez, ingrats! vous repoussez les régicides! Mais voyez qui vous servez par cette conduite? *pour qui et pour quoi* vous combattez? » Traduit en langue vulgaire, le *qui* c'est les royalistes, et le *quoi* c'est la monarchie. Dans ces attaques et ces défenses des libéraux, il y a toujours une porte ouverte au repentir des ministres. Les ministres à leur tour ménagent un cher ennemi. Doux commerce de reproches et de caresses! C'est Horace et Lydie; c'est le *Donec gratus eram tibi* : laissons le ministère et l'indépendance vivre et mourir l'un pour l'autre.

Voulons-nous connaître nos véritables défenseurs, nos véritables amis; cherchons dans les deux Chambres ces hommes qui composent les anciennes minorités royalistes, ces hommes auxquels sont réunis tous ceux des pairs et des députés de la majorité qu'effrayent les doctrines renaissantes de l'anarchie. Ces minorités respectables poursuivent leur noble carrière au milieu de tous les dégoûts; elles n'ont pris part à des discussions déplorables que pour rétablir des principes trop méconnus. On les accuse de vouloir l'oppression, et elles ne cessent de défendre les franchises et l'argent du peuple. Depuis trois ans elles combattent pour la liberté de la presse, et le succès a couronné leurs efforts. Cette année, elles ont demandé des réductions sur le budget, et voté pour toutes les économies.

Français, les hommes de bien que vous devez choisir pour vous représenter, ce sont ces royalistes qui ont déjà mérité vos suffrages. Ces hommes n'intriguent point; ils ne sont point portés par les ministres; ils se présentent devant vous avec leurs votes et leurs discours, avec leurs services et leur conscience. Ils n'ont point trafiqué de leur beau nom de député; ils n'ont point détourné au profit de leur ambition particulière l'honorable puissance qu'ils avaient reçue de vous : tels ils vous ont quittés, tels ils vous reviennent. Ils peuvent vous dire : « Vos intérêts nous ont tenus longtemps éloignés de nos familles; nous avons dérangé notre modique fortune; nous avons été calomniés; mais nous vous rapportons notre honneur sans tache : trop heureux d'avoir obtenu, au prix de quelques sacrifices, la diminution des impôts qui pesaient sur la France; trop heureux d'avoir défendu la religion, le roi, et les libertés de notre pays! »

Paris, ce 7 août 1819.

Lorsque le cardinal de Richelieu allait passer quelques jours à Ruel, on se demandait : « À qui va-t-il déclarer la guerre? quelle alliance va-t-il former? quelle tête élevée va-t-il abattre? » Nos ministres ont dîné dernièrement à Mont-Huchet. La gazette nous a appris cette importante nouvelle. Des personnes très-bien instruites prétendent que les ministres ont renvoyé leurs gens, afin de garder un plus parfait *incognito;* et elles ajoutent qu'un second dîner a dû avoir lieu à Madrid. Que de vastes desseins auront été agités! que de maires et de sous-préfets foudroyés!

Ne cherchons point à pénétrer des mystères interdits aux profanes; il suffit que la partie vulgaire de ces dîners nous soit connue. Les ministres vont assez habituellement travailler à Madrid chez le ministre principal; celui-ci a bien voulu dîner à Mont-Huchet : on reconnaît là cette politesse de l'homme supérieur qui fait disparaître les distances, console l'amour-propre, accoutume au joug celui qui serait tenté de le secouer. La seconde cause vulgaire de ces congrès champêtres est le rapatriage des ministres. En vain on aura montré à M. le ministre des finances qu'il accusait un déficit de 52 millions, lequel n'existait pas ; en vain on lui aura prouvé qu'il demandait au moins 21 millions de trop, puisqu'on a fait sur son budget une économie de 21 millions : cette petite erreur de 73 millions aurait coûté à un ministre anglais un peu plus que sa place ; mais, en France, le cœur l'emporte sur la Charte ; nous sommes bonnes gens, et nous garderons M. le ministre des finances.

Nous savons bien que les partisans de M. le ministre des finances répondent que les erreurs du budget n'étaient que des erreurs apparentes, provenantes d'une certaine manière de compter ; qu'en déclarant un déficit aujourd'hui, ce déficit aurait été comblé demain : demain, c'est un peu prompt ; mais il est certain que le déficit eût été rempli au bout d'un certain temps, puisqu'on aurait tôt ou tard été obligé de rendre compte des recettes. En attendant, les fonds seraient restés dans la caisse de M. le ministre des finances. Les aurait-il laissés dormir, ou les aurait-il fait valoir ? Dans le dernier cas, que seraient devenus les intérêts d'une somme énorme et disponible ? Conviendrait-il qu'un ministre des finances fît en grand ce que fait en petit un receveur général ? Il n'est rien de tel pour les contribuables que de leur présenter un budget franc et net ; toute obscurité en finances expose les plus honnêtes gens aux impertinents propos d'une foule oisive : alors le peuple parle de *boni*, de lots, de partages. Heureusement, s'il en était besoin, l'honorable médiocrité de nos ministres répondrait victorieusement à la calomnie.

Mais il est bien question des finances, à présent que la session est finie ; les ministres ont bien autre chose à penser ! il faut que la *correspondance privée* aille son train.

Il est triste d'être né dans ces temps où les gens les plus communs deviennent tout à coup des espèces de personnages. Et que de belles choses ces personnages nous expliqueront ! Nous aurons des chaires d'histoire philosophique du droit ! Jusqu'ici on avait donné des leçons de science, parce que la science est une chose positive ; aujourd'hui c'est la philosophie de la science qu'on apprendra, c'est-à-dire que le maître montrera à ses disciples comment on a des idées, si lui-même par hasard a des idées ; personne ne saura les lois, mais chacun pourra faire l'*Esprit des lois*.

Enseigner la philosophie des lois, c'est enseigner l'incrédulité des lois. Quand, à travers les déclamations accoutumées, vous aurez remonté jusqu'au droit naturel, vous trouverez que l'homme, en sortant du sein de sa mère, n'est ni riche, ni pauvre, ni roturier, ni noble, ni serviteur, ni maître, ni roi, ni sujet : grand secret éloquemment commenté par Marat, Danton et Robespierre. Que conclura la jeunesse de ces leçons sur l'état naturel, si utiles dans l'état social? Que tout gouvernement est une tyrannie; qu'il faut en revenir à la loi agraire, à l'égalité primitive, et bouleverser les constitutions établies, pour les rendre plus conformes aux doctrines philosophiques de M. le professeur.

Les hommes supérieurs retournent souvent à la religion par l'incrédulité : leur pensée vigoureuse, arrivée au néant, ne s'arrête pas au bord de ce vide immense; elle s'y plonge, le traverse, et va trouver Dieu de l'autre côté de l'abîme. Ces mâles esprits concluent l'existence d'un Être suprême, de la difficulté même de la preuve rigoureuse; ils sentent que l'univers doit avoir un principe, et que, si ce principe est inexplicable, il faut s'en tenir aux mystères de la religion. Ainsi Newton, Leibnitz, Clarke, Pascal, Bossuet, descendent des hauteurs de leur génie à la foi du charbonnier. Mais de petits philosophes, tout embarrassés dans les objections communes, regardent les difficultés qu'ils ont apprises comme le plus haut point de la raison; et, trop faibles qu'ils sont pour reconnaître l'insuffisance de la science dans l'excès même de la science, ils restent pitoyablement athées.

Pareille chose vous arrivera pour le Code, au moyen des chaires philosophiques : les Cujas, les Barthole, les Pothier, les Domat, les Daguesseau, croiront à l'ordre social, après en avoir touché le néant dans l'état de nature; comme le vulgaire, ils s'inclineront devant le mystère des lois. Mais des milliers d'écoliers, frappés des imperfections qu'ils auront entendues professer par un docteur idéologue, seront les athées des lois, en attendant qu'ils en deviennent les sanglants réformateurs.

Mais voici bien un autre mécompte : on a déterré une brochure ultra-royaliste, que l'on soupçonne être l'ouvrage d'un professeur qui vient d'être jugé. Messieurs de la révolution, en croyant voler au secours d'un libéral, n'auraient-ils sauvé qu'un ultra? Quelle effroyable mystification! Depuis trois semaines nous connaissions cette brochure, que *le Drapeau blanc* vient d'exhumer; nous y avions lu les conseils pour *épurer avec hardiesse*, dans un sens peu agréable à la révolution, les injures à la majorité de l'ancien sénat qui aurait voulu chasser *à jamais le roi légitime;* les anathèmes contre le jury, qui, dit l'auteur, ne pourra *jamais s'acclimater parmi nous;* et les raisonnements contre les machines à rouages, c'est-à-dire contre le gouvernement constitutionnel. Nous y avions lu ce passage et plusieurs autres : « Croit-on que si Alexandre, Guillaume, François et le gouvernement d'Angleterre n'eussent pas eu, à un très-haut degré, l'affection et l'attachement de leur nation, ils eussent pu obtenir tous les grands et si utiles résultats dont nous venons d'être les témoins? »

Maintenant, si la brochure est du professeur, à quelle opinion appartient-il? Les libéraux ne doivent plus l'admettre dans leurs rangs; nous autres royalistes, nous le repoussons également, et pour sa première brochure, et pour ses derniers discours : quant à la brochure, nous déclarons que nous avons horreur du despotisme, que nous voulons le gouvernement constitutionnel, et le jugement par jurés ; nous déclarons que nous respectons les souverains étrangers, mais que nous ne nous réjouissons qu'avec mesure *des grandes choses qu'ils ont faites,* lorsque ces grandes choses les ont amenés deux fois dans la cour du Louvre : quant aux discours de M. le professeur, ils nous sont odieux, car nous détestons la démocratie autant que le despotisme. Il n'y a donc que les ministériels qui puissent maintenant s'arranger de lui.

Les pédants autrefois avaient au moins de l'instruction ; *Vadius savait du grec autant qu'homme de France :* aujourd'hui les pédagogues ne savent rien, et ils n'en sont pas moins lourds. Soyez un jeune ou un vieux commis ; ayez barbouillé quelques pages que personne n'a lues ; mettez sur votre tête un bonnet de docteur ; armez-vous d'une férule, et prononcez un galimatias métaphysico-politique : en voilà assez pour mépriser le genre humain, et pour daigner gouverner ce petit royaume de saint Louis. Le reste des hommes s'abîme devant vous : à peine, du sommet de votre cerveau, apercevez-vous le stupide vulgaire qui se traîne dans les routes de la vieille sagesse.

La doctrine de la nation nouvelle, en supposant qu'elle signifie quelque chose, veut apparemment dire ceci : Que les siècles ne rétrogradent point ; que chaque génération amène des changements dans la société ; qu'aujourd'hui, par exemple, l'ancien gouvernement est détruit sans retour ; qu'on ne peut plus imposer par le rang et la naissance, si les vertus ou les talents n'ajoutent leurs avantages naturels à ces avantages politiques ; que l'éducation, descendue dans les classes inférieures de la société, établit entre les hommes une sorte d'égalité qu'aucune puissance ne peut détruire ; que ce *nouvel ordre de choses a produit une nation nouvelle* qui, loin de renoncer aux droits acquis, bouleverserait le monde si on lui refusait ce qu'elle est faite pour obtenir.

Tout cela est juste, très-juste ; nous l'avons dit nous-même cent fois, et nous sommes loin de le contester : nous avons prêché la Charte, expliqué la Charte avant tous les garçons philosophes qui la recommandent aujourd'hui. Nous avons voulu en tout temps l'égalité des droits, la liberté, le gouvernement constitutionnel. Il est probable que sur tous ces points nous sommes de meilleure foi que nos adversaires libéraux et ministériels. N'importe ; ils diront toujours que nous voulons l'esclavage, la féodalité, l'extinction des lumières : quoiqu'on dise le contraire à chaque page et pour ainsi dire à chaque ligne de nos écrits, ils n'auront pas une seule fois la sincérité d'en convenir.

On voit donc que la doctrine de la *nation nouvelle* se réduit à la vérité exprimée dans cette phrase banale : Nous sommes enfants de notre siècle. Si l'on se contentait de poser en fait qu'il existe une nation nouvelle qui a besoin d'un nouvel ordre politique, il n'y aurait rien de plus simple, et nous serions tous d'accord. Mais l'on conclut, de l'existence de cette nation nouvelle, qu'il faut mettre à l'écart tout ce qui a tenu à l'ancienne société, pour introduire partout ou de vieux jacobins ou des philosophes imberbes; que les vertus, les talents, les services des royalistes doivent être soigneusement écartés; que l'incapacité parjure est préférable à la capacité fidèle, par cela seul qu'elle est parjure; en un mot, que le présent doit être absolument détaché du passé. Quant à ce pauvre passé, on parle de le mettre à l'hôpital ou aux Invalides, de lui faire une pension alimentaire, et de le laisser radoter dans un coin jusqu'à ce qu'il soit mort, tout à fait mort.

La grande et misérable erreur de ce système est tantôt de séparer l'ordre moral de l'ordre politique, tantôt de supposer que le premier est variable comme le second. Lorsqu'on raisonne d'après la première idée, on dit qu'il est indifférent qu'un homme ait gardé ou violé ses serments; qu'il ait été, dans le cours de la révolution, innocent ou criminel; qu'il suffit à cet homme de comprendre et de soutenir les nouveaux intérêts politiques pour être utile à la société, laquelle n'a besoin ni de vertus morales, ni de vertus religieuses.

Lorsqu'on argumente d'après la seconde idée, c'est-à-dire lorsqu'on suppose que l'ordre moral varie comme l'ordre politique, on soutient qu'il y a des temps où ce qui était vice devient vertu, où ce qui était injustice devient justice. De là, les révolutionnaires n'ont fait que suivre la marche des siècles; de là, les hommes des Cent-Jours n'ont point été des ingrats, des parjures, des traîtres; ils ont servi leur patrie, qui est autre chose que le roi s'il est malheureux, que le gouvernement s'il tombe : de là, ceux qui combattaient depuis trente ans pour le trône n'ont aucun mérite, parce que la morale n'est plus ce qu'elle était jadis, et que le devoir a changé.

Si l'on disait aux inventeurs de ce système qu'ils dégradent la nature humaine en substituant, sans s'en douter, la société physique à la société morale; si on leur disait que le présent ne peut sortir que du passé, qui est sa racine; que la liberté politique ne se peut établir que sur la morale, qui en est la base (comme la religion est le fondement de la morale); que toujours l'ingratitude sera ingratitude, la trahison trahison, l'injustice injustice, et que des hommes pervers ne feront jamais de bons citoyens; ces vérités reconnues du genre humain feraient sourire de pitié les docteurs de la nouvelle science : mais nous ne rirons pas, nous, quand la France aura été replongée dans l'abîme par quelques révolutionnaires, aidés de six têtes pensantes, de trois hommes forts, et d'un ou deux génies spéciaux.

Et pourtant qu'il serait aisé de faire justice ! Renvoyez ces grands hommes sans lesquels la France ne peut marcher, et dans huit jours on ne saura pas qu'ils existent. On peut ménager des talents qui, abandonnés à eux-mêmes, sont encore une puissance redoutable, gouvernent une partie de l'opinion, et créent des centres de résistance en dehors du cercle tracé par le gouvernement; mais que de petites créatures dont le nom ne passe pas la barrière de Paris ou la porte d'un lycée vous fassent peur, c'est véritablement pitoyable. Livrez à l'oubli ces enfants de l'oubli, et ils vous demanderont grâce, et ils se jetteront à vos pieds pour vous supplier de les rétablir dans leurs emplois, vous promettant d'être plus sages à l'avenir. La cupidité est tout ce qui distingue ces hommes. Sont-ils menacés de perdre une pension, ils pâlissent. Il ne faut pas même leur faire l'honneur de croire qu'ils nous perdent par un vaste calcul, afin de moissonner sur des ruines : ceci supposerait une combinaison, et ils n'ont pas les facultés nécessaires pour combiner un certain nombre d'idées : ils ont tout simplement l'avidité des commis sans fortune, et l'orgueil des hommes de lettres sans talents. Et ce sont là pourtant les conseillers de nos ministres!

Voilà le danger des systèmes qui s'éloignent de la raison et de la vérité : pour les soutenir, il faut appeler au secours la double phalange des pervers et des sophistes. Buonaparte avait lutté contre la révolution comme un géant contre un autre géant; il l'avait terrassée, mais elle respirait encore. C'est dans cet état que les ministres du roi légitime l'ont trouvée : au lieu d'achever de l'étouffer, ils l'ont relevée, soignée, ménagée ; ils l'ont entourée de ses enfants. Elle s'est peu à peu ranimée à l'espérance de l'anarchie; bientôt ses forces s'étant accrues, elle s'est emparée du pouvoir administratif par les hommes, du pouvoir armé et du pouvoir politique par les lois. Alors elle a donné le signal à l'Europe, et l'Europe, qui n'a pas encore essayé de nos erreurs, semble vouloir s'y précipiter : fasse le ciel qu'elle n'imite pas nos crimes !

Il faut voir le mal où il est : ce mal n'est point dans les gouvernements constitutionnels; il est dans les doctrines et les hommes révolutionnaires, que le système ministériel français a eu le malheur de rappeler et de maintenir. Écoutez la *correspondance privée* et les feuilles libérales et ministérielles : ceux qui les rédigent sentent bien que les événements les accusent : pour se disculper, ils opposent le tableau de la tranquillité de la France à celui de l'agitation de l'Europe; ils en concluent que le système suivi est excellent, et que ce système n'entre pour rien dans les troubles manifestés chez les puissances voisines.

Faut-il répéter ce que nous avons souvent dit des causes qui maintiennent la paix en France? Ces causes sont la lassitude du peuple, l'action naturelle de la Charte, qui défend, contre l'arbitraire, la liberté, l'argent et l'enfant du peuple. Mais à ces éléments de repos se trouvent mêlés mille principes de désordre que le plus petit événement peut faire éclater.

Nous ne conspirons pas, disent les révolutionnaires; la France est tranquille! Et pourquoi conspireriez-vous quand on vous sacrifie les principes monarchiques et les hommes monarchiques; quand on vous abandonne religion et légitimité; quand on vous rend à discrétion tous les postes de l'État; quand on vous livre l'argent, les places et les honneurs; quand vous commandez en maîtres, quand vous dictez d'avance les choix que vous voulez que l'on fasse, les partis que vous désirez que l'on prenne; quand les ministres tremblants obéissent à vos ordres, et satisfont à vos moindres caprices? A-t-on jamais conspiré contre ses esclaves? La France est tranquille! Eh! sans doute : toutes les fois qu'une faction obtient un triomphe complet, il y a calme dans l'État, parce que les résistances s'évanouissent. Mais qu'est-ce que cela prouve, sinon que les principes de destruction établis pendant ce triomphe n'en produiront que plus sûrement leurs conséquences funestes? L'homme condamné à mort est en paix dans sa prison, tandis qu'on prépare son échafaud.

Notre système n'entre pour rien dans les mouvements populaires des nations voisines, disent à leur tour nos ministres; et nous, nous leur répondons : Votre système en est la première cause; car c'est vous qui avez rendu la vie à la révolution, c'est vous qui avez donné une nouvelle puissance à des doctrines, à des hommes qui n'en avaient plus. D'un autre côté, en écartant tous les serviteurs fidèles, en vous faisant une loi et comme un triomphe de placer les hommes des Cent-Jours, en punissant les services par l'oubli et la misère, en récompensant les outrages par la fortune et les honneurs, vous enseignez la trahison aux peuples, vous rendez la rébellion profitable, et vous affaiblissez partout l'estime, le respect, la vénération et l'amour que l'on doit avoir pour le gouvernement royal.

La preuve la plus évidente que le système ministériel est la grande cause de la renaissance de ces principes révolutionnaires par qui les États voisins sont menacés, c'est que le calme renaîtrait à l'instant si l'on abandonnait ce système. Faites des lois monarchiques; rapprochez-vous des hommes monarchiques; laissez retomber dans leur obscurité quelques misérables jacobins et une douzaine de petits sophistes : les obstacles que vous avez créés vous-mêmes s'évanouiront, et vous marcherez en paix et en sûreté au milieu de la bénédiction des peuples.

On réussirait d'autant plus facilement, que le parti qu'on a la faiblesse de craindre paraît décidément divisé en deux factions, la faction républicaine et la faction militaire, et que la dernière se subdivise encore, à en juger par les généraux qui écrivent aujourd'hui les uns contre les autres.

D'un autre côté les royalistes grandissent tous les jours dans l'opinion publique, et ils offriraient au gouvernement un appui aussi solide que naturel. On se demande comment il se fait que des hommes qui voulaient, dit-on, rétablir les institutions du dixième siècle prêchent uniformément des doctrines si sages ; comment il arrive que parmi les journaux royalistes il ne s'en trouve pas un seul qui s'éloigne de la ligne constitutionnelle, et que trahisse une arrière-pensée. Tant de raison dans l'esprit, de modération dans la conduite, de patience dans le malheur, ont enfin produit un effet sensible. La France attentive commence à écouter ces bons citoyens, ces sujets fidèles si lâchement calomniés ; elle reconnaît qu'eux seuls avaient aperçu et signalé le danger, qu'eux seuls avaient vu les choses sous leur véritable jour. Il est vrai que la faction révolutionnaire redouble de rage contre eux, parce qu'elle est intérieurement persuadée que les affaires pourraient marcher sous leur direction, et que, si une fois on leur avait laissé prouver leur capacité politique, le règne des intrigants, des démocrates et des buonapartistes serait passé.

Les ministres reviendront-ils aux royalistes ? seront-ils toujours obligés d'avoir de honteuses condescendances pour un parti aussi faible qu'insolent, qui leur reproche ensuite de n'avoir pas tenu les traités secrets ? auront-ils toujours pour amis des hommes dont ils sont obligés de dénoncer eux-mêmes les comités, les intrigues et les complots, ou des hommes qui n'ont à leur offrir que la force de la faiblesse, qu'une obéissance dégoûtante, qu'une de ces volontés passives, viles prostituées qui se vendent à tous les pouvoirs ? Abandonnera-t-on enfin un système dont tout fait voir maintenant l'insuffisance et le péril ? On ne peut guère l'espérer : l'amour-propre irrité ne cédera pas. Si l'on est trop embarrassé, on en viendra plutôt à un coup d'État. On parle aujourd'hui de faire sentir aux puissances étrangères la nécessité de ce coup d'État pour la France. Un homme puissant serait chargé d'aller faire à l'extérieur l'apologie du ministère, et d'adoucir l'humeur des cabinets européens.

Cette humeur paraît grande, s'il faut en juger par la *correspondance privée :* cette correspondance se plaint que nous *seuls excitons les alarmes des diplomates européens ; « nous sommes,* dit-elle, *le peuple qu'ils dénoncent à leurs souverains ; ils adressent à notre égard des circulaires, portent des plaintes et rédigent des mémoires.* » Les ministres se souviennent-ils du temps où ils se glorifiaient de l'approbation des diplomates ? Qui défendait alors la dignité et l'indépendance de la France ? Étaient-ce les libéraux, les ministériels, ou les royalistes ? Ouvrez *la Monarchie selon la Charte,* au chapitres LXXXVI, vous y lirez ces paroles :

« Comment parlerai-je du dernier appui que cherchent les intérêts révolutionnaires ? Qui aurait jamais imaginé que des Français, pour conserver de misérables places, pour faire triompher les principes de la révolution, pour amener la destruction de la légitimité, iraient jusqu'à s'appuyer sur des autorités autres que celles de la patrie, jusqu'à menacer ceux qui ne pensent pas comme eux de forces qui, grâce au ciel, ne sont pas entre leurs mains?... Hommes qui vous dites si fiers, si sensibles à l'honneur, c'est vous-mêmes qui cherchez aujourd'hui à me persuader qu'on vous PERMET *tels* sentiments, ou qu'on vous COMMANDE telle opinion. Vous ne mouriez pas de honte lorsque vous proclamiez, pendant la session, qu'un ambassadeur voulait absolument que le projet du ministère passât, que la proposition des Chambres fût rejetée. Vous voulez que je vous croie quand vous venez me dire aujourd'hui (ce qui n'est sûrement qu'une odieuse calomnie) qu'un ministre français a passé trois heures avec un ministre étranger, pour aviser au moyen de dissoudre la Chambre des députés. Vous racontez confidemment qu'on a communiqué une ordonnance à un agent diplomatique, et qu'il l'a fort approuvée. Et ce sont là des sujets d'exaltation et de triomphe pour vous ! Quel est le plus Français de nous deux ? de vous qui m'entretenez des étrangers quand vous me parlez des lois de ma patrie, de moi qui ai dit à la Chambre des pairs les paroles que je répète ici : « Je dois sans doute au sang français qui coule dans mes veines cette impatience que j'éprouve quand, pour déterminer mon suffrage, on me parle d'opinions placées hors de ma patrie ; et si l'Europe civilisée voulait m'imposer la Charte, j'irais vivre à Constantinople. . . . »

« Et comment les mauvais Français, qui soutiennent leurs sentiments par une si lâche ressource, ne s'aperçoivent-ils pas qu'ils vont directement contre le but ? Ils connaissent bien peu l'esprit de la nation. S'il était vrai qu'il y eût du danger dans les opinions royalistes, vous verriez, par cette raison même, toute la France s'y précipiter : un Français passe toujours du côté du péril, parce qu'il est sûr d'y trouver la gloire. »

Sied-il bien aux ministres de se plaindre aujourd'hui de l'influence étrangère ? Ils l'ont trouvée parfaite pour soutenir un système déplorable ; et lorsque le corps diplomatique, enfin éclairé, voit le danger de ce système, ils se récrient contre *les alarmes des diplomates !*

Les cabinets de l'Europe semblent être maintenant convaincus de la justesse de nos opinions : nous pourrions donc triompher à notre tour, mais nous ne savons pas, nous autres royalistes, démentir notre langage : il ne dépend pas de nous de forcer nos ennemis à nous aimer, mais nous saurons conquérir leur estime. De même que nous demandons la religion, la monarchie légitime, la liberté constitutionnelle, la Charte avec toutes ses conséquences, nous voulons l'indépendance de notre pays : nous sommes trop Français pour approuver l'intervention des étrangers dans nos affaires intérieures, lors même que cette intervention serait favorable à nos intérêts. Nous aimons mieux encore être exclus de toutes les places, être méconnus, persécutés, calomniés, que de devoir nos succès à des influences qui blesseraient la dignité de notre patrie. Nous les attendons, ces succès, de la sainteté de notre cause. Nous croyons que l'Europe périra si elle ne se rattache à nos principes; mais ce n'est pas à l'Europe que nous nous adressons, c'est à la France; c'est de cette chère et belle France que nous attendons toute justice. Eh! que nous importeraient les honneurs, les dignités, la fortune et la vie, si nous avions cessé d'être Français?

Paris, le 13 août 1819.

Des troubles ont éclaté en Allemagne, en Espagne et en Angleterre : une grande faction démocratique s'est formée sous différents noms et en différents pays; et comme cette faction a pris naissance dans la révolution française, il est impossible que la politique de la France ne soit pas l'objet de la sollicitude générale.

Mais comment connaîtrait-on cette politique? Le système ministériel doit naturellement se défendre, et par ses agents, et par les moyens que le pouvoir, tout malhabile qu'on le suppose, sait toujours trouver pour ses intérêts. Nous voyons peut-être, par la *correspondance privée,* un échantillon de la diplomatie de notre cabinet. Là, tout ce que la France renferme de plus respectable est constamment calomnié; là, les royalistes sont présentés sous les couleurs les plus odieuses; là, on cherche à tromper perpétuellement l'Europe sur l'esprit et la nature des partis qui divisent la France. Les ministres français, dans leurs journaux, et jusqu'à la tribune de nos Chambres législatives, se sont faits les accusateurs publics des royalistes. Longtemps opprimés par la censure, nous n'avons pu élever la voix en faveur de notre cause; mais puisque nous pouvons parler maintenant, nous allons nous mettre en garde contre les nouvelles accusations qui pourraient être portées contre nous. Toutefois, en cherchant à éclairer le public, si grossièrement trompé par la *correspondance privée;* en indiquant à l'Europe les erreurs dans lesquelles elle nous semble être tombée, en lui apprenant à mieux connaître les royalistes, nous déclarons que nous ne prenons point l'Europe pour juge : notre roi et notre patrie, voilà les seules autorités dont nous voulons dépendre. Qu'on ait cru devoir souffrir l'intervention des puissances étrangères dans notre régime intérieur (par les articles mêmes d'un traité); qu'on ait pu solliciter ou recevoir des notes diplomatiques dans lesquelles on loue notre système, où l'on déclare que l'on est content de la marche de notre gouvernement, cela peut convenir à des hommes qui veulent garder leurs places, mais non à des royalistes qui ne demandent point de places, et qui ne voudraient pas en conserver à ce prix. Les royalistes ont une idée plus noble de l'honneur français et de l'indépendance de leur patrie. Ce langage ne donne pas le succès, mais il procure l'estime.

Les gouvernements de l'Europe n'ont jamais connu la révolution : les uns la regardèrent, dans le principe, comme une de ces rébellions faciles à réprimer par la force des armes; les autres la considérèrent comme l'effort généreux d'une nation opprimée qui cherche à recouvrer son indépendance. Les absurdités débitées par nos philosophes et nos révolutionnaires, sur la tyrannie des nobles et le fanatisme des prêtres, ont été crues plus ou moins sur le continent, et même dans la Grande-Bretagne. Par quelle ignorance inexplicable l'Europe voulait-elle trouver en France, en 1789, les mœurs et les institutions du treizième siècle? Autant vaudrait soutenir que l'Angleterre est féodale, parce qu'aucun acte législatif n'a aboli ses vieilles coutumes ou ses anciennes lois.

Il advint de cette étrange méprise que l'Europe vit commencer la révolution française avec une sorte de bienveillance, comme l'émancipation légitime d'un grand peuple. L'Europe crut qu'on ne demandait que la suppression de quelques priviléges abandonnés d'avance par le clergé et la noblesse, que l'exécution de quelques réformes religieuses qui semblaient nécessaires même à la cour de Rome; elle crut qu'on n'en voulait qu'à des branches, et la hache était à la racine : c'était du renversement total du christianisme et de la monarchie qu'il s'agissait.

De petites envies, des jalousies trop communes entre les nations rendirent ces premières erreurs plus difficiles à détruire. On était assez content de nous voir nous déchirer et nous affaiblir : nos derniers combats sur le continent n'avaient pas été heureux, et l'on affectait de mépriser nos armes; on espérait que nous serions une proie facile, en cas que le mal s'augmentât parmi nous. On opposait l'ancienne politique à des hommes qui attaquaient la société avec des doctrines nouvelles; on corrompait les peuples de l'Europe en les envahissant, et l'Europe prenait cette corruption démocratique pour la diffusion des lumières : elle se persuadait encore que la révolution voulait la liberté, lorsque cette révolution se plongeait dans tous les crimes, et rampait sous tous les maîtres. Nous verrons plus bas si le principe de la révolution a jamais été la liberté.

La tête de Louis XVI abattue, les souverains s'épouvantent, et ne s'éclairent point. La crainte, la politique, les ambitions particulières divisent les cours. Des coalitions sont formées et brisées : les nations, au lieu de marcher ensemble au combat, se présentent tour à tour sur le champ de bataille, et tombent séparément vaincues. On ne fait rien pour la Vendée, seul point d'où le salut pouvait venir; soit que, par une suite de ses premières erreurs, l'Europe crût que les royalistes de France n'étaient qu'un petit troupeau d'hommes gothiques sans force et sans capacité; soit qu'elle eût une secrète jalousie contre tous succès non dus à ses armes, et qu'elle espérât toujours, même au milieu de ses défaites, obtenir de fructueux triomphes. Ce fut de cette sorte que l'on roula de faute en faute jusqu'au fond de l'abîme. On se vit forcé par la dure nécessité de rechercher l'alliance des maîtres de la fortune; on prêta des soldats étrangers à la victoire française : il fut un moment où l'ennemi, poussé de poste en poste, ne trouva d'abri que dans notre gloire. Enfin, quand l'étendard tricolore eut été arboré sur les murs de Séville et de Moscou, de Naples et de Berlin, de Vienne et de Raguse, l'Europe se réveilla, et vint retrouver dans Paris sa liberté, son honneur et ses drapeaux.

Ainsi le résultat de cette révolution si vantée fut d'amener au Louvre les nations du Caucase, et de livrer aux étrangers le vieux Capitole des Francs. A la vue de tout un peuple qui agitait le drapeau blanc, l'Europe parut enfin se souvenir des Bourbons. Les tombes de Saint-Denis rappelèrent aux rois l'antique race dont la plupart d'entre eux étaient descendus. La fille aînée de la chrétienté fut remise sur le trône : l'Europe jugea, avec raison, que l'on ne pouvait rebâtir la société politique que sur la légitimité. Elle adopta donc ce grand principe fondamental; mais après avoir posé la véritable base de l'édifice, elle éleva sur cette base l'échafaudage de ses anciennes erreurs.

Sous les rapports constitutionnels, l'Europe commit une faute en traitant avec le sénat; le sénat n'était point une autorité légale; le Corps législatif seul représentait la nation; et, bien que dépouillé d'une partie de ses droits, il était cependant l'héritier direct des anciennes assemblées législatives de la France.

On fut ensuite étonné de voir avec quel respect les étrangers traitaient des choses et des hommes pour lesquels la France n'avait que de l'horreur ou du mépris. Cet aveuglement est pourtant facile à expliquer : ce fut une pure illusion d'amour-propre.

La France révolutionnaire n'a produit qu'une douzaine d'hommes supérieurs dans les armes et la politique; le reste a été d'une extrême infériorité, car nous ne comptons pas les monstres de 1793 : là où l'on voit de grandes vertus, on doit supposer de grandes âmes, parce que la vertu est un principe élevé et sublime; mais le crime est, par lui-même, d'une nature si basse, que plus il est extraordinaire, plus il est à la portée des âmes communes.

Nos étonnants succès n'ont donc point été l'ouvrage de quelques individus, mais le résultat général de l'énergie de la nation, du génie et du courage des Français. Les alliés n'avaient pu connaître cette vérité : la France s'était comme isolée des autres peuples par son état habituel de guerre ; et la grandeur du camp cachait la petitesse de la cité. Les étrangers prirent de loin pour des personnages tous ces hommes qui figuraient dans *le Moniteur :* lorsqu'ils les virent de plus près, il eût été trop dur de reconnaître l'illusion. L'Europe voulut justifier à ses propres yeux ses anciens revers : son orgueil créa des géants, pour ne pas convenir qu'elle avait cédé à des pygmées.

Cet orgueil, fort naturel, se joignant à une grande générosité et à quelques combinaisons politiques, explique l'erreur des alliés en 1814. Ils reconnurent la légitimité, mais ils ne détrônèrent point la révolution : à cela près, leur conduite fut admirable. L'empereur Alexandre voulut se mettre à la tête de toutes les libertés, comme Buonaparte s'était fait le chef de toutes les tyrannies. C'était marcher d'une autre manière à l'empire du monde : on ne pouvait prendre un plus noble chemin.

Le 20 mars vint punir tant de magnanimité ; il apprit aux alliés quelle faute ils avaient commise en confiant la légitimité à la garde de toutes les illégitimités. La journée de Waterloo tua le despotisme militaire dans la personne de Buonaparte, et laissa malheureusement subsister la démocratie révolutionnaire, que ce despotisme avait appelée à son secours.

Ici se présente un des phénomènes les plus étranges de l'histoire. Les Cent-Jours avaient tout appris, avaient montré le fond de tous les cœurs, avaient fait tomber tous les masques : d'un côté étaient les amis, de l'autre les ennemis. Plus de confusion, plus de mélange ; la main de la Providence avait séparé elle-même l'ivraie du bon grain. Les maîtres du champ moissonné n'avaient plus qu'à choisir, et ils choisirent l'ivraie.

Qui ferma les yeux de tant de souverains? Puisque la France leur était livrée une seconde fois par les révolutionnaires ; puisque nous devions être assez malheureux pour subir le joug, pour recevoir des conditions, comment l'Europe ne songea-t-elle qu'à nous demander des *garanties physiques,* lorsque ce n'était, pour ainsi dire, que des *garanties morales* qu'elle aurait dû exiger de nous? Comment des ambassadeurs qui appuyèrent l'élévation de M. le duc d'Otrante pensèrent-ils qu'il pouvait être le ministre de la légitimité? Ce désordre dans les idées annonçait les erreurs qui devaient suivre.

La Providence, pour sauver la France et l'Europe, opéra son dernier miracle ; elle fit sortir des colléges électoraux de l'usurpateur la Chambre royaliste de 1815. Pour la première fois, après trente années de triomphes et de crimes, la révolution fut enfin attaquée corps à corps. On entendit parler de religion, de morale et de justice : la Chambre de 1815 voulait rétablir sur ces fondements éternels de la société la monarchie légitime et les libertés publiques. La révolution vit le péril ; elle rappela ses forces, séduisit le ministère, le rendit favorable à sa cause : tout s'arma pour briser le dernier instrument de salut; et, chose à jamais déplorable, l'Europe monarchique applaudit à l'ordonnance du 5 septembre !

Mais quelle révolution s'était donc opérée dans les conseils? Les gouvernements étaient-ils devenus plus inaccessibles à la contagion révolutionnaire? ne mettaient-ils plus aucun intérêt à la tranquillité intérieure de la France ? Ils jugent sans doute mieux aujourd'hui la mesure ministérielle, dont ils ne sentirent pas d'abord la conséquence ; ils ne virent qu'un acte de fermeté dans un acte de destruction. C'est de ce moment que les doctrines antisociales se sont ranimées : c'est de ce moment que les révolutionnaires sont sortis de leur retraite pour s'emparer des pouvoirs ; c'est de ce moment que les principes monarchiques et les défenseurs de ces principes ont été proscrits ; c'est de ce moment que des lois démocratiques ont reporté dans la puissance politique et dans la puissance militaire les hommes et les systèmes qui ont bouleversé l'Europe et la France.

Pendant quelque temps une espèce de vertige sembla troubler la politique générale ; on n'eut pas assez d'outrages et de moqueries à prodiguer aux victimes qui s'étaient dévouées pour la cause des rois : correspondances privées, notes diplomatiques, gazettes officielles, se joignaient aux journaux révolutionnaires pour accabler le seul parti qui eût raison dans la cause des monarchies, le seul parti qui, n'attendant rien des monarques dans leur prospérité, leur était resté fidèle dans leur malheur.

La constance des royalistes a vaincu la plupart des obstacles. Il faut que ce parti soit puissant en vertus et en vérités pour être sorti d'une position qui semblait le laisser sans ressources. Le système ministériel est si dangereux et si perfide, qu'il a séparé le nom du roi de la cause des royalistes, et que ceux-ci ont été obligés de combattre, tandis qu'on employait contre eux jusqu'à l'auguste nom qui fait leur gloire, et dont ils tirent leur puissance.

Aussitôt que les royalistes ont eu un organe pour se faire entendre, on a commencé à les écouter ; on les a crus d'autant plus volontiers, que les périls qu'ils avaient annoncés se manifestaient de toutes parts. Le congrès d'Aix-la-Chapelle montra des inquiétudes. On pense généralement qu'il exigea des négociateurs français la promesse d'une modification politique. Quoi qu'il en soit, M. le duc de Richelieu échoua dans le dessein qu'il avait pu former pour le repos de la France. Bientôt il abandonne le timon des affaires ; le système ministériel augmente de violence ; les révolutionnaires français donnent le signal aux révolutionnaires de l'Europe, et la paix des États voisins est troublée.

Il ne nous appartient point de régler ici ces États, de multiplier les inconvenantes leçons que les opinions ministérielles et révolutionnaires se permettent tous les jours d'adresser aux nations et aux souverains. Nous croyons mieux connaître l'Europe par nos liaisons, nos études et nos voyages, que ces prédicateurs politiques ; mais nous savons nous renfermer dans notre compétence ; nous ne devons nous occuper des affaires de l'Europe que dans leurs rapports avec celles de notre pays. Nous avons dit que l'état de la France n'était connu de l'Europe que par nos ministres ; qu'il importait aux royalistes de tracer un tableau plus fidèle, afin de n'être pas exposés aux nouvelles calomnies de nos infatigables accusateurs : c'est ce que nous allons faire.

Trois opinions, trois systèmes ou trois partis (peu importe le nom) divisent la France : le système ministériel, le système royaliste, et le système révolutionnaire : nous négligerons les subdivisions du parti ministériel et du parti révolutionnaire. Il est bon de remarquer seulement que dans le parti royaliste, s'il existe quelques nuances d'opinions, elles sont si faibles, qu'on peut à peine les apercevoir, et qu'elles ne tombent sous aucune dénomination connue.

Pour bien comprendre ce que c'est que le parti royaliste et le parti révolutionnaire, il faut remonter à une époque reculée.

Dès l'origine de nos malheurs, l'Europe, singulièrement abusée, se figura que le parti de la révolution était le parti de la liberté, que ceux qui s'opposaient à cette révolution étaient une petite classe de privilégiés attachés à un régime oppresseur. Depuis la restauration, les révolutionnaires n'ont pas manqué de répéter qu'ils voulaient la liberté, et que les royalistes voulaient l'ancien régime, la féodalité ou l'esclavage. Les ministériels, pour justifier leur système et leurs injustices, ont joint leur voix à celle des révolutionnaires ; et l'Europe, que l'immortel Burke n'avait pu détromper, a bien voulu croire sur parole les révolutionnaires et les ministériels, c'est-à-dire la démocratie et la domesticité. Voilà l'erreur.

Voici la vérité : ce n'est point la liberté, c'est l'égalité *absolue* qui a été le principe réel et qui forme encore le vrai caractère de la révolution française. Pour s'en convaincre, il suffit de remarquer que la liberté a toujours succombé dans nos troubles, qu'elle a subi le joug de Robespierre, du Directoire et de Buonaparte, tandis que l'égalité absolue s'est constamment maintenue. Les révolutionnaires ont conservé cette égalité sous la démocratie de la Convention comme sous le despotisme de l'empire. Les distinctions de Buonaparte n'établissaient pas de véritables rangs, vu qu'il n'avait fondé ni pairie, ni noblesse ayant des droits politiques : c'était toujours l'égalité masquée en baron, comte, ou duc.

Ce principe de l'égalité absolue existe encore aujourd'hui, et c'est le plus grand obstacle à l'établissement du gouvernement constitutionnel, car l'égalité absolue s'accommode du despotisme qui nivelle tout, mais ne peut s'arranger d'une monarchie qui établit une distinction de pouvoirs.

La liberté est le sentiment des âmes élevées : elle produit les grandes actions, crée les grandes patries, et fonde les institutions durables ; elle se plaît dans l'ordre et la majesté ; elle s'allie avec tous les gouvernements, hors avec le despotisme.

L'égalité absolue est la passion des petites âmes : elle prend sa source dans l'amour-propre et l'envie, elle enfante les basses résolutions, et tend sans cesse au désordre et au bouleversement.

Principe naturel de la démocratie et du despotisme, l'égalité absolue est d'autant plus dangereuse quand son esprit domine chez un peuple, qu'elle ne peut être satisfaite qu'en régnant sur des tombeaux. Ce qu'elle attaque est une chose qu'on peut détruire, mais qu'on ne saurait vaincre. Persécutez tant qu'il vous plaira la noblesse, vous ne l'empêcherez pas d'exister ; vous abolirez les droits, vous n'effacerez pas les noms : pour anéantir la noblesse, il faut tuer tous les individus nobles. L'égalité absolue est donc un principe de mort : elle ne peut rien fonder, parce que rien ne peut s'élever auprès d'elle, pas même la liberté, qui est une supériorité réelle, comme la vertu. Aussi remarquez que les révolutions les plus sanglantes et les moins durables sont celles où l'égalité absolue a dominé. Rome établit la liberté avec la distinction des rangs ; sa révolution, dans le premier moment, ne coûta la vie qu'à Lucrèce ; six cents ans de vertus et l'empire du monde furent le prix de cette modération républicaine.

Ce principe posé, vous allez sur-le-champ découvrir le véritable esprit du parti royaliste et du parti révolutionnaire.

Les royalistes sont en France les hommes qui veulent la liberté, avec l'égalité devant la loi, avec l'égale admission aux places et aux honneurs, avec la faculté d'atteindre à tous les rangs ; mais ils repoussent l'égalité absolue, incompatible avec une monarchie constitutionnelle.

Les révolutionnaires veulent l'égalité absolue, et n'ont aucun amour sincère de la liberté.

Ouvrez les écrits des révolutionnaires et des royalistes, vous y remarquerez ces nuances d'opinion fortement prononcées.

Dans les écrits des révolutionnaires, vous distinguerez une haine violente du clergé et de la noblesse, comme de toute supériorité sociale ; vous y trouverez le vœu bien formel de la division des propriétés, ce qui conduit à la loi agraire, par la loi agraire à la démocratie, et par la démocratie au despotisme. Mais en même temps ces écrits ne présentent qu'une très-molle défense de la liberté : leurs auteurs ont une tendance naturelle à flatter le pouvoir : tantôt, selon leurs intérêts du moment, ils prêchent la tyrannie ministérielle ; tantôt ils attaquent les tribunaux, sollicitent des mesures arbitraires, invitent à proscrire une classe d'hommes, et proposent libéralement de faire des ilotes.

Les écrits des royalistes expriment au contraire un vif et sincère amour de la liberté : on y remarque une extrême indépendance d'opinion et de caractère, une franche horreur de l'arbitraire ; mais aussi une haine bien prononcée de l'égalité démocratique, un penchant bien décidé aux hiérarchies sociales, sans lesquelles aucune monarchie ne peut exister, un désir bien sincère de voir s'accroître la grande propriété, qui seule fonde les familles, et donne à la fois des défenseurs aux rois et aux peuples.

Tels sont réellement et dans leur esprit les deux partis révolutionnaire et royaliste. Nous les montrons sous leur véritable jour, et ce jour paraîtra peut-être nouveau : tant sur ce point les erreurs étaient étranges !

Les royalistes sont donc les défenseurs de la liberté, sans l'égalité absolue ; les révolutionnaires sont les soutiens de l'égalité absolue, sans la liberté.

Les royalistes ont toujours soumis au roi leur cœur et leur épée, mais ils n'ont jamais abandonné à personne leurs droits légaux et leur liberté acquise ; les révolutionnaires s'arrangeraient de Constantinople pourvu qu'il y eût égalité d'esclavage.

Révolution, dans la bouche des révolutionnaires, ne veut pas dire *liberté*, mais *égalité absolue*.

Révolution, dans la bouche des royalistes, veut dire absence de *liberté, égalité absolue, nivellement complet*, ou *démocratie*.

Les seuls hommes qui veulent véritablement la Charte sont les royalistes, parce qu'elle proclame la légitimité dans le roi qui a donné cette Charte, parce qu'elle fonde la liberté avec la distinction des rangs ; toutes choses reconnues de tous temps des royalistes.

Les révolutionnaires ne veulent point la Charte, parce qu'elle établit une monarchie légitime, une noblesse, un pouvoir qui n'est point le despotisme, une liberté qui n'est point la démocratie, une égalité de droit devant la loi, qui n'est point une égalité absolue.

Les royalistes ne sont donc point les soutiens d'un arbitraire gothique ; les révolutionnaires ne sont donc point les défenseurs d'une liberté constitutionnelle.

Ainsi s'évanouissent, par cette explication de l'esprit du parti royaliste et du parti révolutionnaire, toutes les idées fausses que l'on pouvait en avoir conçues. Mettons maintenant en lumière le troisième parti, et voyons ce que c'est que le système ministériel.

Ce système a son langage, ses prétentions et ses actions : il ne peut pas toujours déraisonner ; mais quand il fait entendre quelque chose de bon sens, il ne fait que répéter la doctrine des royalistes, car (remarque essentielle) toutes les fois que les ministériels et les révolutionnaires veulent en imposer sur leurs vrais sentiments, ils n'ont d'autre ressource que de dire ce que nous avons dit longtemps avant eux.

Cent fois nous avons déclaré que le rétablissement de l'ancien régime était impossible, que les éléments de ce régime étaient à jamais détruits ; qu'il fallait donc suivre le mouvement politique du siècle ; que la Charte satisfaisait à tous les besoins nouveaux. Nous avons fait un million de fois l'éloge du gouvernement constitutionnel ; et si ce gouvernement est maintenant connu et entendu de la France, nous osons dire que c'est nous qui l'avons rendu populaire, par les explications que nous en avons données.

Or donc, quand le système ministériel parle constitution, qu'avance-t-il que nous n'ayons avancé ? Mais les ministériels ne sont que des écoliers ignorants qui répètent mal nos leçons ; car au fond, ils aiment peu les institutions libres. Élevés sous la férule du despotisme, ils violent à chaque moment cette Charte qu'ils n'entendent pas ; ils n'ont d'autre but que de garder leurs places, d'autre système que d'établir l'arbitraire. Tous ces hommes de police et d'antichambre à qui l'on a donné la Charte à exécuter en font entre eux des espèces de répétitions, comme des musiciens que l'on forcerait à jouer sur des instruments dont ils n'auraient aucune pratique : c'est une cacophonie effroyable.

Mais quittons la théorie du système ministériel, et voyons comment il agit dans la pratique. La prétention de ce système est de ne verser ni dans le sens des royalistes, ni dans le sens des révolutionnaires ; d'observer un juste milieu : on va juger si cette prétention a quelque chose de raisonnable.

En premier lieu : on peut maintenir l'équilibre entre deux opinions politiques quand ces deux opinions, différentes sous plusieurs rapports, n'attaquent cependant pas le fond de la chose établie. Mais si, dans une *monarchie*, deux opinions s'élèvent ; si l'une de ces deux opinions, tout erronée qu'on la suppose, est néanmoins *monarchique*, et si l'autre est *démocratique* ou *républicaine*, doit-on tenir la balance égale ?

En second lieu : on peut essayer de maintenir l'équilibre entre les deux *opinions* hostiles ; mais pour les faits et pour les *hommes* il n'y a point d'équilibre possible : la trahison et la fidélité, le vice et l'innocence, ne sont point matières semblables que l'on puisse mettre dans la balance. Combien faut-il de vertus pour peser autant qu'un crime ? ou combien faut-il de crimes pour égaler le poids d'une vertu ?

Que l'on eût pour système de confier les places à des hommes nouveaux qui n'auraient commis aucun excès, qui n'auraient appartenu à aucune époque de la révolution, qui n'auraient trahi ni la république, ni Buonaparte, ni le roi ; qui n'auraient point servi l'usurpateur pendant les Cent-Jours, ni suivi à Gand le souverain légitime, on pourrait comprendre en politique cette froide impartialité. Mais placer également un royaliste et un jacobin, celui qui a rempli tous ses devoirs et celui qui les a violés tous, celui qui a fait le bien et celui qui a fait le mal, ce n'est plus un équilibre, c'est tout simplement une monstruosité morale, un véritable crime politique qui tôt ou tard amènerait la destruction d'un État.

Hé bien! le système ministériel n'en est pas même à ce point d'impartialité : tout en prétendant qu'il maintient l'équilibre entre les opinions et les hommes, il se jette entièrement du côté démocratique. Toutes les concessions sont faites à la révolution ; toutes les lois, du moins les lois principales, sont conçues dans le sens de l'opinion démocratique ; les royalistes sont chassés de l'administration, des tribunaux, de l'armée : un service rendu à la monarchie légitime est une cause sûre d'exclusion. Malheur à celui qui a donné le scandale de la fidélité! Plus la félonie est récente, plus elle est recherchée : on la choisit fraîche et nouvelle, pour qu'elle soit vive et durable. L'ancienne félonie de 1793 est si vieille, qu'elle est presque de la fidélité : on demande surtout pour députés les députés des Cent-Jours, pour juges et pour préfets les juges et les préfets des Cent-Jours. L'obscurité de la trahison ne met pas à l'abri des bienfaits du ministère : si quelque adjoint d'une mairie de campagne a prêté à l'usurpateur un serment inconnu, les ministres vont déterrer ce mérite caché, chercher la vertu antimonarchique à la charrue ; la trahison a ses Cincinnatus.

Pour justifier cette indigne partie du système, on dit qu'il faut rattacher les ennemis de la légitimité à la légitimité.

Mais, en employant ces hommes, qui vous oblige à chasser les royalistes? L'admission des premiers est-elle de nécessité l'exclusion des seconds?

Dans tous les temps on a été obligé de capituler avec quelques chefs de factieux ; dans tous les temps on a négligé quelques serviteurs, oublié quelques services. Vous fallait-il des victimes choisies ? vous pouviez les prendre : les plus fidèles étaient les plus résignées. Mais a-t-on jamais poussé l'absurdité au point d'écarter *tous* ses amis pour ne s'environner que de ses ennemis ? Ce spectacle d'ingratitude est pour le peuple la plus violente des tentations, et la plus profonde des corruptions morales et politiques. Qui servira, si on ne récompense jamais ? Qui ne voudra trahir, si les honneurs et la fortune sont le prix de la foi violée ? Quelle démence de confier la monarchie à la démocratie, la paix du monde à ceux qui n'ont cessé de la troubler! Le vieux billon de la Convention nationale, frappé au coin ministériel, ne change pas pour cela de valeur et de nature : cette prétendue monnaie royale garde toujours l'empreinte des faisceaux révolutionnaires et du bonnet rouge.

Croyez-vous gagner les ennemis du roi en leur livrant toutes les places? Au 20 mars n'étaient-ils pas comblés de faveurs ; et quelle reconnaissance en ont-ils montrée? aujourd'hui ils seraient encore bien plus prompts à vous trahir : vous leur avez fait de leur défection une vertu patriotique. Pleins de la bonne conscience de leur mauvaise foi, ils marchent la tête haute, et le front paré de vos couronnes. Vos bienfaits ne leur prouvent que votre crainte ou votre sottise. Le mépris que vous inspirez est pour vous un asile peu sûr : ces ministres de l'empire romain, qui, au moment de la catastrophe, se cachaient dans les lieux infects, y trouvaient-ils un abri ?

Ce système ministériel, dont les conséquences sont si funestes, n'a pour appui que les hommes les plus médiocres, et ces agents du pouvoir qui reçoivent de leurs émoluments leur conscience et leur pensée. Ce système n'est qu'une machine révolutionnaire où l'on restaure les vieux jacobins, et où l'on en fabrique de nouveaux. Se rassurer sur la paix qui règne en France serait bien mal comprendre les choses. Cette paix vient, pour le répéter encore une fois, de la lassitude des peuples : elle vient du triomphe complet que la faction révolutionnaire a obtenu au moyen du système ministériel : on ne s'agite pas lorsqu'on triomphe. En France, nous l'avons déjà dit, si nous étions jamais assez malheureux pour éprouver une révolution nouvelle, cette révolution n'arriverait point par le peuple : quand la loi des élections aura produit une Chambre tout à fait démocratique ; quand la loi du recrutement aura corrompu l'esprit de l'armée ; quand le système ministériel aura chassé tous les officiers royalistes, tous les magistrats royalistes, tous les administrateurs royalistes, une révolution pourrait être l'affaire d'une proclamation. Voilà ce qu'il faut voir si l'on est homme d'État : tel serait le résultat certain du système ministériel, si ce système était encore de longue durée.

Il est temps que la monarchie européenne songe à son salut : non-seulement elle a à lutter contre la révolution française ranimée par notre système ministériel, mais encore contre l'esprit général du siècle, et contre un obstacle né d'un changement arrivé dans l'ordre politique.

Avant l'émancipation des États-Unis, on ne connaissait de républiques, dans les temps modernes, que celles de l'Italie, de la Suisse et de la Hollande : les premières n'étaient que des rendez-vous de plaisirs ; les dernières, que des pépinières de soldats et de matelots. L'homme qui rêvait constitution populaire n'avait d'autre ressource que l'histoire : exilé dans le passé, et citoyen des ruines de Rome, il ne troublait point la paix du monde. Il pouvait, au milieu des tombeaux, s'enthousiasmer pour les maximes républicaines, comme cet Athénien qui, s'asseyant au théâtre vide, applaudissait aux acteurs absents, aux pièces qu'on ne donnait pas.

Aujourd'hui vous avez devant vous une vaste république de plus en plus florissante : sa population augmente chaque jour ; déjà elle s'avance vers l'océan Pacifique, et va chercher la Russie sous les glaces du pôle. Là règne le principe de la souveraineté du peuple. L'esprit démocratique de l'Europe ne puise-t-il pas à cette source toujours ouverte? Si les rois favorisent encore cet esprit, s'ils appuient les systèmes qui le propagent, s'ils proscrivent les principes et les hommes qui le combattent, comment conserveront-ils leurs couronnes? Que les colonies espagnoles passent à l'état républicain, le principe monarchique en Europe n'en sera-t-il pas de plus en plus attaqué?

Les anciens peuples vivaient dans une espèce d'isolement les uns des autres : chaque nation, confinée à son territoire, et pour ainsi dire renfermée dans le cercle de ses lois, n'entendait parler des nations voisines que quand le commerce ou la guerre amenait à ses ports ou à ses frontières des marchands ou des soldats.

La croix changea le monde : sur les ruines de l'ancienne société s'établit la grande famille chrétienne, qui reçut dès sa naissance tous les germes de la civilisation par la morale évangélique. Dans cette vaste communauté, aucun État ne peut s'ébranler sans menacer d'entraîner les autres dans sa ruine.

Le lien maternel qui unissait toutes les monarchies européennes était donc la religion. A mesure que ce lien s'est relâché, la société s'est disjointe; et quand la révolution est venue le briser, les empires croulants ont semblé rentrer dans le chaos.

Veut-on renouer ce lien salutaire? Verrons-nous fonder des institutions politiques sur des bases religieuses? Rétablira-t-on cette justice éternelle qui est elle seule toute une constitution? Un souverain qui aurait conçu un pareil projet mériterait les bénédictions de la terre.

Quoi qu'il en soit, il faut qu'on apprenne une dernière vérité : si la France a été le foyer des doctrines qui ont troublé l'ordre social, la France néanmoins est plus près de l'ombre et du repos qu'aucune autre nation de l'Europe. La maladie est passée pour nous; elle commence pour nos voisins. A l'abri de toute entreprise militaire par notre force et notre courage, nous ferions encore la loi, si on avait la prétention de nous la donner : ainsi, tranquilles sur notre position extérieure, notre position intérieure est telle que, si nous pouvons être facilement perdus, nous pouvons être encore plus facilement sauvés. Que le système ministériel tombe, avec lui disparaîtra une centaine de jacobins, de petits administrateurs, de petits sophistes qui font seuls tous nos maux. On corrigera les mauvaises lois, on en fera de bonnes; on fondera les institutions aristocratiques qui manquent à nos libertés; on ne persécutera personne; mais on n'éloignera plus les honnêtes gens : avec la paix de la France renaîtra la paix de l'Europe. Comment se fait-il que le bien soit si près du mal, et qu'on ne puisse l'atteindre? Aurions-nous mérité que Dieu exerçât sur nous quelques-uns de ces conseils de justice qui échappent à notre vue? La Providence punit les nations obstinées. Alors elle rend impossible la chose la plus facile ; elle fait que la folie triomphe de la raison, la stupidité du génie : si les innocents périssent par ses décrets avec les coupables, elle leur donne une récompense dans le ciel ; mais les générations passent, et sa volonté s'accomplit.

Paris, le 31 août 1819.

On n'est plus occupé à Paris que des élections. Les journaux indépendants présentent leurs listes de députés ; les journaux ministériels font l'éloge de ces députés désignés ; c'est une merveilleuse concorde : à cette différence près toutefois que les indépendants traitent fort mal les ministériels, et que les ministériels se plaignent tendrement de la cruauté des indépendants.

La faction militaire voudrait nommer des généraux ; la faction démocratique voudrait élire de bons jacobins ; la faction ministérielle acceptera avec reconnaissance ce que ces fiers alliés consentiront à lui donner.

La position des royalistes est cruelle, nous en convenons. Objets de toutes les calomnies, de toutes les injustices, de toutes les ingratitudes, nous sommes offerts en sacrifice à la révolution, en dérision à la terre. Dans un mouvement de dépit, trop justifié par nos souffrances, nous pourrions être tentés de dire : « Hé bien ! notre rôle est fini ; nous ne nous ferons plus *mettre en coupe réglée :* que la monarchie se tire de ses lois ministérielles, de ses systèmes ministériels, de ses hommes ministériels, de ses amis de 1793 et des Cent-Jours, comme elle pourra : cela ne nous regarde plus. Contents de cultiver notre champ à l'écart, nous échapperons individuellement à la catastrophe. Nous avons déjà vécu sous Buonaparte ; un autre usurpateur ne nous traitera pas plus mal. On nous renie ? Nous nous éloignons en pleurant, mais nous nous éloignons. Nous n'admettrons jamais en principe le gouvernement de fait, mais nous nous y soumettrons. Nous cesserons d'immoler nos familles, nos biens et notre repos à une fidélité qui importune. »

Un mouvement de dépit peut faire tenir ce langage ; mais, après tout, ce ne peut être qu'un mouvement bientôt réprimé. Quoi ! vous seriez découragés parce que vos sacrifices sont méconnus ! Mais s'ils étaient payés, ces sacrifices, que seriez-vous ? Occuperiez-vous ce haut rang que la vertu vous donne, que la postérité vous conservera ? Lorsque dans les champs de la Vendée et de la Bretagne vos pères, vos frères, vos fils tombaient en criant :

Vive le roi! quand ils mouraient dans les prisons, quand ils versaient leur sang sur l'échafaud, songeaient-ils à la récompense que méritait leur fidélité? Qui de vous n'aime encore mieux être un royaliste pauvre, dépouillé, insulté, oublié, que tel homme dont la fortune est aujourd'hui le mépris et le scandale du monde? S'il en est ainsi, de quoi vous plaignez-vous? Vous avez donc en vous-mêmes une récompense supérieure à tous les biens que l'on pourrait vous offrir; vous occupez donc la meilleure de toutes les places, puisque vous ne la voudriez pas changer contre celle qui vous procurerait richesses et honneurs! Royalistes! vous avez pour vous la force de la justice éternelle, et la paix de la bonne conscience : vous êtes donc puissants et heureux.

Mais souvenez-vous de la maxime, *Aide-toi, le ciel t'aidera.* Les royalistes peuvent s'apercevoir que nous nous appliquons cette maxime nous-même, que nous donnons à leur service (en accumulant sur notre tête une foule de haines et de vengeances) des moments qu'il nous serait plus doux de consacrer au repos. Mais, quand il s'agit du salut de la monarchie, est-il permis de rester tranquille spectateur d'un combat où le plus petit secours peut décider la plus grande victoire? Que les royalistes aillent donc voter à leurs colléges électoraux; qu'ils ne se laissent diviser par aucun intérêt de localités, de liaisons ou de famille, c'est là le point capital ; qu'ils se fassent entre eux tous les sacrifices d'amour-propre ; qu'ils fixent leur choix sur des candidats capables de soutenir la cause royale; et qu'ils ne composent jamais avec cette espèce d'hommes qui, par une double lâcheté, se prosternent devant le crime, et reculent devant la vertu.

Paris, le 21 septembre 1819.

Deux choses font les révolutions des empires, à savoir, quand les événements sont grands et les hommes petits, ou quand les événements sont communs et les hommes extraordinaires. Dans le premier cas, les événements sont trop forts pour les hommes; ils les entraînent, et tout est détruit. Dans le second cas, les hommes sont trop puissants pour les événements; ils les accroissent, mais ils les maîtrisent, et tout est fondé.

Nous avons vu des catastrophes étonnantes : une antique religion ensevelie sous la pierre de ses autels, une monarchie de quatorze siècles renversée, un roi assassiné juridiquement par ses sujets, une république de quelques jours, un empire de quelques années. Des armées s'avancent et se retirent comme le flux et le reflux de la mer; le drapeau français flotte sur les murs du Kremlin, et les peuples du Caucase campent dans la cour du Louvre ; la légitimité chasse l'usurpation, et l'usurpation, la légitimité; l'une et l'autre abandonnent tour à tour l'exil et le trône ; la première se fixe enfin sur les fleurs de lis, la seconde est enchaînée sur un rocher à l'extrémité de la terre : tout rentre dans le silence, tout disparaît, tout s'évanouit; aucun personnage remarquable ne reste sur la scène, et, au milieu des débris entassés, on n'aperçoit plus que la main de Dieu.

Pourquoi les hommes n'ont-ils rien établi dans le cours de ces changements qui présentaient sans cesse l'occasion de finir une antique société, et d'en commencer une nouvelle? Pourquoi? Parce que les hommes étaient inférieurs aux événements, parce que leur génie raccourci n'était pas de taille à se mesurer avec la fortune. Chaque personnage de cette révolution croyait devenir immortel à l'instant même où il tombait dans l'oubli, comme cet empereur romain qui se faisait appeler *Votre Éternité* la veille de sa mort : c'était prendre ce titre un jour trop tôt.

Les petits hommes d'État qui ont succédé à ces premiers révolutionnaires, et qui nous gouvernent aujourd'hui, ont aussi la prétention de travailler pour l'avenir, et, comme leurs prédécesseurs, ils ne sont pas de niveau avec les affaires du siècle. Il s'agissait de reconstruire l'ordre social tout entier : se sont-ils même douté de la nature du travail confié à leur inexpérience?

Les uns, jadis attachés à la police, sont cauteleux et madrés comme des esclaves; mais ils ne peuvent conduire les affaires, parce qu'ils ne savent rien par eux-mêmes, et qu'ils ne possèdent que le secret d'autrui. Tout leur instinct consiste à donner des chaînes, parce qu'ils en portent; à inventer des conspirations, pour multiplier les infâmes et les malheureux; mais, déjoués sans cesse par le gouvernement constitutionnel qu'ils n'entendent pas, leur ruse est aujourd'hui misérable, et leur arbitraire absurde. Les autres sont de petits littérateurs sans talents, qui n'apportent dans la politique que les mécontentements de leur vanité blessée : ils ont fait de méchants ouvrages; ils ne peuvent nous pardonner nos souvenirs.

L'abîme appelle l'abîme : le mal qu'on a fait oblige à faire un nouveau mal; on soutient par amour-propre les ignorances où l'on est tombé par défaut de lumière. C'est ainsi que le ministère, pour justifier la folie de son système, s'est créé un fantôme menaçant, une France républicaine et impériale à laquelle il sacrifie tout. A force de constance dans l'erreur, il veut réaliser la chimère de sa faiblesse; plus il fait croître la révolution autour de lui, plus il s'enfonce dans cette révolution pour trouver un abri dans des ruines : il n'est aucun moyen de l'éclairer, car il est aveugle. De toutes les nécessités à subir, celle de l'incapacité est la plus insupportable; mais elle n'en est pas moins une invincible nécessité, et elle renverse les empires tout aussi sûrement que la violence.

Si les royalistes séparaient leur cause de celle de la monarchie, ils pourraient triompher plus justement que les ministres. Leur amour-propre et leurs intérêts personnels ont été parfaitement satisfaits par le résultat des dernières élections : et quant à leur opinion touchant la loi, elle est aujourd'hui pleinement justifiée.

Sous le premier rapport, ils ont perdu quelques députés, il est vrai : mais comment? parce que la loi est tout antimonarchique et antipopulaire; parce qu'elle a mis les royalistes *en coupe réglée*, comme l'a révélé candidement le journal ministériel; parce que le ministère, toujours si puissant en France quand il est armé du nom sacré du roi, s'est jeté du côté démocratique, et que les royalistes ont eu contre eux le pouvoir exécutif et le pouvoir législatif, le gouvernement et la loi.

Enfin, une cause non moins puissante s'est opposée au succès des royalistes : il est maintenant démontré que cette loi si *populaire*, que cette *élection directe* qui devait attirer la foule, laisse plusieurs colléges électoraux à moitié vides. Un tiers des électeurs a manqué presque partout.

Les électeurs manquants sont pour la plupart des habitants des campagnes, dans la classe desquels se trouvent les royalistes. Les choix ont été livrés à la minorité des électeurs, minorité qui sort des petites villes et du chef-lieu des départements.

Parmi les royalistes qui ne se rendent point à leurs colléges, les uns sont des hommes ardents qui, fatigués de tant d'injustices et d'outrages, renoncent à tout, jusqu'au moment où il faudra tirer l'épée pour le roi ; les autres sont des hommes froids ou timides que la politique laisse indifférents, ou qui craignent les persécutions.

Non-seulement les dernières élections ne prouvent pas la faiblesse du parti royaliste, mais elles en démontrent invinciblement la force[1]. Rassemblez les faits, voyez les royalistes obligés de lutter à la fois contre la loi, contre le ministère, contre les agents de ce ministère, contre tous les pouvoirs qu'un gouvernement peut toujours employer; voyez-les lutter encore contre une faction rendue puissante par la protection qu'on lui accorde; contre l'argent, les menées, les intrigues révolutionnaires; contre le comité directeur et les affiliations libérales; voyez le parti monarchique calomnié, découragé, sacrifié, sans moyen de s'entendre et de se réunir; voyez-le s'éloigner des élections, ou par dégoût, ou par la crainte d'attirer sur lui de nouveaux orages, de nouvelles persécutions ministérielles et libérales :

---

[1] Le journal *la Renommée* dit très-justement : « Les *constitutionnels* ont augmenté leur armée; les *ultra* ont conservé leurs positions; et les *ministériels?... intelligenti pauca.* »

hé bien! malgré tous ces obstacles (sous lesquels il n'y a presque point de parti qui ne succombât), les royalistes ont encore formé le tiers des électeurs présents dans les différents colléges. Comptez les chiffres : c'est ici de l'arithmétique; il n'y a point d'illusion dans les nombres.

Maintenant supposez un ministère impartial, qui, sans favoriser les royalistes, ne les repoussât cependant pas, et n'encourageât pas la faction révolutionnaire; un ministère qui ne mît pas tous ses soins à écarter les hommes monarchiques : nous demandons si les royalistes qui composent de fait les deux cinquièmes des électeurs ne viendraient pas tous à leurs colléges, et ne balanceraient pas puissamment les choix révolutionnaires.

Jusqu'ici on a vécu dans un état contre nature. Est-il rien de plus étrange qu'un ministère royal favorisant la démocratie, cherchant des appuis là où il ne peut en trouver, prétendant faire une population monarchique d'un petit nombre de révolutionnaires, tandis qu'il a à sa disposition une nation tout entière de royalistes? C'est vouloir amener péniblement quelques gouttes d'eau sur une montagne aride, tandis que des fleuves abondants coulent et passent à vos pieds.

Les royalistes, toujours justes, toujours conséquents, tout en étant bien persuadés qu'avec un bon ministère ils triompheraient aux élections, n'en concluent rien néanmoins en faveur de la loi. Ils rejettent une loi qui ne porte pas en elle-même sa propre vertu; une loi qui, au lieu de représenter des masses, n'appelle que des individualités, qui ne classe aucun intérêt général, et qui par cette raison est essentiellement destructive du gouvernement royal.

Nous savons que ceux qui parlent aujourd'hui des royalistes comme on en parlait à la Convention n'ont pas commis les excès de nos anciens révolutionnaires. Non, sans doute : il y a des hommes qui sont restés purs aux yeux de la justice humaine, parce qu'ils ont été trop lâches pour exécuter les forfaits dont ils nourrissaient le désir; mais la justice divine les verra d'un autre œil; le crime du cœur de ces hommes, posé dans la balance éternelle, s'augmentera de tout le poids de leur infâme innocence.

C'est grand'pitié, en de si grandes circonstances, d'entendre de prétendus politiques, qui craignent d'avoir peur de leur peur, vous dire pour se rassurer : « Je vous proteste que ces députés ne sont pas tels qu'on se l'imagine : celui-ci a des idées monarchiques; celui-là est facile à ramener. » Grand Dieu! et c'est une loi que vous pouviez corriger l'année dernière sans trouble, sans effort, en adoptant la proposition d'un noble et respectable pair; c'est une pareille loi qui vous oblige de calculer en tremblant si un homme est meilleur ou pire que sa renommée! Vous vous suspendez à la moindre espérance; et, pour peu que vos dédaigneux amis vous permettent de vivre un ou deux jours de plus, vous êtes prêts à leur dire : *Ave, morituri te salutant!*

Tous ces hommes des Cent-Jours qui vont se trouver dans la Chambre des députés peuvent être individuellement des gens de talent, des citoyens estimables ; mais vous ne prétendez pas sans doute qu'ils soient brûlés du zèle de la légitimité. Qu'ils inclinent à la république ou à la monarchie, ils n'en ont pas moins proscrit le fils de saint Louis. Le gouvernement de fait est leur doctrine avérée. Ainsi, admettons qu'ils servent la race royale tant que cette auguste race possédera l'empire ; mais n'est-il pas à craindre qu'ils ne l'abandonnent le jour où d'autres maîtres se trouveraient momentanément investis de la puissance?

Des ministériels se réjouissent au bruit assez répandu qu'un juge de Louis XVI, satisfait de son triomphe, renonce à sa nomination. D'autres prétendent qu'on a écrit à ce député la lettre la plus polie, pour l'inviter à donner sa démission, lui promettant la récompense du sacrifice. Il ne manquerait plus aux ministres que de devoir la prolongation de leur existence politique au mépris et à la pitié d'un prêtre régicide.

Ce député prêta serment à Louis XVI. A-t-il tenu ce serment? Tiendra-t-il celui qu'il fera à Louis XVIII? Comment se lèvera-t-il dans la Chambre des députés? comment prononcera-t-il entre les mains royales ces trois mots : *Je le jure!* Le premier, il a provoqué la mise en accusation du *juste couronné;* il a sollicité le premier l'abolition de la monarchie. Peut-il, sans manquer à ses principes, reconnaître pour roi le frère de celui dont il demanda et obtint la tête?

Mais n'accusons point le député : accusons le ministère et sa loi ; accusons cet esprit de vertige et d'erreur qui poussa des hommes influents à donner à Louis XVIII Fouché pour ministre. C'est l'ordre de choses établi qui ramène le député de la Convention dans sa sphère naturelle. Si l'on n'eût pas reproduit ses opinions, il fût resté isolé dans le monde, jouissant des qualités privées ou des talents que le ciel a pu lui départir. Vous n'étiez plus son juge depuis que la Charte lui a pardonné. En le laissant à l'écart, en ne le tirant pas de son obscurité par la force et le résultat inévitable de vos systèmes, il eût passé en paix le reste de ses jours, si la paix peut être dans sa conscience : nul n'aurait eu le droit de scruter et tourmenter sa vie. On prétend que ce député, revêtu d'un caractère sacré, offre chaque matin l'hostie sans tache de la même main dont il immola son roi ; puisse-t-il être racheté par le double sacrifice, par le mérite de ce sang répandu sur la croix et sur l'échafaud!

Ce qui s'est passé au renouvellement de la troisième série a pleinement justifié les royalistes et condamné sans retour la loi des élections. Dans le cours de trois années, cette loi a conduit à la Chambre des députés les hommes qui ont amené Louis XVI prisonnier à Paris, et les hommes qui ont mis à mort ce roi-martyr. Elle a de plus choisi avec affectation les signataires de l'acte qui condamnait au bannissement perpétuel le monarque régnant et son auguste famille. De sorte qu'elle s'est trouvé des affinités singulières avec la Convention et la Chambre des Cent-Jours, avec la vieille et la nouvelle félonie, avec nos deux espèces de régicides, ceux qui ont tué Louis XVI et ceux qui ont proscrit Louis XVIII : elle nous a rapprochés de la république et de l'empire ; elle nous a donné des conventionnels et les serviteurs de Buonaparte. Voilà la loi telle que les ministres nous l'ont faite.

Certes, les royalistes ne réclament aucune part dans ces succès du système. Que les ministres se réjouissent, nous leur prédisons que leur joie sera courte.

Quant à nous, nous ne craignons rien. Nos principes sont ceux de la religion, de l'ordre et de la justice : tôt ou tard nous triompherons avec ces principes. La vérité renversera toujours l'édifice de l'erreur et du mensonge. Partout où le paganisme avait placé ses faux dieux, le ciel envoya un destructeur ; chaque temple païen vit un Barbare armé à ses portes. La Providence n'arrêta la torche et le levier que quand la race infidèle fut changée : alors une croix s'éleva sur les monuments, et tout fut dit. Cette Providence, espérons-le, ne laissera pas périr le trône de saint Louis. Les lis, enracinés dans leur sol natal, viennent de porter un nouveau rejeton : Louise-Marie-Thérèse d'Artois, Mademoiselle, précède ses frères ; elle vient, sous un nom chéri, nous annoncer des rois. La France est aujourd'hui fière de ses princesses, et montre avec orgueil à l'Europe l'héroïne du Temple.

Paris, ce 15 octobre 1819.

Il est certain que M. le ministre de l'intérieur s'est fait présenter un rapport sur l'état de la liberté de la presse en France ; et il est encore certain que la conclusion du rapport est peu favorable à cette liberté.

Les mesures que l'on vient de prendre en Allemagne raniment l'espérance de ceux qui voudraient nous ramener à la censure. Que les journaux ministériels disent aujourd'hui qu'on ne la rétablira pas, cela ne prouve rien ; dans le langage de nos hommes d'État, on sait ce que signifie *jamais*. D'ailleurs, le ministère est obsédé par les anciens agents de police. Ces ennemis du gouvernement représentatif ne cessent de regretter le bon temps de l'arbitraire impérial; ils craignent toujours qu'on aille déterrer quelques-unes de leurs lâchetés. La Charte leur est odieuse; la liberté de la presse leur semble un véritable fléau, puisqu'elle peut tôt ou tard les chasser des affaires : or, ils ont beau être flétris dans l'opinion, ils n'en tiennent pas moins aux emplois; il y a des hommes publics pour lesquels le mépris est une espèce d'aimant qui les attache à leurs places. Posons quelques principes, rappelons quelques faits, pour nous mettre en garde contre toute surprise.

Point de gouvernement constitutionnel sans liberté de la presse : nous l'avons dit et répété dans tous nos écrits; nous croyons l'avoir prouvé[1].

Qu'on s'explique : si l'on compte brûler la Charte, rien de plus conséquent que de supprimer la liberté de la presse; mais si l'on prétend nous laisser l'une et nous ravir l'autre, c'est une absurdité.

On a vu la censure en France avec la Charte. Comment les choses ont-elles été? tout de travers. En 1815, nous avons eu le 20 mars; en 1816, l'ordonnance du 5 septembre, et le reste.

Ce qu'il y avait de pis sous la censure, c'est que la liberté de la presse n'était pas supprimée de fait; elle était en régie entre les mains d'un ministre qui la refusait aux royalistes par haine, l'accordait aux révolutionnaires par peur, et l'affermait aux ministériels moyennant certain servage, peines de corps, corvées et autres travaux domestiques.

Tous les amis du gouvernement constitutionnel, tous les hommes opprimés par le système du moment, ont une grande obligation au *Conservateur:* c'est à cet ouvrage qu'ils doivent en partie l'abolition de la censure. Tant que le ministère put enchaîner l'opinion royaliste, il ne s'embarrassa guère des attaques de la *Bibliothèque historique*, des *Lettres Normandes*, etc. Les insultes à la monarchie légitime, les blasphèmes contre la religion, lui semblaient apparemment des bagatelles : mais quand le *Conservateur* parut, quand il nous fut possible de défendre le trône et l'autel, de repousser les calomnies, de dénoncer la *correspondance privée*, de démasquer certains hommes, alors le ministère s'alarma. Ne pouvant étendre la censure jusqu'aux feuilles semi-périodiques, il abandonna l'empire des feuilles quotidiennes; en désespoir de cause, il se précipita dans la liberté de la presse : il crut s'y cacher, il s'y noya.

La vérité est que la multitude des journaux lui parut un moyen de salut; il compta sur des écarts : trompé par ses passions et par ses flatteurs, il s'imagina que l'opinion royaliste allait justifier les accusations révolutionnaires. Il en est arrivé tout autrement : les journaux monarchiques ont

---

[1] *Réflexions politiques; la Monarchie selon la Charte; Rapport sur l'état de la France* (12 mai 1815); *Opinion sur le projet de loi relatif à la liberté de la presse* (Chambre des pairs).

montré plus de zèle pour la Charte, plus de chaleur pour les libertés publiques, que les gazettes indépendantes ; leur effet sur l'opinion a été prompt et sensible. Or, réunir les sentiments généreux au bon droit, c'est trop fort : si l'on permet plus longtemps la liberté de la presse, toute la France voudra la religion, le roi, la Charte et les honnêtes gens. Vite un remède contre cette peste d'opinion royaliste ! La France chrétienne ! la France libre ! Que deviendrait le ministère ? Il n'est qu'un seul moyen de tout sauver : c'est de rétablir la censure.

N'en doutons point, les rapports secrets sur l'état de la liberté de la presse ne peuvent avoir été ordonnés que dans des vues hostiles contre l'opinion monarchique, car les journaux d'une autre opinion ne sont aujourd'hui ni plus impies, ni plus antilégitimistes, ni plus calomniateurs qu'ils ne l'étaient sous le régime de la censure : on peut s'en convaincre par les extraits de ces journaux, extraits que M. le cardinal de La Luzerne recueillit et publia au commencement de la dernière session. Ainsi, les royalistes doivent tenir pour certain que tout projet contre la liberté de la presse les menace particulièrement.

La censure rétablie nous remettrait dans la position où nous nous trouvions l'année dernière : licence pour les feuilles révolutionnaires, esclavage pour les journaux monarchiques.

En obtenant la liberté de la presse, les royalistes ont tout obtenu. Tant que cette liberté subsistera, le triomphe leur est assuré. Depuis trente ans, c'est-à-dire depuis le commencement de la révolution, toutes les fois que la presse a été véritablement libre, la France est devenue royaliste ; et toutes les fois qu'on a voulu maintenir ou ramener la révolution, il a fallu supprimer la liberté de la presse : la révolution n'a pu se sauver que par des coups d'État contre cette liberté.

Ceci est un fait sans réplique. On se souvient encore des succès de Mallet du Pan en 1789, 1790 et 1791 ; et pourtant à cette époque il avait à lutter contre toute une nation en délire. Les révolutionnaires alarmés eurent recours à une mesure libérale qui fit taire l'opposition : ils établirent pour loi répressive la proscription, et pour censeur le bourreau. Mallet du Pan fut obligé de fuir ; Durosoy paya ses écrits de sa tête.

Après la Terreur, il y eut liberté de la presse. Quel en fut le résultat ? La France devint tellement royaliste, que le Directoire ne put prévenir le rétablissement du trône que par le 18 fructidor : les écrivains monarchiques furent condamnés en masse à la déportation [1]. On vit ce qu'on a toujours vu dans la France révolutionnaire : les plus fiers républicains, les plus ar-

---

[1] J'ai développé tout cela dans le discours que je devais prononcer à la session dernière (1827) à la Chambre des pairs. On voit donc que j'avais, en écrivant *le Conservateur*, les mêmes opinions que je manifeste aujourd'hui.

dents prédicateurs de l'égalité et de la liberté, crièrent contre la liberté de la presse. Il nous reste des discours de ces temps d'indépendance, discours dans lesquels des ministres démocratiques posent en principe qu'il faut établir la censure, et qu'il est impossible de gouverner avec la liberté de la presse! Enfin, Fouché, pendant les Cent-Jours, déclara que, si Buonaparte accordait la liberté aux journaux, la France allait devenir royaliste.

La preuve nouvelle que nous avons sous les yeux vient ajouter sa force à ces anciennes preuves. Oserait-on dire que depuis l'établissement du *Conservateur* et l'abolition de la censure, l'opinion royaliste n'a pas fait d'immenses progrès? Les journaux monarchiques comptent au moins un tiers de plus d'abonnés que les journaux révolutionnaires et ministériels réunis. Il y a deux ans que l'opposition de droite n'obtient aucun député dans les élections par sa propre force; cette année, elle en a obtenu plusieurs; et si les électeurs attachés à l'ordre légitime s'étaient tous rendus à leurs colléges, ils auraient, malgré le vice radical de la loi, balancé les choix révolutionnaires. A quoi faut-il attribuer ces succès? Aux journaux royalistes. Qui a tué la fameuse *correspondance privée* du *Times*? les journaux royalistes. Qui a changé l'opinion de l'Europe? les journaux royalistes. Quel serait donc leur succès, si, au lieu d'être obligés de combattre les ministres du roi, ils soutenaient ces ministres et en étaient soutenus à leur tour?

Mais pourquoi les ministres sont-ils si fatigués par la liberté de la presse? parce qu'ils se sont mis dans la position la plus étrange. Ils n'appartiennent à aucune opinion; aucune opinion ne les porte. Qu'ils se rangent du côté du *Conservateur*, ou du côté de *la Minerve*, à l'instant ils auront pour eux un des deux partis qui divisent la France. Ils ne seront plus obligés de payer deux pauvres feuilles publiques que leurs infirmités retiennent dans l'état le plus languissant, et qui meurent avant qu'on sache qu'elles ont vécu. On ne connaît point en Angleterre de journaux purement *ministériels*. Les ministres sont soutenus tout simplement par l'opinion dans laquelle ils se placent : cela coûte moins et est plus sûr.

Soyons justes : il se peut que les ministres aient eu à se plaindre de quelques attaques personnelles trop violentes; mais, s'ils sont justes à leur tour, ils conviendront qu'en abusant de la censure de la manière la plus odieuse, ils avaient préparé ces inévitables récriminations. Comment ont été traitées les plus honnêtes gens de la France dans les journaux censurés? Quels services n'ont point été méconnus, quels talents n'ont point été insultés, si ces services, si ces talents se trouvaient dans une opposition que le gouvernement représentatif fait naître? Qui ne se rappelle le déplorable article apporté, au nom d'un ministre, par un gendarme, au *Journal des Débats*, article où l'on outrageait un prisonnier qui n'était pas même en état de prévention? et ce prisonnier était le sauveur de Lyon, ce général Canuel, que les tribunaux ont vengé de la plus stupide comme de la plus noire des calomnies. Les ministres ont-ils oublié cette prétendue conspiration, dans laquelle ils ont voulu nous envelopper? ont-ils oublié les interrogatoires étranges dont nous avons été l'objet? ont-ils oublié la *correspondance privée*, qui, pendant trois ans, a vomi contre nous les plus lâches calomnies? Les ministres, par ces attaques, qu'aggravaient les journaux sous leurs ordres, ne se contentaient pas de marquer une simple dissidence politique; ils ne prétendaient à rien moins qu'à faire tomber nos têtes; et aujourd'hui ils s'étonnent qu'un peu de chaleur reste encore au fond de l'opinion de ces hommes qu'ils ont si indignement persécutés!

Mais, après tout, faut-il renoncer au gouvernement constitutionnel, abandonner nos libertés, parce que la liberté de la presse moleste et fatigue quelques hommes en place? Faites-vous un bouclier de votre mérite, et les traits que vous lance l'ennemi tomberont à vos pieds. Sans doute, si vous mettez au pouvoir un homme sans capacité, ou un homme que la morale réprouve, il sera vulnérable de toutes parts; il souffrira beaucoup des attaques personnelles. Mais ces attaques ont-elles jamais nui à un homme qui valait quelque chose par lui-même? Les injures du *Morning-Chronicle* ont-elles jamais déterminé M. Pitt à demander au parlement un bill de censure? Un homme public, dans un gouvernement constitutionnel, ne doit pas être si chatouilleux. Qu'il nous soit permis d'en appeler à notre propre expérience. S'il y a quelqu'un dans le monde qui ait droit de se plaindre des outrages des journaux, c'est nous. Objet d'une double attaque littéraire et politique, que ne nous a-t-on point dit depuis vingt ans! Qu'en est-il résulté? Les personnes qui nous accordaient leur estime ne nous l'ont pas retirée, et l'on a fait lire un peu plus les ouvrages qu'on voulait proscrire. Nous pouvons donc assurer que les coups portés à un honnête homme ne font aucun mal : *Pœte, non dolet.*

Si, d'ailleurs, les ministres prétendaient nous enlever la liberté de la presse, de quel moyen se serviraient-ils? D'une loi? elle ne passerait pas aux Chambres. Il serait aussi trop fort de venir, après une courte expérience de huit mois, nous demander de nous contredire honteusement, nous prier de sacrifier à l'insuffisance ministérielle la plus nécessaire de nos libertés. Emploierait-on une ordonnance? Mais une ordonnance ne peut détruire une loi, une loi si récemment, si solennellement portée. Il suffirait d'un seul journaliste, d'un seul écrivain qui refusât d'obéir, pour déterminer une violente explosion de l'opinion publique. Nous pensons, et nous l'avons dit, que certains hommes d'État voudraient confisquer la Charte au profit de l'article 14; mais nous n'en sommes pas encore là. Ceux qui se figurent qu'on pourrait impunément suspendre la constitution, torturer les mots de la Charte pour en tirer l'arbitraire, connaissent bien peu la force des choses qui nous entraîne, et la capacité des hommes qui croient nous diriger.

Nous le répéterons : si les ministres veulent se soustraire aux petites tribulations que leur cause la liberté de la presse, ils n'ont qu'à se placer dans une des deux opinions dominantes : c'est à eux de choisir l'une ou l'autre. Ne cherchent-ils que la plus forte? Il leur est, dans ce moment, facile de la distinguer. Les révolutionnaires, pour la vingtième fois, laissent échapper le secret de leur faiblesse : ce parti ne peut marcher, ne peut se soutenir, ne peut être quelque chose que par la faveur des ministres. Au second retour du roi, il fut abattu ; il ne releva la tête qu'après l'ordonnance du 5 septembre ; il se crut perdu de nouveau lorsqu'il fut question du second ministère Richelieu ; une seule phrase d'un discours royal le fit rentrer en terre ; la proposition de M. Barthélemy le consterna ; aujourd'hui il est dans les plus mortelles inquiétudes. Il n'y a point d'offres, de promesses qu'il ne fasse au pouvoir : les comités directeurs sont assemblés ; délibérations sur délibérations, messages sur messages au ministère ; tantôt on propose de suspendre toute attaque contre M. le ministre de l'intérieur, tantôt on fulmine contre la résolution de la diète de Francfort ; puis, la peur revenant, on déclare qu'on restera neutre. Quand on est si fort, perd-on la tête à ce point? fait-on dépendre sa destinée d'une politique étrangère, d'une révolution de cabinet? Voyez les royalistes : s'agitent-ils pour un changement de ministère? sont-ils atterrés par la perte de la faveur? Ils verraient demain s'établir un ministère libéral, que, loin de croire la partie perdue, ils la tiendraient pour gagnée. Ils sont revenus de plus loin : leur force est dans leurs principes, et cette force ne se détruit jamais.

Ils ne s'effrayent donc point, ils n'intriguent donc point : l'Europe les a méconnus pendant trois années, et ils n'ont point été abattus ; l'Europe leur rend justice aujourd'hui, et ils ne sont point exaltés par ce succès ; ils ne cherchent point, dans ce triomphe général de la bonne cause, leur victoire particulière : comme ils ne demandent jamais grâce dans l'adversité, ils ne réclament, dans la prospérité, aucune faveur. Toutes les intrigues consistent à dire hautement et publiquement aux ministres : « Nous sommes prêts à vous seconder si vous abandonnez un système destructeur, si vous cessez de persécuter les hommes monarchiques, si vous nous donnez des lois monarchiques. A ce prix, nous vous servirons de tout notre pouvoir : demain nous passons dans vos rangs ; nous écrirons pour vous, nous parlerons pour vous, nous voterons pour vous, nous oublierons tout ce que vous avez fait contre nous. Nous ne vous demandons ni vos places ni vos honneurs ; gardez-les, et sauvez la France. »

Le phénomène de l'influence des journaux royalistes parmi nous (phé-

CÉSAR AUGUSTE

nomène qui pourtant n'en est pas un) ne cesse de confondre les hommes démocratiques. Ces hommes veulent en théorie la liberté de la presse; mais aussitôt qu'elle est accordée, ils reculent devant la pratique; ils s'épouvantent des effets qu'ils n'attendaient pas; ils s'étonnent que la liberté de la presse abandonne la révolution, que cette liberté se range du côté de ceux si injustement désignés comme les ennemis de toute idée généreuse. Néanmoins ces hommes, avec un peu d'impartialité, ne devaient-ils pas conclure que les mœurs naturelles de la France sont les mœurs où la foule est le plus facilement ramenée? Si, dans le combat des doctrines, il en est une qui obtient toujours la victoire, n'est-il pas évident que cette doctrine est la plus forte? Or, nulle doctrine ne triomphe à la longue qu'elle ne soit fondée en raison et en justice. Donc l'opinion royaliste, qui domine parmi nous lorsqu'elle est libre, est l'opinion française, comme elle est l'opinion juste et raisonnable.

Tout considéré, nous ne voyons que le crime, la bassesse et la médiocrité qui doivent craindre la liberté de la presse; le crime la redoute comme un échafaud; la bassesse, comme une flétrissure; la médiocrité, comme une lumière. Tout ce qui est sans talent recherche l'abri de la censure : les tempéraments faibles aiment l'ombre.

Paris, le 30 novembre 1819.

Un grand système inventé par les hommes forts a rassuré le ministère. Ce ministère paraît décidé à rester tel qu'il est; mais il prendra notre position et nos principes. Il va, dit-on, mettre les royalistes dans la situation la plus critique : il leur présentera des lois monarchiques! S'ils rejettent ces lois, ils prouveront qu'ils ne veulent que les places et qu'ils n'ont pas les principes qu'ils professent; s'ils approuvent ces lois, ils seront forcés de voter le ministère.

Que les ministres ne nous ont-ils toujours tendu de pareils piéges! Oui, s'ils se conduisent ainsi, ils sont assurés de nous faire tomber dans leurs filets; nous parlerons pour leurs lois, nous voterons pour leurs lois. Ils pourront rire, s'ils veulent, en nous voyant marcher derrière eux. Qu'ils prennent notre drapeau; qu'ils se mettent à notre tête : sous l'étendard des lis nous combattrons, quel que soit le général qui nous mène à l'ennemi. Nous ne demandons pas même que le ministère avoue qu'il s'est trompé; il faudrait, pour faire cet aveu, une force d'esprit ou une générosité d'âme que nous n'exigeons pas du ministère. Il soutiendra, si bon lui semble, que tout ce qu'il a fait jusqu'à présent est adorable ; qu'il était absolument nécessaire de conduire la monarchie à la démocratie, pour tomber ensuite plus fortement sur la démocratie, et la repousser à grands coups vers la monarchie. Nous conviendrons que tout a été fait à point et dans son temps ; que la France n'aurait jamais été sauvée si l'on n'eût amené un juge de Louis XVI dans la Chambre des députés, afin d'avoir la gloire de l'en chasser. Nous n'abuserons point de ce que le ministère a dit autrefois ; nous ne le comparerons point à lui-même ; nous serons sérieux et sincères ; tout nous sera bon pour la prospérité du roi et de la France. Mais expliquons-nous.

Le ministère n'aurait-il en pensée que de prononcer de grands discours royalistes, que de couvrir de pompeuses paroles des lois vagues et astucieuses ? Ne voudrait-il pas céder un peu à l'opinion, pour se maintenir aux affaires ? Ne voudrait-il qu'étouffer le cri public, que répondre à l'attente européenne ? On pourrait le soupçonner, en voyant continuer, dans ce moment même, la proscription des hommes, tandis qu'on parle de revenir sur les choses. Dans ce cas, nous annonçons au ministère que sa nouvelle tromperie ne réussira pas ; que l'on est trop averti pour se laisser surprendre ; que les royalistes ne se croiront obligés de voter pour les lois qu'autant que ces lois seront franchement, clairement, incontestablement monarchiques. Si les ministres appellent loi monarchique toute loi qui tendrait seulement à augmenter leur pouvoir, ils doivent s'attendre à ne pas nous trouver de cet avis ; ils nous ont forcés à distinguer le roi du ministère.

Nous verrons en peu de temps quel sera le succès du nouveau plan, et comment on parviendra à faire des lois monarchiques sans employer des hommes monarchiques. Ce qu'il y a de certain, c'est que tout ce que nous avions prédit est arrivé ; c'est que le système ministériel nous a conduits à l'abîme, et que la loi des élections, amenant régulièrement ses séries, marque avec exactitude le moment de notre politique. La conspiration des *intérêts moraux* de la révolution a parfaitement réussi. Quelques personnes prétendent qu'il y a trahison dans certains hommes ; nous croyons qu'il y a incapacité ; cela revient au même : en fait de gouvernement, l'incapacité est une trahison.

A l'appui de ce sentiment, remarquez jusqu'à quel point tout le ministère a perdu sa considération, tant chez les étrangers que parmi nous. Chez les étrangers, sa diplomatie ne se compose plus que d'excuses et d'apologies. Nous avons vu la copie d'une circulaire adressée à nos ambassadeurs. Si cette circulaire est authentique, et si la copie en est exacte, comme tout nous porte à le croire, jamais document plus déplorable ne serait sorti de ce cabinet illustré par le génie des Sully et des Richelieu. Il s'agit, dans ce document, d'expliquer le résultat des dernières élections. On déclare qu'elles ne sont point aussi mauvaises qu'on le dit; que, si quelques choix ont affligé le ministère, la majorité des choix a réalisé les espérances du gouvernement. On fait entendre qu'on est sûr du vote de certains hommes, lesquels, après tout, ont des *vertus privées,* et qui, dans l'intérêt de leur fortune, se rattacheront à la monarchie légitime. Il est question des *ultra royalistes,* qui continuent à *s'isoler de la nation;* et qui pourtant ont des *talents et de l'esprit.* Singulier aveu! Il n'y a pas longtemps que tous les royalistes étaient des stupides. On parle aussi du parti libéral : ce parti, dit la circulaire, ne *tient à rien,* mais il est lié à la masse de la nation par la *consanguinité des intérêts.* Si ce parti ne tient *à rien,* comment est-il lié à la *masse* de la nation? Il a fallu la révolution pour justifier cette manière d'écrire, pour nous apprendre qu'il y avait des liaisons *de sang* entre les *intérêts.* A cette apologie sans vérité, sans dignité, misérable de raison, pitoyable de style, les étrangers ont fait, dit-on, une réponse froide et sèche, et l'on a été obligé de répliquer d'une manière moins triomphante.

L'attitude si peu noble que nos guides politiques prennent avec les étrangers est-elle plus relevée en France? Qui ne se rit du ministère? Jamais l'autorité a-t-elle été plus dégradée que depuis qu'elle repose entre les mains de ce ministère? Les fonctionnaires publics ont perdu toute influence. A force de voir déplacer les préfets et les sous-préfets, le peuple a fini par les considérer comme des hommes engagés dans la domesticité ministérielle; serviteurs plus ou moins industrieux, que leurs maîtres mettent à la porte quand ils ne sont pas contents de leurs services.

Dans l'armée, le découragement est à son comble. Aucun officier n'est sûr de garder la place qu'il occupe : malheur au militaire, dans quelque grade que ce soit, qui a défendu la cause royale! Un travail sourd se fait de toutes parts : tel corps dont l'esprit était excellent il y a six mois n'est plus aujourd'hui reconnaissable. Tout s'altère, se détériore; tout tombe en dissolution. Si l'opinion publique n'avait soutenu la France, il n'eût pas été nécessaire d'attendre jusqu'aux élections prochaines pour arriver à de grands malheurs.

Les ministres prétendent repousser ces faits accablants par des dénégations; ne pouvant prouver, ils insultent. « Les royalistes, disent-ils, sont des hommes qui, pleins de leurs souvenirs, refusent de se mêler aux intérêts communs de la nation. La violence de leurs accusations contre le ministère ne décèle que l'amertume des regrets d'une ambition trompée. Que les royalistes saisissent le timon de l'État, et dans six mois la France est perdue. »

Voilà le cercle des récriminations dans lequel tourne le ministère. Un bon raisonnement, un fait clair, répondraient mieux qu'une déclamation qui, fût-elle fondée en vérité, ne prouverait pas encore la capacité des ministres. Mais n'est-ce pas une chose curieuse que ce reproche d'ambition fait éternellement aux royalistes par ceux-là mêmes qui, depuis quatre ans, perdent la France pour garder leurs places? Quand les royalistes se compareraient aux hommes d'État qui nous gouvernent, ils pourraient peut-être, sans blesser la modestie, se croire aussi habiles que ces hommes d'État. Et pourquoi les royalistes n'auraient-ils pas cette noble ambition qui vient du sentiment des vertus qu'on peut déployer, comme leurs ennemis ont cette ignoble ambition qui naît de l'envie des talents qu'on ne peut atteindre? Si les royalistes arrivaient au pouvoir, vous prétendez que dans six mois la France serait perdue? Nous pensons, au contraire, qu'elle serait sauvée. Prenons le public pour juge, en exposant le tableau d'une administration royaliste telle que nous la concevons.

Et d'abord les seuls hommes qui aient des idées constitutionnelles sur la Charte, les seuls hommes qui entendent parfaitement le jeu du gouvernement représentatif, ce sont les royalistes : nous n'en voulons pour preuve que leurs discours et leurs écrits. Les libéraux inclinent à la démocratie pure ou à la démocratie royale, laquelle conduit également à la république; les ministériels, élevés à l'école de Buonaparte, ne rêvent que le pouvoir absolu : il n'y a donc que les royalistes à qui la Charte convienne réellement. Dans tous les temps, ils abandonnèrent au roi leur vie et leur fortune, mais ils ne lui livrèrent jamais leur honneur et leur liberté. Nous ne connaissons rien de plus indépendant qu'un véritable royaliste.

Il faut dire encore que les royalistes ont été les premiers à déclarer que le retour à l'ancien régime est impossible; qu'aucun élément de la vieille constitution n'existe aujourd'hui, et que la réédification d'un monument aussi complétement détruit ne pourrait être entreprise sans exposer la France à d'interminables révolutions.

Voilà donc les royalistes arrivés au pouvoir, fermement résolus à maintenir la Charte : tout leur édifice serait posé sur ce fondement; mais au lieu de bâtir une démocratie, ils élèveraient une monarchie. Ainsi leur premier devoir, comme leur premier soin, serait de changer la loi des élections. Ils feraient en même temps retrancher de la loi de recrutement le titre VI, et rendraient ainsi à la couronne une de ses plus importantes prérogatives. Ils rétabliraient dans la loi sur la liberté de la presse le mot *religion,* qu'à leur honte éternelle de prétendus hommes d'État en ont banni. Ministres, vous fondez une législation athée; elle produira des mœurs conformes à vos règles.

Après la modification de ces lois capitales, les royalistes proposeraient les lois les plus monarchiques sur l'organisation des communes et sur la garde nationale. Ils affaibliraient le système de centralisation, ils rendraient une puissance salutaire aux conseils généraux. Créant partout des agrégations d'intérêts, ils les substitueraient à ces individualités trop favorables à l'établissement de la tyrannie. En un mot, ils recomposeraient l'aristocratie, troisième pouvoir qui manque à nos institutions, et dont l'absence produit le frottement dangereux que l'on remarque aujourd'hui entre la puissance royale et la puissance populaire. C'est dans cette vue que les royalistes solliciteraient les substitutions en faveur de la pairie. Ils chercheraient à arrêter par tous les moyens légaux la division des propriétés, division qui, dans trente ans, en réalisant la loi agraire, nous fera tomber en démocratie forcée.

Une autre mesure importante serait encore prise par l'administration royaliste : cette administration demanderait aux Chambres, tant dans l'intérêt des acquéreurs que dans celui des anciens propriétaires, une juste indemnité pour les familles qui ont perdu leurs biens dans le cours de la révolution.

Les deux espèces de propriétés qui existent parmi nous, et qui créent pour ainsi dire deux peuples sur le même sol, sont la grande plaie de la France. Pour la guérir, les royalistes n'auraient que le mérite de faire revivre la proposition de M. le maréchal Macdonald : on apprend tout dans les camps français, la justice comme la gloire.

C'est ainsi qu'en agiraient les royalistes relativement aux choses. Mais comment se conduiraient-ils pour les hommes ? n'auraient-ils pas des ressentiments à satisfaire ?

Les royalistes sont étrangers à la haine. Ils aiment trop leur pays, ils ont trop de jugement, trop de raison, pour n'être pas convaincus que la vengeance est un mauvais moyen de gouverner. Il est sans doute quelques hommes qui se sont vendus, corps et âme, au ministère, et qui dans tout changement possible tomberont avec les maîtres dont ils ont servi les passions ; mais tout agent du pouvoir qui, ne faisant qu'obéir à un ordre supérieur, l'a exécuté sans blesser l'honneur et la justice, serait conservé par une administration royaliste. La gloire d'une semblable administration serait de donner des leçons de modération et de douceur à ceux qui n'ont offert que des exemples de persécution et de violence. Les royalistes ne seraient plus exclus des emplois ; la trahison des Cent-Jours ne serait plus entre deux candidats un titre de préférence ; mais quiconque aurait des vertus et des talents, quiconque serait capable d'un retour sincère à la légitimité, serait reçu avec joie : les royalistes éviteraient de faire sentir aux autres l'injustice dont ils ont été les victimes.

Maintenant que tout homme impartial ose dire, la main sur le cœur, qu'avec un pareil système on ne concilierait pas les intérêts et les partis. N'en doutons point : une administration royaliste qui se conduirait d'après de pareils principes se maintiendrait au pouvoir, obtiendrait l'estime de l'Europe et les bénédictions de la France.

Ici l'on n'a qu'une réponse à nous faire : on nous dira que les royalistes ne suivraient pas le plan que nous venons de tracer. A cette réponse nous n'opposerons que le silence, en remarquant seulement que les royalistes ont toujours été fidèles à leur parole, et que c'est du moins une présomption en faveur de leur bonne foi.

Nous avions souvent expliqué notre pensée sur la Charte et sur l'ordre actuel des choses : il ne nous restait qu'à examiner l'assertion de ces docteurs, si grands par leurs œuvres, lesquels affirment que les royalistes perdraient tout s'ils parvenaient au pouvoir. Le public connaît maintenant nos principes : qu'il prononce ! Au reste, les royalistes ne désirent ni ne demandent le ministère : ils ne sont pas au-dessous des places, comme le disent leurs ennemis, ils sont au-dessus.

Il y avait à Rome, au temps de la dépravation de l'Empire, des citoyens qui conservaient l'intégrité et la piété romaines. Ces graves personnages ne s'affligeaient que des maux de leur patrie ; quant à leur sort particulier, ils se résignaient à la volonté des dieux. Lorsque la tyrannie, importunée de leur vertu, se fatiguait de les laisser vivre, ils s'en allaient à petit bruit, jugeant qu'il était inutile de faire tout le fracas de Caton, et de se déchirer les entrailles pour une liberté qui n'existait plus.

Paris, le 14 janvier 1820.

Il y a près de deux mois que nous nous taisons sur la politique. Nous avons regardé, écouté, attendu ; non que nous ayons jamais été dupe de nos ennemis ; mais si nous avions parlé plus tôt, on nous aurait peut-être accusé d'avoir dérangé des combinaisons heureuses. Il était question, disait-on, de revenir à un système monarchique. Nous n'en croyions rien ; mais nous devions respecter la fortune de la France, et même accorder aux promesses, sinon de la confiance, du moins un délai pour se démentir.

Aujourd'hui que toute espérance s'évanouit, il est temps de rompre le silence et de reconnaître notre position.

Avertie d'abord par *le Conservateur*, et ensuite par les journaux royalistes devenus libres, la France s'épouvanta de ses périls. Elle éleva la voix, et appela les honnêtes gens à son secours. Le ministère, qui ne croyait plus rencontrer d'obstacles, fut obligé de reculer devant les conséquences des principes qu'il avait posés, et les résultats des lois qu'il avait faites.

Trois ministres sont renvoyés; trois autres leur succèdent, et paraissent vouloir agir d'après un système monarchique. On annonce que la loi des élections sera changée; la désorganisation de l'armée est arrêtée. Il n'est question que de fusion et de conciliation; des paroles de paix sont colportées çà et là par des personnes officieuses : on s'endort sur la foi ministérielle.

Deux mois s'écoulent, et la France alarmée ne voit rien paraître. La maladie d'un ministre est le prétexte d'une inaction si funeste. Les royalistes, qui avaient suspendu le combat, s'aperçoivent qu'on s'est encore une fois servi de leur loyauté pour désarmer leur victoire.

Il était impossible au ministère de suivre exactement sa première route. L'abîme où aboutissait cette route paraissait trop à découvert. Mais comment faire en apparence un sacrifice à l'opinion, sans le faire en réalité? Comment revenir ostensiblement sur ses pas, sans cependant changer de but? Un merveilleux expédient se présente : on se détermine à s'emparer des principes des royalistes en continuant de repousser les royalistes, à professer l'amour des choses, et à garder la haine des hommes. Retour aux lois monarchiques, éloignement des hommes monarchiques, tel est le nouveau sophisme. Par ce moyen, le ministère prétend se substituer à la primitive opposition monarchique, et devenir le seul champion de la royauté contre l'opposition démocratique.

Mais qu'on y prenne garde : dans ce système, tout absurde qu'il est, il n'y a pas même encore de vérité; il n'est pas vrai que l'on veuille sincèrement des lois monarchiques : on se flatte seulement de faire croire à la France qu'on l'on les veut.

Quel bonheur pour le ministère, mais quel malheur pour la France, s'il pouvait régner avec une Chambre qui aurait violé la Charte en prorogeant ses pouvoirs, avec une Chambre avilie par une solde accordée à ses membres (car il entre dans le plan ministériel de faire accepter 10,000 fr. par an à chaque député)! Une telle Chambre serait nécessairement un instrument servile du ministre-dictateur. La censure, rétablie par cette Chambre, étoufferait nos plaintes. La révolution, entrée dans la domesticité du ministre, nous tuerait moins violemment : la France s'éteindrait dans une longue agonie; elle mourrait de mépris comme on meurt de la gangrène.

Sans doute on ne se flatte pas d'obtenir de pareilles concessions des royalistes : aussi n'est-ce pas avec eux qu'on prétend faire une loi des élections. On cherche à se former une majorité avec des ministériels, s'il en reste, et un certain nombre des membres de la gauche. On fait voir à cette gauche le danger de sa position; on l'invite à se sauver en se perpétuant, en recevant d'honorables salaires, en ôtant aux royalistes la liberté de la presse, qui resterait de fait aux amis du ministre. Ainsi l'on transforme la politique en une sorte d'escroquerie, au moyen de laquelle on espère tantôt dérober un homme, tantôt filouter une majorité. Lorsqu'il s'agit de créer de nouveau la monarchie, de remplacer la pierre angulaire du temple, de raffermir les colonnes de la justice sur leurs bases éternelles, on en est au tour d'adresse des jongleurs et aux équilibres des funambules. Jadis la France eut de plus nobles destinées, et l'urne du sort n'était pas pour elle le sac d'un escamoteur.

Quant à la censure, qu'on voudrait obtenir sous une forme quelconque, et sans laquelle la *dictature* serait impossible, les royalistes se souviendront des discours qu'ils ont prononcés depuis trois ans contre cette censure ; ils ne seront pas inconséquents et ingrats ; ils n'oublieront pas que c'est à la liberté de la presse qu'ils doivent leur existence politique tant en France qu'en Europe. Il y a sans doute des choses horribles dans les pamphlets du jour ; mais qu'on relise les feuilles révolutionnaires et ministérielles de l'époque de la censure, et l'on y trouvera les mêmes blasphèmes. Il est vrai que du bon temps de la censure les ministres étaient épargnés ; ils pouvaient fabriquer des conspirations, insulter les hommes qu'ils avaient fait jeter dans les cachots, gouverner arbitrairement la France, destituer à tort et à travers, tomber dans toutes les fautes de l'incapacité, sans avoir de comptes à rendre à l'opinion publique. Alors ils ne se scandalisaient pas des impiétés que laissait passer une libérale censure : il ne s'agissait que de la religion et de la monarchie ! Mais aujourd'hui on ose dire à nos hommes d'État qu'ils ne sont pas les premiers hommes du monde ; on ose les attaquer comme on attaquait les royalistes sous la censure. Cette liberté de la presse est une vraie peste : vite des censeurs ! sauvons... qui ? le roi ? bagatelle ! le ministère.

En votant pour la censure, les royalistes détruiraient le gouvernement constitutionnel, et se remettraient dans la position où ils étaient en 1816 ; or ils ne veulent ni violer la Charte, ni passer sous le joug. Si la loi actuelle ne suffit pas pour réprimer les délits de la presse, à qui la faute, si ce n'est aux ministres, qui n'ont pas même voulu y placer le nom de la religion ? Et d'abord, la font-ils exécuter, cette loi ? Non. Est-elle faible, cette loi ? est-elle timide, incomplète ? On peut en augmenter les pénalités ; on peut imiter l'exemple que vient de nous donner l'Angleterre. Des hommes d'État, amis de l'ordre, sans avoir recours à des mesures d'exception toujours odieuses, auraient bientôt trouvé le moyen d'arrêter ce débordement d'écrits impies, séditieux et calomniateurs. Mettez à la tête du ministère une vertu active et vigoureuse, et vous verrez s'évanouir devant elle l'audacieuse lâcheté du crime.

Ne nous berçons point de chimères, le ministère n'est point changé : son retour sincère aux principes et aux hommes monarchiques serait sans doute un grand bonheur pour la France; mais une politique pratique et applicable doit raisonner dans l'ordre naturel, et peut compter sur les miracles. Le ministère a été injuste, et dès lors il ne pardonnera pas aux royalistes. On déteste dans l'homme que l'on a persécuté non l'homme lui-même, mais le mal qu'on a fait, et c'est un châtiment de la Providence : notre haine pour nos victimes n'est que le tourment de nos remords.

Au reste, qu'un misérable système soit plus ou moins repoussé, à peine cet accident s'apercevra-t-il dans la grande catastrophe qui nous menace. L'état dans lequel nous vivons depuis six semaines est étrange : un silence profond a succédé au discours du roi. Deux Chambres sont inutilement convoquées; une espèce d'interrègne semble advenu; la nation est comme licenciée : on se demande si ce qui était est fini, si l'on va commencer une autre monarchie. Tout languit, tout expire, le mouvement cesse; quelque chose d'usé, une impuissance d'être se fait sentir. La religion, âme des institutions humaines, abandonne nos lois athées, nos mœurs perverties, notre politique révolutionnaire, et ne nous laisse en se retirant que le cadavre de la société.

Et comment cette société ne se dissoudrait-elle pas? Jamais la vertu fut-elle exposée à une tentation plus rude? C'est du gouvernement même que descend la corruption; c'est le ministère du prince légitime qui exige pour ainsi dire qu'on ait trahi son roi, qu'on ait fait preuve d'impiété, qu'on ait soutenu toutes les illégitimités, pour obtenir la faveur! Que sous le règne d'un fils de saint Louis on demande, on recommande exclusivement tout ce qui était en honneur sous la Terreur et l'usurpation, n'est-ce pas porter l'anarchie dans les esprits, l'abomination dans les cœurs, le mal jusque dans la moelle des os? Le ministère, qui, par un jeu cruel de la fortune, dispose aujourd'hui de nos destinées; le ministère, qui pourrait acquérir tant de gloire, et qui se prépare tant de malheurs; le ministère, qui pourrait nous sauver et qui s'obstine à nous perdre; cet imprudent ministère, au lieu de comprendre sa position et la nôtre, au lieu de revenir sur ses pas, s'enfonce de plus en plus dans le précipice : il continuera d'intriguer jusque dans l'abîme, et cet abîme se refermera sur lui.

Paris, le 20 janvier 1820.

Le profond silence dans lequel nous étions plongés a été interrompu : nous avons donné quelques signes de vie. A la vérité ce n'est pas le ministère qui s'est ranimé par sa propre force, le mouvement lui est venu du dehors.

Le système ministériel a rallumé au milieu de nous le volcan révolutionnaire : dans les intervalles des éruptions, comme on n'entend rien, on oublie le danger ; mais tout à coup la terre tremble, *et l'abîme élève la voix.* Laissons le langage de la Bible, et parlons sans figures. Des pétitions adressées à la Chambre des députés, et demandant qu'aucun changement ne soit fait à la loi des élections, ont amené deux séances orageuses. La discussion s'ouvrit le 14. Le rapporteur de la commission évita adroitement de choquer diverses opinions de la Chambre, et conclut à l'ordre du jour. Un député se préparait à monter à la tribune, lorsque le ministre des finances demanda à être entendu pour présenter un projet de loi sur les douanes. Un autre député fit observer qu'on ne pouvait pas introduire, dans une affaire commencée, un objet étranger à cette affaire. Que prétendait-on ? refroidir les combattants ? Mais cette ruse de guerre, si c'en était une, ne pouvait servir qu'à les échauffer.

Lecture du projet de loi étant faite, un député obtint enfin la parole, et renoua la discussion interrompue. Il s'étonna de voir le ministère repousser ceux qui réclamaient le maintien de la loi des élections, quand le même ministère avait accueilli les pétitionnaires qui demandèrent l'an dernier le rejet de la proposition de M. Barthélemy.

Un ministre, ne pouvant répondre à cet argument *ad hominem,* se jeta sur la Charte. Après lui, un député déclara que 19 millions, que 30 millions de signatures allaient incessamment revêtir des milliers de pétitions. En vain on lui objecta que le nombre des habitants de la France ne s'élève pas au-dessus de 28 millions. Il n'en voulut point démordre, et continua de faire signer femmes, enfants et vieillards : « Oui, répéta-t-il, 30 millions. »

M. le général Foy établit très-bien le principe général du droit de pétition. Il parla d'une dictature perpétuelle, et fit entendre que l'on en voulait à la liberté de la presse : c'est la pure vérité. La séance fut ajournée au lendemain.

Samedi 15, nouveau combat. M. Lainé, dans un discours logique, digne et éloquent, répond à tout : il repousse les pétitions, non parce qu'elles sont inconstitutionnelles, mais parce qu'elles sont de nature négative, et que, n'enseignant rien, elles ne peuvent être déposées à un bureau de renseignements.

La clôture de la discussion est demandée. M. le ministre des affaires étrangères monte encore à la tribune, et se déclare pour la modification de la loi des élections. M. Benjamin Constant réplique. La clôture de la discussion est prononcée. Épreuve par assis et levé douteuse, appel nominal, dépouillement du scrutin, qui donne 117 boules blanches pour l'ordre du jour, et 112 boules noires contre : majorité, 5 voix.

Trois voix ont donc décidé l'ordre du jour, puisqu'en passant à la gauche elles auraient amené une autre conclusion ; or, les ministres présents étant tous trois membres de la Chambre des députés, il en résulte que ces trois ministres ont seuls gagné la bataille : dans les anciens combats, souvent la victoire était due à la valeur personnelle des généraux. Qu'on dise encore que le ministère n'a pas la majorité lorsqu'il la porte dans son sein, comme ces plantes qui renferment en elles-mêmes leur propre vertu ! Ainsi, se levant tour à tour pour la gauche ou pour la droite, trois ministres pourront faire triompher à leur gré les dieux de Carthage ou de Rome.

Ces mémorables séances jettent un grand jour sur notre position politique. Il en faut examiner les résultats.

Dans la discussion générale, la droite et la gauche ont eu presque toujours raison. Elles étaient d'accord sur le principe du droit de pétition, mais elles différaient, en ce que la gauche appuyait les pétitionnaires comme favorables à son opinion, et que la droite les repoussait comme opposés à la sienne.

Toutefois, dans l'opposition de gauche, c'est ce qu'on appelle le parti Ternaux qui a prévalu. Ce parti voulait le dépôt des pétitions au bureau des renseignements, et les autres membres de la gauche désiraient le renvoi au ministère de l'intérieur. Les *modérés* l'ont emporté : le parti n'en est donc pas encore à l'*impavidum ferient ruinæ*.

La minorité de droite défend les principes partout où elle les trouve, sans songer à ses intérêts particuliers ; et les ministres ont profité cette fois de sa loyauté et de ses talents. Mais dans quelle position s'est placé le ministère ! Quoi ! repousser l'année dernière un moyen de salut, pour se faire traiter cette année d'une manière si humiliante ! La proposition de M. Barthélemy, à l'époque où elle a été faite, aurait, s'écrie-t-on, renversé le ministère. Ainsi vous étiez sur le bord d'un abîme, vous voyiez cet abîme, puisque vous prétendez maintenant l'éviter ; mais comme alors vos intérêts étaient compromis, comme un peu de temps vous restait encore, vous avez mieux aimé augmenter le péril de la France que de nous sauver ; vous avez joué votre patrie contre votre ambition.

Le côté gauche de la Chambre des députés s'est trouvé fort ce jour-là de cent douze membres, et le côté droit de cent dix-sept : le premier comptait quatre absents, et le second en comptait douze. Si tous ces députés eussent été présents, le scrutin aurait donné cent seize boules contre cent vingt-neuf : majorité pour la droite, treize voix ; par conséquent, sept voix passant à la gauche changeraient tous les résultats.

On ne peut s'empêcher d'être épouvanté en songeant que le sort de la nouvelle loi des élections, si toutefois elle est présentée, tient à une chance si douteuse.

Heureusement, et malgré ces trop justes sujets d'alarmes, nous croyons encore que la loi, franchement monarchique, pourrait passer à une petite majorité ; mais pour peu qu'elle soit insidieuse, elle sera probablement rejetée. Dans ce cas, qu'arrivera-t-il ?

En restant sous l'empire de la loi actuelle, ou un cinquième de la Chambre des députés sera renouvelé au mois d'octobre, ou la Chambre sera dissoute, et alors il y aura des élections générales. Fasse le ciel que *la fille sanglante de la Convention* n'entre pas !

Aimera-t-on mieux avoir recours à un coup d'État ? Quel sera ce coup ?

Fera-t-on une loi des élections par ordonnance ? Mais cette loi sera donc dans les intérêts d'une des deux grandes opinions qui régissent la France ? Frapper un coup d'État dans le vide entre deux partis, ce serait vouloir tomber le front par terre. Cassera-t-on la Chambre des députés pour ne plus la rassembler ? Lèvera-t-on l'impôt par ordonnance ? Si le ministère veut connaître les bornes de son pouvoir et en finir avec la monarchie, il n'a qu'à tenter un pareil coup d'État.

En attendant l'avenir, voici quelle est notre position : le parti buonapartiste l'emporte sur le parti républicain, dont le nom et les principes ne servent plus que de voile à une faction réelle et puissante. L'administration a tellement fatigué les honnêtes gens et encouragé les pervers, tellement désorganisé tout, tellement dégradé nos institutions, tellement sapé le fondement de la monarchie légitime, qu'on ne semble plus obéir au gouvernement de droit que parce qu'il est le gouvernement de fait. Quel serait le résultat de cette position, si l'on n'apportait un prompt remède à nos maux ? Écoutez : nous connaissons quatre-vingts hommes qui ont banni les Bourbons à perpétuité, et c'est demain le 21 janvier.

Paris, le 18 février 1820.

Nous venons payer à la mémoire de monseigneur le duc de Berry ce tribut de douleurs que la royale famille est depuis longtemps accoutumée à recevoir de nous. Hélas! nous avons entendu le dernier soupir du dernier descendant de Louis XIV par la lignée française; nous avons vu un père au désespoir, un frère inconsolable, à genoux, en prière devant ces bancs rassemblés à la hâte, sur lesquels expirait un fils de France; nous avons vu une femme tenant son enfant dans ses bras, et toute couverte du sang de son mari; nous avons vu un vénérable monarque s'approcher pour fermer les yeux du jeune héritier de la couronne! MADAME était là, dominant cette scène de deuil, comme une héroïne éprouvée aux combats de l'adversité. Monseigneur le duc de Bourbon prenait sa part de la douleur : il croyait assister à la mort de son fils. Coup affreux qui a frappé l'arbre dans sa racine! Ah! malheureuse France! parce que tu l'avais proscrit dans sa jeunesse, as-tu méconnu ton enfant, et n'a-t-il pu se sauver dans tes bras!

La révolution semblait rassasiée du sang des Bourbons : elle n'en était qu'enivrée; cette ivresse, loin d'apaiser sa soif, en augmentait l'ardeur. Louis XVI, Madame Élisabeth, Louis XVII, le duc d'Enghien, n'ont pas suffi aux ennemis de la légitimité : ils ont fait un nouveau choix parmi les enfants de saint Louis : en immolant le duc de Berry, ils ont voulu répandre à la fois le sang que ce prince avait reçu de tant de monarques, et celui qui devait animer le cœur d'une longue postérité de rois.

La main qui a porté le coup n'est pas la plus coupable. Ceux qui ont assassiné monseigneur le duc de Berry sont ceux qui, depuis quatre ans, établissent dans la monarchie des lois démocratiques; ceux qui ont banni la religion de ces lois; ceux qui ont cru devoir rappeler les meurtriers de Louis XVI; ceux qui ont entendu agiter avec indifférence à la tribune la question du régicide; ceux qui ont laissé prêcher dans les journaux la souveraineté du peuple, l'insurrection et le meurtre, sans faire usage des lois dont ils étaient armés pour réprimer les délits de la presse; ceux qui ont favorisé toutes les fausses doctrines; ceux qui ont récompensé la trahison et puni la fidélité; ceux qui ont livré les emplois aux ennemis des Bourbons et aux créatures de Buonaparte; ceux qui, pressés par la clameur publique, ont promis de changer une loi funeste, et qui ont ensuite laissé trois mois s'écouler, comme pour donner le temps aux révolutionnaires de se reconnaître et d'aiguiser leurs poignards : voilà les véritables meurtriers de monseigneur le duc de Berry.

R. — POLÉM.

Il n'est plus temps de se le dissimuler : cette révolution que nous avons tant de fois et si inutilement prédite est commencée; elle a même produit des maux qui sont déjà irréparables. Qui rendra la vie à monseigneur le duc de Berry? et avec cette vie précieuse, qui nous rendra les espérances que la gloire et l'amour y avaient attachées? Un jeune lis nourri dans une terre étrangère verra-t-il éclore la tendre fleur que la foudre semble avoir respectée?

Si du sang de nos rois quelque goutte échappée....

Autre espérance : si un prince chéri écoutait nos vœux !...... *Joseph orna les foyers de Jacob dans sa maturité, et transmit aux rois d'Israël les bénédictions célestes.*

Paris, ce 3 mars 1820.

Dans la séance du 22 février 1817, nous prononçâmes à la Chambre des pairs un discours sur le projet de loi relatif aux journaux; nous y retrouvons ce passage :

« Un ministre, défendant à la tribune des députés la loi que je combats dans ce moment, m'a désigné comme *un individu qui siége dans une autre Chambre*, et qui avance des *absurdités* telles qu'on ne doit pas les répéter. Je ne suis pas assez important pour employer à mon tour un langage si haut. Si jamais M. le comte Decazes était exposé à ces revers dont j'ai déjà vu tant d'exemples, il peut être sûr que le jour où il serait rayé du tableau des ministres, son nom ne serait prononcé dans mes discours qu'avec les égards dus à un homme qui, après avoir été honoré de la confiance de son roi, a éprouvé l'inconstance de la fortune. »

Telles étaient les paroles que nous adressions alors à M. le ministre de la police : nous serons conséquent dans nos sentiments, comme nous le sommes dans nos doctrines. Nous ne traiterons ni d'*absurde* ni d'*individu* l'ancien ministre : évitant avec soin toute personnalité, notre sévérité se renfermera dans les bornes de la politique. Bien que la chute du président du conseil n'ait pas été rude, et qu'il soit doucement descendu du pouvoir dans le sein des honneurs, il est pourtant vrai qu'il ne règne plus : dès lors il rentre sous la sauvegarde de sa vie privée. Il y a plus : nous croyons que la nature avait fait M. le duc Decazes meilleur qu'il ne s'est montré dans sa carrière publique; il a été trompé par les agents de police, et par les petites créatures dont il s'était entouré. On doit s'étonner seulement que des hommes d'une capacité si bornée aient exercé une si longue influence.

Leur existence politique concordait apparemment avec un dessein caché de la Providence : ils nous étaient imposés pour châtiment de nos erreurs. Dans ce cas, ils auront eu la durée de la peine prononcée contre nous au tribunal d'en haut; et comme, depuis Robespierre jusqu'à Buonaparte, nous avions péché par excès de crime et de génie, il était juste que nous fussions condamnés au tourment des fautes et au supplice de la médiocrité.

L'ancien ministre reconnaîtra aujourd'hui, dans des ennemis dangereux, les amis qu'il aurait dû choisir pour sa gloire et pour le bonheur de la France. Les royalistes sont sans fiel : M. le duc Decazes vivra paisiblement au milieu de nous, comme tous ces hommes qui nous ont bannis, persécutés, dépouillés, et auxquels nous n'adressons pas même un reproche.

La blessure que la France a reçue est profonde : cette blessure ne peut être guérie que par le baume de la religion, ne peut être pansée que par une main monarchique. Ne nous faisons pas d'illusion ; rien de ce que nous voyons aujourd'hui n'existe réellement : il n'y a plus de Chambre, il n'y a plus de lois, il n'y a plus de ministère, parce qu'il n'y a plus d'autorité. Si tout tient encore ensemble, c'est par la vertu magique du nom du roi, et par l'épouvante qu'inspirent les crimes commis autour de nous. On serre les rangs parce qu'on a peur; on marche sans règle, mais sans désordre, parce qu'on redoute l'avenir. L'esprit du gouvernement est dans la foule, et n'est plus dans l'État : disposition admirable pour qui saurait en profiter.

On nous a dit, et on devait nous dire, que le crime de Louvel est un crime *isolé*. Le crime de Sand est aussi un crime *isolé;* les étudiants de la Prusse qui écrivent qu'*il faut ici un peu de Sand* sont aussi des fanatiques *isolés;* les soldats insurgés de l'Espagne sont aussi des factieux *isolés;* les trente assassins du ministère anglais sont aussi trente assassins *isolés*. Il n'y a pas de complot général? mais il y a donc peste européenne ; et cette peste sort de nos doctrines antisociales.

Malheur à nous, malheur au monde, si le nouveau ministère allait conclure de tant de désastres qu'on n'a pas encore assez fait pour les ennemis de la légitimité ! On leur a déjà livré six Bourbons : combien en faut-il pour les satisfaire ?

Le peuple ne lit pas les lois, il lit les hommes ; et c'est dans ce code vivant qu'il s'instruit : quand il voit préférer par le gouvernement de droit les partisans du gouvernement de fait; quand il voit placer à la tête des préfectures les anciens agents de la police d'un régicide ; quand il voit introduire dans les administrations les fauteurs de la république et des Cent-Jours; quand il voit rappeler jusqu'à des infâmes que Buonaparte n'employait qu'en rougissant dans les œuvres les plus viles de l'espionnage, que voulez-vous que ce peuple pense? Peut-il croire que les Bourbons règnent encore? Ne lui semble-t-il pas qu'ils sont sur une mine prête à sauter, et que la main d'un Louvel va mettre le feu à la poudre?

On s'étonne qu'un poignard se soit levé! Étonnons-nous que mille poignards n'aient pas encore percé le sein de nos princes. Depuis quatre ans, on comble de faveurs les prédicants de la loi agraire, de la république et de l'assassinat ; on excite celui qui n'a rien contre celui qui a quelque chose, celui qui est né dans une classe obscure contre celui à qui le malheur n'a laissé qu'un nom ; on souffre que l'opinion publique soit inquiétée par des fantômes, qu'on lui représente une partie de la nation comme voulant rétablir des droits à jamais abolis, des institutions à jamais renversées. Si nous ne sommes pas plongés dans les horreurs de la guerre civile, ce n'est pas la faute de l'administration qui vient de finir.

Quelles précautions avait-on prises avant la mort de monseigneur le duc de Berry? quelles précautions a-t-on prises après ce meurtre exécrable? Pas une proclamation pour annoncer à la patrie un si grand malheur! Rien pour consoler le peuple, pour l'éclairer sur sa position et sur ses devoirs! On eût dit qu'on craignait d'exciter l'indignation contre un crime; on avait l'air de ménager la délicatesse de ceux qui pouvaient en commettre de semblables. Des autorités ont elles-mêmes semé le bruit que ce crime était une vengeance particulière, et l'on peut remarquer des traces de cette version officielle jusque dans les journaux anglais. On s'est hâté de dérober aux regards de la foule attendrie le visage et la poitrine du malheureux prince : si la censure eût existé, on eût forcé les journaux à garder le silence ; on eût défendu de parler du jeune Bourbon moissonné, comme on défendit jadis aux gardes nationales de porter une branche de lis, de peur de choquer la révolution, de peur d'inspirer trop d'amour pour le roi!

Espérons que les nouveaux ministres éviteront de marcher sur les traces de l'ancien ministère. Avant de les voir agir, ne nous hâtons pas de les accuser : un préjugé peut exister contre eux; nous-même nous avons particulièrement à nous en plaindre, et c'est pour cette raison même que nous nous sommes abstenu de parler et d'écrire sur le projet de loi de censure, passé à la Chambre des pairs. Nous avons voté contre ce projet, parce qu'il nous semble funeste ; mais, en conservant la rigueur de nos principes, nous avons cru devoir montrer par notre silence la modération de notre opinion : nous avons été adversaire, non pas ennemi. En inquiétant le ministère dans les circonstances graves où nous sommes, on pourrait faire involontairement beaucoup de mal. Désirons la réunion de tous les Français, l'oubli de toutes les inimitiés personnelles : attendons. Contentons-nous de dire à présent aux ministres que, s'ils suivaient la route que leurs devanciers ont tracée, avant six mois il n'y aurait plus de France.

Les mesures d'exception que l'ancien ministère avait demandées seront-elles aussi utiles au ministère actuel qu'on le suppose? Nous le souhaitons, mais nous ne le croyons pas. Des gazettes censurées ne lui seront d'aucune ressource : les meilleurs articles perdent leur autorité dès qu'ils ne sont pas l'expression d'une opinion indépendante. Comment le gouvernement se défendra-t-il contre les pamphlets exceptés de la loi de censure? Ces pamphlets pourront être aussi courts et même plus courts qu'un journal quotidien; ils pourront inonder les cabinets de lecture, les cafés, les tavernes; ils seront lus d'autant plus avidement que les écrits périodiques seront enchaînés. L'opinion ministérielle des journaux censurés sera bien faible pour repousser de pareilles attaques : et nous, royalistes, que pourrons-nous pour la défense du trône? Nous sera-t-il possible de descendre dans l'ignoble arène des libellistes et des calomniateurs pseudonymes? Une loi répressive aurait obvié à tous ces inconvénients : elle était facile à faire; il eût suffi d'ajouter quatre articles à la loi déjà existante.

Nous savions bien que les révolutionnaires reprocheraient à l'opposition royaliste d'avoir été, en soutenant le dernier projet de loi relatif aux journaux, infidèle aux doctrines qu'elle a professées. Qu'importent les révolutionnaires? Depuis le nouveau crime que leurs écrits ont inspiré, ils ont perdu tout crédit. Nous qui, dans tous les temps, dans toutes les circonstances, dans nos premiers comme dans nos derniers ouvrages, avons défendu les libertés publiques; nous qui venons encore de voter contre la censure, n'avons-nous pas été cent fois accusé par la faction démocratique de prêcher la féodalité et l'esclavage? Quel prix pourrait-on donc attacher à l'opinion de ces écrivains qui ne se rendent jamais à l'évidence, et qui se font une vertu de la mauvaise foi?

Quelquefois ces mêmes écrivains, par une autre manœuvre, ont voulu nous mettre à part de nos amis. La faction se donne trop de peine : elle ne parviendra point à nous séparer des royalistes, par la raison que nous ne les abandonnerons jamais dans leur adversité, et que nous ne leur demanderons rien dans leur fortune.

Eh! malheureux qui osez reprocher aux royalistes d'avoir voté pour une censure momentanée, au risque d'être encore opprimés par cette censure, n'est-ce pas vous qui, dans tous les temps, avez flétri la cause de l'indépendance? N'est-ce pas vous qui, par vos excès, avez forcé les honnêtes gens de chercher un refuge dans le pouvoir? Si la liberté périt en Europe, ne vous en prenez qu'à vous-mêmes. Quand on vous entend parler vertu et principe sur le tronc sanglant de Louis XVI ou sur le cadavre du duc de Berry, on recule d'horreur, et Constantinople ne semble pas avoir assez de despotisme pour se mettre à l'abri de votre liberté.

Oui, ce sont vos exécrables doctrines qui ont assassiné cet enfant de l'exil, ce Français héroïque, ce jeune et infortuné Berry! Et savez-vous que ce prince magnanime aimait et connaissait mieux que vous ces droits constitutionnels que vous exigez fièrement des Bourbons, mais que vous ne réclamiez pas dans les antichambres de Buonaparte? Nous l'avons cent fois entendu, ce généreux prince, exposer les avantages de cette liberté de la presse, dont vous avez fait contre sa vie une arme parricide! Ah! si l'on vous laissait à vos penchants, des funérailles non encore achevées seraient suivies de bien d'autres funérailles! Et puis, vos dignes satellites se précipiteraient à Saint-Denis : ils ne se fatigueraient pas, comme dans leur premier sacrilége, à exhumer tant de gloire, à désensevelir des rois, des reines, des grands hommes inconnus à leur grossière ignorance : un moment leur suffirait pour achever leur ouvrage. Dans ces souterrains jadis si peuplés, où les disciples de la liberté de Marat ont uni la solitude au silence, ils ne rencontreraient plus que quatre tombeaux. Ils n'auraient pas besoin d'antiquaire pour leur apprendre les noms des victimes renfermées dans les nouveaux cercueils : c'est de la science à leur portée! c'est de l'histoire de leur temps, et faite par eux!

Prince chrétien, digne fils de saint Louis, illustre rejeton de tant de monarques, avant que vous soyez descendu dans votre dernière demeure, recevez notre dernier hommage! Vous aimiez, vous lisiez un ouvrage que la censure va détruire. Vous nous avez dit quelquefois que cet ouvrage sauvait le trône : hélas! nous n'avons pu sauver vos jours! Nous allons cesser d'écrire au moment où vous cessez d'exister : nous aurons la douloureuse consolation d'attacher la fin de nos travaux à la fin de votre vie.

Paris, 21 juin 1824.

C'est un des caractères de l'esclave d'applaudir à sa propre dégradation, de parler de son propre métier avec une humilité voisine de la bassesse.

Un journal nous apprend aujourd'hui « que les petites illusions des vanités déchues et des ambitions trompées n'ont plus de refuge que dans les journaux, et n'en sortent pas. Le *pouvoir* s'est relevé à la hauteur qui lui appartient, entre le trône et la tribune, et personne en France n'est dupe des gazettes, qui, dans une monarchie constitutionnelle, disparaissent devant l'éloquence parlementaire. »

Le journal qui croit ainsi rehausser le *pouvoir ministériel* aux dépens des gazettes comprend-il lui-même jusqu'à quel point il confond les doctrines de la monarchie constitutionnelle?

Sans doute les journaux ne sont rien, en comparaison du pouvoir social, du trône et de la tribune. Ce ne sont pas même des choses comparables ; elles sont de deux ordres différents. Personne n'a jamais pensé à considérer un journal comme un pouvoir politique ; c'est un écrit exprimant une opinion, et si cette opinion réunit à elle la pluralité des hommes éclairés et considérés, elle peut devenir un grand pouvoir. C'est le pouvoir de la vérité ; il n'y a rien de si haut dans l'ordre moral, il n'y a rien qui ne disparaisse devant cette force éternelle.

Dans l'ordre des choses politiques, les journaux sont un organe par lequel les citoyens expriment leur opinion sur les affaires publiques. C'est bien quelque chose dans une monarchie constitutionnelle. Aussi dans cette Angleterre, que notre adversaire cite avec admiration, des hommes tels que Pitt, Burke, Fox, Liverpool, Canning, etc., n'ont pas cru dégrader leur éloquence parlementaire en la pliant aux formes d'un journal. Ce qui est assez curieux, c'est que, de tous nos ministres passés et présents, et de tous ceux qui paraissent aspirer à leur succéder, il n'en est pas un seul qui n'ait écrit dans les journaux lorsqu'il s'en sentait la force, ou qui, dans le cas contraire, n'y ait fait écrire ses amis, plus habiles et plus éloquents.

Si notre adversaire eût été un royaliste, même ministériel, nous lui aurions demandé si ce n'est pas par le moyen des journaux, ou des écrits sortis de la plume des rédacteurs de journaux, que les doctrines de la monarchie légitime et constitutionnelle ont repris leur ascendant sur tous les esprits éclairés et sur tous les cœurs généreux.

Paris, 28 juin 1824.

Voulez-vous réussir dans le gouvernement des États, étudiez le génie des peuples : pour toute science, favorisez ce génie.

Avez-vous affaire à une nation brillante, valeureuse, pleine de franchise et d'indépendance, ne blessez pas son caractère par une administration timide, sans éclat, pleine de ruse, avide de pouvoir.

Chez une telle nation voulez-vous détruire la liberté, appelez la gloire à votre secours. Mais un despotisme obscur, qui sort de l'antichambre d'un ministre, et qui, pour prix de votre indépendance, vient vous offrir, non la conquête du monde, mais celle d'un bureau de perception, de timbre ou de tabac ; ce despotisme se fera siffler, dût-il prendre l'effronterie pour de la force, en annonçant tout haut son système de corruption.

Notre position, après la délivrance du roi d'Espagne, était admirable : le drapeau sans tache avait retrouvé une armée, la France reprit son rang militaire et son indépendance politique en Europe : au dedans tout était espérance et prospérité. Quelle main a rapetissé de si hautes destinées ?

Nous avons eu le courage et l'honneur de faire une guerre dangereuse en présence de la liberté de la presse, et c'était la première fois que ce noble spectacle était donné à la monarchie. Nous nous sommes vite repentis de notre loyauté. Nous avions bravé les journaux lorsqu'ils ne pouvaient nuire qu'au succès de nos soldats et de nos capitaines ; il a fallu les asservir lorsqu'ils ont osé parler des commis et des ministres.

L'affaire de *la Quotidienne* a éclaté, l'opinion publique et les tribunaux en ont fait justice. La France sait désormais comment les protégés, les amis des ministres entendent la Charte ; comment les hôtels mêmes de ces ministres deviennent des espèces de bazars où les consciences sont mises à l'encan. Un ministre a dit à un actionnaire d'un journal : « Vendez-nous un procès. » On le lui a vendu : trouve-t-il aujourd'hui le marché bon ?

Parmi les révélations qui sont sorties de la plaidoirie, il y en a une qu'il faut remarquer. En forçant un royaliste éprouvé à abandonner la rédaction d'un journal, on ne voulait pas qu'il annonçât publiquement sa retraite, afin de tromper sous son nom les lecteurs de ce journal, de faire attribuer à l'opinion monarchique tout ce qu'il plairait aux agents subalternes de l'autorité de publier en l'honneur de leurs maîtres.

Un ministre avait dit dans un comité de la Chambre que l'achat des journaux était une spéculation particulière ; et il se trouve que les propositions se faisaient au ministère de l'intérieur, et que le principal acquéreur est l'ami et le confident de M. le ministre des finances.

Et ce n'était pas un seul journal qui était attaqué : de nouveaux propriétaires, tous, à ce qu'il paraît, fournis et représentés par un seul homme, se sont introduits dans les feuilles publiques, trois seulement exceptées. A l'aide de ces propriétaires, on prétendait créer une opinion factice, dépendante d'une volonté unique.

Comme il faut une autorisation du gouvernement pour établir un nouveau journal, et comme on ne donne point ces autorisations ; comme les procès en tendance devaient, espérait-on, abattre les journaux récalcitrants, il devenait clair que, sans l'indépendance et l'équité des magistrats, nous étions sur le point de perdre la liberté de la presse périodique.

Quelques-uns des écrivains loués à terme par les entrepreneurs sont des commensaux de Fouché et les rédacteurs de *la correspondance privée*. Mais comme le chef de l'atelier n'a cependant pas leurs doctrines, il les a forcés, pour les déguiser, à parler de temps en temps de religion et de légitimité. Remercions-le du moins de leur avoir infligé cet honneur.

Combien il faut gémir d'avoir vu sous un ministère royaliste ériger la corruption en système, afin de détruire des institutions qu'on n'osait pas attaquer de front, afin d'introduire le pire de tous les despotismes, celui qui commence par faire des esclaves en attendant des tyrans !

La liberté des élections a-t-elle été plus respectée que celle de la presse ? La Chambre des députés avait été dissoute pour commencer une ère de repos et de fixité pour la France. L'immense majorité des suffrages était acquise au gouvernement : il n'y avait qu'à laisser faire. C'était trop bien : on a jugé convenable de jeter des doutes sur la liberté des votes. Et à quoi bon ces déplorables lettres du pouvoir ? Les bulletins de l'armée ne suffisaient-ils pas pour *influencer* les élections ? Ces circulaires de la victoire et de l'honneur n'avaient-elles pas rallié tous les vœux à la cause du trône ? Fallait-il d'autre fauteur des élections royalistes que ce prince légitime qui, par la séduction de ses vertus, fit tomber les portes de la cité devant laquelle l'usurpateur vit expirer ses triomphes ?

Une grande mesure, qui était une grande justice, se présentait dans l'or're des affaires : guérir des souffrances, effacer parmi nous toute distinction morale de propriétés; tel était le but qu'elle devait atteindre. Proposée aux deux Chambres dès l'année 1814, une foule d'écrivains en avaient depuis démontré la nécessité. Le noble duc de Richelieu attachait la gloire de son administration à l'accomplissement de cette mesure, pour laquelle il avait commencé de nombreuses recherches. Précipité du pouvoir, et bientôt dans la tombe, il ne nous laissa, avec nos regrets, que la tradition de son généreux dessein. Le succès de l'expédition d'Espagne permettait enfin de fermer les dernières plaies de la révolution. L'accroissement de notre crédit public fournissait au gouvernement le moyen d'indemniser les émigrés, sans augmenter les impôts.

Que fait-on ? Dans une question politique on ne voit qu'une question de finances : ôter à l'un pour donner un jour à l'autre paraît une conception de génie; au lieu de consulter la France, on consulte des banquiers étrangers; on ne paraît pas craindre de déshonorer le malheur par une déplorable association d'idées; et jetant ainsi une sorte de flétrissure sur une opération que réclame la conscience nationale, on la rend peut-être impossible, ou du moins on la livre aux chances d'une fortune qui, jusqu'à présent, a peu servi les victimes de la fidélité.

Sont-ce là des fautes ? Elles seront toujours commises quand on voudra transformer des hommes d'affaires en hommes d'État. Une seule pensée domine les premiers; la France n'est pour eux qu'un tableau de chiffres; leur politique tient son conseil à la Bourse.

En accordant au crédit public une estime et une attention très-méritées, tant pour ses affinités avec un gouvernement constitutionnel que pour ses rapports avec le commerce et l'industrie, un homme d'État n'en fera cependant pas l'unique objet de ses vues. Il en craindra l'exagération chez une nation continentale, moins maritime qu'agricole ; et il se persuadera que le système des emprunts, poussé à son dernier terme, comme il l'est aujourd'hui, n'est pas sans inconvénients dans l'ordre social.

En effet, nous sommes parvenus à cet état de choses que des banquiers trouvent sur leur signature le revenu de tel royaume ou le capital de tel autre. Parmi ces hommes aussi utiles que respectables, il en est nécessairement quelques-uns (car telle est la condition humaine) qui font abstraction de la manière dont leurs fonds peuvent être employés. Aussi voyons-nous que quiconque entreprend de troubler son pays ne manque pas d'or pour agir : on emprunte sur l'hypothèque des spoliations à venir ; on donne en nantissement les malheurs futurs de sa patrie ; plus il y a de dépouilles, plus il y a de gages : l'injustice et le désordre, qui ruinent les finances des gouvernements réguliers, font fleurir celles des gouvernements révolutionnaires.

On voit donc que, s'il y a en finances des opérations *colossales* qui perdent des ministres, il pourrait aussi y avoir en finances des entreprises gigantesques qui feraient tomber des rois : il faut marcher avec précaution dans cette route, et surtout, quand on est Français, mieux connaître le génie de la France.

Si ceux qui administrent l'État semblent complétement ignorer ce génie dans les choses sérieuses, ils n'y sont pas moins étrangers dans ces choses de grâces et d'ornements qui se mêlent, pour l'embellir, à la vie des nations civilisées.

Les largesses que le gouvernement légitime répand sur les arts surpassent les secours que leur accordait le gouvernement de l'usurpateur ; mais comment sont-elles départies ? Voués à l'oubli par nature et par goût, les dispensateurs de ces largesses paraissent avoir de l'antipathie pour la renommée ; leur obscurité est si invincible, qu'en approchant des lumières ils les font pâlir ; on dirait qu'ils versent de l'argent sur les arts pour les éteindre, comme sur nos libertés pour les étouffer. Au lieu de donner de la gloire aux hommes de talents, ils leur jettent du pain ; mais les artistes ne vivent pas seulement de pain, ils vivent d'estime, d'égards, de réputation ; et s'ils enfantent encore des chefs-d'œuvre, ce n'est pas pour des ministres qui les dédaignent, mais pour un monarque éclairé qui les juge, les protége et les admire.

Combien a-t-il fallu de temps à monseigneur le duc d'Angoulême pour délivrer le roi Ferdinand ? Six mois. Combien a-t-il fallu à M. le ministre de l'intérieur pour mettre une pierre à l'arc de triomphe ? Huit mois : nous nous trompons, elle n'est pas encore posée. Dix ans sont demandés pour achever l'église de la paroisse où reposèrent les cendres de Louis XVI et de Marie-Antoinette. En vain les deux Chambres et le roi ont commandé le monument qui doit s'élever sur la place Louis XV.

On bâtit dans tout Paris; mais de vieux règlements de police que l'on suit avec une rare intelligence, et qui sont en harmonie avec la cupidité des entrepreneurs et l'agiotage des terrains, laissent à peine le passage à l'air et aux voitures. Nous n'aurons pas les mœurs, mais nous aurons les rues de nos pères; nous ne serons pas simples et naïfs, nous serons barbares : c'est une manière comme une autre d'entendre la restauration.

Quant aux lettres, quiconque écrit est suspect : pour être un homme d'État, il faut commencer par ne pas savoir le français : il ne sera pas permis aux corps littéraires de conserver cette liberté de suffrages qui fait la noblesse, le mérite et l'autorité de leurs jugements : l'Académie française sera gouvernée comme une préfecture; et le tabouret d'un chef de bureau s'élèvera au-dessus du fauteuil où se sont assis Corneille, Racine, Bossuet, Fénelon, Boileau, La Fontaine, La Bruyère, Voltaire, Buffon et Montesquieu.

D'un autre côté, on rogne impitoyablement les pièces pour le théâtre; on prend sa peur pour du goût, ses intérêts pour de la critique : autant d'écus de plus, autant de vers de moins. « Ah! grâce pour cette pensée! elle est noble et grande! — Retranchez vite! nous ne voulons pas d'objets de comparaison. »

Encore si la machine étroite dans laquelle on met la France à la gêne ressemblait à ces modèles achevés que l'on examine à la loupe dans le cabinet des amateurs, la délicatesse de cette curiosité pourrait intéresser un moment; mais point du tout : c'est une petite chose mal faite.

Après avoir montré combien le système que l'on suit est antipathique au génie de la France, nous prouverons dans un autre article qu'il est également contraire à l'esprit de la Charte. Nous jetterons un coup d'œil sur l'avenir; nous examinerons les projets et les ressources que peuvent avoir les ministres; ils se sont volontairement blessés : ils n'échapperont pas aux conséquences de leur système.

Paris, 5 juillet 1824.

Nous avons dit que le système suivi aujourd'hui par l'administration blesse le génie de la France : nous allons essayer de prouver qu'il méconnaît également l'esprit de nos institutions.

Voyons d'abord comment on s'y prend pour la rédaction des lois.

Dans une monarchie constitutionnelle, lorsqu'il s'agit de préparer une mesure législative, le gouvernement choisit dans le sein des Chambres des hommes qui entendent la matière dont on doit traiter. Une espèce de commission consultative se forme ; cette commission examine le plan, prévoit les objections, propose des changements. La loi ainsi élaborée est apportée à la tribune, forte de l'assentiment des bons esprits qui se sont mis en communauté d'idées et de responsabilité morale avec les ministres : plus de discussions interminables, plus d'amendements sans fin, trop justifiés par la présentation d'une ébauche où le défaut de science n'est égalé que par le vice de rédaction ; quelques discours en sens contraire, une réplique suivie du vote, terminent tout dans une séance.

Nous entendons autrement le gouvernement représentatif.

Pour l'économie d'une loi religieuse, consultons-nous les ecclésiastiques, le banc des évêques à la Chambre des pairs ? Non.

Pour une loi en matière civile, assemblons-nous des jurisconsultes et des magistrats pairs ou députés ? Non.

Pour une loi de l'ordre politique, appelons-nous les orateurs et les hommes politiques des deux Chambres ? Non.

Qui travaille donc aux projets de loi ? Chaque ministre avec ses commis. Pas même le conseil des ministres ? Nous n'en savons rien ; mais ce conseil ne se réduit-il pas à un seul homme ?

Voyez aussi quel succès les lois obtiennent aux Chambres ! Les unes sont rejetées, les autres retirées, les autres amendées à la tribune par les ministres eux-mêmes.

Lorsque Louis XIV fit rédiger ses belles ordonnances, le chancelier Séguier, accompagné de huit conseillers d'État, délibéra avec trente membres du parlement de Paris, présidés par Guillaume de Lamoignon, et parmi lesquels on voyait les Novion, les Bignon, les Talon, les de Mesmes, les Molé, les Pothier, les Harlay et les Catinat. Nous avons les procès-verbaux de l'ordonnance civile de 1667, modèles de la plus libre comme de la plus savante discussion. Prenons au moins des leçons de la monarchie absolue, si nous ignorons complétement la monarchie constitutionnelle.

Dans cette dernière, on cherche à mettre la loi civile en rapport avec la loi politique.

Nous entendons autrement le gouvernement représentatif. Est-il quelque décret enseveli dans le *Bulletin des lois,* nous allons le déterrer afin de l'appliquer à notre usage, comme pour nous consoler de la monarchie par le souvenir de la république, et de la liberté par les actes de l'esclavage.

Si quelquefois nous avons l'air de vouloir perfectionner notre système politique, ce n'est pas au profit de tous, mais dans une intention particulière. Ainsi la septennalité, bonne en principe, nous avons trouvé le moyen de ne l'établir que pour l'intérêt du ministère, en n'y joignant pas le changement d'âge, complément et contre-poids du renouvellement septennal. La plupart des lois fondamentales de notre monarchie constitutionnelle sont à faire : y pensons-nous ? Point.

Dans une monarchie constitutionnelle, on respecte les libertés publiques ; on les considère comme la sauvegarde du monarque, du peuple et des lois.

Nous entendons autrement le gouvernement représentatif. On forme une compagnie (on dit même deux compagnies rivales, car il faut de la concurrence) pour corrompre des journaux à prix d'argent. On ne craint pas de soutenir des procès scandaleux contre des propriétaires qui n'ont pas voulu se vendre ; on voudrait les forcer à subir le mépris par arrêt des tribunaux. Les hommes d'honneur répugnant au métier, on enrôle, pour soutenir un ministère royaliste, des libellistes qui ont poursuivi la famille royale de leurs calomnies. On recrute tout ce qui a servi dans l'ancienne police, et dans l'antichambre impériale ; comme chez nos voisins, lorsqu'on veut se procurer des matelots, on fait la *presse* dans les tavernes et les lieux suspects. Ces *chiourmes* d'écrivains *libres* sont embarquées dans cinq ou six journaux achetés, et ce qu'ils disent s'appelle l'opinion publique chez les ministres.

Dans une monarchie constitutionnelle, le ministère doit marcher avec ses amis, chercher la majorité chez eux, en les fortifiant de tout ce qu'il peut gagner dans les partis par un esprit de bienveillance et d'équité.

Nous entendons autrement le gouvernement représentatif. Nous frappons nos amis avec une sorte de fureur, aux risques de tout briser. Quant à nos adversaires, tour à tour nous cédons à l'homme qui nous fait peur, ou nous poursuivons le père sur les enfants. Nous parlons haut et sec. Quand nous avons mis dans *le Moniteur* quelque chose de bien dur, nous nous redressons comme si nous étions Buonaparte ; nous affectons son allure, forcés que nous sommes de faire trente petites enjambées pour remplir un pas de géant !

S'irriter contre tout ce qui ose avoir un avis différent du nôtre, exiger qu'on porte notre livrée, tel est notre système. Les hommes qui se respectent, les hommes d'indépendance, s'éloignent de nous avec douleur. Obligés alors de nous rapprocher de ce qui est servile, nous devenons chaque jour plus étrangers à notre première opinion. Au lieu de devoir la majorité à la loyauté de nos principes, nous la cherchons dans nos intérêts privés.

Vains efforts! L'honneur, qui est l'esprit public de la France, reprend son empire. Non! ce n'est point l'intérêt personnel qui influera jamais sur l'opinion des Chambres législatives dans ce pays. Ce qui fera en tout temps la majorité pour nos ministres, ce sont de bonnes lois, c'est une administration appropriée au caractère ouvert, noble et spirituel de la nation. Qu'on parle aux pairs et aux députés de religion, de légitimité, d'indépendance, de gloire, de patrie, et ils voteront tout ce qui renfermera ces éléments de nos prospérités. On persuade les Français, on ne les enchaîne pas.

Dans une monarchie constitutionnelle, on fait cas de l'opinion publique; on la ménage, on la regarde comme la puissance qui fait et défait les ministères.

Nous entendons autrement le gouvernement représentatif. Dédain superbe pour l'opinion, mépris des feuilles publiques (que nous achetons pourtant quand elles veulent se vendre), c'est, selon nous, le signe de la force et la marque de la supériorité. Que nous fait le public? La source de notre puissance est dans les intrigues et dans les coteries; et si nous rencontrions quelques obstacles, nous ne craindrions pas, pour les vaincre, de compromettre ce qu'il y a de plus auguste et de plus sacré. Rions des clameurs de l'opinion. N'avons-nous pas la majorité dans la Chambre élective? ne voyons-nous pas la foule accourir dans nos salons? Que nous ayons commis une injustice, en sommes-nous moins encensés? Qu'importent quelques ambitions déçues qui se plaignent? qu'importent quelques écrivains mécontents, et qui nous poursuivent de leurs brochures? qu'importent quelques journaux animés contre notre pouvoir? Nous écraserons nos ennemis sous le poids de notre fortune.

C'est très-bien; mais il faut dire ce que vous ne savez pas : c'est que l'opinion que vous méprisez mine le terrain autour de vous; elle sape les fondements de votre puissance, elle pénétrera du dehors dans la Chambre élective; elle y a déjà pénétré. Bientôt elle entrera chez vous; elle étendra sur votre tête sa main redoutable, et, vous saisissant au milieu de vos flatteurs, elle vous jettera à votre porte, où vous attend un public inexorable.

Il y a des athées en politique comme en religion : ils ne croient ni à l'opinion, ni aux gouvernements; ils regardent toute constitution écrite comme un chiffon de papier qui n'a de valeur qu'autant qu'il donne de l'autorité. Mais le moment de la chute, le moment de la mort ministérielle arrive :

alors il faut confesser ce qu'on a feint de méconnaître ; alors on est contraint d'avouer l'existence d'une opinion, puissance invisible qui punit. Les athées en politique éprouvent le sort des athées en religion : la foi leur vient quand il est trop tard.

On avait cru pendant quelque temps que l'administration actuelle était prudente ; elle vivait sur une renommée de circonspection : tout à coup on s'aperçoit que quelque chose de violent et d'inopiné se mêle à sa lenteur ; elle se précipite tête baissée dans les plus grandes entreprises ; puis, arrêtée par ses adversaires, elle recule, cherche des moyens d'évasion, redevient cauteleuse, se refait petite, et essaye d'échapper par quelque soupirail du lieu où elle était entrée en brisant les portes : elle n'a point l'estime des forts, elle a perdu la confiance des timides.

Que faudrait-il penser, si tel ministre avait une antipathie naturelle pour la Charte, qu'il ne pût s'en taire, et qu'il laissât transpirer son opinion dans des plaisanteries d'aussi mauvais ton que de mauvais goût ? Rien ne corromprait davantage les mœurs publiques, ne fausserait plus les consciences, n'accoutumerait plus les peuples à mépriser et les gouvernements et les hommes investis de l'autorité, que de faire de la monarchie représentative une pure moquerie. Au jour du malheur, les institutions formeraient-elles un rempart autour d'une administration qui, pendant sa prospérité, ne les aurait pas adoptées avec franchise ; d'une administration qui aurait ri, derrière la toile, de la foule imbécile, assemblée pour voir des baladins politiques jouant une parade de liberté sur des tréteaux ?

Les choses ne peuvent plus aller comme elles vont : nous sommes dans une position fausse ; l'opinion royaliste, qui est aujourd'hui l'opinion de l'immense majorité, est séparée des premiers agents du pouvoir, qui se prétendent encore royalistes ; ils se traînent à peine devant la Chambre des députés ; ils n'ont pas la majorité assurée dans la Chambre des pairs, et les tribunaux ont prononcé sur des actes où ils n'étaient que trop compromis.

Les ministres méprisent l'opinion royaliste ! Mais à qui doivent-ils leur existence politique, si ce n'est à cette opinion ? Que seraient-ils sans elle ? Qui les a portés au pouvoir, sinon leurs amis ? Qui a fait leur réputation, si ce ne sont les journaux dans lesquels ils ont eux-mêmes écrit, et dont ils étaient actionnaires ?

La lutte entre l'autorité ministérielle et l'opinion ne peut pas être de longue durée : continuera-t-elle jusqu'à la prochaine session sans amener un changement ? cela est fort douteux.

Pour étouffer cette opinion, que fera le ministère ? établira-t-il la censure ? C'est un moyen plus prompt de se précipiter : les brochures remplaceront les journaux. La censure ne pouvant être que temporaire (puisqu'elle doit cesser à l'ouverture des Chambres), la liberté de la presse périodique, vengée par celle de la tribune, agira de nouveau, et son action sera d'autant plus forte qu'elle aura été plus comprimée.

La censure a perdu tous ceux qui ont voulu s'en servir, parce qu'elle rend le gouvernement représentatif impossible, et que, dans la lutte qui s'engage entre les institutions et les ministres, ceux-ci finissent par succomber, heureusement pour nous, heureusement pour la France ; car s'ils triomphaient dans cette lutte, leur victoire amènerait une révolution. Les ministres auraient-ils à donner aux Chambres une bonne raison de la censure ? On leur demanderait de quel mal si grand l'État était menacé, pour avoir exigé la suspension d'une liberté dont on avait joui, même pendant la guerre d'Espagne ? A travers les déclamations accoutumées contre la licence de la presse, on ne verrait que les intérêts de l'amour-propre blessé, que la nécessité de dérober des fautes aux yeux du public. On rappellerait aux agents du pouvoir le procès de *la Quotidienne ;* et lorsqu'ils seraient convaincus d'avoir voulu achever par la force ce qu'ils avaient commencé par la corruption, obtiendraient-ils la sanction des pairs et des députés ?

« Hé quoi ! leur dirait-on justement à la tribune, la loi actuelle sur la liberté de la presse ne vous a pas suffi, cette loi qui donne au gouvernement le droit de refuser l'autorisation d'établir un nouveau journal, qui accorde aux tribunaux le pouvoir de supprimer un journal existant, de confisquer une propriété contre le texte précis d'un article de la Charte ! La plupart des feuilles publiques ont été achetées par vous ou par vos amis : qu'aviez-vous donc fait pour vous effrayer de trois journaux qui restaient libres ? Ne pouviez-vous vous contenter de la corruption et des procès en tendance ? Certes, cette censure était assez rigoureuse ! »

Entêté ainsi qu'il l'est de ses systèmes, le ministère actuel, s'il existe à la session prochaine, représentera-t-il sa loi des rentes ? Cette loi sera-t-elle encore attachée à l'idée d'une loi en faveur des émigrés, comme une preuve de cette fatalité qui poursuit quelquefois les plus nobles infortunes ? Mais cette loi sur les rentes ou sera la même, ou sera modifiée : si elle est la même, elle rencontrera les mêmes obstacles ; si elle est modifiée, pourquoi n'avoir pas admis les amendements proposés dans l'une et l'autre Chambre ? Au reste, ne préjugeons rien ; car si la rente tombait au-dessous du pair, on serait dans l'impossibilité de revenir à une mesure désastreuse sous tous les rapports.

Pour s'assurer de la majorité dans la Chambre héréditaire, fera-t-on, comme on nous en menace, une nomination de soixante ou de cent pairs ? Où les prendra-t-on, ces pairs ? dans la Chambre élective ? Mais alors il faudra des réélections, et on les redoute. Dans les propriétaires, dans les notabilités des provinces et de la capitale ? Mais croit-on que des pairs choisis dans la Chambre élective, ou ailleurs, soient si prompts à soumettre leur conscience à ce qu'il plaira aux ministres de leur faire voter? Après avoir tant crié contre un exemple fatal donné par un autre ministère royaliste commettraient-ils la même faute? A-t-on oublié que la majorité de la Chambre des pairs ne fut pas brisée, comme on l'avait espéré, en recourant à une mesure subversive de la Charte; que, le lendemain de leur nomination, les nouveaux pairs firent céder le sentiment de la reconnaissance aux intérêts de la patrie? Un second exemple a confirmé ce que le premier nous avait appris.

Et voilà ce qu'il y a d'admirable dans nos institutions! elles portent en elles-mêmes leur principe de conservation. Au moment où l'on prétend s'en servir pour en abuser, elles fournissent le remède contre le mal qu'on médite. Cherchez dans les dernières classes de la société un homme sans nom et sans fortune, faites-le pair, et à l'instant il réclamera l'indépendance et la dignité du rang où vous l'aurez élevé. Que pouvez-vous contre lui? Investi d'une portion de la souveraineté émanée du monarque, il est au-dessus de vos ressentiments : vous passerez, et il transmettra à sa postérité sa puissance héréditaire.

Où en serions-nous enfin, que deviendrait la France, si pour faire adopter une loi, si pour maintenir des ministres dans leur place, ces ministres attaquaient sans cesse les principes de nos institutions, cassant la Chambre des députés, augmentant à l'infini la Chambre des pairs, compromettant la prérogative royale, et ne sauvant leur existence qu'au prix de celle de la Charte? Mieux vaudrait déclarer qu'on ne veut plus de monarchie représentative.

Tous les ministères précédents ont été renversés pour avoir voulu gouverner contre l'esprit de nos institutions : celui-ci, engagé sur la même pente, tombera dans le même abîme. Qu'on prenne les discours des ministres actuels; qu'on lise ce qu'ils ont dit sur la liberté de la presse, sur celle des élections, sur la centralisation administrative, sur la nécessité d'une loi communale, sur le devoir de ne placer que des hommes d'une fidélité éprouvée, sur l'instruction publique, sur l'amélioration à apporter au sort du clergé; et demandez-leur ce qu'ils ont fait pour rendre leurs actions conformes à leurs paroles.

Mais ce qui était mauvais, dangereux sous des ministres auxquels, à tort ou à raison, on refusait le nom de royalistes, l'est bien autrement sous un pouvoir qui se pare de ce beau titre. Qui pourra-t-on croire désormais, quand on voit des hommes en qui l'opinion monarchique avait placé toute sa confiance fuir devant leurs engagements, oublier leurs principes, et ne rien faire de ce qu'ils avaient promis?

Walpole chercha en Angleterre à fonder sa puissance sur la corruption;

il ne put faire un grand mal, car il trouva pour lui résister la fortune individuelle. Une aristocratie puissante n'avait pas besoin de billets de banque, dont il marquait quelquefois les passages des livres qu'il envoyait à ses créatures.

Mais, si on essayait de transporter un tel système en France, il indiquerait dans les imitateurs un esprit bien plus fatal que celui dont le ministre britannique était animé. Ces imitateurs rencontreraient pour obstacles à leur dessein, non des richesses, mais des vertus; car la noble indigence de presque tous les Français ne laisse parmi nous que des vertus à séduire.

Nous ne croyons pas à cette conjuration diabolique pour corrompre le peuple le plus désintéressé qui soit sur la terre; nous ne pensons pas qu'elle pût réussir : mais enfin, supposons un moment qu'elle existe, admettons un moment son succès, quel en serait le résultat? Nos institutions crouleraient sans doute; mais passerions-nous sous la domination du génie? Non : nous nous trouverions en face de la médiocrité effrayée de ses propres œuvres, ne sachant pas plus administrer la servitude que la liberté, et aussi incapable de gouverner ce qu'elle aurait fait que ce qu'elle aurait détruit.

La monarchie s'est rétablie sans efforts en France, parce qu'elle est de droit parmi nous, parce qu'elle est forte de toute notre histoire, parce que la couronne est portée par une famille qui a presque vu naître la nation, qui l'a formée, civilisée; qui lui a donné toutes ses libertés; qui l'a rendue immortelle : mais le temps a réduit cette monarchie à ce qu'elle a de réel. L'âge des fictions est passé en politique : on ne peut plus avoir un gouvernement d'adoration, de culte et de mystère : chacun connaît ses droits; rien n'est possible hors des limites de la raison; et jusqu'à la faveur, dernière illusion des monarchies absolues, tout est pesé, tout est apprécié aujourd'hui.

Ne nous y trompons pas : une nouvelle ère commence pour les nations. Sera-t-elle heureuse? La Providence le sait. Quant à nous, il ne nous est donné que de nous préparer aux événements de l'avenir, que de pressentir ce qui sera, pour éviter des résistances inutiles.

L'homme qui pouvait seul retarder le mouvement du siècle n'est plus; le bras qui fendit les rochers du Simplon, pour tracer un chemin à notre gloire, a été brisé à son tour; le formidable oppresseur des libertés publiques a été jeté, pour mourir, aux pieds des peuples du Nouveau-Monde, où ces libertés fermentent : mais, en passant, il a mûri le siècle; lui-même, au milieu des vieux empires, était une étonnante nouveauté; et s'il gênait par son despotisme le développement des idées, il favorisait par son côté extraordinaire ce qu'il y avait de grand et d'inconnu dans l'esprit des temps. L'Atlantique n'est plus qu'un ruisseau que l'on passe dans quelques jours;

l'influence de la politique des États qui peuvent s'établir en Amérique se fera sentir en Europe : celle-ci a déjà changé.

Affranchie de la tutelle de notre épée, l'Allemagne n'a repris que la moitié de sa gothique constitution ; le lien fédératif s'est renoué d'une autre manière ; des gouvernements représentatifs sont venus se placer dans l'Union. L'Italie s'est agitée ; mais, en voulant réparer ses ruines, elle les a fait tomber sur elle. Le Portugal a rétabli son ancienne constitution représentative. L'Espagne, qui avait pris d'abord la révolution pour la liberté, tôt ou tard retrouvera celle-ci dans ses vieilles cortès. L'Espagnol n'est jamais pressé : ce qu'il ne fait pas aujourd'hui, il le fera demain ; et, dans sa résignation chrétienne, il y a quelque chose de la patience du Dieu dont il attend les ordres.

De tels signes ne peuvent laisser de doutes sur le mouvement général des esprits. La France a payé cher ses libertés publiques : heureux les autres peuples, si, avertis par son exemple, ils arrivent au même bien avec moins de malheurs !

Ne nous figurons pas que nous puissions rétrograder : il n'y a de salut pour nous que dans la Charte. Qu'avons-nous fait depuis dix ans que nous luttons contre l'esprit de nos institutions ? Nous n'avons réussi qu'à mettre la France dans un état de gêne insupportable : essayons de la bonne foi, ne fût-ce que comme un moyen nouveau d'administration.

Nous l'espérons : le système antinational, antifrançais, que l'on a suivi jusqu'ici, expirera avec le présent ministère. Tous les hommes valant quelque chose, las de tant de déceptions, las de se faire une guerre qui ne tourne qu'à leur détriment, qu'à l'affaiblissement de l'État, sont prêts à se réunir dans un amour sincère de la légitimité et des libertés publiques.

La monarchie constitutionnelle n'est point née parmi nous d'un système écrit, bien qu'elle ait un code imprimé : elle est fille du temps et des événements, comme l'ancienne monarchie de nos pères. Nous ne sommes plus dans l'âge de la république par nos mœurs, ni dans celui du gouvernement absolu par nos lumières. Toutes les fois qu'on voudra nous conduire à la démocratie ou au despotisme, on trouvera une résistance nationale qui ramènera au gouvernement mixte, parce que nous sommes arrivés à cet état tempéré dans l'ordre social qui nous rend le joug populaire et le pouvoir arbitraire d'un seul également insupportables.

La Charte n'est contraire à aucun principe monarchique, quoi qu'en puissent dire les esprits étroits ou passionnés ; la religion doit en faire la base ; le clergé doit y retrouver sa considération, et l'autorité royale y puiser une force nouvelle. En embrassant avec sincérité la monarchie représentative, en ne repoussant aucune de ses conséquences, en gouvernant dans le sens de nos institutions, sans dessein caché, sans arrière-pensée, notre chère et belle patrie s'élèvera bientôt au comble de la prospérité.

Il y a d'autres hommes qui craignent pour la liberté; ils doutent qu'elle puisse jamais s'établir parmi nous au milieu des doubles ruines de la république et de l'empire. Ces hommes sont trop sensibles aux apparences; ils prennent les fautes du gouvernement pour des obstacles inhérents à notre position. Pourquoi la liberté ne se maintiendrait-elle pas dans l'édifice élevé par le despotisme, et où il a laissé quelques traces? La Victoire, pour ainsi dire encore parée des trois couleurs, s'est réfugiée dans la tente du duc d'Angoulême; la légitimité habite le Louvre, bien qu'on y voie encore des aigles et des insignes de l'usurpation.

Paris, 29 juin 1824.

Paris a vu ses dernières fêtes; le roi est parti. L'événement politique et religieux, l'époque d'indulgence, de réconciliation, de faveur, le sacre, en un mot, qui, par sa nature même, a tant favorisé les projets ministériels, est passé. Déjà la triste vérité reste seule devant nous, dépouillée des illusions dont on l'avait environnée pour la rendre un moment supportable. Nous nous retrouvons face à face d'une administration repoussée de la France entière, d'un crédit ébranlé, d'un amortissement dénaturé, sans que les divisions aient cessé, sans que les inquiétudes qui sont au fond des cœurs se soient dissipées.

De quelle espérance bercera-t-on à présent l'avenir? Avec quoi fera-t-on prendre patience à l'opinion? Quels sont les projets désastreux que l'on invitera à voter dans l'attente d'une félicité prochaine et réparatrice? La royauté a désormais tout son lustre; ce qui la regarde est accompli : le cours des choses ordinaires a recommencé, pour n'être plus interrompu. La monarchie n'aura plus d'occasion de reprendre, pour ainsi dire, la vie dans elle-même, dans sa propre essence. Il faut que tout lui vienne maintenant de l'administration et des lois. Malheureusement, avec le système que l'on a suivi jusqu'ici, comment conserver tous les résultats heureux de la consécration du roi par les mains de la religion? Qu'a-t-on fait de ceux de cette autre consécration que M. le dauphin a reçue des mains de la Gloire?

Nous l'avons dit et répété : toutes les fois que le roi est appelé à se montrer seul sur la scène, sa raison supérieure et sa magnanimité se manifestent.

Charles X arrive au trône : il trouve les libertés publiques follement violées par une double insulte à la magistrature et aux droits de tous les citoyens. Que fait-il? Il abolit la censure : les bénédictions de la France accompagnent cet acte royal.

Charles X vient à Reims sanctifier de nouveau la couronne de saint Louis. Les fauteurs d'un ignoble despotisme se flattaient déjà de l'espoir de voir briser le pacte social. Que fait le roi? Il jure sur l'Évangile de maintenir la Charte constitutionnelle, et la servitude reste écrasée sous le poids de ce serment chrétien.

Qu'aperçoit-on auprès de cette royauté si noble, si sincère, si pure, si française? Une administration petite et corruptrice, qui marche dans un sens opposé; qui, après avoir attaqué ouvertement les libertés publiques, les laisse insulter dans ses journaux; qui, violente contre les royalistes, faible avec les révolutionnaires, est ennemie de tous les talents indépendants, envieuse de tous les mérites non soumis, antipathique, sous tous les rapports, à l'esprit du siècle, du pays.

On se demande avec une sorte d'étonnement comment quelque chose de si peu de valeur peut gêner à ce point la destinée d'un grand peuple.

Si certains hommes paraissent caducs aujourd'hui, diront-ils que leur décrépitude anticipée est l'effet de l'opposition de leurs ennemis? Et comment pourraient-ils le dire? Sont-ils courbés sous les coups de leurs adversaires, ou sous le poids de leurs triomphes? La loi des rentes et la loi d'indemnité ont-elles été rejetées? Qui donc les cite au tribunal de l'opinion publique, ces hommes, si ce ne sont leurs propres œuvres?

La France peut-elle être travaillée longtemps par ces deux esprits divers, celui de la couronne et celui de l'administration : l'un grand, généreux, noblement affable, en harmonie avec les temps; l'autre étroit, jaloux, disgracieux, en opposition complète avec l'ordre actuel de la société?

Si notre belle patrie n'occupe pas au dehors le rang qu'elle devrait occuper; si elle gémit au dedans sous le double fléau d'une inaction stérile et d'une activité impuissante; si un changement effrayant se fait sentir dans l'opinion, n'en accusez que les premiers agents de l'autorité publique; mais n'espérez point qu'abandonnés de l'opinion ils se retirent jamais volontairement : ils manquent à la fois du génie qui répare ses torts, et de la franchise qui les avoue.

Paris, 13 juillet 1825.

Nous approchons de ce mois si fatal à la monarchie; mais cette fois les principes et les intérêts majeurs seront sauvés. L'obstination des rentiers à ne pas se convertir fera leur salut. Qui périra donc?

Une loi dont tous les vices sont signalés à la tribune, dont tous les résultats sont prévus et annoncés, passe, on ne sait trop comment. La lassitude de l'opposition, l'approche du sacre, le désir de la concorde au commencement d'un nouveau règne, laissent sortir des Chambres le projet fatal. On prend cela pour un triomphe : on met les 3 pour cent sur la place : personne n'en veut; on s'étonne; on attend, persuadé que les rentiers comprendront enfin que 4 fr. en valent 5 : un mois s'écoule ; le public s'obstine dans son bon sens.

Alors on se fâche : on fait une ordonnance sur les cautionnements, qui, quoi qu'on en dise, est fort peu légale ; on établit, afin de favoriser des levées de rentes, une espèce de syndicat de receveurs généraux, qui manque de toutes les conditions voulues par le Code pour être, ou une société anonyme, ou une société en nom collectif; on fait en sorte que les certificats d'emprunt restent certificats d'emprunt pour la Banque, inscriptions de rentes pour ceux qui veulent les convertir; on laisse une maison étrangère mettre en coupons les 3 pour cent, pour les vendre à l'encan et en détail, au grand discrédit de l'honneur français : il ne manquait plus que de voir les 3 pour cent et leurs coupons aussi mal reçus à Londres, Amsterdam et Francfort qu'à Paris; et c'est ce qui arrive.

En vain 100 millions, plus ou moins, ont été employés à l'opération et confection de ces projets, par des prêts sur dépôt de rentes ou certificats d'emprunt, par emprunts sur lingots, et affaires faites avec différentes caisses : ces efforts, qui affectent radicalement le crédit, et démontrent aux yeux de tous le vice de la loi, ont pu à peine jusqu'ici élever au-dessus de 76 cette valeur que l'on nous disait être, pendant la discussion de la loi, à 79, 80, et même 82, sur les différentes places de l'Europe.

N'oublions pas que la hausse dans les 3 pour cent n'est pas le but, mais le moyen de la loi. Quand les 3 pour cent monteraient à 82 et à 84, cela ne signifierait rien pour l'opération de M. le ministre des finances, si cette hausse ne produisait pas de conversions. La hausse, ainsi que l'amoindrissement du prix des reports, n'est qu'une tentation au jeu; et si l'on n'est pas tenté, il n'y a pas de conversion. Il est probable que personne n'entre dans les 3 pour cent pour y rester; car personne n'est assez fou pour consentir à réduire son revenu d'un cinquième, quand il peut le conserver intégralement ; il n'y a donc que les spéculateurs qui puissent risquer l'aventure des 3 pour cent, afin de jouer sur le capital. Mais ceux-là ne possèdent qu'une bien petite partie de la rente : aussi voyons-nous que la faible hausse des 3 pour cent n'a jusqu'à présent rien décidé pour le succès de la loi. La menace ridicule d'un remboursement impossible n'a pas eu un résultat plus heureux qu'une hausse si chèrement achetée et si péniblement produite.

Il y a quelques jours que les conversions paraissaient ne pas s'élever à la somme de 4 millions. Les journaux ministériels, désespérant de l'affaire, avouent eux-mêmes que la conversion pourrait bien être assez faible, mais que cela est fort égal à M. le ministre des finances, lequel n'a *jamais désiré une conversion considérable.*

Quoi ! M. le ministre des finances n'a jamais désiré une conversion considérable ! quoi ! tous ces combats dans les Chambres, toutes les mesures financières qu'il a prises pendant la session et après la session ; toutes ces mesures que nous venons de rappeler à l'instant, ne prouvent pas que M. le ministre des finances désirait une conversion considérable ? Ne s'est-il pas flatté lui-même à la tribune de l'espoir de voir la conversion s'élever à 50 millions ? Il n'aurait fait et dit tout cela, d'après ses journaux, que pour constater un fait, *le refus des rentiers à toute conversion !* Nous sommes bien accoutumés au revirement d'opinions, au changement de langage de M. le ministre des finances ; mais ceci, il faut l'avouer, passe de beaucoup tout ce que nous avons vu : c'est vraiment le sublime du genre.

Parmi les preuves que le journal ministériel apporte du peu d'intérêt que le ministre avait à la conversion, c'est que celui-ci n'a point dit aux établissements publics sous sa dépendance : « Convertissez-vous. » Qu'est ceci ? Veut-on parler des caisses publiques, du domaine, des contributions, de la loterie, etc. ? Rêvons-nous ? avons-nous bien lu ? Nous ne parlons pas des hospices et des biens des communes ; car on nous répondrait sans doute qu'ils dépendent de l'intérieur. Imprudents défenseurs d'un homme que rien ne peut plus défendre aujourd'hui, vos apologies l'accusent bien plus que nos reproches, et le dévouement de votre domesticité vous empêche de sentir ce qu'il y a de dangereux pour votre maître dans vos paroles !

Quel est l'intérêt du gouvernement ? nous dit encore le journal ministériel. C'est qu'il y ait peu de conversions, afin que les 3 pour cent de l'indemnité puissent avoir un cours élevé. Ce tendre intérêt qu'il prend subitement pour les émigrés est tout à fait touchant. Tant qu'on a espéré la conversion des 3 pour cent à 75, on s'est bien donné de garde de parler des 3 pour cent d'indemnité, de peur de nuire à la hausse des premiers par l'apparition des seconds. Ceux-ci au contraire étaient profondément oubliés; et tout ce qu'on savait de l'indemnité, c'est qu'on allait payer la commission, les maîtres des requêtes, et même, assure-t-on, les préfets qui auront un jour à se mêler de cette affaire. Mais voici que les 5 pour cent ne veulent pas se convertir, et à l'instant on prouve, en dépit des efforts inouïs que l'on a faits pour obtenir leur conversion, que l'on ne voulait pas cette conversion, afin de réserver tout le bénéfice de la caisse d'amortissement au 3 pour cent de l'indemnité. Vit-on rien de plus merveilleux et de plus souple qu'un pareil esprit? Qui peut-on tromper par ces gambades? On est bien malade quand on en est réduit là.

M. le ministre des finances abandonne sa loi lorsque sa loi l'abandonne; quoi qu'il fasse, il ne pourra jamais détacher sa destinée de cette loi; un peu plus tôt ou un peu plus tard, elle l'entraînera dans sa chute. Lorsqu'on a perdu les moyens de marcher, on se traîne encore quelque temps, mais il faut finir par rester sur la place.

Quand toute la victoire de M. le président du conseil se fût réduite, comme nous l'avions supposé, à la conversion d'une trentaine de millions de rentes, c'est-à-dire à la conversion de la dette flottante, non-seulement son opération eût été manquée, mais elle l'eût été de la manière la plus désastreuse : 30 millions de 5 pour cent convertis en 3 à 75 ne procureraient point le soulagement dont on avait flatté les contribuables, lesquels n'en seraient pas moins obligés de fournir au fond d'amortissement, tandis que les 77 millions de cet amortissement, placés par la loi en face de quelques chétifs 3 pour cent, deviendraient la proie d'une poignée de joueurs à la Bourse.

Un tel résultat d'une telle loi serait-il tolérable? Et que sera-ce si ce résultat n'est pas même la conversion de 30 millions de rentes? Serait-il possible d'avoir fait tant de mal au crédit et à l'opinion, pour avoir manqué d'une manière si déplorable le but qu'on s'était proposé?

Au moment de la chute, M. le président du conseil s'emportera-t-il en de nouvelles violences? Nous réserve-t-il l'essai d'une censure impossible, ou d'un remboursement plus impossible encore? Ces enfantines colères auront un terme. Attendons l'événement; il n'est pas loin. Le bon sens du public sauvera le crédit; car si les 5 pour cent ne bougent pas, ils sont assurés de rester 5 pour cent, jusqu'à ce que l'intérêt de l'argent soit réellement réduit dans les transactions commerciales : or nous sommes bien éloignés de ce moment; car l'intérêt de l'argent, au lieu de baisser, augmente aujourd'hui par un nouveau développement de l'industrie et de la liberté des peuples.

Que les rentiers tiennent donc ferme : les 3 pour cent avorteront; le roi et les Chambres remédieront au vice que la dernière loi a introduit dans l'emploi des fonds non divisés de la caisse d'amortissement; les projets de

M. le ministre des finances seront à jamais écartés, et nous en aurons été quittes pour la peur. A la vérité, l'éducation de notre nouveau Colbert nous aura coûté quelques millions; mais enfin de bons parents payent quelquefois les fredaines d'un fils de famille, quand il a promis d'être sage, de ne plus jouer, et surtout de ne plus recourir à ces Harpagons *qui*, dit Molière, *pour ne charger leur conscience d'aucun scrupule, prêtent leur argent au denier dix-huit.*

Paris, 29 juillet 1825.

Les déplorables lois de finances qui depuis deux ans inquiètent toutes les fortunes, en ébranlant le crédit public, pourront avoir, comme nous l'avons déjà remarqué, des conséquences funestes pour l'honneur et la dignité de notre patrie.

Mais comme la Providence place toujours le bien auprès du mal, elle a fait sortir du système ministériel, et des mesures employées au soutien de ce système, un autre résultat qui tourne au profit de nos institutions. La Charte a poussé de vigoureuses racines; les esprits les moins disposés au régime constitutionnel ont senti le besoin d'un abri contre les entreprises ou les fautes d'hommes violents et incapables. Et où pouvait-on le trouver, cet abri, si ce n'est dans les libertés publiques?

L'immense service que la liberté de la presse vient de rendre dans la question financière la recommande à jamais à ceux qui en méconnaissaient la valeur. Depuis la restauration, la liberté de la presse a triomphé dans quatre occasions décisives : la première, lorsqu'elle courut au secours de la royauté légitime, gravement menacée, et arrêta le gouvernement au penchant de l'abîme; la seconde, lorsqu'après avoir combattu pour la couronne, elle combattit pour la Charte exposée à une réaction; la troisième, lorsque, défendant les tribunaux qui l'avaient défendue, elle fit entendre ses plaintes au nouveau souverain qui la délivra, et la rendit généreusement à la France; la quatrième, enfin, lorsque, attaquant sans relâche les vices de la loi de conversion, elle a éclairé les rentiers et sauvé le crédit public.

Ces résultats incontestables l'emportent sur toutes les déclamations que l'on pourrait élever contre la liberté de la presse, si d'ailleurs son existence n'était liée avec celle du gouvernement représentatif.

Quel mal cette liberté a-t-elle fait, en opérant tant de bien? A-t-elle excité des troubles? Toute-puissante quand elle est l'organe de la vérité, elle ne peut plus rien quand elle n'exprime et ne sert que des passions.

L'entreprise d'Espagne a été exécutée en sa présence : l'épreuve était rude. Depuis le commencement de la monarchie on n'avait point encore fait la guerre avec la faculté de contrôler la conduite des hommes, et d'interpréter les événements. Cette guerre offrait de plus deux dangers qui lui étaient propres, et que la liberté de la presse semblait devoir rendre plus grands. Le drapeau blanc reparaissait à la tête de nos armées pour la première fois après la restauration du trône : comme il eût convenu aux souvenirs et aux espérances d'empêcher les victoires de ce drapeau! La guerre d'Espagne était en outre une guerre de principes, une guerre qui touchait à la révolution : comme elle devait réveiller les partis!

En effet, à cette époque ils ont usé largement de la permission de tout dire. Qu'en est-il advenu? La France n'en a été que plus triomphante au dehors et plus paisible au dedans.

Il est vrai que cette liberté de la presse, que la couronne et l'État avaient si noblement supportée, parut quelque temps après intolérable à l'incapacité du pouvoir. Le courage, l'honneur et la gloire de M. le dauphin et de son armée n'avaient pas eu besoin de la censure : il fallut l'établir pour sauver les ministres et leurs commis.

Qui souffre donc de la liberté de la presse? La médiocrité et quelques amours-propres irascibles. Mais, dans le dernier cas, quand la susceptibilité se trouve unie au talent, c'est encore un bien pour l'État que cette susceptibilité, mise à l'épreuve, s'aguerrisse par le combat.

Point de monarchie représentative sans liberté de la presse, point de liberté de la presse sans l'assujettissement des personnes aux investigations de cette liberté.

Or, si un homme s'emportait à la moindre contradiction; si, pour une plaisanterie, bonne ou mauvaise, il était toujours prêt à demander la suppression de la liberté qui protège toutes les autres, y aurait-il rien de plus pitoyable que de sacrifier la constitution de l'État à la vanité d'un homme?

Mais il arrive, relativement à la liberté de la presse, ce qui arrive par rapport à toutes les espèces de libertés : elles sont d'abord assez gênantes à ceux qui en usent pour la première fois; elles ont leur poids comme l'esclavage; elles forcent les talents, les caractères à se soumettre à des contraintes; mais ces contraintes finissent par devenir utiles. On s'habitue à entendre des vérités, à écouter l'opinion, et l'on se corrige. Nous avons déjà fait des progrès sous ce rapport; nous craignons beaucoup moins les attaques personnelles; et si nous avons quelque chose à craindre, c'est plutôt d'y devenir insensibles que d'en être puérilement blessés.

Les avantages négatifs de la liberté de la presse ne sont pas moins considérables que ses avantages positifs. Qui pourrait dire les fautes qu'elle a empêchées depuis dix ans, et combien la crainte qu'elle inspirait aux autorités a prévenu de sottises? Supposez tel homme aujourd'hui en possession de faire sans entrave tout ce qu'il voudrait, où en serions-nous? Qui doute, par exemple, que beaucoup de mal n'eût pu s'opérer, s'il eût été possible aux journaux de pouvoir prêcher tous les matins la beauté de la conversion, de menacer les rentiers d'un remboursement, de vanter ou de taire les mesures prises par l'administration, tandis que les journaux indépendants, enchaînés par la censure, n'auraient pu démontrer les inconvénients de la conversion, l'impossibilité du remboursement, et le danger des mesures ministérielles?

Mais la morale, dit-on, mais la religion, blessées par tant de publications impies!

Et l'on produit de longues listes de réimpressions de Voltaire et d'autres auteurs.

Nous devons d'abord faire observer que cette objection n'est applicable, sous aucun rapport, à la presse périodique, déjà soumise à une loi d'exception dont personne ne conteste l'extrême sévérité.

D'abord toutes les publications dont on s'alarme, ou dont on feint de s'alarmer, n'existaient-elles pas autrefois sous la censure? Ne nous arrivait-il pas de Suisse et de Hollande des Rousseau, des Voltaire, des Diderot, des Helvétius? Ne voyait-on pas, sous cette même censure, des productions d'un libertinage que l'on ne connaît plus, même aujourd'hui? Si l'incrédulité était presque générale sous le régime de la censure; si la révolution a éclaté malgré la censure, et peut-être en partie à cause de la censure, n'accusons pas la liberté de la presse des désastres et des ouvrages dont nous nous plaignons si haut.

Ensuite est-il bien certain que toutes ces éditions, si soigneusement énumérées, se soient véritablement écoulées? Est-il bien certain qu'on n'en retrouvât pas une bonne partie dans les magasins des libraires? Est-il bien certain qu'elles n'aient pas ruiné quelques-uns des entrepreneurs, et qu'enfin toutes ces masses de bons, de médiocres, de mauvais livres, n'aient pas été chercher des lecteurs parmi les nègres de Saint-Domingue, et chez les nouveaux républicains de l'Amérique, dont la plupart ne savent pas le français, et dont un grand nombre ne savent pas lire?

Il y a ici erreur : on a pris des spéculations commerciales de librairie pour une augmentation de lecteurs dans l'intérieur de la France. Or on voit, par le relevé des abonnements des journaux, que la quantité de lecteurs, depuis trente ans, n'augmente ni ne diminue. Que l'on parcoure le royaume, on trouvera bien chez les libraires des exemplaires des éditions dénoncées, mais on en trouvera très-peu de vendus. On n'en verra point, comme on nous le dit, dans la cabane du pauvre et dans les boutiques du peuple; on aime mieux savoir ce qu'il faut penser des 3 pour cent, que d'exhumer quelques tristes facéties de Voltaire du fond d'une édition compacte, possession non disputée, dans chaque province, d'une demi-douzaine d'amateurs. Enfin, pour être juste, quand on rappelle le nombre des mauvais livres, il faut citer aussi celui des bons ouvrages. Combien, depuis quelques années, a-t-on fait paraître d'éditions de Bossuet, de Massillon, de Fénelon, et de tant d'autres écrivains monarchiques et religieux? Parmi les productions modernes, quelles sont celles qui ont eu le plus de vogue et de succès? celles qui sont devenues populaires, et qui, imprimées et réimprimées, comptent peut-être plus de cent mille exemplaires en Europe? N'est-ce pas celles-là mêmes qui ont eu pour but de défendre le trône et le roi, l'autel et ses ministres? Le mal est donc neutralisé par le bien. Loin d'empêcher la lecture et la multiplication des écrits condamnables, la censure ne serait qu'un stimulant pour les lecteurs et les imprimeurs; elle ferait vendre ce qui est maintenant oublié dans la poussière des librairies.

Que l'on cesse de faire des choses saintes un moyen de parvenir aux places; que le clergé, charitable et éclairé, soit le premier à s'élever contre ces petites coteries d'hypocrites persécuteurs qui font à la religion un tort incalculable; qu'il se montre ami de nos institutions; qu'il les embrasse pour les sanctifier, pour les rendre vénérables par l'ascendant moral de son caractère : alors il n'aura rien à redouter de la liberté de la presse, et trouvera partout des disciples et des défenseurs. L'Évangile est la charte (charte divine!) qui a émancipé le genre humain. Ceux qui sont chargés de l'annoncer à la terre ne peuvent dire anathème aux libertés publiques. Quand le clergé, dont les vertus sont incontestables, aura fait pour la nouvelle monarchie ce qu'il a fait pour l'ancienne, les publications impies viendront se perdre dans le respect qu'il inspirera même à ses ennemis, et se briser contre sa salutaire et pacifique puissance.

Paris, 8 août 1825.

Le terme de la conversion est déjà expiré depuis trois jours; le grand secret est connu; la quotité des rentes converties et à convertir est de 30 millions 688,268 francs.

Il faut retourner en arrière, et jeter un coup d'œil sur l'immense échafaudage élevé jusqu'aux nues pour construire un monument qui n'est pas même sorti de terre.

La première loi de finances de M. le président du conseil ayant été rejetée par la Chambre des pairs, ce ministre ne parut que plus ardent à suivre son projet; il en varia seulement la forme, et le présenta de nouveau à la tribune parlementaire. Il ne s'était point laissé convaincre par la première discussion; les lumières que fit jaillir la seconde ne l'éclairèrent pas davantage. Selon lui, son plan reposait sur des nécessités, sur des besoins manifestés par l'état des choses.

Il fallait, disait-il, faire baisser le taux de l'intérêt de l'argent en France, en réduisant l'intérêt de la dette nationale;

Il fallait forcer les capitaux à refluer dans les provinces, et vers l'agriculture;

Il fallait, enfin, créer une valeur au-dessous de 5 pour cent, afin de ne plus racheter les effets publics au-dessus du pair.

On prouva à M. le ministre des finances que le taux de l'intérêt de l'argent, en France, n'était ni à 3 et demi ni à 4 pour cent; que les emprunts des villes et les emprunts chez les notaires montraient évidemment qu'il était à 5 et au-dessus.

On lui prouva qu'en abaissant l'intérêt de la dette publique, il ne ferait pas descendre l'intérêt de l'argent dans les affaires particulières; que ce n'était pas l'État qui pouvait amener l'affaiblissement de l'intérêt de l'argent, quand cet intérêt n'était pas amoindri dans les opérations commerciales, mais bien la réduction de cet intérêt dans les transactions privées, qui devait conduire le gouvernement à la réduction de l'intérêt de la dette générale.

On prouva à M. le président du conseil que son opération, loin de faire refluer les capitaux dans les provinces, les attirait à Paris par l'appât de l'agiotage; ce qui est encore devenu plus vrai par l'établissement du syndicat des receveurs généraux.

Quant à la nécessité de créer une valeur en 3 pour cent, pour ne pas racheter les 5 au-dessus du pair, on démontra à M. le président du conseil que ce n'était pas là le remède à un mal dont il se plaignait, d'ailleurs, beaucoup trop tôt; qu'il suffisait de déclarer que la caisse d'amortissement ne rachèterait plus les effets publics au-dessus du pair, et qu'alors on puiserait dans cette caisse, hors de proportion avec le montant de la dette, des sommes qui iraient à la décharge des contribuables, ou à la liquidation de l'indemnité.

M. le ministre des finances parlait de l'Angleterre, et s'appuyait de son exemple : on lui fit voir qu'il était d'une ignorance complète sur ce point; qu'il ne se plaçait ni dans l'ancien ni dans le nouveau système financier de la Grande-Bretagne; que les Anglais n'étaient arrivés aux 3 pour cent qu'en opérant par le passé sur des annuités, et qu'ils déploraient dans le présent une réduction d'intérêt qui les avait encombrés du capital d'une dette énorme.

A la Chambre des pairs, deux amendements qui auraient tout sauvé furent repoussés par les ministres : l'un, proposé par M. le comte Roy, changeait en des 5 pour cent les 3 pour cent de l'indemnité; l'autre, rédigé par M. le comte Mollien, avait pour but de détruire l'emploi arbitraire du fonds d'amortissement.

C'était là de la raison, du bon sens, de l'évidence; les hommes qui parlaient avaient toutes les connaissances requises dans ces matières : mais qu'importaient la raison, le bon sens, l'évidence, la puissance des autorités ? Soit que toute la loi ne renfermât qu'une affaire, comme plusieurs orateurs le prétendaient, soit qu'il y eût des raisons inconnues, soit que l'entêtement et l'amour-propre dominassent les motifs d'intérêt public, on n'écouta rien.

L'esprit de conciliation, le besoin de l'union et de la paix au commencement d'un règne, l'espérance des cérémonies augustes qui allaient consacrer de nouveau le pacte social, produisirent l'effet que le ministre désirait : la loi fut votée.

Mais soudain, et au grand étonnement de ceux qui pensaient que toute la question avait été décidée dans l'urne, commença une lutte violente entre M. le président du conseil et le public. Le premier avait vanté à la tribune le bon sens de la France; la France eut à cœur de justifier et de mériter cet éloge : personne ne voulut de la conversion.

M. le ministre attendit, croyant à quelque méprise, ne pouvant comprendre que l'opinion repoussât sa loi : il fallut bien qu'il se convainquît enfin de la vérité.

Alors furent employées ces mesures extraordinaires dont la France gardera longtemps le dégoûtant souvenir : prêts faits ou à faire par les caisses publiques, par la Banque, sur dépôt de rentes, ou sur certificats d'emprunts, ou sur lingots; ordonnance pour les cautionnements; syndicat des receveurs généraux; enfin, tous ces moyens dont l'emploi suffisait seul pour démontrer le vice de l'opération.

Après trois mois d'un combat aussi pénible, le terme de la conversion expire, et, pour tout résultat, il se trouve que la rente flottante est à peine convertie, et que le tout se réduit à avoir transformé en 3 pour cent, pour la plus grande facilité de l'agiotage, un jeu de bourse qui avait lieu en 5 pour cent.

Telle est la partie historique d'une loi déplorable dans son principe, plus déplorable encore dans son exécution. Présentons maintenant à nos lecteurs le résumé des conséquences financières et politiques de cette loi.

Conséquences financières :

302 millions 70,107 fr. ont été employés à produire et à soutenir la conversion de la rente.

Ces immenses ressources n'ont produit que la conversion d'une somme de 30 millions 688,268 fr., sur laquelle nous arrêterons dans un moment l'attention de nos lecteurs.

Supposez maintenant que la loi de conversion eût été abandonnée à son cours naturel, que 302 millions 70,107 fr. n'eussent pas été employés à faire marcher cette loi, nous demandons s'il y eût eu quelque conversion; nous demandons si l'on peut appeler conversion réelle, conversion véritable, conversion produite par l'habile structure de la loi, par la nécessité dont cette loi était pour la France, une conversion de 30 millions 688,268 fr., procurée par un emploi de 302 millions 70,107 fr.!

On n'avait jamais vu, on ne reverra jamais l'étonnant et déplorable spectacle d'un ministre occupé publiquement, pendant un an, d'une affaire de bourse, pour faire réussir une opération repoussée du public; employant à cet effet les mesures les plus insolites, se colletant dans *le Moniteur* avec les rentiers, les menaçant d'un remboursement impossible, et dont il avait lui-même combattu l'idée; leur disant que les 5 pour cent *sont exclus de la sphère du crédit;* qu'ils ne figurent plus au grand-livre *que pour mémoire; que les propriétaires qui ont apporté un milliard 500 millions au trésor royal, en échange de rentes aujourd'hui classées, n'éprouvent d'autre appréhension que d'en être chassés par le remboursement.* On n'avait jamais vu, si ce n'est au temps de Law et de l'abbé Terray, un ministre faisant du crédit à coups de gazettes et d'ordonnances, et finissant par être trompé, même dans ses tristes plans.

Voilà pourtant ce que le gouvernement d'un grand peuple a présenté au monde depuis un an, et plus particulièrement depuis six mois!

Le procès-verbal officiel nous présente une conversion de rentes 5 pour cent de 30 millions 688,268 fr., c'est-à-dire à peu près 24 millions de rentes 3 pour cent. Cette somme se partage en deux catégories : l'une comprenant les rentes véritablement converties dans le délai légal, l'autre renfermant les *demandes* en conversion qui s'étendent au delà du délai légal.

Si bon nombre de ces dernières sommes n'a pu être converti avant le délai expiré, ce n'est pas uniquement parce que le temps a manqué pour effectuer les inscriptions nouvelles, mais parce que les demandes n'étaient pas accompagnées des justifications nécessaires.

Ainsi on trouve 4,209 fr. en six extraits qui sont au transfert; 22,500 en cinq parties, dont les extraits d'inscription sont à la caisse des dépôts et consignations; 5,225 en quatre parties, qui proviennent de cautionnements, et dont les extraits sont déposés dans les bureaux de l'agence judiciaire du trésor; 1,200 dont l'extrait d'inscription est adiré; 920,150 fr. de rentes pour 4,136 parties, dont les extraits d'inscription sont suppléés par une déclaration du contrôleur en chef de la dette inscrite, qui atteste avoir entre les mains les certificats du dernier emprunt, dont l'inscription produira ladite somme de 920,150 fr.; on trouve 10,667 fr., formant deux dotations de majorat, dont les extraits d'inscription ne sont pas joints aux demandes déposées au ministère de la justice; on trouve 673,650 fr., dont la propriété est constatée appartenir à 2,572 parties par des certificats du dernier emprunt dont la Banque est dépositaire; on trouve enfin 25,654 fr. pour treize parties qui n'ont point fourni les extraits d'inscription.

Ce seul relevé fait voir combien de questions épineuses s'élèvent pour toutes ces rentes à *convertir*, qui figurent néanmoins en chiffre de la *rente convertie*. Il serait très-naturel qu'il en résultât des impossibilités complètes de conversions, ou que ces conversions fussent retardées jusqu'à des époques successives abandonnées à l'arbitraire des parties intéressées. Le résultat de cette position, c'est qu'il n'y a réellement pas 30,688,268 fr. de rentes 5 pour cent de convertis; que la caisse d'amortissement n'agit peut-être dans ce moment que sur une vingtaine de millions de rentes 3 pour cent plus ou moins, et que les conversions *en suspens*, comme s'exprime le procès-verbal, ne pourront s'effectuer que par une fiction, laquelle peut reculer à l'infini la borne fixée par la loi et par l'ordonnance du 1ᵉʳ mai, en exécution de ladite loi.

Une difficulté encore plus sérieuse se présente pour les rentes à convertir : si les 3 pour cent tombaient au-dessous de 75 avant l'époque extra-légale de la conversion des *demandes*, le gouvernement serait-il obligé de les livrer à 75, et par conséquent de subir la perte et de remplir la différence du *déficit*?

D'une autre part, si la nouvelle valeur éprouvait une dépréciation probable, ceux qui ont demandé des conversions sans les avoir réalisées, n'ayant plus le motif d'intérêt qui avait déterminé leur première résolution, ne pourraient-ils pas retirer leurs demandes? Quel moyen aurait-on de les forcer à la conversion, le terme général étant expiré?

Ces doutes, qui naissent dans les esprits à la lecture du procès-verbal, augmentent singulièrement la misère de l'opération.

A qui appartiennent enfin les rentes converties? Le procès-verbal annonce 16,393 parties : c'est peu, très-peu; mais encore ces 16,393 parties sont-elles distinctes, sont-elles des parties prenantes? Il est fort permis d'en douter.

Il est naturel de penser que les 30 millions 688,268 fr. de rentes 5 pour cent, convertis ou non, appartiennent presque en totalité à des capitalistes précédemment engagés dans les opérations de M. le ministre des finances. On suppose en effet qu'ils possèdent environ 24 millions de rentes 3 pour cent. La masse des rentiers, c'est-à-dire la France, n'est donc presque pour rien dans la conversion, si ce n'est pour le mal que lui a fait et lui fera la loi.

Mais ne prenant que le fait matériel, et supposant que la conversion se monte à la somme de 30 millions 688,268 fr. de rentes 5 pour cent, il s'ensuit que la rente flottante aurait seule été convertie, la rente déclassée ayant été évaluée par M. le président de la commission de la caisse d'amortissement de 25 à 30 millions. La loi n'a donc produit qu'un changement dans le nom du jeu : c'est un grand pharaon en 3 pour cent, au lieu de 5 pour cent, que le gouvernement tient avec un amortissement de plus de 77 millions ; mais ici la perte est pour le banquier.

Parmi tous les biens que nous devrons à l'administration, il faut compter l'augmentation du déclassement de la rente. Ce déclassement était d'un neuvième de la dette publique, lors de l'entrée de M. le président du conseil au pouvoir : il est aujourd'hui d'un quart de cette dette.

Admettons maintenant que les 30 millions 688,268 fr. de rentes converties ne soient pas même (ce qui est la vérité) entièrement convertis; admettons que la plus grande partie de ces rentes appartient à des banquiers étrangers, ou intéressés dans les opérations actuelles, y aura-t-il eu jamais opération plus rudement avortée, plus franchement repoussée par l'opinion, plus honteusement stygmatisée par quiconque a la moindre autorité en finances?

Il faut rechercher à présent ce que deviendront ces 24 millions 3 pour cent de rentes flottantes, de rentes séparées de la grande masse des rentes; aliment d'agiotage, valeur nouvelle moralement dépréciée, et sans cours sur les places étrangères.

Deux résultats opposés sont à prévoir :

D'abord il faut huit années à la caisse d'amortissement pour racheter les 24 millions de rentes 3 pour cent de la conversion, en supposant qu'il n'y eût point de concurrence; mais si les 6 millions ou même les 3 millions 3 pour cent du premier cinquième de l'indemnité viennent bientôt à la Bourse, ils absorberont l'amortissement, qui ne portera plus sa puissance sur les 3 de la conversion.

D'un autre côté, la connexion des deux rentes 5 pour cent et 3 pour cent étant rompue par l'expiration de la faculté de convertir, les 5 pour cent, privés de la caisse d'amortissement, pourront tomber au-dessous du pair, et retrouver alors cet amortissement, qu'ils enlèveront, comme les 3 de l'indemnité, aux 3 de la conversion.

Quant aux 25 millions formant la somme des prêts et des achats employés à la confection de la conversion, ils retourneront promptement à leur destination spéciale, et ne pourront plus soutenir les 3 pour cent de la conversion.

Il est probable alors que toutes les valeurs tendant à prendre leur niveau, les 3 de la conversion tomberont à 67 et au-dessous : ce n'est même qu'en se rapprochant de leur pair, c'est-à-dire de 60 fr., qu'ils pourront se classer, et cesser d'être flottants : ils deviendront des 5 p. cent.

Dans cette chance, l'accroissement du capital n'aura pas lieu, ne sera pas un dédommagement de la perte de l'intérêt, ainsi qu'on l'avait proclamé.

Les 3 pour cent de l'indemnité, affectés par la même cause, resteront à peu près à leur pair, c'est-à-dire à 60, s'ils ne tombent encore plus bas. Les 400 millions à produire pour la hausse, qui devaient compléter le fameux milliard, s'en iront en fumée, comme toutes les promesses de M. le ministre des finances.

L'autre résultat, qui serait celui de l'élévation des 3 pour cent de la conversion, forcerait de supposer que les 3 de l'indemnité n'arriveront pas de longtemps à la Bourse; que les 5 pour cent seront maintenus au-dessus du pair; que les 77 millions de la caisse d'amortissement resteront en proie aux 24 millions (s'ils sont réels) de rentes 3 pour cent de la conversion.

C'est l'état monstrueux que tous les discours de l'opposition ont prédit: tous ont annoncé que, si la conversion était faible, l'amortissement retiré aux anciens créanciers de l'État, dont il était la garantie, serait livré à des agioteurs et à des banquiers cosmopolites. C'est à quoi sans doute les Chambres s'empresseront de remédier.

Non-seulement, dans la supposition de la hausse des 3 pour cent de la conversion, il faut que la caisse d'amortissement leur reste entière, mais il faut encore continuer à user des moyens du syndicat, et des autres ressources appelées dans l'argot les *absorbants;* il faut que le gouvernement, toujours inquiet, s'évertue de liquidation en liquidation, pour l'amener à bien; que, semblable à ces négociants qui ont de mauvaises affaires, il trouve des expédients pour reculer de mois en mois le moment critique, en accroissant sa détresse et ses périls. Il doit même craindre le trop grand succès de ses efforts ; car si le cours fictif de la rente 3 pour cent s'élevait trop haut, il y aurait catastrophe par la multitude et l'empressement des ventes.

Comment a-t-on pu se mettre volontairement dans une pareille position ? Et si, dans cette position, il arrivait le plus petit accident en Europe, que deviendraient nos fonds ? Comment trouverait-on à emprunter ? A quel taux faudrait-il acheter l'honneur et l'indépendance de la France ?

Ainsi, quant aux 3 pour cent de la conversion, ou ils descendront, ou ils monteront : s'ils descendent, le rentier converti, à qui l'on a promis un accroissement de capital en dédommagement de la réduction de l'intérêt, sera trompé, et victime d'une déception ; s'ils s'élèvent (les 3 pour cent) par l'effet de l'amortissement détourné de sa destination primitive, ce sera le trésor (et par conséquent les contribuables) qui supportera les pertes produites par la loi. Ce dilemne est sans réplique.

Que l'auteur de cette loi déplorable, ou plutôt que l'homme qui l'a adoptée sans la comprendre, fasse dire maintenant par ses journaux qu'il est satisfait, très-satisfait ; qu'il a obtenu ce qu'il voulait, qu'il est même étonné de son succès, peu importe : l'amour-propre humilié affecte le succès dont il n'a pas la conscience. Jamais *Te Deum* chanté pour une bataille perdue n'a trompé personne : les fanfaronnades sont les consolations de ceux qui n'en ont point d'autres ; laissons-les à qui de droit.

Si l'on menace les rentiers d'un remboursement, nous citerons à M. le ministre des finances ses propres paroles, l'aveu qu'il a fait lui-même de l'improbabilité d'un remboursement, dans le cas où la conversion serait peu considérable.

Si les journaux ministériels nous disent que les 5 pour cent de l'indemnité vont profiter de la faible conversion des 3 pour cent, nous leur répondrons qu'il ne sied pas à un ministre qui s'est obstiné aux deux catégories, qui a repoussé les commissions départementales, qui a rejeté l'amendement de M. le comte Roy ; qu'il ne sied pas, disons-nous, à ce ministre de montrer un si vif intérêt dans une cause que d'autres ont mieux servie que lui.

Qu'avait-on besoin en effet d'une faible conversion pour refouler la puissance de l'amortissement vers les 3 de l'indemnité ? Si telle avait été en effet l'intention secrète du ministre, il était parfaitement inutile d'avoir recours à une conversion des 5 pour cent ; il suffisait de créer les 3 pour cent de l'indemnité, et c'est ce qu'on fit remarquer à la tribune de la Chambre des pairs. Mais il faut bien trouver aujourd'hui quelque chose à balbutier dans la défaite, et ne pas rester court devant l'événement.

Non-seulement M. le président du conseil est condamné par le mal qu'il a fait, mais encore par le bien qu'il a détruit : il peut se vanter d'avoir détérioré les plus belles finances de l'Europe, finances que nous enviait l'Angleterre, finances qui nous promettaient toutes les ressources, toutes les prospérités qu'un État peut désirer, car, avec un peuple brave et industrieux, tout est succès dans la paix et dans la guerre quand on a du crédit et de l'argent.

Il suffirait de laisser aller toutes seules nos finances pour qu'elles parvinssent au plus haut point de prospérité. En peu d'années, ce qu'il y avait de trop dans notre dette aurait disparu; on serait arrivé à la réduction de l'intérêt des capitaux par l'élévation naturelle des fonds et l'accroissement de l'industrie. Pourquoi ces rêves? pourquoi cette activité stérile, cette inquiétude d'esprit qui ressemble à la fièvre, cette agitation sans nécessité, ces perturbations de la fortune publique, lorsque, pour consolider cette fortune, il suffisait de dormir en paix? Le motif puéril de l'élévation des 5 pour cent au-dessus du pair peut-il être admis un moment par un homme d'un esprit mûr et de quelque expérience?

Les intérêts matériels des finances ont été sauvés par le bon sens des rentiers, secondés des efforts de la liberté de la presse; mais le crédit de la France n'est pourtant plus le même; on ne menace pas pendant deux ans les finances d'un peuple par des lois et des mesures inopportunes, sans que le crédit n'en soit profondément affecté. Qui peut vous garantir d'un ministre qui sans cesse remue, qui laisse et reprend ses doctrines, change tous les matins de principes et d'amis, se plaît dans les nouveautés et les aventures, se mêle d'affaires de bourse et s'entoure de banquiers agioteurs? qui peut s'assurer, disons-nous, que ce ministre ne reniera pas demain la loi qu'il a voulue aujourd'hui?

Dans cette perplexité, les capitaux étrangers iront chercher des établissements plus solides pour se mettre à l'abri de pareils caprices. Trouvera-t-on sûreté à rester dans une rente toujours traitée en ennemie, écornée sous l'ancien gouvernement, consolidée, c'est-à-dire réduite au tiers sous la république, avec déclaration que désormais *elle serait non remboursable,* et pourtant *convertie* sous nos yeux par M. le ministre des finances, et grossièrement outragée dans le journal officiel?

M. le président du conseil quittera les finances après avoir augmenté la rente déclassée, entamé les 5 pour cent, créé une valeur d'agiotage, dénaturé la caisse d'amortissement, augmenté la dette de l'État de manière à ce qu'elle soit devenue inremboursable, et rendu difficile, sinon impossible dans l'avenir, tout emprunt sur des bases raisonnables.

Si, à ces conséquences financières de la loi, on joint les conséquences morales et politiques, alors on voit s'accroître d'une manière effrayante la somme des maux que nous signalons.

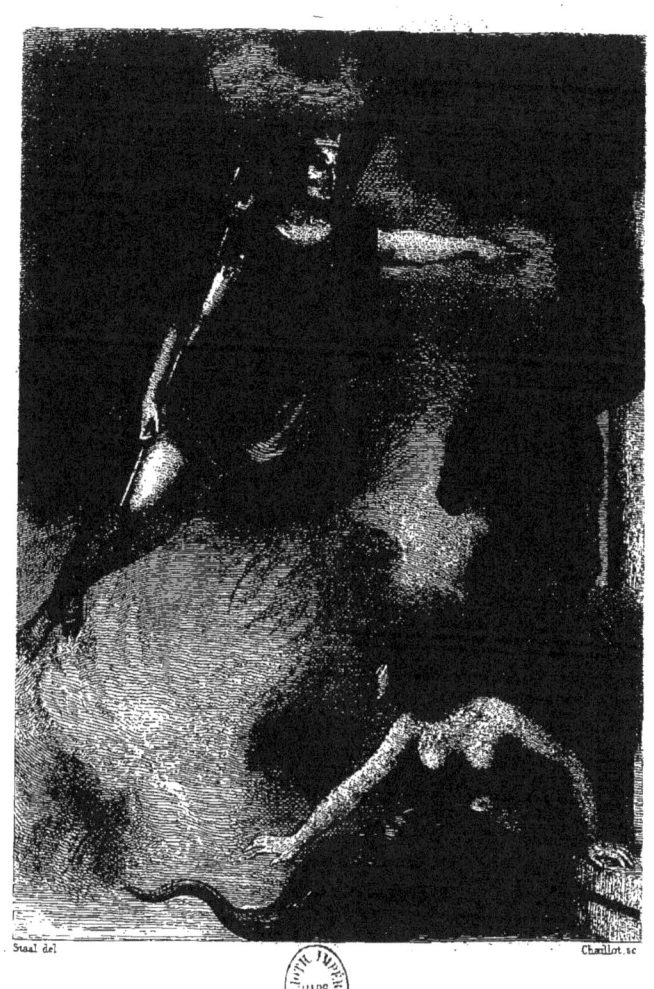

SATAN A LA PORTE DE L'ENFER

N'est-ce rien que d'avoir condamné trente millions d'hommes, pendant l'espace de deux années, à ne s'occuper que d'affaires de bourse, à oublier tous ces graves intérêts sur lesquels repose l'édifice religieux, moral et politique de la societé? Qui pourrait dire la part que le système de Law eut à la corruption du règne de Louis XV, règne qui prépara la chute de la monarchie?

N'est-ce rien que d'avoir divisé l'opinion royaliste pendant deux années; que d'avoir semé partout la discorde, changé et dénaturé l'opinion?

La couronne a-t-elle à se louer des mesures imprudentes que nous déplorons? Dans un étrange entêtement, on ne fut pas même arrêté par la mort de l'auguste auteur de la Charte; on ne fut point épouvanté de l'idée de réduire la rente au moment où le sceptre changeait de main, de l'idée d'attacher une mesure impopulaire au commencement d'un nouveau règne. On ne sentait pas ce qu'il y avait de dangereux, nous osons dire de moralement coupable, après une révolution de trente années, à venir troubler les finances de l'État, au moment même où elles avaient atteint une prospérité que l'on attribuait avec justice au retour des souverains légitimes.

Et quand le trésor se serait trouvé dans une crise, il eût encore été d'un bon citoyen, d'un bon Français, d'un bon royaliste, d'éviter de toucher aux rentes sous la restauration. De quel nom faut-il donc qualifier une mesure prise de sang-froid, sans besoin, sans nécessité; une mesure qui, loin d'améliorer les finances, tendait à les renverser, alors même que leur état florissant passait toutes les espérances?

En exposant ainsi le trône, le ministre compromettait les lumières et l'honneur des Chambres. Il fallait être bien sûr du succès pour s'obstiner à une conversion combattue à la tribune par les hommes les plus habiles. Qu'apprendra-t-on aux pairs et aux députés? Qu'une opération qu'on leur vantait comme le chef-d'œuvre de l'*expérience* et du *génie* a été repoussée par le public. N'ont-ils pas le droit de dire à l'auteur de cette opération funeste : « Nous vous avons accordé nos suffrages de confiance, et par amour pour le roi, dont vous nous prononciez sans cesse le nom; nous avons voté votre loi : qu'avez-vous fait de notre vote? qu'avez-vous fait du crédit de la France? »

Si la nouvelle France a le droit de se plaindre, l'ancienne n'a pas moins été blessée. La connexité de la loi de l'indemnité et de la loi de la conversion est une flétrissure que ne méritaient pas les victimes de la plus noble cause.

Enfin les dernières mesures financières ont paralysé dans le passé le gouvernement, et le rendent impuissant dans l'avenir; remarque qui n'a point échappé aux journaux anglais.

Pendant cinq ans la caisse d'amortissement est affectée au service des nouvelles rentes, et ne peut être détournée de son emploi ; pendant cinq ans on ne sera occupé qu'à soutenir le mal qu'on a fait, et à prévenir des catastrophes : ainsi, pendant ces cinq années, il faudra se résoudre à dévorer toutes les humiliations que l'on voudra nous faire subir. On réglera sans nous ce qui concerne les Amériques et la Grèce, dont il nous appartenait de commander les destinées. Notre pavillon sera insulté par des corsaires ; nous n'oserons pas avoir une politique à nous ; nous ne serons ni pour ni contre l'alliance ; nous nous traînerons derrière l'Angleterre, sans pourtant embrasser son système ; nous laisserons tomber nos forteresses en face de ces forteresses nouvelles que l'étranger élève à grands frais à quelques pas de nos frontières, et dont ses généraux vont tous les ans visiter les travaux. Les alliés ont conservé presque entières les armées dont ils nous environnent ; ils entretiennent incessamment leurs arsenaux, et en augmentent le matériel : et nous, nous allons jouer à la Bourse ! et 302 millions 70,107 francs, qui auraient fait tant de bien à notre marine et à notre armée, ont été employés, sans succès, à soutenir une seule opération désastreuse de finances !

Quant à l'Espagne, n'en parlons plus ; elle deviendra ce qu'elle pourra. Tous les fruits d'une expédition miraculeuse ont été gâtés par cette main qui flétrit ce qu'elle touche. Au moment de la délivrance du roi Ferdinand, nous pouvions tout ; aujourd'hui nous ne pouvons rien. Les victoires de M. le dauphin sont venues se perdre, sinon se faire oublier, dans les 3 pour cent.

L'univers change autour de nous ; de nouveaux peuples paraissent sur la scène du monde ; d'anciens peuples ressuscitent au milieu des ruines ; des découvertes étonnantes annoncent une révolution prochaine dans les arts de la paix et de la guerre : religion, politique, mœurs, tout prend un autre caractère. Nous apercevons-nous de ce mouvement ? marchons-nous avec la société ? suivons-nous le cours du temps ? nous préparons-nous à garder notre rang dans la civilisation transformée ou croissante ? Non : les hommes qui nous conduisent sont aussi étrangers à l'état de choses de l'Europe que s'ils appartenaient à ces peuples dernièrement découverts dans l'intérieur de l'Afrique. Que savent-ils donc ? La Bourse ! et encore ils la savent mal.

Disons-le : un homme coûte trop cher à la France ; un grand génie serait encore trop payé à ce prix. Sommes-nous condamnés à porter le poids de la médiocrité, pour nous punir d'avoir subi le joug de la gloire ?

Lorsqu'on voit les agents du pouvoir marchander des procès, des opinions et des hommes, attaquer l'indépendance des tribunaux et les libertés publiques, alarmer le crédit par l'imprudence de leurs combinaisons ; lorsqu'on est forcé de reconnaître dans leurs actes un mélange de faiblesse et d'obstination, de témérité et d'impuissance, la patience est au moment d'échapper : rien n'empêcherait d'exprimer des sentiments énergiques, n'était la crainte d'enfler les petits orgueils. La supériorité qui s'égare gémit quand l'opinion l'abandonne ; mais l'infériorité qui tombe trouve une preuve de son mérite dans les vérités qu'on lui dit, et se fait une grandeur de l'indignation publique.

———

Paris, ce 14 août 1825.

Nous avions espéré lire aujourd'hui dans le *Moniteur* quelque chose de satisfaisant des dépêches de M. de Mackau. Nous y avons trouvé simplement un paragraphe conçu en ces termes :

« Les dépêches venues par *la Béarnaise* confirment la nouvelle annoncée par le télégraphe.

« Les intentions du roi sont complétement remplies ; 150 millions sont assurés aux anciens colons de Saint-Domingue, et notre commerce jouira dans cette île d'avantages doubles de ceux accordés aux nations les plus favorisées ; en un mot, l'ordonnance du roi a été acceptée avec respect et reconnaissance : le président Boyer faisait les préparatifs nécessaires pour que l'ordonnance fût entérinée au sénat avec la solennité convenable. »

Il faut convenir que cette courte note du *Moniteur* n'est pas bien propre à éclaircir les doutes que l'on pourrait avoir ; une répétition à peu près textuelle de la dépêche télégraphique, lorsque les dépêches *in extenso* sont arrivées, est une chose assez inattendue et peu instructive. Seulement nous apprenons de plus que le président Boyer faisait les *préparatifs nécessaires pour que l'ordonnance fût entérinée au sénat avec la solennité convenable.*

Nous ne connaissons pas assez la constitution de Saint-Domingue pour découvrir ce que c'est qu'un entérinement, au sénat d'Haïti, d'une ordonnance du roi de France, et les préparatifs que cet acte parlementaire exige : tout cela est fort singulier. En attendant un plus ample informé, raisonnons sur ce que nous savons.

C'est par la Bourse que nous avons appris l'affaire de Saint-Domingue. La Bourse est la route des nouvelles que l'on veut donner à la France et à l'Europe. On vit jadis un grand peuple soumettre la terre, pour faire croître sa gloire au Capitole ; nous, nous verrions un ministre se servir, au besoin, du monde entier, pour faire hausser de quelques centimes nos 3 pour cent à la Bourse.

Cependant, comme cette affaire de Saint-Domingue touche à la politique la plus élevée ; comme elle intéresse non-seulement la couronne de France, mais toutes les couronnes ; comme elle entre profondément dans les entrailles du gouvernement représentatif, retirons-la du théâtre des 3 pour cent, pour la porter au tribunal de l'opinion publique.

Saint-Domingue, au moment de nos troubles révolutionnaires, brisa les liens qui l'attachaient à la France. Un gouvernement sorti du sein de cette colonie agit depuis ce jour, pour elle et sans nous, dans une indépendance complète. Toute la colonie n'entra point néanmoins dans ce mouvement : la population blanche, autrement dite *européenne*, propriétaire de la presque totalité du sol, fut proscrite et égorgée ; ses biens furent ravis. Voilà les premiers faits.

Un homme, en France, après avoir conquis l'Italie et l'Égypte, rêve de conquérir le trône vacant. Il le prend d'assaut à Saint-Claud. Il lui faut, avec ce trône, un royaume plus étendu que celui de nos rois ; le vaste héritage de Louis XIV est trop étroit pour sa fortune nouvelle. Lui qui doit reculer nos limites d'un côté au delà du Rhin, de l'autre aux bords du Tage, laissera-t-il Saint-Domingue, colonie française, hors des lois de la France ? Non ; mais cette fois, trahi par son génie, ou plutôt par la faiblesse de ses lieutenants, il perdit son armée et la colonie ; les droits seuls de la couronne restèrent intacts ; si bien que la légitimité les retrouva, les reprit, et sembla les tenir en réserve pour des jours de force et de bonheur. Voilà d'autres faits. Maintenant, de Buonaparte descendons à M. le ministre des finances.

Tandis que ce ministre remuait 300 millions pour ses 3 pour cent, il se tournait aussi vers Saint-Domingue. Envisageait-il cette île comme un bon effet d'agiotage ? Un acte est proposé, accepté, nous dit-on, et conclu. D'un côté, il porte, pour la colonie, 150 millions à donner à la France ; de l'autre, que donne la France ? Quelque chose apparemment ; car dans un acte de vente il faut bien spécifier et l'objet qu'on vend, et le prix dont on le paye. Or, ce que nous vendons, nous, ce sont nos droits.

Ces droits sont donc bien réels, puisqu'on nous les achète ; ils ont donc quelque prix, puisqu'on les évalue à 150 millions, somme énorme pour le gouvernement de Saint-Domingue.

Si la colonie se croit et se dit libre, s'il était impossible de la rappeler dans notre administration, soit par des avantages, des traités, des règlements favorables, soit par des concessions nécessitées par la marche du temps, pourquoi donc méconnaît-elle sa situation au point qu'elle pense agir avec sagesse en nous payant 150 millions ? Ou nos droits sont illusoires, et dès lors ils n'ont aucun prix ; ou nos droits sont positifs, et dès lors nous devons examiner comment on pouvait les céder, et s'ils ont été cédés à un bon prix.

Quatre opinions existent en France relativement à Saint-Domingue :

La première aurait voulu qu'on fît la conquête de la colonie à main armée.

La seconde, trouvant que cette conquête était impossible, demandait au moins qu'on ne reconnût jamais une république de nègres révoltés.

La troisième désirait qu'on reconnût purement et simplement l'indépendance du gouvernement de Saint-Domingue comme gouvernement de fait, et que l'on conclût un traité avec lui.

La quatrième (et c'est la nôtre) admettait qu'il y a des nécessités auxquelles on doit se soumettre ; que l'on pouvait émanciper Saint-Domingue à certaines conditions, mais seulement au moyen d'une loi proposée par le roi et votée par les Chambres, conformément au droit public de la France, ancien et moderne.

Aucune de ces opinions n'a été satisfaite par l'ordonnance à laquelle M. le ministre des finances a mis si singulièrement son *visa*.

Ceux qui voulaient la conquête de Saint-Domingue prétendaient qu'elle était facile ; que notre position différait entièrement de celle où s'était trouvé Buonaparte.

Ceux qui voulaient qu'on ne s'occupât point de Saint-Domingue prétendaient que la discorde se mettrait tôt ou tard dans ce refuge d'esclaves armés, et que la république noire se détruirait de ses propres mains.

Ceux qui voulaient la reconnaissance pure et simple de Saint-Domingue, soutenaient qu'avec un traité nous aurions trouvé ce que ne nous donnera pas, selon eux, l'ordonnance.

Ceux enfin qui voulaient une loi d'émancipation disaient qu'avec cette loi tous les intérêts auraient été mis à l'abri.

En effet, l'ordonnance présente des difficultés immenses : elle sort du principe jusqu'ici admis. Dans notre ancien comme dans notre nouveau droit public, une province ne peut être concédée que par les pouvoirs législatifs, c'est-à-dire par le roi uni à la nation, comme cela s'est vu sous le roi Jean et sous François Ier.

Il n'y a aucun doute que, si le gouvernement représentatif avait une plus longue existence parmi nous, M. le président du conseil serait exposé à être mis en accusation pour avoir cédé Saint-Domingue par un seul acte administratif.

Qu'on annonce demain que M. Canning vient d'abandonner Gibraltar ou le cap de Bonne-Espérance par un acte du conseil revêtu de la signature de S. M. B., et vous verrez ce qui arrivera en Angleterre. Le ministre imprudent n'aurait, pour sauver sa tête, que la plus prompte fuite.

Et que l'on ne vienne pas invoquer l'article de la Charte qui donne au roi le droit de faire des traités ; il n'est pas applicable à l'espèce. Il n'y a pas ici de véritable traité ; ce n'est point un gouvernement quelconque de droit ou de fait avec lequel on a négocié; ce n'est point un traité conclu et signé par deux parties contractantes; c'est une seule partie qui se dépouille de ce qui lui appartient, moyennant une somme d'argent; c'est un contrat de vente d'une nature tout extraordinaire, dans lequel non-seulement les tiers intéressés, les colons, ne sont point appelés à stipuler pour leurs droits, mais au bas duquel la partie même qui paye n'a pas été admise à apposer sa signature.

Sous ce rapport politique, les embarras qui naissent de l'ordonnance sont effrayants. La France, restant souveraine *de droit* de Saint-Domingue (et c'est ce que nous font entendre les journaux ministériels), devient responsable de tous les actes du gouvernement *de fait*, établi dans cette île. Elle pourra être importunée des réclamations de toutes les puissances étrangères qui se croiraient lésées dans leurs relations commerciales. Il faudra qu'elle veille à ce que le gouvernement haïtien ne contracte pas des alliances qui pourraient être vues avec jalousie de telle ou telle puissance, ou blesser les articles de tel ou tel traité, etc.

Sous un point de vue politique plus élevé, on peut prédire que la république de Saint-Domingue aura tôt ou tard des sœurs dans les Antilles et dans la mer des Indes. Les cabinets feront bien de se hâter de prendre les mesures les plus efficaces pour le salut des colons. On doit aussi s'attendre à des nouveautés singulières dans les relations diplomatiques.

La république de Saint-Domingue ne sera-t-elle qu'une colonie française, se gérant à la vérité par ses propres lois, mais n'étant point un État indépendant de la France, n'ayant par conséquent d'ambassadeurs ni à notre cour, ni auprès des puissances étrangères? Est-il probable que le gouvernement de Saint-Domingue pousse à ce point la condescendance?

De tout ceci, il faut bien se persuader que nous arriverons à un changement capital dans la police européenne. La création des républiques du Nouveau-Monde, fortifiée par la reconnaissance d'un État nègre indépendant, introduira nécessairement dans la diplomatie des principes et des hommes dont les vieilles monarchies sentiront en peu d'années l'influence. Ici s'ouvre un horizon immense, où nous doutons que la vue de M. le ministre des finances ait pénétré. Il est probable qu'il n'a aperçu dans tout cela que quelques millions, et des moyens de popularité à la Bourse : il s'est bien trompé.

Enfin, par l'ordonnance, où est la garantie des deux parties?

Pour Saint-Domingue? une ordonnance peut toujours être rappelée par une ordonnance; et les journaux ministériels, en commentant l'acte, ont soin de faire remarquer que la France sera toujours prête à ressaisir ses droits, en cas de besoin. Si cela est, la république d'Haïti a payé un peu cher un droit éventuel.

La garantie pour la France? Saint-Domingue, en 1789, rapportait à peu près 40 millions au fisc : s'il s'agissait d'un traité avec un État indépendant, le gouvernement français pourrait dire qu'il a généreusement abandonné ses avantages; mais il s'agit d'un marché; et alors n'était-il pas juste de stipuler dans ce marché un dédommagement égal au sacrifice que l'on faisait?

Dira-t-on que le privilége accordé pour notre commerce à Saint-Domingue est une compensation de l'ancien revenu de cette colonie?

Mais ce droit est un privilége que nous nous donnons aux dépens des autres puissances; ces autres puissances ne réclameront-elles pas quelque jour, soit auprès du gouvernement de Saint-Domingue, soit auprès du nôtre? Il serait étrange que, pour n'avoir pas voulu faire la guerre à Saint-Domingue, nous fussions à une époque quelconque obligés de la soutenir contre l'Angleterre!

Le gouvernement de Saint-Domingue pourra-t-il tenir le marché? Il est pauvre; ses revenus, qui vont toujours diminuant, ne se sont guère élevés dans la dernière année au-dessus d'une trentaine de millions : il est difficile avec cela de payer 150 millions de capital.

Ce gouvernement est républicain, et l'on sait ce que sont les républiques. Il y a des corps qui délibèrent, et qui ne sont pas toujours soumis au pouvoir exécutif. Ce pouvoir exécutif peut lui-même changer, et refuser de tenir les clauses du marché. Quelles seront vos ressources? La guerre? Mieux vaudrait l'avoir faite avant de reconnaître l'indépendance de la colonie. Le rappel de l'ordonnance? Qu'importera ce rappel à Saint-Domingue, quand elle sera puissance indépendante reconnue par toute l'Europe?

Rentrerons-nous dans nos droits? Il ne sera plus temps : il est des droits qui n'existent plus dès qu'on les a une fois cédés. Montrer qu'on peut y renoncer, c'est les perdre. Louis XVIII, d'auguste mémoire, a donné sur ce point un grand exemple : la postérité connaîtra sa réponse à Buonaparte, qui lui demandait une renonciation à ses droits; les Stuarts, au contraire, acceptèrent une pension de Guillaume, et l'Angleterre se ferma pour eux.

Si encore vous receviez les 150 millions à la fois, vous auriez une garantie dans la possession actuelle de cette somme.

Si vous aviez demandé et obtenu une concession de territoire, vous aviez une hypothèque; mais 150 millions à payer en cinq années, et dans l'état où se trouve l'Amérique, et dans les éventualités de l'Europe, et dans la position financière où notre administration a placé la France, et avec la plaie de l'Espagne en contact avec nous!

C'est une sorte de manie de M. le président du conseil de fixer à tout un terme de cinq années; il semble qu'il ait fait un pacte pour ce laps de temps.

La garantie pour les colons, où est-elle?

D'abord on n'a pu disposer de leurs biens en vertu d'un article de la Charte, qu'avec une juste et préalable indemnité.

Or, 150 millions sont-ils la valeur de ces biens? Il y a deux espèces de propriétés, la propriété de la terre, et la propriété de l'esclave; ces biens dans les colonies ne peuvent pas être évalués à un revenu fixe de 3 et 4 pour cent comme les biens des émigrés en France, mais sur un intérêt commercial de 15 et quelquefois de 20 et 30 pour cent.

Par une loi discutée dans les deux Chambres, tous les intérêts auraient été examinés, toutes les objections prévues ou détruites.

Il n'y a que deux manières de disposer légitimement de la propriété d'autrui : ou en justice comme fondé de pouvoir des propriétaires, ou par un acte législatif avec une indemnité.

Enfin, ces 150 millions, représentant une propriété qu'on peut évaluer hardiment à 600 millions, comment seront-ils distribués? On a trouvé avec justice qu'une loi était nécessaire pour régler et répartir l'indemnité des émigrés, et comment admettrait-on qu'une ordonnance suffit pour régler et répartir l'indemnité des colons?

Et où sont ces colons? On connaît ceux à qui M. le ministre de l'intérieur voulait retrancher des secours; mais il en est beaucoup d'autres aux États-Unis, à la Louisiane, dans l'île de Cuba, dans les Amériques espagnoles. Ont-ils leurs titres? ces titres n'ont-ils point péri dans la dévastation de Saint-Domingue? Comment prouveront-ils qu'ils avaient tant de nègres, et comment prouverez-vous qu'ils ne les avaient pas?

Toutes ces objections disparaissent, dans l'hypothèse de ceux qui voulaient un traité pur et simple, parce qu'il y aurait eu alors force majeure; dans l'hypothèse de ceux qui auraient voulu une loi, toutes ces choses auraient été réglées.

On nous parle de la dignité de l'ordonnance : c'est très-bien de faire parler la couronne avec dignité, mais, avant tout, il fait éviter de la compromettre : car la dignité cesse là où il est possible qu'elle ne puisse être maintenue.

Si le gouvernement de Saint-Domingue, si les puissances étrangères, comme nous l'avons dit plus haut, venaient à faire des difficultés sur l'ordonnance, et qu'il fallût ou la retirer en partie ou la défendre en totalité, la dignité serait perdue, ou la paix de la France serait exposée.

M. le ministre des finances aurait dû ne pas mettre son esprit dans tout cela. D'une ignorance complète dans ces matières, il aurait dû en confier au moins la rédaction à des gens du métier. Mais tel est son génie : il se précipite dans des mesures dont il n'aperçoit jamais au premier coup d'œil les conséquences, et il est confondu lorsque les objections s'élèvent de toutes parts. On distinguait dans M. le président du conseil l'homme d'État de l'homme d'affaires : l'homme d'affaires s'est noyé à la Bourse, et l'homme d'État a fait naufrage à Saint-Domingue.

Il est encore un moyen de remédier à la faute grave que vient de commettre M. le président du conseil : c'est de changer l'ordonnance en loi à la prochaine session. Mais, certes, elle ne passerait pas sans amendement, si elle était discutée ; et comme il y a maintenant un autre gouvernement en possession de l'ordonnance, l'affaire se compliquerait singulièrement.

Partons bien de ce principe, qu'une colonie ne peut être cédée que par une loi, quand elle n'est pas emportée par les stipulations d'un traité imposé par la force dans l'État et par le droit de guerre. Encore, dans les traités où il est question de finances, l'intervention des Chambres est commandée : témoin ce qui nous est arrivé après les Cent-Jours.

N'admettons jamais qu'un ministre, que tout un conseil, dans un gouvernement représentatif, puisse être seul juge de la convenance qu'il y a à céder une partie du territoire de la monarchie ; qu'il puisse décider qu'il est bon de toucher à l'intégralité des droits et des possessions de la couronne : cela ne pouvait pas être même dans l'ancien gouvernement. Répétons-le en finissant : c'est le roi uni aux deux Chambres, uni à la nation, qui dans ce cas est le juge suprême de la nécessité de l'acte de séparation ; et alors personne ne craindra de voir notre territoire traité comme nos finances : jamais la France et son roi ne demanderont la conversion ou la réduction de notre gloire.

Paris, le 16 août 1825.

Nous n'avons pas fini avec l'affaire de Saint-Domingue : nous ignorons quelle en sera la suite à Saint-Domingue même ; nous ne savons pas quelle est la prépondérance du président Boyer sur le corps politique du gouvernement ; nous ne pouvons pas prévoir ce que pensera ce corps politique, lorsqu'il lira l'interprétation que les journaux ministériels donnent à l'ordonnance royale ; mais en attendant les événements, nous voulons revenir encore sur un principe que nous avons posé, parce que toutes les fois qu'on agite une question nouvelle, on ne parvient à l'éclaircir dans les esprits qu'en insistant sur les arguments, qu'en les répétant, qu'en les étendant, qu'en les rappelant dans la mémoire de ceux qui pourraient déjà les avoir oubliés.

Pour défendre l'ordonnance sur Saint-Domingue, on est obligé de se retrancher dans cette seule assertion : que l'ordonnance est un traité, et qu'aux termes de la Charte la couronne a le droit de faire des traités.

Quelques hommes honorables et indépendants, qui désapprouvent, d'ailleurs, toute la mesure, paraissant incliner à cette opinion, nous croyons devoir la combattre de nouveau.

Qu'est-ce qu'un traité, d'après la définition de tous les légistes? C'est une convention sur quelque affaire d'importance entre deux parties qui concluent, signent, ratifient ou rompent cette convention.

Or, l'ordonnance relative à Saint-Domingue n'a aucun de ces caractères : il n'y a point ici de contrat bilatéral, on ne nomme même pas dans cette ordonnance le gouvernement d'Haïti, on ne parle que des habitants de Saint-Domingue, personnage collectif dont on ne se forme qu'une idée confuse. Cette ordonnance, par sa nature même, est d'ailleurs susceptible d'être rappelée par une autre ordonnance; une seule partie a contracté, une seule partie peut défaire ce qu'elle a fait : est-ce là le caractère du traité?

Ce que l'on approuve même dans cette ordonnance, la dignité du langage, l'accent du souverain et du maître, détruit toute idée du traité : là où l'on commande, on ne traite pas.

Par une de ces contradictions si communes chez les écrivains ministériels, si nous prétendions que l'ordonnance est un traité avec des esclaves noirs révoltés, ils jetteraient les hauts cris; ils soutiendraient que l'acte royal est une pure et simple ordonnance, une concession gracieusement octroyée par le roi à ses sujets de Saint-Domingue. Mais disons-nous que l'ordonnance n'est pas un traité, qu'en cédant Saint-Domingue par une ordonnance les ministres ont outrepassé leurs pouvoirs, à l'instant on s'écrie que l'ordonnance est un traité; car il faut bien couvrir les ministres avec quelque chose, même, en désespoir de cause, avec la Charte.

Est-ce par un acte du conseil britannique, signé George III, et contre-signé d'un ministre, que les États-Unis ont été émancipés? Non : c'est par un traité de paix en due forme, signé par les plénipotentiaires des deux parties, ratifié de part et d'autre par les chefs des deux gouvernements, et approuvé par les résolutions parlementaires.

L'ordonnance relative à Saint-Domingue est, au contraire, une simple déclaration, en vertu de laquelle trois ministres contre-signataires ont pris sous leur responsabilité la cession d'une portion du territoire français à des conditions quelconques. Or, nous avons soutenu et nous soutenons que, dans l'ancien comme dans le nouveau droit public, la cession d'une province ne s'est jamais faite qu'avec l'assentiment des pouvoirs politiques de l'État.

Le roi Jean ayant conclu pour sa délivrance un traité avec Édouard III, en 1359, et par lequel il lui abandonnait en toute souveraineté la Guyenne, la Normandie, et plusieurs autres provinces, les états généraux, convoqués par Charles V, alors régent du royaume, rejetèrent le traité. Le régent fit plus : il se rendit au palais ; on lut au peuple, assemblé au pied de l'escalier de marbre, le traité apporté de Londres. Le peuple, d'une voix unanime, s'écria avec indignation : « Ledit traité n'est point passable, ni faisable ; nous ferons bonne guerre au roi anglois ! »

En 1468, les états généraux n'étant pas rassemblés ne purent délibérer sur le traité de Péronne ; mais, dans leur absence, les députés du parlement de Paris et des cours souveraines, convoqués par Louis XI à Senlis, différèrent pendant plus de quatre mois l'enregistrement du traité, qui, sans nul doute, eût été rejeté par les états généraux.

Dans la même année 1468, et sous le même roi Louis XI, les états généraux, convoqués, décidèrent unanimement que la Normandie ne pouvait, sous quelque prétexte que ce fût, être séparée du domaine de la couronne : il s'agissait de la donner en apanage au prince Charles, frère unique du roi.

Enfin, sous François Ier, le premier président de Paris, Jean de Selves, traitant de la rançon du roi, dit à Charles-Quint ces paroles, qu'il est bon de rappeler, parce qu'en même temps qu'elles constatent un fait elles témoignent de l'ancienneté d'une doctrine :

« Si l'argent ne suffit pas, et que Votre Majesté désire encore des provinces, demandez celles qui, appartenant au roi sans être du domaine de la couronne, *peuvent être cédées sans qu'il soit besoin du consentement des états généraux.* »

Si telle était la doctrine sous l'ancienne monarchie, on ne prétendra pas, sans doute, qu'elle ait pu être affaiblie sous la monarchie constitutionnelle.

Disons plus : si l'on s'obstinait à vouloir que l'ordonnance royale fût un traité, encore est-il vrai, comme on vient de le voir, que, pour céder par un traité une partie des possessions françaises, il fallait anciennement la ratification des états généraux ; à plus forte raison si, dans ce traité, il se trouve des conditions fiscales qui tiennent à la nature de l'impôt.

Or, une question de finances de la plus grave nature se mêle à l'affaire de Saint-Domingue. L'ordonnance dit bien que le gouvernement de cette île payera en cinq années une somme de 150 millions pour indemnité aux colons ; mais elle ne dit pas en *combien d'années* cette somme sera répartie à ces colons, comment et en quelle proportion elle leur sera distribuée, etc.

Si des colons ont perdu leurs titres (et cela est extrêmement probable) ; si d'autres sont morts sans héritiers connus ; si d'autres, établis sur les bords du Missouri ou de l'Orénoque, ne se trouvent plus ; entre les mains de qui séjourneront des sommes disponibles ? qu'en fera-t-on ? à quel service de l'Etat seront-elles appliquées? Quoi! 150 millions, s'ils sont jamais payés, ou partie de ces 150 millions, demeureront à la disposition d'un ministre? il n'en rendra aucun compte aux Chambres?

C'est pourtant ce qui arrivera si l'ordonnance n'est pas convertie en loi, et si des mesures législatives ne sont pas ajoutées à cette ordonnance : 150 millions resteront en dehors du budget, hors de la connaissance des pairs et des députés, contre les articles positifs de la Charte, contre toutes les dispositions précises de toutes les lois de finances.

Même précipitation, même ignorance de la matière se fait remarquer dans les avantages commerciaux stipulés pour la France. Régler qu'à tout jamais les droits perçus sur les marchandises seront réduits de moitié pour le pavillon français, comparativement aux droits perçus pour tous les autres pavillons, est une condition impossible à tenir à la longue, une condition qui deviendrait une source de discordes. Aussi, dans tous les traités de commerce, les priviléges ont toujours été renfermés dans des limites déterminées.

De plus, les avantages stipulés sont, en grande partie, illusoires. L'Angleterre, par exemple, n'a point de concurrence avec nous pour les vins, les huiles, les farines, les soieries, les bijouteries, etc.; et comme elle peut donner ses cotonnades à un prix fort inférieur au nôtre, ces cotonnades pourront supporter un droit dont la moitié sera encore un droit excessif pour les mêmes marchandises d'origine française.

Enfin, les ports espagnols de Saint-Domingue, étant entre les mains de la république d'Haïti, pourront recevoir les marchandises étrangères à un tarif différent du tarif imposé dans les anciens ports français, et se répandre de là dans le reste de l'île.

Étourdi par l'affiche de la dépêche télégraphique à la Bourse, on n'a pas aperçu d'abord tout ce que l'affaire de Saint-Domingue renfermait de grave; mais nous osons assurer que plus on l'approfondira, plus on s'apercevra qu'elle soulève les questions les plus ardues. Elle a fait faire un pas immense à la politique du monde par la reconnaissance d'une république de nègres; elle aura tôt ou tard les conséquences les plus graves pour les populations noires des Antilles et des États-Unis. Que deviendra, par exemple, l'île de Cuba, entre la république noire de Saint-Domingue et les républiques blanches du Mexique et de la Colombie? Comment se fait-il que l'Angleterre et les États-Unis, qui ont reconnu l'indépendance des colonies espagnoles, n'aient pas reconnu celle de Saint-Domingue, d'une bien plus ancienne date en Amérique? Ils y voyaient donc des inconvénients que nous n'y avons pas vus. Le moment a-t-il été choisi avec prudence par nos ministres pour prononcer cette reconnaissance?

Cette reconnaissance apportera encore des changements inévitables dans les relations diplomatiques, et elle nous a fait prendre un grand parti. Enfin, elle touche, par rapport à nous seuls, à toutes nos opinions, à tous nos principes monarchiques, à notre droit public, à notre pacte constitutionnel, et à notre ordre de finances.

M. le président du conseil s'est précipité, avec sa légèreté ordinaire, dans une entreprise dont il n'a pas vu les conséquences; c'est ce qui lui arrive presque toujours. Il ne doute de rien; il avance avec témérité, et tout à coup il recule, ou plutôt ses mesures se perdent dans des résultats dont lui seul ne s'était pas douté. A des projets qui ne sont pas mûris il joint une action irréfléchie. Le petit intérêt du moment lui ôte toute prévision de l'avenir. Croit-il faire monter les 3 pour cent, il s'empresse d'afficher à la Bourse une dépêche télégraphique sur une affaire qui se lie aux plus grands intérêts du monde. Combien il se repentirait de cette pétulance, s'il nous parvenait aujourd'hui des nouvelles annonçant quelques retards dans les négociations qu'il a crues terminées! Comment se présentera-t-il aux Chambres avec la chute des 3 pour cent, l'affaire Ouvrard, et l'affaire de Saint-Domingue?

Quant à celle-ci, il n'y a que trois moyens de rentrer dans le principe de la constitution octroyée par Louis XVIII, et jurée par Charles X :

1° Convertir l'ordonnance royale en loi à la prochaine session;

3° Demander un bill d'indemnité ou acte d'abolition pour les ministres;

3° Mettre en accusation les mêmes ministres.

Cette sévère franchise déplaira, sans doute, aux partisans de l'arbitraire; mais nous croyons bien mériter de notre pays en expliquant ces doctrines constitutionnelles encore trop peu connues, dont les générations nouvelles doivent se pénétrer, et qui feront la sûreté comme la gloire du trône et de la France.

Paris, le 25 août 1825.

C'est aujourd'hui la fête d'un saint, d'un grand homme, d'un roi père de la race auguste qui règne sur la France : c'était aussi celle du vénérable auteur de la Charte. Il a manqué pour la première fois à l'amour reconnaissant de ses peuples ; et ce jour, qui s'écoulait au milieu de l'allégresse publique, a passé en silence au milieu des regrets.

Charles X nous console ; un autre Louis auprès de lui a paré un nom antique d'une gloire nouvelle. Pourquoi donc la France n'a-t-elle point retrouvé sa joie? C'est qu'un aveugle ministère ne cesse d'attaquer l'ouvrage de Louis XVIII.

Louis XVIII, en confiant l'expédition d'Espagne au fils de son choix, nous avait replacés à notre rang politique et militaire parmi les nations, et ce ministère nous en a précipités.

Sortis de l'alliance continentale, l'Angleterre veut bien nous traîner à la suite de ses vaisseaux.

Nous osons avouer qu'il nous était impossible de reconquérir Saint-Domingue, parce que la Grande-Bretagne ne l'aurait pas souffert. (*Voyez* les journaux ministériels.)

Nous émancipons une république d'esclaves révoltés, et nous hésitons à traiter avec les républiques des Amériques espagnoles.

Nous laissons périr la Grèce à notre porte, reconnaissant la légitimité du Grand-Turc en Morée, abandonnant la nôtre à Saint-Domingue pour le despotisme nègre avec Ibrahim, pour le libéralisme nègre avec Boyer. Qui sait si nous ne verrons pas un jour, sous l'étendard du croissant et du bonnet de la liberté, des légions africaines nous apporter d'un côté le Coran, et de l'autre les droits de l'homme?

Le crédit public avait été fondé sous Louis XVIII. Une main inhabile en a dérangé toutes les bases, en inquiétant toutes les fortunes.

Le sage monarque, déjà penché sur sa tombe, avait laissé de tristes ministres couvrir leurs fautes du silence, en suspendant la plus précieuse de nos libertés : Charles X nous l'a rendue ; mais déjà elle fait sentir son poids aux médiocrités alarmées ; on parle de nous la ravir de nouveau. Qu'on y prenne garde : il n'est aujourd'hui au pouvoir de personne de renverser impunément nos institutions!

Les anomalies du système actuel frappent tous les yeux : au dehors, une politique qui menace le principe de toutes les monarchies, et qui marche au républicanisme ; au dedans, des coteries qui rêvent un arbitraire impossible.

Dans l'administration se trouve un mélange presque inexplicable d'agitation et d'apathie. D'une part, rien ne se fait ; les magistrats sont obligés de se plaindre qu'on ne leur envoie pas les pièces nécessaires ; nos chemins se détériorent ; nos monuments reçoivent à peine une pierre tous les six mois : d'une autre part, nous sommes menés en hâte, et sans qu'on nous laisse respirer, de la réduction des rentes à la conversion, de la conversion à la cession de Saint-Domingue, de la cession de Saint-Domingue à un procès qui peut soulever les plus graves questions religieuses.

Tout cela est-il le résultat d'une profonde combinaison, d'un système lié dans toutes ses parties, et conçu par une vaste tête ? Non ; c'est le fruit d'une imprudence sans exemple, la résolution d'un moment, l'inspiration du quart d'heure : l'entêtement vient donner ensuite de la durée à un mal enfanté dans l'esprit à la fois le plus téméraire et le plus léger qui fut jamais.

On ne peut se le dissimuler : l'avenir qui s'ouvrait si brillant devant nous s'est obscurci ; on se demande quel serait le résultat d'un seul événement en Europe. Toutes les opinions entre lesquelles on s'est plu à partager la France sont également inquiètes : royalistes purs, royalistes constitutionnels, anciens ministériels, libéraux, tous sont blessés dans leurs intérêts ou dans leurs principes ; les rentiers ont tremblé pour leur fortune ; les indemnisés voient, comme on le leur avait prédit, s'évanouir le milliard si prôné à la tribune ; les colons de Saint-Domingue auront pour tout équivalent de leur capital une année de leur revenu, si jamais encore les 150 millions sont exactement payés par la république haïtienne. L'indépendance des tribunaux a été stygmatisée ; la liberté de la presse est l'objet de la haine des ennemis du roi, et la liberté des consciences accordée par la Charte aura bientôt à s'expliquer à la barre des tribunaux.

Disons-le : si un pareil état de choses produit par un seul homme se prolongeait, il pourrait avoir des conséquences funestes. Puisse saint Louis nous toucher de ses mains miraculeuses, et nous guérir de notre nouveau mal !

Paris, 4 septembre 1825.

Bessières n'est plus : tout homme estimable ou non estimable qui, à tort ou à raison, lève, par un motif ou par un autre, l'étendard contre un gouvernement établi, se condamne éventuellement à la mort. La société attaquée se défend contre cet homme, le prend, le tue ; c'est à la fois le droit naturel et le droit politique : il n'y a rien à dire contre et sur ce fait, en tant que fait.

Moralement parlant, l'homme sera plus ou moins criminel, s'il est royaliste, et qu'il se soit révolté contre son roi ; s'il est républicain, et qu'il ait pris les armes contre la république. Mais la justice ne connaît point de l'ordre moral, ou du moins elle n'en connaît que ce qui trouble l'ordre social : elle ne frappe que lorsqu'il y a action accomplie ou commencée : le reste, elle l'abandonne à l'opinion humaine et à la sentence de Dieu.

Ainsi, Bessières et ses adhérents ont péri : dans le droit rigide, il n'y a pas une objection à faire ; en supposant toutefois qu'ils ont été *convaincus* et *jugés*. Que le roi du ciel les ait traités avec plus de miséricorde que les princes de la terre, c'est tout ce qu'on peut leur souhaiter à présent.

Mais de cette exécution découlent des conséquences si graves pour l'ordre monarchique absolu et pour l'ordre monarchique constitutionnel, qu'il est important de les examiner.

Bessières s'était insurgé contre les cortès ; seul il avait conservé et défendu contre elles Méquinenza ; il avait porté la guerre jusqu'aux campagnes de Madrid ; et quand notre armée entra dans cette capitale, Bessières marchait d'accord avec nos soldats. Méquinenza, restée en sa puissance, servit de communication à nos troupes, entre l'Aragon et la Catalogne.

Ainsi voilà l'identité reconnue : c'est un *royaliste* que l'on vient de fusiller avec sept autres royalistes.

Par qui cet acte de rigueur a-t-il été accompli ? Par les cortès ? Non : par le gouvernement absolu, pour lequel Bessières et ses compagnons avaient tout fait.

On ne leur a tenu compte d'aucun souvenir, le passé n'a sollicité aucune miséricorde ; aucun mouvement de reconnaissance ne s'est fait apercevoir ; aucun attendrissement n'a réveillé le droit de grâce ; tous les services rendus pendant de longues années ont été effacés par le crime d'un moment : Bessières a été fusillé.

Mais n'aurait-il point cru seconder des vues, des désirs secrets, en se précipitant dans son projet désespéré ? n'aurait-il pas cru deviner une pensée? n'aurait-il pas voulu délivrer le pouvoir d'une modération dont on abhorrait jusqu'à l'espérance? Peut-être ; mais il fallait réussir : Bessières a été fusillé.

Mais ceux qui ont porté les armes contre l'ancienne monarchie espagnole; ceux dont Bessières a contribué à délivrer cette monarchie, et qui auraient fusillé Bessières, les Abisbal, les Morillo, les Ballesteros, etc., n'ont-ils pas leur pardon? N'est-ce pas avoir été bien doux pour les uns, bien sévère pour les autres?

Si Bessières avait suivi le parti des constitutionnels, et qu'ensuite il n'eût pas tenté, par excès d'un autre zèle, de rendre l'arbitraire plus arbitraire encore, il vivrait donc aujourd'hui paisible, avec la fortune, les grades, les honneurs conquis sous les drapeaux des cortès? Sans doute.

Telles sont les réflexions qui vont se présenter aux amis et aux ennemis des rois. Les uns gémiront, les autres feront éclater leur joie ; et pour point de comparaison, le général Lafayette reviendra bientôt enrichi, paré, couronné des mains d'une république reconnaissante.

Mais si des royalistes ont été condamnés, des constitutionnels ne l'ont-ils pas été pareillement? C'est justice pour tous.

Ces justices-là ne consolent guère, et, pour les exercer, il faut de certaines conditions.

La force peut abattre ; elle passe d'une exécution à un champ de bataille. L'homme qui expose sa vie croit avoir le droit de mépriser celle des autres; il contient l'indignation par la terreur; il fait du silence avec de la gloire.

Mais la faiblesse doit y regarder de plus près : ses violences irritent, parce qu'elles flétrissent en même temps qu'elles tuent. Pour porter l'épée, il faut un bras : il faut aller à la bouche du canon, quand on veut apprendre à fusiller. Un ministre absolu qui casse la tête à des citoyens par sa fenêtre et du coin de son feu, s'expose à voir briser les portes du palais.

On a pendu des constitutionnels, comme on vient de fusiller des royalistes. C'est justice pour tous !

Qu'on y fasse attention : dans la théorie des échafauds, suivant Machiavel, il n'est pas bon de tuer indistinctement; il faut tuer dans un système, pour un intérêt, pour une abstraction même ; l'impartialité politique en fait de sang est funeste. Aussi voyez-vous que les puissances despotiques, comme les factions populaires, égorgent toujours avec un but, et sous l'empire d'une pensée.

Mais quand on prend au hasard dans toutes les opinions, que l'on frappe à droite et à gauche royalistes et constitutionnels, amis et ennemis, cela ne va pas loin. Un gouvernement devrait surtout éviter, autant que possible, ces manières-là, lorsqu'il en est réduit à l'extrême malheur de garder pour sa sûreté des baïonnettes étrangères.

Nous pensons donc que les ministres espagnols eussent mieux agi, dans les intérêts et dans les sentiments généreux d'un Bourbon, s'ils avaient fait appliquer le droit de grâce à Bessières, en considération de ses services passés; nous pensons que cet acte de mansuétude (dont Naples donne en ce moment un exemple heureux) eût été plus utile aux monarchies en général, et à la monarchie de Ferdinand en particulier, que la stricte justice exercée envers des hommes d'ailleurs si criminels; le pardon n'eût laissé qu'un traître où la condamnation ne va montrer qu'un martyr.

Recherchons maintenant les enseignements que l'on peut tirer de cet événement pour la monarchie constitutionnelle.

Bessières a pris (à ce que l'on présume) les armes pour l'absolutisme ; il ne jugeait pas son roi assez maître de ses volontés : il a péri victime de son erreur.

Or, supposé qu'il eût existé des institutions en Espagne, que fût-il arrivé à Bessières?

Aurait-on vu paraître ce décret du 22 août, qui rappelle celui du 17, et dans lequel il est dit, art. 2 : « Tous les individus susdits (Bessières et ses compagnons), aussitôt qu'ils auront été pris, seront passés par les armes, sans autre délai que le temps nécessaire pour qu'ils se préparent à mourir chrétiennement. »

Bessières aurait-il pu être mis ainsi hors la loi par une ordonnance au simple contre-seing d'un ministre? Eh quoi! la justice humaine n'a-t-elle pas aussi ses délais nécessaires, ses indulgences, ses instances charitables? Condamne-t-elle sans entendre? Quoi! pris, et, par ce seul fait, fusillé sans procès, ou tout au plus avec quelque vaine forme de tribunal!

On a vu en France, dans l'ordre civil, à la gloire immortelle de la monarchie représentative, un tribunal, le plus auguste des tribunaux, employer un temps considérable à juger... qui? Louvel!

Dans l'ordre militaire, on a vu en France prononcer lentement, et avec toutes les précautions d'un tribunal institué, sur le sort de plusieurs hommes accusés de s'être révoltés contre leur souverain ; on a vu les juges écouter attentivement, patiemment les plaidoiries publiques, trouver des innocents parmi les coupables, graduer les peines, et implorer, avec un succès toujours assuré auprès des descendants de Henri IV, la miséricorde royale.

Que les amis du trône qui pourraient encore parmi nous conserver quelques préjugés apprennent, par le sort de Bessières, à bénir la Charte; qu'ils se souviennent de la prétendue conspiration du bord de l'eau, dans laquelle on enveloppait jusqu'à l'héritier de la couronne; qu'ils se rappellent le procès du général Canuel, et qu'ils disent quelle eût été la destinée de tant de royalistes, si tout eût été, comme en Espagne, abandonné à la seule volonté d'un ministère et de ses passions!

Infortuné Bessières, vous avez voulu prendre les armes contre la pensée même de ces institutions qui vous auraient peut-être sauvé, qui, du moins, ne vous auraient laissé périr, ni sans défenseur, ni sans consolation sur la terre!

Depuis l'époque de l'accession de la maison d'Autriche au trône d'Espagne, l'action unique du monarque a été substituée à l'action de la loi. Les anciennes cortès ont péri, et la justice criminelle a cessé d'avoir les garanties nécessaires.

Le roi fait la loi et l'exécute; il crée le délit et la peine; il définit le crime, désigne le coupable, le condamne à mort, et tout cela dans le même décret. Et il n'y a rien à blâmer, car elle est devenue la constitution de l'État. Mais les conséquences d'une pareille constitution sont inévitables.

Dans un pays où une volonté suprême fait tout, les volontés intermédiaires se constituent pouvoir en vertu du même droit : le sceptre absolu inféode leur poignard, et elles établissent leur justice sur les grands chemins et dans les bois.

Dans un pays où la liberté des opinions n'est pas légale, on ne peut exprimer sa pensée que par des actes; on s'insurge quand il n'est permis ni d'écrire, ni de parler; on se jette dans des entreprises funestes quand on n'a aucune ressource pour manifester la vérité. Si, depuis 1815 jusqu'à 1819, les royalistes en France n'avaient pu faire entendre leur voix, qui sait si, dans leur désespoir, ils n'auraient pas été poussés à des extrémités déplorables? La Charte leur fournit heureusement un moyen de combattre leurs ennemis; ils triomphèrent sans devenir coupables; il n'en coûta que la retraite de quelques ministres.

Il paraîtrait, d'après tous les rapports, que le système ministériel est sur le point de faire en Espagne le mal qu'il fait en France; mais, se trouvant placé dans un autre ordre de choses politiques, chez une nation d'un esprit indifférent, il produit des effets encore plus marqués.

Il n'existait que deux partis au delà des Pyrénées, les absolutistes et les négros, c'est-à-dire des royalistes et des constitutionnels à la manière des passions du sol et des intérêts nationaux.

Au milieu de ces deux grandes divisions sont venus, assure-t-on, s'interposer des ministres, lesquels auraient formé, à l'aide des places, un parti ministériel en dehors des deux masses de la nation.

Partout où se formera un pareil parti ministériel qui n'appartiendra ni aux supériorités intellectuelles, ni à l'une des grandes opinions du pays, ou qui, étant sorti d'une de ces opinions, l'aura abandonnée, ce parti se fera reconnaître à des traits propres à sa nature.

Des nuances doivent sans doute exister entre un parti ministériel à Madrid et un parti ministériel à Paris : ici, par exemple, les opinions sont moins absolues, plus diverses et plus conciliables qu'en Espagne ; par conséquent cette différence politique doit en produire une dans le mode d'action des individus : mais, en général, le caractère du parti ministériel, tel que nous venons de le définir, restera le même ; ce parti sera en tous lieux faible, envieux, irascible, corrupteur et persécuteur, parce qu'il sent qu'il ne convient à personne.

Pourquoi le parti ministériel parmi nous ne se montre-t-il pas aussi violent qu'en Espagne ? C'est qu'il ne le peut. Délivrez-le des institutions dont il est muselé, et qu'il essaye de déchirer sans cesse, et vous verrez ce qu'il fera.

Il n'en est aux outrages, aux injures, aux calomnies, aux ingratitudes, aux destitutions, que faute de mieux. Donnez-lui la censure, et il augmentera le poids de son oppression ; supprimez la Charte, et il vous enverra aux galères ou à l'échafaud, si vous avez attiré sa haine. Et il ne faut pour cela ni fanatisme, ni passions véhémentes, comme de l'autre côté des Pyrénées. L'amour-propre en France suffit à tout : implacable dans sa vengeance, il vous étoufferait pour justifier une faute, comme ailleurs on vous ferait disparaître pour cacher un crime.

Ne comptez pas sur la bonhomie de la sottise ; en politique, la sottise est féroce. La médiocrité a son fanatisme ; c'est une religion fort répandue, qui a ses dieux, ses autels, ses sacrifices : elle choisit ordinairement les plus belles victimes.

L'Espagne aurait pu être heureuse : il ne s'agissait d'abord, pour fermer les plaies de la révolution, que d'écouter les sages conseils de son glorieux libérateur. Ensuite, pour ne pas lutter inutilement contre ses vieilles mœurs, il eût suffi de lui rendre ses vieilles lois, de lui restituer ses anciennes cortès. Elle eût adoré la Liberté si elle l'avait reconnue pour Espagnole, pour sa propre fille. Le monarque, appuyé par la loi, n'en eût été que plus respecté et plus puissant. Le clergé, possesseur des grandes richesses territoriales ; le clergé, réformé et sorti des intrigues du cloître, aurait repris des mœurs politiques, restauré le crédit en payant les dettes de l'État, et répandu au dehors cet esprit d'administration qui le distingue ; les grands, cessant d'être les esclaves de la cour, se seraient ressaisis de leur influence aristocratique, tandis que les villes qui députaient aux cortès auraient ranimé les libertés populaires. D'une autre part, le régime municipal romain, introduit de tous temps au delà des monts, est excellent, et les communes en Espagne jouissent d'une entière indépendance. Toutes les bases de la monarchie constitutionnelle se seraient donc trouvées fondées, et peut-être mieux qu'en France ; et cela sans révolution, sans spoliations, sans victimes, sans malheurs, en rétablissant seulement le passé : le temps aurait fait le reste. D'autres desseins ont prévalu.

Puisse le trône du petit-fils de Louis XIV, puissent nos nobles et infortunés voisins profiter de la mort de Bessières ! On ne peut guère l'espérer. Quant à nous, elle n'a pas même servi à nos misères du jour ; elle n'a pu faire monter les 3 pour cent. On conçoit que la dépouille d'un royaliste devienne matière d'agiotage ; mais son sang, à quoi est-il bon dans une monarchie ?

Paris, le 17 septembre 1825.

Il y avait dans le moyen âge, au milieu des guerres perpétuelles, des trêves qu'on appelait *trêves de Dieu :* on pourrait nommer *trêves du roi* les espèces de repos que l'opinion laisse trois ou quatre fois l'an aux ministres. Lorsque la monarchie célèbre quelques-unes de ces pompes qui commandent la joie ou la douleur, on oublie un moment les auteurs de tous nos maux, pour porter ses vœux vers un trône révéré. Quel Français ne donnerait volontiers de son sang pour voir se convertir en paix durable ces trêves du roi, paix qui tournerait à l'honneur et à la prospérité de la patrie ? Avec quel plaisir on cesse de combattre ! avec quel dégoût, quelle lassitude on reprend les armes ! Combien il est dur de répéter éternellement les mêmes vérités à des hommes inaccessibles aux remords, endurcis aux reproches ! Comme de vieux soldats qui reprennent au lever du jour leur sac pour continuer leur route, nos ministres chargent tous les matins leurs épaules du poids de l'animadversion publique, et cheminent ainsi jusqu'à la couchée : pourvu qu'ils dorment, ils comptent pour rien leur fardeau.

Bien qu'il fût si commode de se taire, ou si doux de n'avoir que des louanges à donner, c'est un devoir impérieux de continuer l'opposition contre ces agents de l'autorité suprême qui mettent en péril tout ce qui nous est cher. Écoutez-les : ils vous diront que la France est florissante au dedans, puissante au dehors : ils prennent la fertilité du sol, les bienfaits de la Charte, la force naturelle de la nation, pour leur ouvrage ; illusion commune à tous les ministres qui cherchent à se tromper sur leurs fautes.

Rien ne périt immédiatement, donc tout va bien et tout ira bien.

On bâtit des maisons, on projette des canaux, on remue des millions, on négocie des emprunts, on fait des affaires à la Bourse, on satisfait la cupidité de quelques joueurs, de quelques banquiers ; on achète quelques suffrages avec des places, quelques écrivains par de l'argent : donc la prospérité publique est à son comble.

Mais portez un œil attentif au fond des choses, vous trouverez un crédit ébranlé, les éléments de la morale et de la politique déplacés et corrompus, les libertés publiques compromises, l'indépendance des tribunaux attaquée, et, plus que tout cela, une opinion détériorée. Prêtez l'oreille, et vous entendrez (car il est plus que temps de le dire), vous entendrez jusque dans les classes populaires des propos qui vous feront connaître où votre système conduit la monarchie.

Quant à vos plans extérieurs, si jamais vous en avez eu, ils tendent à créer des républiques qui menaceront dans l'avenir les couronnes ; et, en vous ôtant la force et la gloire, ils renferment dans le présent des principes de division qui peuvent à tout moment éclater. Ne croyez pas qu'avec de petites ruses, de petites négociations secrètes, vous arrêtiez le mouvement du monde. Vous êtes encore en paix, mais tout s'agite autour de vous : les Amériques, la Grèce, l'Espagne, sont des foyers dont les flammes tôt ou tard s'étendront au dehors. Le seul changement d'un homme sur les trônes ou dans les cabinets peut amener un ébranlement soudain. Ce qui existe aujourd'hui n'est point un état de choses où l'on puisse rester : on est dans l'accident, dans le passage ; tout marche rapidement vers une révolution générale. Malheur à ceux qui, ne l'ayant pas prévue ou n'ayant pas su la diriger, auraient livré au naufrage les intérêts sacrés qu'il était possible de sauver, et qu'ils étaient chargés de défendre !

On nous dira : « Si les choses sont telles que vous les peignez, si le mal a dépassé le ministère, s'il attaque à présent parmi nous les sources mêmes de la vie sociale, les racines de la monarchie, comment continuez-vous votre opposition ? comment accroissez-vous l'inquiétude et le mécontentement par vos cris ? comment n'êtes-vous pas assez bon Français pour faire à la paix publique le sacrifice de vos ressentiments plus ou moins justifiés, de vos opinions plus ou moins raisonnables ? »

Nous répondons : Si les hommes qui sont à la tête de l'administration étaient capables d'un mouvement généreux ; si, descendant dans leur conscience, ils cherchaient franchement ce qu'il peut y avoir de vrai dans les reproches que les opinions les plus opposées leur adressent, à l'instant même nous cesserions notre opposition, tant nous sommes effrayés des périls que nous avons signalés !

Nous espérions alors que les hommes du pouvoir, n'ayant pas assez de noblesse pour abandonner des places où ils ont fait tant de mal, auraient du moins assez de repentir pour essayer de réparer leurs fautes ; nous nous flattions de les voir mettre un terme aux divisions des royalistes, de les voir abandonner un système de corruption, de les voir embrasser toutes les libertés de la Charte, de les voir chercher un remède à leurs opérations de finances, de les voir compter pour quelque chose la sûreté de la couronne dans les transactions diplomatiques.

Mais pouvons-nous attendre de leur orgueil un tel retour à la vérité, un aveu si candide de leur premier égarement? Non ; nous les connaissons mieux. Ils regarderaient le silence de l'opposition comme un triomphe; ils tourneraient contre nous notre générosité, notre désir de la concorde, notre amour de la patrie. Délivrés de tout obstacle, ils avanceraient à pas précipités dans la carrière de perdition où ils nous conduisent; et, nous croyant subjugués par la force de leur raison, terrassés par la puissance de leur génie, ces prétendus géants étoufferaient la monarchie sous les montagnes de sottises que l'opposition muette leur permettrait d'entasser.

Paris, le 6 octobre 1825.

Nous le savons, les vérités que nous disons blessent. On veut dormir au bord de l'abîme : après tant de révolutions, on regarde comme des ennemis ceux qui avertissent des nouveaux dangers. La voix qui nous réveille est importune, et il est reconnu qu'il n'y a que des hommes passionnés ou trompés dans leur ambition qui trouvent que tout va mal, lorsqu'il est évident que tout va bien.

On faisait la même observation, on tenait le même langage lorsque *le Conservateur* proclamait des vérités qui n'ont point été perdues. Qu'y a-t-il de changé dans la position des choses depuis cette époque? Cette position est bien loin de s'être améliorée. Que des *hommes* aient abandonné leurs doctrines, renié leurs amis, trafiqué de leur conscience, cela prouve-t-il que ceux qui sont restés fermes doivent les imiter ou se taire?

Ce n'est pas la première fois que ceux-là luttent seuls contre des autorités malfaisantes plus ou moins redoutables; ce ne serait pas la première fois qu'ils auraient préparé des triomphes dont le résultat ne serait pas pour eux. Ils ne l'ignorent pas; et s'ils n'avaient été mus que par une ambition personnelle, ils auraient pris une autre route; elle leur était ouverte, large, facile, honorable, même dans le sens des âmes communes et des esprits ordinaires; mais alors le mal se fût fait en paix, on eût ruiné à l'aise le crédit, semé la corruption, étouffé les libertés publiques, sans trouver de résistance; on eût élevé un monde républicain sans que la monarchie eût su où on la menait. L'opposition eût manqué d'unité et de centre; et les hommes qui veulent encore l'honneur, la prospérité, l'indépendance de leur patrie, dispersés, isolés, découragés, auraient laissé la victoire à l'incapacité triomphante.

Placé dans cette alternative, il fallait choisir : or, jamais honnête homme n'a hésité entre ses intérêts particuliers et les intérêts de son pays.

En Angleterre, un citoyen voulut énoncer des idées qu'il croyait utiles; il cacha son nom, et l'on ignore encore quel fut *Junius*. Aujourd'hui l'anonyme n'est qu'une convenance, et non pas un voile. Le masque ne rend pas hardi, il rend insolent : nous ne chercherions jamais à le mettre entre nous et l'outrage que nous aurions fait, si jamais, comme Junius, nous pouvions aller jusqu'à l'outrage.

Mais de quoi s'agit-il ici? d'hommes qui ne vaudraient pas même la peine qu'on s'occupât d'eux, si la puissance de faire du mal n'appartenait spécialement à la médiocrité vaine.

« Bientôt, dit-on, si le feu prenait à Paris, on accuserait les ministres d'avoir allumé ce feu; on dira bientôt qu'ils ont causé la dernière sécheresse. »

C'est attribuer à l'opinion royaliste la manière d'argumenter de l'opinion ministérielle; c'est confondre les crédulités populaires avec les persuasions raisonnables des classes éclairées, dans lesquelles l'opinion prend aujourd'hui naissance.

Non, ce n'est point l'opinion royaliste qui attribuera aux hommes du pouvoir *la dernière sécheresse;* mais c'est l'opinion ministérielle qui se vante tous les jours d'être la cause de ces prospérités natives de la France, qu'il est hors de son pouvoir de détruire.

Les ministres ne nous ont pas maintenus au dehors au rang que nous devions occuper, et ils ont mis en danger tous les principes de la monarchie. Au dedans ils ont essayé de tout corrompre, de nous ravir nos plus précieuses libertés, d'enchaîner l'indépendance des tribunaux, de dépouiller la fortune publique de sa sûreté et de ses gages, d'acheter les consciences, de diviser l'opinion monarchique, de pactiser avec tous les principes. Mais si les moissons sont abondantes, les vendanges heureuses; si le soleil a été bienfaisant; si les semences de la Charte, quoi qu'on ait fait pour les étouffer, ont fructifié parmi nous, les ministres vous diront que ces biens, qu'ils n'ont pas pu nous enlever, sont l'ouvrage de leur génie. N'étendent-ils pas leur puissance jusque sur le temps? ne lui ont-ils pas ordonné de s'arrêter pendant cinq années, pour achever leur victoire? Il leur fallait cinq ans de paix en Europe, de sommeil en France, pour couronner un édifice qui, au bout de cinq mois, tremble déjà dans ses fondements.

L'heure de la justice a sonné. Cette opinion publique que vous avez tant dédaignée, tant insultée, est en face de vous. Qu'en dites-vous maintenant? Y croyez-vous enfin? Mépriserez-vous encore ceux qui peuvent l'éclairer? Vous avez voulu la guerre, vous l'avez : êtes-vous satisfaits?

La session approche; les députés ne reviennent pas comme ils sont partis; ils ont à demander compte au ministère des lois qu'ils ont votées : l'esprit des provinces est encore peut-être plus opposé à ce ministère que l'esprit de la capitale. En vain l'autorité bureaucratique compte sur des divisions : les hommes qui combattaient jadis sous différents étendards se sont réunis dans de communs sentiments de liberté religieuse et monarchique, et ils y resteront pour leur salut commun. Un corps de doctrines a commencé à se former, et tous les bons esprits s'y rallient; des vérités importantes ont été révélées, et sont désormais tombées dans le domaine public.

Ministres! vous avez cru qu'on pouvait repousser toutes les légitimités naturelles; que l'on pouvait renier les doctrines, les services, les talents, sans blesser la légitimité politique; et vous avez commis une prodigieuse erreur. Cherchant une popularité qui vous fuit dans toutes les opinions, tantôt vous avez essayé de remonter vers le temps passé, et vous n'avez pas fait assez pour ceux qui vous appelaient dans cette région des tombeaux, où l'on ne rencontre que des ombres et des ruines; tantôt vous vous êtes livrés au cours du temps, et vous avez franchi la borne où les monarchies pouvaient s'arrêter, et où le système républicain commence. Nous répéterons ici cette vérité que nous avons dite, parce que nous croyons qu'elle deviendra fondamentale, et qu'elle comprend tout notre avenir :

La découverte du système républicain représentatif renferme le germe de la destruction des monarchies : mettez-vous à la queue du siècle, et vous arriverez à la république; mettez-vous à sa tête, et vous entrerez dans le port de la monarchie constitutionnelle.

Que si, consterné à l'aspect d'un système qu'on pouvait ne pas créer, mais qu'on n'est plus maître de détruire, on en est réduit à espérer le bouleversement de ces républiques dont il eût été si facile de faire des monarchies constitutionnelles, comment ces républiques nous sauraient-elles gré des relations forcées qu'on établirait avec elles? Saisi de terreur ou de haine toutes les fois qu'on reconnaîtrait un État populaire, il serait dur que chaque acte de reconnaissance ne fût au fond qu'une lâcheté ou une malédiction.

La France, après l'expédition d'Espagne, fut remise entre les mains des ministres riche, brillante, rajeunie, glorieuse, prépondérante en Europe : leurs mains débiles ont tout gâté, jusqu'aux bienfaits et aux espérances du sacre.

Qu'ont donc à faire les hommes qui nous gouvernent? A se retirer ou à se jeter dans des violences. Mais détruire la liberté de la presse, casser la Chambre des députés, ce serait pour eux se précipiter dans l'abîme, au lieu d'y descendre. Ne souhaitons point de mal à ces hommes funestes : qu'ils aillent, s'ils le peuvent, dormir en paix, après avoir flétri le présent et compromis l'avenir !

Paris, ce 17 octobre 1825.

Enfin, les partisans du ministère en sont réduits à leur dernier argument, à cet argument religieusement déposé et gardé dans les bureaux depuis qu'il y a des ministres, à cet argument qu'on va prendre dans les cartons poudreux, quand toute autre ressource est épuisée. On promène l'antique relique autour du ministère assiégé, pour écarter l'ennemi : si elle ne sauve pas les infortunés ministres, on la remet solennellement à sa place pour servir à leurs successeurs. Ceux-ci, comme des rois débonnaires, prennent à leur service la maison de leurs devanciers. « Le ministère est mort : vive le ministère ! » Les gratifications recommencent, on essuie ses larmes, et le monde va son train.

Cet argument héréditaire dans la famille ministérielle est celui-ci :

« Vous dites que les ministres sont incapables : nous le pensons aussi; qu'ils vont mal, que même ils ne peuvent plus aller : c'est notre opinion. Mais qui mettrez-vous à leur place? Où trouverez-vous un meilleur ministère qui ne succombe pas sous les difficultés dont celui-ci est écrasé? Donc il faut s'en tenir à ce qu'on a, et garder les ministres actuels. »

Depuis et avant la restauration, voilà ce qui est constamment répété à chaque changement présumé de ministère.

Écartons ce qu'il y a de bizarre, et presque de ridicule, dans cette manière de raisonner; ne disons pas qu'en pressant l'argument on arriverait à cette conséquence absurde : qu'il ne faut jamais changer de ministres, même lorsque leur inaptitude est prouvée, et que l'incapacité doit avoir pour un empire tous les effets de la nécessité. Renfermons-nous dans la simple question personnelle.

Qui pourrait, demandez-vous, remplacer les ministres du moment?

Nous répondons : Tout le monde.

Ne voulez-vous pas choisir parmi les talents signalés et les supériorités avouées? Hé bien! outre ces capacités reconnues dans les Chambres et hors des Chambres, il y a cent hommes de sens et de jugement infiniment supérieurs aux membres actuels du conseil, et qui conduiraient cent fois mieux la monarchie.

De quoi s'agit-il pour réussir beaucoup mieux que le ministère actuel?

De ne pas faire ce qu'il fait, et de défaire autant que possible ce qu'il a fait.

Ainsi la route d'un ministre des finances est toute tracée : il renverrait MM. les receveurs généraux dans leurs départements respectifs; il abandonnerait à leur force naturelle les 3 pour cent, lesquels iraient se niveler à leur pair réel, et deviendraient des 5 pour cent; il proposerait aux Chambres, à la session prochaine, l'amendement de M. Mollien et celui de M. Roy, convertis en projet de loi, savoir : la division du fonds d'amortissement par les divers effets, et le changement des 3 pour cent de l'indemnité en 5 pour cent; il cesserait de tracasser et de menacer les rentiers, mettrait un terme aux prêts des caisses publiques, et à cette préoccupation journalière de la Bourse et de l'agiotage. Rentré dans les voies simples et consciencieuses, le crédit aurait repris sa solidité première; les rêves de l'imagination de M. le ministre des finances s'évanouiraient devant le bon sens de son successeur, non pas, il est vrai, sans qu'il nous en eût coûté plusieurs millions en faux calculs, machines, prestiges et fantasmagories financières.

A l'intérieur, la tâche ne serait pas plus difficile : il suffirait de ne plus rester dans ce sommeil d'où l'on ne sort que pour demander, avant de se rendormir, s'il n'y a pas quelque procès à vendre. Le nouveau ministre ne croirait pas que tout consiste, dans un État bien constitué, à acheter des journaux et des suffrages ; il ne serait pas tout à fait persuadé qu'il est inutile de savoir lire, et que c'est un abus d'ajouter une pierre à des bâtiments commencés; il ne serait pas bien convaincu qu'un administrateur doit passer son temps à s'ennuyer de sa besogne, à la maudire, à menacer sans cesse de s'en aller, bien entendu qu'il n'en ferait rien, et qu'il tiendrait obstinément à son ennui, comme d'autres tiennent à leurs plaisirs ; il ne prendrait pas la rudesse pour de la franchise, et le cynisme du pouvoir pour de la force ; il donnerait des signatures, répondrait aux préfets, mettrait à jour leurs correspondances, dût-il bâiller en écrivant. Il ne faut à l'intérieur qu'un homme laborieux, expédiant beaucoup d'affaires, prévenant, affable, toujours prêt à s'enquérir, à écouter, aimant l'économie publique, les sciences, les lettres et les arts. Or, des administrateurs de cette espèce, il y en a une foule en France, dans tous les états de la société.

A la guerre, quel est le colonel qui n'en remontrerait au ministre actuel?

A la justice, tout magistrat instruit, qui ne prétend pas mener des juges comme des caporaux, qui respecte l'indépendance des tribunaux et les arrêts des cours, est un ministre convenable.

Il fut un moment où de grandes choses étaient à faire dans les relations étrangères, où la liberté et la monarchie pouvaient s'allier pour jamais : la limite de ce puissant système a été franchie sans être aperçue; on a remis, faute de lumière et de courage politique, l'avenir entre les mains du hasard, lorsque la Providence permettait de préparer les voies de cet avenir. Aujourd'hui la France, ne tenant plus les rênes des affaires extérieures, n'a plus besoin dans cette partie que d'un homme qui défende notre honneur, s'il ne peut rien pour notre gloire.

Qu'un ministère ainsi composé d'hommes sages et modérés paraisse; qu'il s'annonce comme l'ami de la religion, du trône et des libertés publiques; comme l'ennemi de toute corruption; qu'il témoigne à chacun un esprit de conciliation et de bienveillance; qu'il ne frappe personne, et se contente de réparer les injustices : ce ministère mettra un terme à nos divisions; l'opposition royaliste cessera à l'instant même. Quant à nous, nous le déclarons : nos amis fussent-ils tous exclus de ce ministère, nous sommes prêts à le soutenir de toute l'influence que nous pouvons exercer sur la partie considérable de l'opinion dont notre journal a l'honneur d'être l'organe.

Sans doute un ministère quelconque rencontrera toujours quelques adversaires; mais il n'est pas vrai de dire qu'une opposition puisse se soutenir quand elle n'a pas un fondement raisonnable. Or, aura-t-on toujours à combattre et à repousser un syndicat, une conversion de rentes, une indemnité avortante, une émancipation de colonies par ordonnance, des entreprises sur les libertés publiques et sur l'indépendance des tribunaux? Aura-t-on toujours devant soi des hommes parjures à leurs principes, infidèles à leurs amis, haineux, envieux, persécuteurs, faibles et violents, antipathiques au génie de la France, boitant, appuyés sur un système contradictoire qui tend au despotisme au dedans, et au républicanisme au dehors? Non, sans doute : de pareils hommes ne se rencontreront pas deux fois.

Des ministres marchant dans la route honorable que nous avons indiquée auraient, à coup sûr, une immense majorité dans les Chambres et en dehors des Chambres, majorité d'estime et de confiance. Qu'on prenne de pareils ministres, et nous répondons qu'un quart d'heure après la retraite de M. le président du conseil, la France sera aussi tranquille, les affaires marcheront avec autant de facilité que dans les temps les plus prospères de la monarchie. Le ministère tombé ne fera faute à personne; il ne laissera aucun vide, et ces hommes dont on ne peut se passer rentreront dans le profond oubli dont ils n'auraient jamais dû sortir.

Mais, dit-on, si les ministres doivent se retirer devant les clameurs de cinq ou six journaux, alors la France est donc gouvernée par les journaux?

L'Angleterre est-elle donc gouvernée par les journaux, bien autrement libres qu'en France? et pourtant les ministres anglais se retirent quand les feuilles publiques de divers principes politiques se trouvent être d'accord sur l'incapacité ministérielle. Le vice radical de cet éternel raisonnement des ennemis de la liberté de la presse, c'est de prendre les journaux pour la cause de l'opinion, tandis qu'ils n'en sont que l'effet. Ayez des ministres habiles, monarchiques et nationaux, et vous verrez si les journaux parviendront à les rendre impopulaires : loin de là, ces journaux deviendraient eux-mêmes impopulaires en attaquant des hommes que le public aurait pris sous sa protection.

Mais poussons les choses à l'extrême : supposons que l'on doive résister à une opinion aussi générale que celle qui existe contre le ministère actuel, qu'arrivera-t-il ?

Supprimera-t-on la liberté de la presse ?

C'est le moyen le plus sûr de faire tomber immédiatement le ministère.

Dissoudra-t-on la Chambre des députés, ou augmentera-t-on la Chambre des pairs si les ministres y ont perdu la majorité ?

Est-on sûr des élections ? Est-on certain qu'une augmentation de la Chambre héréditaire, tout en affaiblissant le principe de la pairie, procurerait une majorité ?

Marchera-t-on, comme on le fait aujourd'hui, en narguant l'opinion publique, et laissant les journaux libres d'user de leur droit constitutionnel, et par conséquent de dire, dans les limites de la loi, tout ce qu'ils voudront ?

Très-bien ; mais les journaux ne se lasseront point ; le combat est à mort entre l'opinion et le ministère : or, est-il possible de se maintenir longtemps dans une lutte aussi violente ? Ce combat de tous les jours, de toutes les minutes, n'a-t-il pas des inconvénients ? Les partisans du ministère ne s'en plaignent-ils pas amèrement ? Or, comme l'oppression de l'opinion, comme l'établissement de la censure ne sauverait pas le ministère, et exposerait la monarchie en attaquant le principe de nos institutions, il est évident que c'est le ministère qui doit céder la place à l'opinion : c'est ce qui arrivera un jour plus tôt, un jour plus tard.

Ne soyons pas trop rigoureux. Il y a dans le ministère deux ou trois hommes qui ne sont coupables que de faiblesse, qui gémissent intérieurement du système que l'on suit. L'opinion publique ne repousse pas invinciblement ces ministres, et elle les verrait sans peine faire partie d'un nouveau conseil.

Quant au ministère tel qu'il existe aujourd'hui, non-seulement il doit se retirer pour les mille raisons que chacun connaît, mais encore pour une raison qui domine toutes les autres. Ce ministère n'est point le ministère du règne actuel ; héritage d'un règne évanoui, il manque de l'action nécessaire à une monarchie renouvelée.

Sans doute, des hommes supérieurs peuvent occuper des emplois sous des souverains successifs; mais alors même il faut que, par une flexibilité de talent extrêmement rare, ils se rajeunissent, pour ainsi dire, avec la couronne refleurissante. Chaque prince a son génie particulier : si vous ne pouvez vous plier à ce génie, vous n'êtes plus qu'un obstacle au bien, qu'une entrave au gouvernement que vous avez la prétention de faire marcher.

Or, les ministres actuels sont-ils des hommes extraordinaires, ou qui aient seulement le bon sens qui s'applique à tout? Se sont-ils conformés au caractère du nouveau monarque? Conviennent-ils à un roi chevalier qui voit tout par lui-même, qui se montre à ses peuples, qui prend connaissance de toutes les affaires, et qui, assis à son conseil avec son auguste fils, n'a pas besoin de s'en reposer sur un président inutile? Il faut à ce roi des ministres en harmonie avec ses qualités et ses vertus, loyaux et sincères comme lui, et qui, pour bien gouverner, n'auraient qu'à suivre l'inspiration de ses pensées et à deviner les vœux de son cœur. La présente administration est vieille, flétrie, usée : laissée par la tombe à un monarque plein de vie, on sent que la mort a pesé sur cette administration ; le moment est arrivé de la retirer du lit de parade où elle a été trop longtemps exposée.

Paris, ce 23 octobre 1825.

Les Grecs semblent encore avoir échappé à la destruction dont ils étaient menacés à l'ouverture de la dernière campagne : ils se sont montrés plus intrépides que jamais. Le siége de Missolonghi, soit que ce siége ait été levé ou qu'il se soutienne encore, soit que la ville foudroyée doive succomber ou sortir triomphante du milieu des flammes; ce siége, disons-nous, attestera à la postérité que les Hellènes n'ont point dégénéré de leurs ancêtres. Si des gouvernements étaient assez barbares pour souhaiter la destruction des Grecs, il ne fallait pas laisser aux derniers le temps de déployer un si illustre courage. Il y a trois ou quatre ans qu'une politique inhumaine aurait pu nous dire que le fer musulman n'avait égorgé qu'un troupeau d'esclaves révoltés ; mais aujourd'hui, serait-elle reçue à parler ainsi d'un sang héroïque? L'univers entier s'élèverait contre elle. On se légitime par l'estime et l'admiration qu'on inspire : les peuples acquièrent des droits à la liberté par la gloire.

Il n'est pas étonnant que la défense ait été moins forte dans le Péloponèse. Quand on a parcouru ce pays, quand on sait que les paysans grecs, opprimés, dépouillés, égorgés par les Turcs, ne pouvaient avoir chez eux ni poudre, ni fusils, ni armes d'aucune espèce, on conçoit comment une troupe de villageois, pourvus pour tout moyen de défense et d'attaque de bâtons et de pierres, aient été étonnés à l'aspect de troupes régulières de nègres et d'Arabes. Mais leurs montagnes leur serviront de rempart; ils s'accoutumeront à voir marcher des soldats à demi disciplinés; ils apprendront la guerre : et, si Ibrahim n'est pas continuellement secouru, il pourrait rester dix ans dans les vallées du Péloponèse sans être plus avancé le dernier que le premier jour.

Sur la mer, les Grecs ont maintenu leurs avantages. Les Turcs, malgré la supériorité de leurs vaisseaux, ne cherchent plus même à tenir devant un ennemi qui ne leur oppose pourtant que de frêles embarcations. L'audacieuse entreprise de Canaris sur le port d'Alexandrie a été au moment de tarir cette source de peste et d'esclavage que l'Afrique fait couler vers la Grèce.

On nous dit que des flottes russes vont venir à leur tour dans la Méditerranée juger des coups, et assister à la lutte de quelques chrétiens abandonnés de la chrétienté entière, contre un peuple de Barbares qui a menacé le monde chrétien, et qui fait encore peser son joug sur une grande partie de l'Afrique, de l'Asie et de l'Europe. Le spectacle est digne, en effet, de l'admiration des hommes; mais nous plaindrions les spectateurs qui pourraient en être les témoins sans en partager l'honneur et les périls.

En attendant que les cabinets se réveillent, nous, simples particuliers, nous qui n'avons aucune raison pour séparer la justice et l'humanité de la politique, formons des vœux pour nos frères en religion. Que tous ceux dont le cœur palpite au nom de la Grèce; que tous ceux qui apprécient à sa juste valeur le grand nom de chrétien; que tous ceux qui estiment le courage, qui aiment la liberté, détestent l'oppression et ont pitié du malheur; que tous ceux-là s'empressent de soutenir une cause que la civilisation ne peut abandonner sans une lâche ingratitude : la foi de nos pères et la reconnaissance du genre humain doivent prendre sous leur protection la mission de saint Paul et les ruines d'Athènes.

Une autre campagne en Grèce peut avoir lieu : il faut pourvoir d'avance aux besoins des braves qui seront appelés sur le champ de bataille : déjà nous avons ouvert un asile aux deux enfants de Canaris; leur mère a été massacrée : leur père, qui, décidé à mourir pour la patrie, les regarde déjà comme orphelins, sera-t-il abandonné par nous? Pouvons-nous mieux répondre à la touchante confiance qu'il nous témoigne, qu'en lui fournissant les moyens de recevoir dans ses mains triomphantes les chers gages qu'il a déposés dans le sein de l'honneur français? Ce sont les orphelins de la Grèce qui implorent eux-mêmes aujourd'hui à nos foyers notre piété nationale : qui mieux que des Français peut sentir la sympathie de la gloire et du malheur ?

Paris, le 24 octobre 1825.

La presse périodique est une force immense sortie de la civilisation moderne : on ne l'étoufferait ni par la violence ni par le dédain. Née des besoins de la société nouvelle, elle a pris son rang parmi ces faits que les hommes n'abandonnent plus, une fois qu'ils en sont saisis ; elle a remplacé pour nous la tribune populaire des anciens ; elle est à l'imprimerie ce que l'imprimerie a été à l'écriture. Il n'est au pouvoir de personne de la détruire, pas plus que d'anéantir les grandes découvertes qui ont changé la face du monde. Il faut vivre, quoi qu'on en ait, avec la boussole, la poudre à canon, l'imprimerie, et, de nos jours, avec la machine à vapeur : c'est fort malheureux sans doute, mais c'est comme cela ; qu'y faire ?

Ainsi, la presse périodique proclame aujourd'hui des vérités qui n'étaient autrefois renfermées que dans des livres ; elle les rend familières, et les met à la portée de tous.

Pour nous, qui ne connaissons que le salut du prince et de la patrie, qui ne demandons rien, qui ne craignons personne, qui sommes habitué aux persécutions et qui nous croyons au-dessus des injures, nous continuerons à énoncer sans déguisement ce qui nous paraîtra utile au trône et à la France.

Le monde, comme on le mène, va à la république : nous l'avons dit, nous le répétons ; et ce crime de lèse-monarchie est dû en grande partie au ministère actuel.

Il y avait un moyen assuré d'éviter tout péril : c'était d'arrêter le monde dans la monarchie constitutionnelle. Or, les amis du ministère nous disent que la Charte n'est qu'un cadre disloqué, et qu'*il faut que la royauté se convertisse en despotisme*. De l'autre côté de ce despotisme d'un moment, on se trouverait face à face avec la république.

Dans le discours d'adieux du président des États-Unis au général Lafayette, discours d'ailleurs remarquable de tout point, nous lisons ce passage : « Pendant ce long espace de temps (il aurait dû dire pendant ce court), le peuple des États-Unis, pour qui et avec qui vous avez pris part aux batailles de la liberté, a joui pleinement de ses fruits et a été l'un des plus heureux dans la famille des nations, voyant sa population s'accroître et son territoire s'agrandir, agissant et souffrant selon les conditions de sa nature, et jetant les fondements *de la plus grande, et, nous l'espérons sincèrement, de la plus bienfaisante puissance qui ait jamais réglé les intérêts humains sur la terre.* »

Le général Lafayette répond : « Avoir été, dans les circonstances les plus critiques, adopté par l'Union comme un fils chéri; avoir participé aux travaux et aux périls de la noble lutte qui avait pour objet l'indépendance, la liberté et l'égalité des droits; avoir pris part à la fondation de l'*ère américaine, qui a déjà traversé, et qui doit encore, pour le bonheur de l'espèce humaine, traverser chaque partie d'un autre hémisphère.....* »

Le chef d'un puissant État raconte des faits, un citoyen adoptif exprime des vœux : voilà où l'on en est pour les idées de république.

Parmi les rois de France qui ont été l'objet des éloges du président des États-Unis, on eût désiré trouver le nom de Louis XVI, principal auteur et innocente victime de la liberté américaine.

Et les États-Unis ne sont plus seuls à influer sur l'esprit des peuples; ils ont créé autour d'eux tout un monde républicain, qui bientôt va tenir son congrès général à Panama. Les discours qui seront prononcés dans cette réunion retentiront au delà des mers. Que produiront-ils? La seule déclaration des Droits de l'homme, par les États-Unis, nous donna les sanglantes saturnales de 1793.

Les esprits, toutefois, étaient-ils préparés, comme ils le sont aujourd'hui, à recevoir des impressions populaires? n'y avait-il pas encore, en 1789, des ordres politiques, de grands propriétaires, des corporations, d'antiques mœurs, de vieilles habitudes, de récents souvenirs qui luttaient contre les nouvelles doctrines? Depuis cette époque, la révolution a fait rouler sur la France son pesant niveau; tout en a été écrasé, choses et hommes. Les illusions du passé ont disparu; les appuis du trône ont été brisés; chaque individu, devenu libre par ses malheurs, a appris à ne compter que sur lui-même, à ne s'estimer que par ses qualités propres; et cette légitimité naturelle, qui remplaça la légitimité politique absente, a fondé dans les esprits une indépendance désormais invincible.

En même temps ce sentiment de liberté ne vient plus des agrégations démocratiques, des masses passionnées et tumultuaires; ce ne sont plus les classes ignorantes, mais les classes éclairées, qui penchent aux réformes. Si des révolutions devaient encore avoir lieu, il est probable qu'elles s'effectueraient avec moins de violence, moins d'effusion de sang, moins d'injustices, moins de spoliations; ce serait un changement politique élaboré et amené à point par le temps, comme le soleil mûrit un fruit. La république représentative a ses formes toutes trouvées; et cette république, qu'on aurait pu repousser à jamais avec la monarchie représentative franchement admise, serait là pour en consacrer les libertés méconnues.

Il y a des hommes qui ne veulent rien voir ou qui ne peuvent rien voir de ce qui se passe autour d'eux. Tout annonce qu'une révolution générale s'opère dans la société humaine, et ceux qui devraient en être le plus persuadés ont l'air de croire que tout va comme il y a mille ans.

Dans l'ordre moral, l'affaiblissement de la foi chrétienne a rendu les mœurs moins puissantes; le système politique a été ébranlé par les coups que l'on a portés au système religieux.

Dans l'ordre physique, le développement inouï de l'industrie, la diffusion des lumières parmi les classes inférieures de la société, ont multiplié les ressources des peuples, en même temps qu'elles les ont rendus indociles à tout pouvoir qui ne se fonde pas sur la raison.

Jetez un regard sur le monde, et voyez le spectacle qu'il vous présente.

Des républiques occupent une immense partie de la terre sur les rivages des deux océans; chez ces peuples, qui ont toute la vigueur de la jeunesse, dans ces pays vierges encore, la civilisation perfectionnée de l'ancienne Europe va prêter ses secours à une nature puissante et énergique. Les machines de l'Angleterre exploiteront les mines de l'Amérique, découverte, pour ainsi dire, une seconde fois. Des bateaux à vapeur remonteront tous ces fleuves destinés à devenir des communications faciles, après avoir été d'invincibles obstacles. Les bords de ces fleuves se couvriront en peu de temps de villes et de villages, comme nous avons vu sous nos yeux de nouveaux États américains sortir des déserts du Kentucky. Dans ces forêts, réputées impénétrables, bientôt passeront, sur des chemins de fer, comme sur les routes de la Grande-Bretagne, ces espèces de chariots enchantés marchant sans chevaux, transportant à la fois, avec une vitesse extraordinaire, des poids énormes, et cinq à six cents voyageurs. Sur ces fleuves, sur ces chemins descendront, avec les arbres pour la construction des vaisseaux, les richesses des mines qui serviront à les payer; et l'isthme qui unit l'une et l'autre Amérique rompra sa barrière pour donner passage à ces vaisseaux dans l'un et l'autre océan.

La nouvelle marine, qui emprunte du feu son mouvement, ne borne pas ses efforts à la navigation des fleuves; elle affronte aussi les mers : les distances s'abrégent; il n'y a plus de courants, de moussons, de vents contraires, de ports fermés en certaines saisons de l'année.

L'art de la guerre subira à son tour une altération notable : l'embouchure des rivières est défendue par des forteresses mobiles qui vomissent des feux et des eaux bouillantes; des projectiles d'une force et d'une forme inconnues sont inventés; la vapeur lance le boulet plus vite et plus sûrement que la poudre; et il est impossible de dire, avec les essais qui se multiplient, à quels résultats inattendus ces nouveaux arts peuvent arriver.

Et tandis que l'Amérique se transforme, et vient, monde nouveau et civilisé, mettre son poids dans la balance des empires, le gouvernement britannique fait découvrir les régions hyperboréennes, et achever la reconnaissance de la terre. Une compagnie de marchands anglais complète son occupation de l'Inde, réunit à ses territoires le royaume d'Aracan, et s'approche des frontières de la Chine, dont on déclare déjà la conquête assurée avec une armée de trente mille hommes.

Cette Grèce, jadis héroïque, libre et riante; cette Grèce, toujours héroïque, mais aujourd'hui opprimée et désolée, voit encore l'Angleterre placée à ses avant-postes; celle-ci la recevra dans ses bras lorsqu'elle aura été repoussée de ceux de tous les princes chrétiens.

Que faisons-nous au milieu de ce mouvement du monde? Nous opposons au congrès de Panama la réunion de tous les commis de finances autour d'un ministre. Aux discours du président des États-Unis, aux proclamations prochaines des nouveaux gouvernements libres, nous répondons par des projets de censure et des procès en tendance. Nous ne cherchons pas sous le pôle des routes ignorées; nous n'avons pas la prétention de donner dans l'Inde un royaume à nos marchands, et peu nous importe la Grèce; il nous suffit de connaître les rues qui mènent à la Bourse, et de conquérir un franc sur quelques misérables rentiers. Quand on mesure nos hommes d'État à l'échelle des événements, c'est véritablement alors que leur petitesse effraye.

Tout nous oblige donc à croire que l'espèce humaine marche à de nouvelles destinées; mais si un homme d'État ne pouvait, sans être atteint de folie, essayer de remonter le torrent des siècles, il serait encore plus insensé de s'y livrer aveuglément.

A une époque qui n'est pas encore fort éloignée, on a pu établir dans les Amériques espagnoles le système monarchique avec une véritable liberté. L'Angleterre n'avait point encore tranché la question; nous osons assurer qu'elle l'eût plus mûrement examinée, si l'on eût continué à lui opposer les raisons, le calme et la fermeté qui l'avaient empêchée d'abord de se précipiter trop vite dans la route qu'elle a depuis suivie. Elle eût fini par reconnaître elle-même que ses intérêts commerciaux pouvaient également être assurés, sans compromettre dans une postérité assez rapprochée son existence monarchique. Il était encore possible de réveiller dans certains cabinets les idées généreuses qui leur étaient naturelles, et dont les traces existent partout dans les documents diplomatiques; idées qui n'ont été étouffées, au grand malheur de l'espèce humaine, que par des conseils rétrécis.

Les bases étaient posées; le double travail de tempérer les uns, d'éclairer les autres, s'avançait : encore un peu de patience, et un ouvrage immense qui décidait de la nature de l'avenir, qui donnait une grande gloire à la France, pouvait s'achever. Soudain tout a été interrompu; l'intérêt des peuples et des rois a été immolé à de basses envies. L'Angleterre, dégagée de toute représentation raisonnable, a reconnu les républiques espagnoles avant de s'être bien assurée que toute autre forme politique n'était pas incompatible avec l'indépendance et la liberté de ces nouveaux États : de ce jour le destin du monde a été changé.

Alors quelques administrateurs parmi nous, ne se doutant pas de ce qu'ils faisaient, ne sachant pas qu'ils confirmaient le plus vaste de tous les systèmes, croyant ne prendre qu'une mesure populaire de commerce, croyant ne jouer qu'un coup heureux à la Bourse; quelques administrateurs, disons-nous, par une sorte d'étourderie politique naturelle à la légèreté de leur esprit, ont achevé l'ouvrage commencé : ils ont, sans mesure législative, lancé à leur tour dans le monde une république de la plus formidable espèce pour la sûreté domestique et pour celle des colonies, pour les intérêts de la propriété et pour la stabilité de l'ordre monarchique.

Et quels sont les hommes qui ont versé dans ce système républicain? Sont-ce des hommes amis de la liberté des peuples, des hommes qui aient favorisé cette liberté dans leur patrie, des hommes qui aient maintenu nos institutions, qui en aient voulu le développement et appelé toutes les conséquences? Non : ce sont les auteurs de la censure, les admoniteurs de l'indépendance des tribunaux, les marchands de procès, les brocanteurs d'opinions, les trafiquants de conscience, les joueurs à la Bourse, les convertisseurs de rentiers, les petits tyrans domestiques dont les élèves brûleraient avec joie la Charte en place de Grève par la main du bourreau. Voilà les hommes qui devaient propager sur la terre le système républicain ! Et nous, que l'on accuse d'un trop grand penchant aux idées constitutionnelles, nous que l'on voudrait bien accuser encore de n'être pas royaliste, si la chose était possible, c'est nous qui défendons la monarchie contre le républicanisme ministériel !

Tel est le malheur d'un État quand il est conduit par des ministres sans principes arrêtés; ils flottent au hasard; et, selon les besoins du jour, ils abondent tantôt dans une opinion, tantôt dans une autre : despotes à l'intérieur, républicains au dehors; double moyen d'amener des catastrophes.

Mais les événements échappent aux mains qui ne peuvent les diriger; tandis que l'on reste stationnaire, ou que l'on se jette tête baissée dans des abîmes, le temps fuit, et le monde s'arrange malgré nous.

Qu'un ministre tombe à l'intérieur dans des erreurs considérables, qu'il protège les méchants, qu'il écarte les gens de bien, qu'il propose de mauvaises lois, qu'il prenne de fausses mesures, il y a remède à tous ces maux;

mais ce qui ne se répare point, ce sont les fautes commises au dehors. Des guerres longues et sanglantes ne rétabliraient pas ce qui souvent n'aurait coûté qu'une dépêche diplomatique ; on ne peut pas faire aujourd'hui, par exemple, que l'Amérique ne soit pas républicaine : on verra tôt ou tard où cela conduira l'Europe monarchique, si l'Europe monarchique surtout brise le sceptre constitutionnel : la gloire même ne soutient pas longtemps l'arbitraire des baïonnettes. Nous le savons : on se réfugie dans des espérances d'anarchie ; on pourra reconnaître des républiques, mais en leur souhaitant intérieurement malheurs, troubles et destruction. Ces lâches espérances d'une *politique* qui ne sait rien vouloir ni rien oser ne reposent pas même sur l'expérience des faits. L'anarchie des nouvelles républiques ne serait pas moins funeste aux monarchies que l'ordre même de ces républiques. L'anarchie de la France populaire pendant cinq années a-t-elle empêché cette France de troubler l'Europe ? Et après les exemples de nos agitations révolutionnaires, le monde a-t-il été guéri des idées démocratiques ? les États-Unis n'ont-ils pas continué de nourrir partout ces idées ? et l'Amérique presque entière ne vient-elle pas de devenir républicaine ?

N'espérons pas non plus que des mœurs qui seraient devenues facilement monarchiques constitutionnelles, si on l'avait voulu, refusent de se plier à des institutions populaires dans une république représentative. Cette sorte de république ressemble de bien près à la monarchie ; elle souffre, comme elle, les grands propriétaires, les grandes corporations, même religieuses ; le luxe, le commerce, l'élégance et la politesse de la vie.

Il y a deux espèces de liberté : l'une qui appartient à la jeunesse des peuples, l'autre qui peut être le fruit de leur vieillesse : l'une est une vertu d'innocence, une sorte d'instinct de l'ordre religieux ; l'autre est une vertu de philosophie, une connaissance savante qui résulte de l'ordre intellectuel ; celle-là se confond dans le cœur avec l'amour exclusif de la patrie : des habitudes simples lui servent de compagnes ; celle-ci s'associe dans l'esprit avec la bienveillance pour tous les hommes ; elle jouit des arts de la civilisation ; on arrive à la première par les mœurs ; à la seconde par les lumières. Ce furent ces deux espèces de libertés qui inspirèrent à Fabricius et à Tacite une égale haine des tyrans.

Qu'on cesse donc de s'en reposer, pour la sûreté monarchique de l'Europe, sur les heureux malheurs qui pourraient affliger les républiques américaines : les larmes de ces républiques, pas plus que leurs prospérités, ne feraient notre joie. Ne pouvant désormais rien empêcher, le seul parti qui reste à prendre, c'est de combattre, autant que possible, les conséquences de nos œuvres.

Nous devons d'abord sûreté à nos compatriotes d'outre-mer : il n'y a qu'un moyen efficace de les mettre à l'abri, c'est de donner graduellement la liberté aux nègres de la Martinique et de la Guadeloupe. Il ne faut pas que la révolte soit mieux traitée que la fidélité ; il est de meilleurs titres à l'indépendance que des massacres, des spoliations et des incendies. Quoi qu'il arrive désormais, l'émancipation de Saint-Domingue a fini le système colonial, et c'est de cette vérité qu'il faut partir.

Ce n'est pas pour les ministres que nous parlons en agitant ces questions importantes, mais pour le trône légitime, pour la France, pour l'Europe monarchique. Les ministres nous entendraient-ils? Ont-ils su ce qu'ils faisaient? Uniquement occupés de leur existence, la baisse d'un centime à la Bourse leur paraît bien plus importante que la création de tout un monde républicain.

On trouvera peut-être que des matières aussi graves mériteraient d'être traitées dans des feuilles moins fugitives que celles d'un journal ; on se trompe : dans les temps où nous vivons, on lit peu les livres et beaucoup les ouvrages périodiques qui suffisent au besoin du jour. Les pensées se communiquent plus vite par ce moyen que par tout autre écrit. Les écrivains seuls ne recueillent aucun fruit de leur travail, et ils peuvent dépenser, inutilement pour eux, beaucoup de temps et de talents dans ces combats sans nom et sans gloire ; mais il ne s'agit pas des écrivains, et ils doivent immoler leur amour-propre au profit de la société. On se souviendra longtemps des services qu'a rendus *le Conservateur*, et il en reste encore de plus grands à rendre.

Mais quelles sont nos raisons particulières pour tirer l'opposition de son champ de bataille habituel, la Bourse, le syndicat, l'indemnité, et pour la porter dans des régions si élevées?

Apparemment que nous espérons effrayer les ministres de ce qu'ils ont fait, les amener à quitter leurs places?

Nous connaîtrions bien mal les hommes, si nous nourrissions une pareille espérance. En général, qui effraye-t-on, et surtout en France, par des prédictions dont l'accomplissement peut n'être pas immédiat? « Quoi! nous pourrions être républicains un jour? radotage! Qui est-ce qui rêve aujourd'hui la république? Ne nous disputerions-nous pas des places électives? Dans notre amour-propre français, quel individu ne troublerait l'État pour arriver à la présidence? La France peut-elle jamais devenir un État fédératif? Le monde est las des révolutions, on n'en veut plus ; et si par hasard quelques fous s'avisaient de troubler le repos public, on saurait y mettre bon ordre. Et enfin, les choses arrivent-elles jamais comme on les prévoit? Que d'événements peuvent déranger tous vos calculs! Les républiques nouvelles ne peuvent-elles se déchirer? etc. »

Voilà ce que nous opposeront le rétrécissement de l'esprit, l'imprévoyance de la légèreté et la pusillanimité de caractère qui fait qu'on ferme les yeux, de crainte d'avoir peur; voilà l'oreiller sur lequel on se rendormira jusqu'au moment du réveil. Peut-être se dira-t-on de plus intérieurement : « Qu'importe, d'ailleurs? je n'y serai plus. »

Si nous sommes convaincu que cette grande et haute opposition paraîtra fort indifférente au ministère, elle nous est donc suggérée par quelque autre raison *personnelle*; car il est clair qu'on n'est dans l'opposition que par *intérêt*. Nous aurons apparemment été saisi d'une frayeur subite de la république; l'ombre sanglante de la Convention nous sera apparue : nous nous serons vu proscrit de nouveau, et, dans notre terreur panique, nous aurons cru devoir sonner l'alarme.

Vous vous trompez encore : et, pour donner plus de poids aux vérités que nous avons énoncées, pour montrer combien elles procèdent de notre amour très-désintéressé de la monarchie légitime, nous allons faire notre profession de foi.

Attaché à la famille royale par amour, fidélité, devoir, honneur, nous avons eu le bonheur de lui rendre quelques services, et nous sommes toujours prêt, s'il était nécessaire, à faire pour elle des sacrifices que ne feraient pas ceux dont les systèmes sont aujourd'hui écoutés. Partout où sera la couronne, là nous serons : nous vivrons et nous mourrons pour sa cause sacrée.

Attaché à l'ordre monarchique par raison, nous regardons la monarchie constitutionnelle comme le meilleur gouvernement possible à cette époque de la société.

Mais si l'on veut tout réduire aux intérêts *personnels*, si l'on suppose que pour nous-même nous croirions avoir tout à craindre dans un État républicain, on est dans l'erreur.

Nous traiterait-il plus mal que ne nous a traité la monarchie? Deux ou trois fois dépouillé pour elle et par elle, l'empire, qui aurait tout fait pour nous si nous l'avions voulu, nous a-t-il lui-même plus rudement renié? Nous avons horreur de la servitude; la liberté plaît à notre indépendance naturelle : nous préférons cette liberté dans l'ordre monarchique, mais nous la concevons dans l'ordre populaire. Qui a moins à craindre de l'avenir que nous? Nous avons ce qu'aucune révolution ne peut nous ravir : sans place, sans honneurs, sans fortune, tout gouvernement qui ne serait pas assez stupide pour dédaigner l'opinion serait obligé de nous compter pour quelque chose. Les gouvernements populaires surtout se composent des existences individuelles, et se font une valeur générale des valeurs particulières de chaque citoyen. Nous serons toujours sûr de l'estime publique, parce que nous ne ferons jamais rien pour la perdre; et nous trouverions peut-être plus de justice parmi nos ennemis que chez nos prétendus amis. Le temps des ingratitudes républicaines est passé, parce qu'on a reconnu que l'ingratitude est stérile, et, en dernier résultat, funeste.

Ainsi, de compte fait, nous serions sans frayeur des républiques, comme sans antipathie contre leur liberté : nous ne sommes pas roi, nous n'attendons point de couronne ; ce n'est pas notre cause que nous plaidons : nous aimons à le répéter, notre dévouement à la légitimité est sans bornes, comme sans intérêt personnel. Nous mourrons dans les doctrines les plus sincères du royalisme ; royalisme d'autant plus assuré qu'il est dépouillé pour nous de toute illusion, qu'il n'est point fondé sur un penchant servile, et qu'il vient du choix réfléchi d'un esprit sans préjugés politiques. Hé bien ! c'est dans les intérêts de l'ordre monarchique légitime et constitutionnel que nous résumerons en quelques lignes cet article.

La lutte du ministère actuel contre l'opinion est la lutte de l'intérêt matériel de quelques hommes contre l'intelligence humaine : c'est un compte à régler entre le nombre des suffrages et le nombre des idées; une balance à établir entre l'orgueil de l'ignorance et les lumières de l'esprit. On a essayé de former au milieu de la nation une minorité qui devînt, par sa position, une majorité suffisante à l'existence des autorités du jour ; mais il est arrivé qu'en immolant tout à cette existence, d'ailleurs impossible, le mal que l'on a fait a dépassé le ministère. Il n'est plus question en réalité de ce ministère moralement anéanti, mais de la vie même de la monarchie.

On a dit sous un autre ministère, et à propos de ce ministère, que « les choses étaient conduites de sorte, et si bien préparées pour une révolution, que chacun pourrait un matin se mettre à la fenêtre pour voir passer la monarchie. »

Nous disons aux ministres actuels : « En continuant de marcher comme vous marchez, et de favoriser le système républicain, toute la révolution pourrait se réduire, dans un temps donné, à une nouvelle édition de la Charte, dans laquelle on se contenterait de changer seulement deux ou trois mots. »

Paris, le 28 octobre 1825.

Il est loin de notre intention d'entrer en lice avec les chevaliers du ministère. Il y a tantôt une vingtaine d'années que ces champions de l'arbitraire ministériel, depuis Fouché jusqu'aux espions de nos jours, nous insultent pour notre attachement à des principes généreux. Les pauvres gens! Si jamais nous pouvions et voulions les payer, ils insulteraient demain, en notre honneur et gloire, les hommes qui les nourrissent aujourd'hui.

Un seul raisonnement mérite néanmoins d'être relevé.

Nous sommes républicain, parce que nous avertissons la monarchie qu'on la mène à la république! Un homme s'avance vers un abîme qu'il ne voit pas : je le saisis par le bras, je l'arrête au bord du gouffre, et il s'écrie que j'ai voulu l'y précipiter! Admirable logique de la mauvaise foi et de l'ingratitude! Un journal indépendant royaliste a très-bien fait sentir l'absurdité de ce raisonnement.

Fidèle à la conduite que nous avons toujours tenue depuis la restauration, nous avons cru devoir avertir la couronne des dangers que tous les amis du monarque voyaient, et que personne n'osait clairement signaler.

Les hommes que l'opinion royaliste trompée a portés au ministère n'auront plus d'excuses à présent. Nous avons levé le bandeau qui leur couvrait les yeux; et s'ils ne peuvent éviter l'écueil dont ils se sont trop approchés dans les ténèbres, qu'ils abandonnent le gouvernail à des pilotes plus habiles.

On n'a point détruit et l'on ne pouvait pas détruire ce que nous avons dit de l'influence que doivent avoir les républiques américaines sur le monde monarchique européen. Nous aurions pu entrer à ce sujet dans des considérations beaucoup plus étendues. Quand il n'y aurait que les mines possédées par les nouveaux États populaires, ce seul accident renferme pour eux un principe extraordinaire de puissance. Ils ont dans leur sein les sources de l'or; avec de l'or on achète des vaisseaux, des armes et des hommes. Il sera donc possible à ces républiques d'avoir des soldats étrangers à leur paye, en Europe même. Des nègres pourront solder et commander des blancs, faire des descentes sur les côtes de notre continent, pour se joindre à leurs auxiliaires. Carthage n'envoyait-elle pas des Ibériens et des Gaulois en Italie?

Ces riches républiques américaines pourront encore appeler à elles tous les talents de l'Europe, dans quelque genre que ce soit, et les employer à leur usage. Elles se sont déjà servies de lord Cochrane ; et toutes faibles, toutes naissantes qu'elles sont, ne bloquent-elles pas, dans ce moment même, les ports de la vieille Espagne?

La création des nouveaux peuples diminue aussi l'importance relative des anciens peuples.

Autrefois il n'y avait dans le monde civilisé que l'Europe ; dans cette Europe, il n'y avait que cinq ou six grandes puissances, dont les colonies n'étaient que des appendices plus ou moins utiles.

Aujourd'hui il y a une Amérique indépendante et civilisée ; dans cette Amérique il y a six grands États républicains, deux ou trois plus petits, et une monarchie constitutionnelle. Ces neuf ou dix nations, jetées tout à coup dans un des bassins de la balance politique, rendent, comparativement, le poids des monarchies européennes plus léger. Ce n'est plus une querelle entre la France, l'Autriche, la Prusse, la Russie et l'Angleterre, qui fera le destin de la société chrétienne. La diplomatie, le principe des traités de commerce et d'alliance, le droit politique, vont se recomposer sur des bases nouvelles. Les vieux noms, les vieux souvenirs perdent aussi de leur autorité au milieu des récentes générations, au milieu des jeunes espérances d'un univers qui se forme dans d'autres idées.

L'Angleterre souffrira moins que les puissances continentales européennes de cette création nouvelle, en raison de sa liberté, de son industrie, de son commerce et de ses diverses possessions. Elle regarde des deux côtés les Amériques sur les deux océans : elle compte dans l'Inde plus de quatre-vingts millions de sujets ; elle étend ses colonies sur les côtes de l'Afrique, dont elle est au moment de découvrir et de traverser l'intérieur, comme elle explore les régions polaires. Le cinquième continent se peuple par elle ; dans l'océan Pacifique elle a créé de plus petits royaumes défendus par une marine, du canon et des forteresses ; elle les a créés sur ces mêmes rives habitées, il n'y a pas encore cinquante ans, par les sauvages meurtriers du grand navigateur qui, le premier, nous révéla leur existence.

Que fallait-il faire pour ne pas être envahi en Europe par la souveraineté du peuple, pour éviter la lutte entre des républiques dans la force de l'âge et des monarchies affaiblies par le temps et les révolutions ? Nous le répéterons jusqu'à satiété, parce que la question était là tout entière : il fallait favoriser, autant que possible, l'établissement des monarchies constitutionnelles en Amérique, et maintenir franchement celles qui existent en Europe. Nous allons montrer par un grand exemple la faiblesse de la monarchie absolue et la force de la monarchie constitutionnelle.

En 1701, Louis XIV, le puissant, le glorieux Louis XIV, met son petit-fils sur le trône des Espagnes. Il est obligé de lui fournir des soldats, des généraux et des ministres. Philippe V n'avait rien trouvé : Charles-Quint avait renversé les institutions nationales au delà des Pyrénées, et Philippe II en avait dispersé jusqu'aux débris.

La monarchie, devenue absolue, marche avec la nouvelle dynastie, et s'enfonce de plus en plus dans l'abîme. Riche de tous les trésors du Mexique et du Pérou, conservant encore des possessions précieuses dans la mer des Indes et dans la mer Atlantique, l'Espagne tombe dans un état de pauvreté et de langueur presque sans exemple. Les provinces d'outre-mer, qui devaient augmenter sa puissance, lui deviennent un fardeau : après avoir retrouvé un moment de gloire dans son combat contre le conquérant de l'Europe, comme la vie près de s'éteindre jette une vive lumière, cette noble Espagne semble expirer aujourd'hui, dépouillée de superbes colonies qui deviennent des États indépendants.

A peu près dans le temps où un fils de France alla régner à Madrid, un petit électeur de Hanovre fut appelé au trône de Londres : il y arrive sans appui et sans force extérieure, et soudain il devient un roi puissant. Ses successeurs combattent avec avantage le pavillon de la France ; l'Angleterre perd ensuite des colonies importantes, mais elle est si loin d'être affaiblie par cette perte, qu'elle lutte corps à corps pendant vingt ans avec la révolution française, enrôle l'Europe entière sous ses drapeaux, triomphe et est chargée de garder sur un rocher celui qui avait enchaîné le monde.

Buonaparte est arrivé à la fin des monarchies absolues, comme pour les continuer à force de gloire : l'arbitraire avait enfanté par un dernier effort ce qu'il avait de plus brillant pour arrêter les peuples sur la pente de la liberté. Buonaparte a succombé : qui oserait essayer d'accomplir l'œuvre que n'a pu achever sa main formidable?

L'Angleterre a-t-elle été épuisée par ses efforts gigantesques? Non. La voilà plus florissante que jamais, qui se rajeunit avec la société, prend la route nouvelle ouverte devant le genre humain, et se place, pour ainsi dire, à la tête des nations que la Providence appelle sur la scène du monde.

Qui a produit cette différence de destinée entre deux grands royaumes, lors de leur changement de dynastie et après ce changement?

Philippe V rencontra le despotisme en Espagne, et George Ier, la liberté en Angleterre ; l'un trouva la monarchie absolue, l'autre, la monarchie représentative.

Nous l'avons, cette monarchie représentative ; nous l'avons, grâce à la généreuse race de nos rois légitimes. Gardons précieusement ce don inappréciable de nos dignes souverains : loin de chercher à entraver les institutions qu'ils nous ont octroyées, loin d'en redouter les effets, favorisons le développement de ces institutions, promulguons les lois qui doivent en compléter l'édifice. Que cet édifice, nous l'avons déjà dit, ait la religion à sa base, la couronne à son sommet, et la liberté entre la religion et la couronne, alors nous pourrons, comme l'Angleterre, échapper à l'influence de ce monde républicain qu'une politique sans prudence a laissé créer devant nous. Jouissons dans la monarchie représentative de toutes les libertés raisonnables que pourrait nous offrir un système populaire ; et nos mœurs, notre caractère, nos habitudes, donneront la préférence à un ordre de choses qui nous assurera la prospérité de l'avenir, sans nous isoler de notre gloire historique, sans briser la chaîne des traditions, sans nous séparer du passé.

Mais qu'on abandonne promptement la route que l'on suit ; qu'on ne s'endorme pas ; qu'on ne vienne pas se rassurer par l'horreur qu'inspirent les crimes de 1793 ! La révolution, qui est partout, n'a plus cette couleur effrayante : son masque aujourd'hui est riant, et elle affecte l'air de la monarchie. Si l'on regardait comme ennemis ceux qui nous dénoncent sa présence, nous pourrions la trouver un matin assise tranquillement dans le palais où on l'aurait laissée pénétrer.

Enfin, que notre roi bien-aimé touche nos maux, et guérisse nos plaies avec ce sceptre bienveillant à qui la France doit toutes ses libertés, depuis Louis le Gros jusqu'à Charles X. La légitimité et la monarchie constitutionnelle, voilà nos trésors : qu'ils ne soient pas dissipés par des mains qui n'en connaissent pas la valeur.

Paris, le 3 novembre 1825.

Encore une *trêve du roi!*
Paix aujourd'hui aux ministres !
Gloire, honneur, longue félicité et longue vie à Charles X !

On voudrait bien nous faire passer à ses yeux pour des mécréants, des gens suspects, des loups déguisés en bergers, des alliés secrets des jacobins, des demi-révolutionnaires : on a beau faire, on n'y parviendra pas. Notre prince connaît par le cœur ses amis et ses ennemis : il nous a vu dans son armée, il nous a rencontré à Gand ; il nous rencontrerait demain pour lui sur la brèche, s'il y avait assaut à repousser. Nous avons encore dans les veines quelques vieux restes d'un sang fraternel qui a coulé au pied du trône. On peut nous enlever la faveur, mais il n'est au pouvoir de personne de nous ravir la bienveillance intérieure et l'estime de notre roi : voilà le désespoir de nos ennemis.

Mais nous sommes dans l'opposition ; c'est nous qui divisons tout ; sans nous, il n'y aurait qu'une seule opinion parmi les royalistes. Qu'on nous donne tous les jours un texte comme celui de la Saint-Charles, et l'on verra si nous disputons quelque chose.

Que pourrait-on dire de notre roi ? Parlerait-on de l'honneur ? il en est le modèle ; de la bonté ? cette vertu semble avoir été inventée pour lui ; de la vérité ? elle se retrouverait dans sa bouche si elle était perdue sur la terre ; de l'humanité ? quel est le malheureux qu'il n'ait pas secouru ? de la générosité politique ? il a aboli la censure et juré la Charte.

C'est à nous surtout, vieux compagnon d'exil de notre monarque, qu'il faut demander l'histoire de Charles X.

Vous autres Français qui n'avez point été forcés de quitter votre patrie ; vous qui n'avez reçu *un Français de plus* que pour vous soustraire au despotisme impérial et au joug de l'étranger, habitants de la grande et bonne ville, vous n'avez vu que le prince heureux : quand vous vous pressiez autour de lui, le 12 avril 1814 ; quand vous touchiez, en pleurant d'attendrissement, des mains sacrées et libératrices ; quand vous retrouviez sur un front ennobli par l'âge et le malheur toutes les grâces de la jeunesse, comme on voit la beauté à travers un voile, vous n'aperceviez que la vertu triomphante, et vous conduisiez le fils des rois à la couche royale de ses pères.

Mais nous, nous l'avons vu dormir sur la terre, comme nous sans asile, comme nous proscrit et dépouillé. Hé bien ! cette bonté qui vous charme était la même; il portait le malheur comme il porte aujourd'hui la couronne, sans trouver le fardeau trop pesant, avec cette bénignité chrétienne qui tempérait l'éclat de son infortune, comme elle adoucit celui de sa prospérité.

La Saint-Charles succède à la Saint-Louis. Sous quelque nom que l'on cherche nos rois, on rencontre toujours de grands et d'illustres princes : Charlemagne, Charles V le Sage, Charles VII le Victorieux, Charles VIII le Courtois, nous amènent à Charles X le Loyal, le Bon, le Chevalier, et, pour tout dire, le Chrétien. Notre auguste souverain est pour nous la source des plus touchants souvenirs comme des plus douces espérances; d'une main il nous présente le passé, de l'autre, l'avenir : on ne peut contempler ce pieux monarque sans se rappeler la religion de Louis XVI son frère, la sagesse de Louis XVIII son autre frère, la gloire du dauphin son fils, et la vertu de la dauphine sa fille adoptive. A l'ombre de son sceptre croît aussi, près de sa noble et courageuse mère, cet autre rejeton d'une tige, hélas! si promptement coupée.

On peut considérer la Saint-Charles de cette année comme la première célébrée en France depuis l'avénement du roi au trône. L'année dernière, le roi ne permit pas qu'on interrompît son deuil. Nous-même nous n'aurions pu nous défendre de quelque tristesse. La mémoire du vénérable auteur de la Charte vivra à jamais dans la reconnaissance nationale; mais les bénédictions que nous donnons aujourd'hui à cette mémoire peuvent s'allier avec les témoignages de notre amour pour notre nouveau souverain. Les pompes de Reims ont succédé à celles de Saint-Denis; les réjouissances du sacre se prolongent dans celles de la Saint-Charles.

Si la voix populaire appelle Charles X Charles le Loyal, le Bon, le Chevalier, le Chrétien, elle pourrait l'appeler aussi Charles le Bien-Reçu, car c'est un des caractères particuliers du roi que de faire éclater des transports d'allégresse sur son passage. Il arrive en France : quel jour que celui de son entrée dans Paris! Il monte au pouvoir suprême : quelles acclamations au Champ de Mars, lorsqu'il y parut moins brillant encore de sa couronne nouvelle que d'une liberté qu'il venait de rendre à son peuple! Aujourd'hui offrons au ciel les vœux les plus ardents pour l'enfant de saint Louis, pour l'héritier de Henri IV.

Souvenons-nous que nous devons la fin de tous nos malheurs au retour de nos princes légitimes; souvenons-nous que nous devons tout, en France, à la race antique de nos rois; ces rois nés, pour ainsi dire, avant la nation, en ont été comme les pères; ils l'ont protégée dans son berceau; ils l'ont plusieurs fois délivrée des armes étrangères; ils l'ont formée à la guerre, aux arts, aux lettres, à la politique, à la liberté; ils en ont été tout à la fois les législateurs et les capitaines, et ils l'ont amenée par la main, à travers une longue suite de siècles, à cette grandeur immortelle où elle est parvenue de nos jours. Protecteurs des talents, ils ont fait naître autour d'eux les grands hommes : Buonaparte lui-même fut nourri dans une école royale, comme si sa gloire devait être encore un fruit de la couronne.

Les bienfaits de Charles X s'accroissent de tous les bienfaits dont nous ont comblé ses aïeux : la fête d'un roi très-chrétien est pour les Français la fête de la reconnaissance. Livrons-nous donc aux transports de gratitude qu'elle doit nous inspirer! Ne laissons pénétrer dans notre âme rien qui puisse un moment rendre notre joie moins pure! Malheur aux hommes qui ont.....! Nous allions violer la trêve! Vive le roi!

Paris, 7 décembre 1825.

Les deux lettres qu'on va lire, l'une d'un Grec de Napoli di Romani, l'autre du brave Canaris à son jeune fils, confié aux soins du comité grec, donneront à nos lecteurs une idée des sentiments qui animent aujourd'hui les malheureux Hellènes. Nous ne connaissons rien d'aussi touchant et d'aussi héroïque; et si quelque chose de funeste et d'extraordinaire n'aveuglait, dans ce moment, la politique européenne, rien ne serait plus propre à lui faire prendre un parti plus prudent et plus généreux.

La postérité pourra-t-elle jamais croire que le monde chrétien, à l'époque de sa plus grande civilisation, a laissé des vaisseaux sous pavillon chrétien transporter des hordes de mahométans des ports de l'Afrique à ceux de l'Europe, pour égorger des chrétiens? Une flotte de plus de cent navires, nolisée par de prétendus disciples de l'Évangile, vient de traverser la Méditerranée, amenant à Ibrahim les disciples du Coran, qui vont achever de ravager la Morée. Nos pères, que nous appelons barbares; saint Louis, quand il allait chercher les infidèles jusque dans leurs foyers, prêtaient-ils leurs galères aux Maures pour envahir de nouveau l'Espagne?

L'Europe y songe-t-elle bien? On enseigne aux Turcs à se battre régulièrement; les Turcs, sous un gouvernement despotique, peuvent armer toute la population. Si cette population armée se forme en bataillons, s'accoutume à la manœuvre, obéit à ses chefs; si elle a de l'artillerie bien servie; en un mot, si elle apprend la tactique européenne, on aura rendu possible une nouvelle invasion des Barbares, à laquelle on ne croyait plus. Cette remarque a déjà été consignée dans une brochure pleine de faits, de talent et de raison, par M. Benjamin Constant. Qu'on se souvienne, si l'expérience et l'histoire servent aujourd'hui à quelque chose, qu'on se souvienne que les Mahomet et les Soliman n'obtinrent leurs premiers succès que parce que l'art militaire était, à l'époque où ils parurent, plus avancé chez les Turcs que chez les chrétiens.

Non-seulement on fait l'éducation des soldats de la secte la plus fanatique et la plus absurde qui ait jamais pesé sur la race humaine, mais on les approche de nous. C'est nous, ce sont les chrétiens qui prêtent des barques aux Arabes et aux nègres d'Abyssinie pour envahir la chrétienté, comme les derniers empereurs romains transportèrent les Goths des rives du Danube dans le cœur même de l'Empire.

C'est en Morée, à la porte de l'Italie et de la France, que l'on établit ce camp d'instruction et de manœuvres ; c'est contre des adorateurs de la Croix, qu'on leur livre, que les conscrits du turban vont apprendre à faire l'exercice à feu. Établie sur les ruines de la Grèce antique et sur les cadavres de la Grèce chrétienne, de ce poste avancé, la barbarie enrégimentée menacera la civilisation. On verra ce que sera la Morée lorsque, appuyée sur les Turcs de l'Albanie, de l'Épire et de la Macédoine, elle sera devenue, selon l'expression énergique du Grec, une nouvelle régence barbaresque. *(Voyez* la lettre ci-après.) Les Turcs sont braves, et ils ont derrière eux, sur le champ de bataille, le paradis de Mahomet. Dieu nous préserve de l'esclavage en guêtres et en uniforme, et de la fatalité disciplinée.

Et cette nouvelle régence barbaresque, n'en prenons-nous pas un soin tout particulier? Nous lui laissons bâtir des vaisseaux à Marseille ; on assure même (ce que nous ne voulons pas croire) qu'on lui cède, pour ses constructions, des bois de nos chantiers maritimes. D'un autre côté, elle achète aussi des vaisseaux à Londres : elle aura des bateaux à vapeur, des canons à vapeur, et le reste. Les Turcs ont conservé toute la vigueur de leur férocité native ; on y ajoutera toute la science de l'art perfectionné de la guerre. Vit-on jamais une combinaison de choses plus formidable et plus menaçante?

Sait-on bien ce que c'est, pour les Osmanlis, que le droit de conquête, et de conquête sur un peuple qu'ils regardent comme des esclaves révoltés? Ce droit, c'est le massacre des vieillards et des hommes en état de porter les armes, l'esclavage des femmes, la prostitution des enfants, suivie de la circoncision forcée, et de la prise du turban. C'est ainsi que Candie, l'Albanie et la Bosnie, de chrétiennes qu'elles étaient, sont devenues mahométanes. Un véritable chrétien peut-il fixer les yeux sans frémir sur ce résultat de l'asservissement de la Grèce? Ce nom même, qu'on ne peut prononcer sans respect et sans attendrissement, n'ajoute-t-il pas quelque chose de plus douloureux à la catastrophe qui menace cette terre de la gloire et des souvenirs? Qu'irait désormais chercher le voyageur dans les débris d'Athènes? Les retrouverait-il, ces débris? et s'il les retrouvait, quelle affreuse civilisation retraceraient-ils à ses yeux? Du moins le janissaire indiscipliné, enfoncé dans son imbécile barbarie, vous laissait en paix, pour quelques sequins, pleurer sur tant de monuments détruits; le spahi discipliné, ou le Grec musulman, vous présentera sa consigne et sa baïonnette.

La cour de Rome, dans les circonstances actuelles, s'est montrée humaine et compatissante; cependant nous osons le dire, si elle a connu ses devoirs, elle n'a pas assez senti sa force. Qu'il eût été touchant de voir le père des fidèles réveiller les princes chrétiens, les appeler au secours de l'humanité, se déclarer lui-même, comme Eugène III, comme Pie II, le chef d'une croisade pour le moins aussi sainte que les premières! Il aurait pu dire aux chrétiens de nos jours ce qu'Urbain II disait aux premiers croisés (nous nous servons de l'éloquente traduction de M. Michaud, dans son excellente *Histoire des croisades*).

« L'impiété victorieuse a répandu ses ténèbres sur les plus riches contrées de l'Asie; Antioche, Éphèse, Nicée, sont devenues musulmanes; les hordes barbares des Turcs ont planté leurs étendards aux rives de l'Hellespont, d'où elles menacent tous les pays chrétiens. Quelle nation, quel royaume pourrait leur fermer les portes de l'Occident?..... Quelle voix humaine pourra jamais raconter les persécutions et les tourments que souffrent les chrétiens? La rage impie des Sarrasins n'a point respecté les vierges chrétiennes; ils ont chargé de fers les mains des infirmes et des vieillards; des enfants, arrachés aux embrassements maternels, oublient maintenant, chez les Barbares, le nom du Dieu véritable..... Malheur à nous, mes enfants et mes frères, qui avons vécu dans les jours de calamités! Sommes-nous donc venus dans ce siècle pour voir la désolation de la chrétienté, et pour rester en paix lorsqu'elle est livrée entre les mains de ses oppresseurs?... Guerriers qui m'écoutez, vous qui cherchez sans cesse de vains prétextes de guerre, réjouissez-vous, car voici une guerre légitime! »

Que de cœurs un pareil langage, une pareille politique, n'auraient-ils pas ramenés à la religion!

Elle eût surtout formé un contraste frappant, cette politique, avec celle que l'on suit ailleurs : on refuse tout secours aux Grecs, qu'on affecte de regarder comme des rebelles, des républicains, des jacobins, des révolutionnaires; lord Cochrane a pu faire ce qu'il a voulu en Amérique, et on lui ôte les moyens d'agir en faveur de la Grèce.

Jamais, non jamais, nous ne craignons pas de le déclarer, politique plus hideuse, plus misérable, plus dangereuse par ses résultats, n'a affligé le monde. Quand on voit des chrétiens aimer mieux discipliner des hordes mahométanes que de permettre à une nation chrétienne de prendre (même sous des formes monarchiques) son rang dans le monde civilisé, on est saisi d'une sorte d'horreur et de dégoût. Mais qu'on ne s'y trompe pas :

on laisse les Turcs égorger les Grecs, quand une seule dépêche diplomatique servirait pour leur délivrance. Hé bien! ce sang chrétien retombera tôt ou tard sur la chrétienté. Que la France particulièrement y réfléchisse : elle a laissé partager la Pologne, qui servait de barrière aux peuples du Nord, et les Cosaques ont campé dans la cour du Louvre!

(Traduite du grec.)

« Nauplie (Napoli di Romani), le 24 août (5 sept.) 1825.

« MON CHER AMI,

« J'ai reçu votre lettre du 25 mai passé dans un moment d'embarras. C'était l'arrivée du fils du pacha d'Égypte avec douze mille soldats bien aguerris et bien disciplinés, commandés par des officiers habiles, que la fausse civilisation européenne a fournis au sectateur de Mahomet pour coloniser la Grèce par des enfants noirs de l'Afrique et de l'Arabie, et qui, profitant de quelques circonstances intérieures de la Morée, s'est avancé jusqu'aux portes de Nauplie; car il est devenu sensible au point d'honneur, et il a dû tenir sa parole, donnée à un certain commandant, de venir le saluer au golfe de l'Argolide. Le preux chevalier s'est trouvé présent au poste fixé. Vous concevez donc que je ne pouvais vous répondre alors, et je devais attendre des jours plus sereins. Le pacha s'est retiré, après s'être donné le plaisir de brûler Argos. Depuis lors nos affaires ont commencé à prospérer un peu : on a renfermé le pacha dans le plateau de Tripolitza, et nos guérillas se forment chaque jour davantage à l'art d'attaquer un ennemi discipliné. Dans le continent de la Grèce, on est parvenu à resserrer l'ennemi bien plus nombreux, mais moins discipliné, dans deux points, celui de Salone et celui de Missolonghi, où nos braves luttent à présent corps à corps avec des forces triples. La flottille grecque n'a eu qu'à se présenter pour faire fuir ignominieusement celle du sultan. En Candie, on a surpris l'importante forteresse de Graevonsa, et l'insurrection s'y propage; de manière que le pacha d'Égypte, au lieu d'acquérir le Péloponèse, va perdre peut-être l'importante île de Candie. Vous voyez donc que la balance penche en notre faveur; mais l'ennemi nous menace de ses grands renforts qu'il attend, soit d'Égypte, soit de la Haute-Albanie et de la Macédoine, et il se montre cette année et plus systématique et plus persévérant; et, ce qui est plus étonnant, il s'appuie sur des ingénieurs et des militaires européens. La marine marchande européenne nous est tout à fait hostile : c'est elle qui transporte les troupes de l'ennemi, et qui lui fournit des vivres et des munitions. La fleur des matelots mahométans est composée de chrétiens. Je ne vous parle point des cabales et des intrigues étrangères qui ne nous laissent pas un moment tranquilles, et cependant nous ferons face à tous ces ennemis, soit mahométans, soit chrétiens, soit blancs, soit noirs. Nous nous flattons qu'à la fin nous triompherons, et que, malgré la politique cruelle qui veut en Grèce une *nouvelle régence barbaresque*, nous lui épargnerons cette honte éternelle. Il est vrai que cela nous coûte extrêmement cher, et la Grèce est dévastée en tous sens. Il ne nous reste à présent pas une ville, et nos plantations sont abîmées. Mais nous voulons être libres et chrétiens, ou autrement nous cesserons d'exister. Vous me parlez, dans votre lettre, de parents et de propriétés! *Hors de la Grèce armée, un Grec ne peut plus rien posséder; et je regarde mes parents comme morts.* Je ne puis même correspondre avec eux. Les Turcs ont pris le parti de mahométaniser tout le pays sous leur domination; et, dans les circonstances actuelles, je ne puis même penser aux moyens de faire échapper mes parents de mon pays.

« Voilà où nous en sommes réduits. Que le bon Dieu maudisse ceux qui ont tant contribué à nos malheurs! »

(*Traduit du grec.*)

« De Napoli di Romani, 5 septembre 1825.

« Mon cher enfant,

« Aucun des Grecs n'a eu le même bonheur que toi, celui d'être choisi par la société bienfaisante (le comité grec français) qui s'intéresse à nous pour apprendre les devoirs de l'homme. Moi je t'ai fait naître, mais ces personnes recommandables te donneront une éducation qui rend véritablement homme. Sois bien docile aux conseils de ces nouveaux pères, si tu veux faire la consolation des derniers moments de celui qui t'a donné le jour.

« Ton père, C. Canaris. »

Ce billet de l'illustre Canaris est adressé à cet enfant plein d'esprit et d'intelligence que l'on a vu à la seconde représentation de *Léonidas*, dans la loge de monseigneur le duc d'Orléans, et qui a été applaudi avec enthousiasme par toute la salle.

Paris, le 31 décembre 1825.

L'année expire; le rayon de joie qui l'avait éclairée au moment du sacre s'est promptement évanoui : tous les Français, les yeux attachés sur la couronne, attendent que ce phare, qui ne les égara jamais, brille de nouveau pour les sauver au milieu des écueils.

Si ce n'était cette espérance, on pourrait être justement alarmé de voir l'année nouvelle s'ouvrir sous les auspices les moins favorables. Les choses se compliquent de manière qu'il devient presque impossible de voir à quelques pas devant soi.

Dans les circonstances difficiles, lorsqu'un État a été conduit habilement à l'extérieur et à l'intérieur, que tout est prospérité dans les finances et union dans les esprits, que l'opinion générale est prononcée en faveur de l'administration publique, que des hommes d'un talent incontestable sont à la tête des affaires, on attend sans crainte ce que l'avenir peut amener. Mais quand le crédit public a été altéré dans sa source; quand des lois funestes ont mécontenté les diverses classes de citoyens; quand l'incapacité des ministres est telle, que ces ministres mêmes se la reprochent mutuellement, qu'elle est avouée de leurs propres créatures; quand ces ministres sont devenus impopulaires au point de gâter toutes les mesures où on leur suppose une influence; quand ils reçoivent des leçons à la barre des tribunaux, et quand l'improbation publique les poursuit jusque sur les théâtres, alors on ne peut s'empêcher d'être alarmé des chances qui semblent menacer le repos et l'avenir.

M. le ministre des finances demandait cinq ans de paix pour accomplir ses bouleversements; et dans l'espace de moins d'un an les deux plus grands événements politiques qui pouvaient arriver dans les deux mondes ont eu lieu : les nouvelles républiques américaines ont été reconnues par l'Angleterre, et l'empereur Alexandre est mort.

Quelle est la politique du ministère? Que pense-t-il de ces deux grands événements?

Pour l'Amérique, que veut-il? reconnaître les républiques nouvelles?

Pourquoi n'a-t-il pas essayé de les transformer en monarchies constitutionnelles, sous des princes de la maison de Bourbon; il fut un moment où la chose était possible : le Mexique même l'avait offert. Le principe monarchique en Europe eût été sauvé. La France, avec ses liaisons continentales, peut-elle aujourd'hui reconnaître franchement les républiques nouvelles de l'Amérique? Le peut-elle tandis que nous occupons encore militairement la Péninsule au delà des Pyrénées, et que des Bourbons règnent sur les trônes de France et d'Espagne? On devine bien ce que le ministère voudrait, et ce qu'il n'ose faire ; le penchant de sa politique est combattu par le sentiment de sa faiblesse. Notre position à l'égard de l'Amérique espagnole est la pire de toutes ; car nous ne sommes ni amis ni ennemis : nous avons tous les inconvénients qui résultent des demi-partis, et nous attirons sur nous cette déconsidération de l'étranger, si fatale à l'honneur et à la prospérité des États.

En Europe, comment sommes-nous placés pour attendre les résultats de la mort d'Alexandre? Elle ne produira aucun événement. Dieu le veuille! et si pourtant elle allait développer une politique nouvelle, que ferions-nous? Nous verrions sans doute le cabinet de Saint-James, moins confiant que nos ministres, augmenter les forces de terre et de mer de l'Angleterre dans la Méditerranée ; et nous, songeons-nous à mettre notre armée sur un pied respectable? Une partie de cette armée est au delà des monts ; et si nous retirons nos troupes, que deviendra l'Espagne? Nos places frontières sont-elles réparées, approvisionnées? Avons-nous un matériel de guerre suffisant? L'argent, où le prendrions-nous? Dans un nouvel emprunt? Mais, après les funestes résultats du système de M. le président du conseil, à quel taux le ferions-nous, cet emprunt, et quelle serait la garantie des prêteurs? La caisse d'amortissement? Mais la caisse d'amortissement n'est-elle pas livrée au 3 pour cent de la conversion, tandis que la dette nationale, que les vieux 5 pour cent en sont privés, et que les 3 pour cent de l'indemnité périssent? Si dans ce moment même les Grecs ne sont pas exterminés, les affaires d'Orient ouvriront une immense carrière à la politique. Aurons-nous l'humiliation d'être les spectateurs impuissants d'une lutte où nous aurions dû être les premiers engagés?

Il faut gémir sur le sort de la France! Quels ministres sont chargés de la conduire à travers tant de périls! quels hommes pour se mesurer à la hauteur des choses qui s'amoncellent autour de nous! Croyez-vous qu'ils songent enfin à s'en éloigner, dans la crainte d'en être écrasés? Loin de là : s'ils croyaient les choses aussi importantes, aussi menaçantes qu'elles le sont, ils les regarderaient comme une heureuse distraction à l'attention publique ; ils s'enfouiraient dans la grandeur des événements, et s'y feraient si petits qu'on ne les verrait plus.

Mais ils n'en sont pas même là ; ils n'ont pas même l'instinct de la chose du moment, le sentiment de ce qui existe ; ils ne comprennent pas la position où nous sommes ; ils reposent dans cette sécurité de l'incapacité, qui se contemple dans son mérite et s'admire dans ses œuvres. Qu'ont-ils vu, qu'ont-ils pu voir dans les républiques du Nouveau-Monde, dans la mort d'Alexandre? Des accidents naturels qui ne font rien à la France, qui ne valent pas la peine d'y penser. A quoi songent-ils donc? A la session prochaine, comme ils songeaient il y a deux mois au 3 pour cent. Alexandre est mort : peu importe. Il est bien plus essentiel de savoir dans quel esprit ce député arrive du fond de son département ; il faut l'épier à la descente de sa voiture, le prévenir, apaiser son humeur par tous les moyens ; cela fait, le ministère est sauvé, et avec le ministère la France, l'Europe, le monde.

Et c'est au milieu des ténèbres de la politique extérieure que la session va s'ouvrir : que feront et que diront les ministres? S'ils présentent des lois importantes, seront-elles votées? M. le président du conseil aurait-il aujourd'hui le crédit de faire adopter un plan de finances quelconque, à moins que ce ne fût un plan qui le condamnât lui-même? Pourrait-il venir aujourd'hui nous parler à la tribune de ses prévisions, de la certitude qu'il aurait du succès de ses opérations? Chaque mot tombé de sa bouche ferait rire ou pleurer.

Paris, le 11 janvier 1826.

Il ne faut juger le dernier événement de Pétersbourg ni avec des passions ni avec des systèmes, mais avec la raison.

Voilà une insurrection militaire pour Constantin, dans la ville, dans le corps de troupes où on lui supposait le moins de partisans. Ce n'est peut-être qu'une échauffourée qui n'aura aucune suite ; mais c'est peut-être aussi un mouvement qui peut se répéter dans toute l'armée, sur tous les points de l'empire, et particulièrement à Moscou, en Pologne et en Bessarabie. Voilà deux mille soldats qui ont un dessein, qui l'exécutent avec ordre, et qui refusent de reconnaître et d'écouter leur empereur Nicolas ; des soldats qui se forment en bataillon carré, qui tirent les premiers, et contre lesquels on est obligé d'employer le canon. Au régiment de Moscou viennent se réunir les *leib*, grenadiers, les marins de la garde et le peuple. Le général commandant de Saint-Pétersbourg est tué, deux autres généraux sont blessés. Il est rare que dans une bataille sanglante on perde autant d'officiers supérieurs ; le tout finit par la déroute des insurgés : deux cents hommes, nous dit-on, restent sur le champ de bataille ; et l'on sait que les bulletins officiels ne comptent pas exactement les morts : on en croira ce qu'on voudra.

Cependant, après la victoire nous voyons les troupes fidèles obligées de bivaquer autour du palais impérial pour le garder. Constantin, d'un autre côté, ne paraît pas avoir quitté Varsovie : pourquoi n'a-t-on encore de lui aucun manifeste pour blâmer et apaiser les troubles? Le grand-duc Michel est arrivé à Pétersbourg le jour même où l'on proclamait Nicolas empereur : ce n'est donc pas sur le message dont il pouvait être porteur que la proclamation avait eu lieu? Que renfermait *le manifeste de Nicolas Ier, pièce qui, très-remarquable* selon l'Étoile, *expose avec beaucoup de détail et de clarté l'historique de la renonciation de Constantin, et les actes qui la constatent y sont annexés en entier.* Il semblerait pourtant que cette pièce n'a pas paru assez claire à une partie du peuple et à un grand nombre de soldats, puisqu'ils ont pris les armes. Pourquoi ne nous a-t-on pas donné hier, ou du moins ce matin, cette pièce *remarquable?*

Quelle sera pour l'Europe la conséquence de ce mouvement? Une inquiétude fort motivée pour l'avenir : on pourra craindre le retour des scènes violentes. La Russie, mêlée désormais au système de l'Europe, ne saurait être troublée sans que le monde s'en ressente. Qu'il arrive quelque autre accident dans d'autres États, et de cette complication d'événements naîtra une politique nouvelle dans laquelle on sera malgré soi entraîné. La France, avec une partie de son armée en Espagne, avec l'état de son matériel de guerre et la dégradation de ses places frontières, avec son crédit ébranlé et ses déplorables opérations de finances, avec le mécontentement général de l'opinion, avec l'impopularité et l'incapacité de ses ministres, est-elle dans une position à attendre les grands événements que l'on peut prévoir?

Espérons que l'union de la famille impériale de Russie, que les vertus de ses princes étoufferont ces semences de discorde ; mais n'est-il pas probable aussi que le cabinet de Saint-Pétersbourg sera obligé de satisfaire l'opinion du pays? Une guerre religieuse et populaire, appelée par tous les vœux des Russes, peut mettre fin, comme dans l'ancienne Rome, aux divisions intestines, et devenir le gage d'une réconciliation complète. Les soldats, occupés ailleurs, n'auront plus qu'à suivre avec joie l'empereur et les princes, qui marcheront à leur tête. La Russie a été trop longtemps jouée à Constantinople par une double politique : le sentiment de son honneur comme de sa sûreté finira tôt ou tard par déterminer ses résolutions.

De ces considérations élevées, n'est-ce pas trop descendre que de retomber à notre ministère? Que pense-t-il de tout cela? Rien. Qui sait pourtant? Il voit peut-être des raisons de sûreté pour lui dans les troubles extérieurs. Si les nations se battent au dehors, on nous dira que c'est le moment de rester tranquilles, le moment de faire le mort pour profiter de ces divisions; on nous dira que si l'on marche vers l'Orient, ou si l'on s'agite à Varsovie, on ne viendra pas nous troubler chez nous. Nos grands ministres croient peut-être que la France, dans une monarchie représentative, avec un gouvernement public, peut s'anéantir au milieu des peuples, laisser, s'il y a lieu, partager la Grèce, et se tapir sous le portefeuille de M. le président du conseil. Ils sont gens à rêver cela, à s'applaudir de la profondeur de leur politique. Ils bravent pour leur compte tous les événements : ils n'ont pas besoin de se courber pour les éviter, leur petitesse leur permet de passer dessous ; mais du moins devraient-ils songer au trône, qui, plus élevé, peut se trouver exposé à la violence de la tempête.

En attendant, remercions nos rois de nous avoir donné ces institutions qui ne font pas dépendre le sort de la couronne et celui des peuples du caprice d'une garde prétorienne ; ces institutions qui établissent dans l'État une autre force que la force des baïonnettes ; ces institutions où les intérêts publics, publiquement discutés, enseignent à tous leurs devoirs, et apprennent à chacun ses droits. Ce sont pourtant ces institutions, aussi utiles au trône qu'à la nation elle-même, contre lesquelles des hommes sans jugement conspirent : l'absolutisme leur semble le chef-d'œuvre de l'esprit humain, la censure, le port du salut. Ils appellent de tous leurs vœux, ils favorisent de toutes leurs intrigues, un ordre de choses qui mènerait en peu de temps à la perte de la monarchie légitime.

Paris, le 19 juillet 1826.

Nous avons exprimé nos regrets sur la manière dont la session a fini à la Chambre des pairs. Depuis douze ans la noble Chambre elle-même fait entendre les mêmes plaintes et les mêmes réclamations au sujet du budget. Il est dur de voter un milliard sans oser demander les améliorations que l'on croirait nécessaires, dans la crainte de ne plus trouver personne à la Chambre des députés, ou d'entraver le service public.

Nous avons déjà remarqué que M. le président du conseil a répondu dans les dernières séances de la Chambre héréditaire comme il répond presque toujours, c'est-à-dire qu'il n'a répondu à rien. Il est venu, à propos des affaires de la Grèce, lire une lettre de M. le contre-amiral de Rigny, qui disculpe les Français d'avoir pris part à un négoce infâme : mais l'auteur de l'amendement adopté par la Chambre des pairs avait-il accusé les Français ? N'avait-il pas dit, au contraire : « Je veux croire qu'aucun navire français n'a taché son pavillon blanc dans ce damnable trafic ; qu'aucun sujet des descendants du saint roi qui mourut à Tunis n'a eu la main dans ces abominations : mais quel que soit le criminel, que je ne recherche point, le crime certainement a été commis. Or, il me semble qu'il est de notre devoir rigoureux de le tenir au moins sous le coup d'une menace ? »

La lettre explicative de l'ancien ministre des affaires étrangères, citée par M. de Rigny, avait déjà été citée textuellement par les journaux ministériels. Que disait-elle, cette lettre ? Rien que de très-naturel : qu'il ne fallait pas prendre un pacha qui voyage paisiblement avec ses esclaves, ou qui les envoie d'un port à l'autre sous un pavillon chrétien, pour un marchand qui vend de malheureux prisonniers de guerre, et qui fait la traite des blancs. Il n'était pas question, dans l'amendement adopté, des canons qui ont foudroyé Missolonghi ; M. le président du conseil a donc battu la campagne. Que ne répondait-il plutôt à l'article des vaisseaux de guerre bâtis à Marseille pour le pacha d'Égypte, sous le prétexte d'une odieuse neutralité ? Que ne s'attachait-il à prouver que la caisse militaire d'Ibrahim n'a pas été portée par un bâtiment français d'Alexandrie en Morée, et qu'il dise si cet argent de moins pour la solde des troupes égyptiennes n'aurait pas pu changer le sort de la campagne ?

La vérité est que M. le président du conseil a été vivement blessé de l'amendement en faveur des Grecs, non par le côté matériel qu'il affecte de défendre, mais par le côté politique. Il a très-bien senti que la Chambre des pairs, en se prononçant dans cette question, condamnait la diplomatie du ministère, et donnait le signal à l'opinion européenne. En effet, la chose est arrivée ainsi : c'est depuis le vote de la Chambre des pairs que l'enthousiasme pour la Grèce a réveillé les princes chrétiens, et forcé les gouvernements à désavouer, du moins des lèvres, si ce n'est du cœur, une politique aussi misérable que barbare.

Rien de satisfaisant en réponse aux calculs de M. le comte Roy : quand un homme aussi habile que ce noble pair se croit obligé d'annoncer qu'il tait une partie des maux qu'il voit; quand le noble comte, qui s'est retiré de la caisse d'amortissement pour ne pas mentir à ses principes, garde un douloureux silence; quand un noble baron signale les dangers de notre position extérieure, sans qu'on daigne s'expliquer sur cette position, on est obligé de convenir que l'on est conduit par cette espèce de despotisme de l'incapacité entêtée qui, bravant les forces morales, se retranche dans le fait de son existence physique.

M. le président du conseil a parlé de ses ennemis : en Angleterre, un ministre parle de ses adversaires; car lorsqu'il a des ennemis, et des ennemis nombreux, il est un inconvénient pour le monarque, un obstacle au gouvernement, et il se retire. Mais quels sont donc les ennemis que M. le président du conseil veut signaler? Serait-ce par hasard ses anciens amis? A-t-il rejeté leur personne et renié leurs principes de manière à les obliger de s'éloigner de lui? A-t-il porté les premiers coups, et ne fait-on que les lui rendre? S'est-il imaginé qu'il pouvait changer d'opinion, rompre les liaisons les plus intimes, blesser l'amitié et l'honneur, frapper au hasard sur tous les royalistes, sans distinction de talents, de services, de position sociale; commettre des fautes de toutes les espèces, se contredire à toutes les phrases comme dans tous les faits? S'est-il imaginé qu'il pouvait agir de la sorte, et que tout cela serait trouvé bon, parfait, admirable?

Il fut un temps où M. le président du conseil n'avait à combattre que cette opposition naturelle qui éclaire le pouvoir. L'immense majorité du public était pour lui; il trouvait dans ses amis cette partie de popularité qui lui manque, et qui lui manquera toujours. Il vivait en paix et en joie sous le bouclier d'une opinion que lui apportaient des hommes qui disposent à tort ou à raison de cette opinion. Qu'il descende maintenant dans sa conscience; qu'il se demande quand et comment les divisions ont commencé; depuis quelle époque les vieux serviteurs du roi et les amis des libertés publiques se sont à la fois retirés de lui! Qu'il dise si, depuis le jour de l'isolement volontaire où il s'est placé, il a eu un seul moment de repos! Il a conservé le pouvoir; mais quel pouvoir! et à quel prix l'a-t-il acheté!

Avant la session, il se flattait d'avoir la majorité dans les Chambres; il faisait déclarer par ses journaux, dont il vient de parler lui-même avec tant de mépris, qu'il dédaignait l'opinion extérieure ; que c'était à la tribune qu'il solderait tous ses comptes ; que la majorité des votes dans les Chambres le dédommagerait des suffrages qu'il ne pouvait obtenir à l'extérieur. Et il n'a rien payé à la tribune; et il n'a point eu la majorité décisive sur laquelle il comptait. Les lois principales n'ont pu passer : la loi sur les délits commis dans les échelles du Levant a été retirée, parce qu'un amendement généreux y avait été introduit ; la grande loi des successions a été perdue, et la cour des pairs n'a point étouffé le procès des marchés Ouvrard.

Voilà donc le ministère remis entre les mains de l'opinion publique, par l'opinion législative, plus nu, plus faible, plus pitoyable qu'il ne l'était encore avant l'ouverture de la session.

Lorsqu'on jette les regards dans l'intérieur de la France, tout afflige : querelles religieuses, division des royalistes, ingratitude et corruption érigées en système, malaise général, inquiétude des esprits, incertitude de l'avenir : au dehors, on cherche en vain des consolations. La noble nation de saint Louis tourne un regard attristé vers l'armure dont elle s'est dépouillée après tant de combats, et se demande comment on n'a pu puiser dans la seule vue de ce trophée une politique digne de sa gloire.

Qui mène le monde aujourd'hui, en supposant que le monde n'aille pas tout seul ? Ce n'est certainement pas la France. Depuis 1824, nous nous sommes placés à la suite de l'Angleterre, sans tirer du moins de cette politique les avantages matériels qu'y trouvent nos orgueilleux patrons. Ainsi, quand on a vu la Grande-Bretagne proclamer de si beaux principes de liberté au sujet des colonies espagnoles, et désavouer ces mêmes principes relativement à la Grèce, nos ministres, qui ne nous faisaient pas profiter du commerce des nouvelles républiques espagnoles, se sont montrés fièrement ennemis subalternes des Grecs. La borne de leur vue ne leur permettait pas de découvrir les motifs des contradictions britanniques.

Pourquoi, dans la question de la Grèce, le cabinet de Saint-James favorisait-il les idées du cabinet autrichien? C'est que l'Angleterre était alors dominée par son esprit d'opposition à la Russie. Mais pour nous, n'était-il pas absurde d'entrer dans cette politique? Nous devions être Grecs, non-seulement par humanité, par religion, par honneur, par mille sentiments généreux; mais nous devions l'être encore par tous les intérêts militaires et commerciaux de la France.

Vous verrez toujours l'Autriche et l'Angleterre, malgré la différence de leur politique de théorie, s'unir dans la politique pratique, par la raison qu'elles ne peuvent rien l'une contre l'autre, et que, rivales de la France et de la Russie, elles augmentent leur pouvoir par leur union. Cette seule observation prouve, pour quiconque a deux idées diplomatiques dans la tête, que notre alliance naturelle est ailleurs. La Prusse et la Russie nous sont unies par convenance ; nous pouvons entrer dans leur politique pratique sans admettre leurs théories politiques, comme l'Angleterre penche vers l'Autriche sans partager les haines anticonstitutionnelles, d'ailleurs très-récentes, du prince de Metternich.

Un ministère qui perd de vue, ou qui ignore la position dans laquelle les traités de 1814 et de 1815 ont laissé la France et les puissances alliées, devrait, s'il a quelque pudeur, renoncer aux affaires. La Russie s'est agrandie de presque toute la Pologne, de la Finlande, et des postes militaires aux revers du Caucase ; la Prusse vient jusqu'aux limites de notre sol ; les Pays-Bas s'enferment dans une ceinture de forteresses, et ces forteresses, bâties en partie avec l'argent des alliés, sont des espèces de têtes de pont, d'ouvrages avancés que l'Europe a sur Paris, dont elle a appris le chemin ; l'Autriche a englouti Venise, et domine le reste de l'Italie ; l'Angleterre a gardé, dans la Méditerranée, Malte et les îles Ioniennes ; dans l'Océan, le cap de Bonne-Espérance et l'île de France : maîtresse ainsi des ports de la Méditerranée et des mers de l'Inde, elle embrasse tout l'Orient.

Rentrée dans ses anciennes limites, la France a perdu, avec ses colonies, quelques-unes des places qui faisaient sa sûreté : plus de quarante-cinq lieues de ses frontières sont totalement ouvertes à l'ennemi.

Et c'est dans une pareille position que nous ne savons ni profiter des bonnes chances, ni choisir les alliances qui diminueraient contre nous le nombre des chances fâcheuses ! Favorables en théorie à la politique autrichienne, favorables en pratique à la politique anglaise, nous faisons tout juste le contraire de ce qu'il faudrait faire. Nous devrions nous rapprocher de l'Angleterre par nos théories constitutionnelles, et nous en éloigner par nos intérêts matériels ; ou bien, adoptant un système complet, nous devrions reconnaître l'indépendance des colonies espagnoles, et, plus conséquents que l'Angleterre, nous déclarer en même temps pour l'indépendance de la Grèce.

Il est possible que la politique européenne soit au moment de changer relativement aux Hellènes. Et nous, très-humbles amis de nos voisins, nous qui ne voulons pas nous troubler la tête de tant de choses, nous ferons comme on fera.

Maintenant il n'est plus possible de dire que les Hellènes sont des révoltés, des révolutionnaires, ni même des républicains. L'assemblée nationale de la Grèce a décrété que le gouvernement de la Grèce serait une monarchie constitutionnelle. Nous convenons que cela est encore assez malsonnant. Pourquoi cette assemblée n'a-t-elle pas voté un bon despotisme, bien conditionné, avec l'accompagnement obligé de la censure, le droit d'appréhender au corps quiconque s'avise de penser? Alors quelque légitimité chrétienne aurait consenti à remplacer la légitimité turque. Comme cela, les principes auraient été conservés dans toute leur pureté, et l'on aurait visité les ruines d'Athènes sous la protection des espions de police, tout aussi bien que sous la sauvegarde des eunuques noirs.

Quoi qu'il en soit, des ministres étrangers semblent avoir adopté ce projet de note collective et d'intervention commune, qui n'est pas d'eux, et qu'ils avaient d'abord dédaigneusement repoussé. Si les Grecs peuvent encore tenir une campagne, il est possible qu'ils échappent à leur ruine; alors nous ne serions pas étonnés de voir notre ministère déposer le turban pour la croix, se placer dans les bagages de l'opinion populaire triomphante, et se vanter à la cantine d'avoir remporté la victoire. Si l'Angleterre surtout devient grecque, il sera grec, sans avoir l'honneur ou le profit du salut de la Grèce.

Par le mouvement de cette grande politique des choses, qui écrase aujourd'hui la petite politique des hommes, voici qu'un gouvernement libre est sur le point de paraître à Lisbonne. Nos ministres l'avaient-ils prévu? Hélas! qu'ont-ils imaginé au delà des 3 pour cent? Dans cette question, ils suivaient encore l'Angleterre; mais ce serait une erreur de croire que l'Angleterre ait poussé à l'établissement des cortès en Portugal. Nous savons de science certaine que la Grande-Bretagne s'était toujours repentie d'avoir laissé s'établir un gouvernement constitutionnel à Lisbonne, parce qu'elle trouva dans une représentation nationale des obstacles à ses intérêts. Ce furent les cortès qui renvoyèrent les Anglais, officiers dans l'armée portugaise, qui détruisirent les priviléges que l'Angleterre s'était fait donner pour l'exportation des vins de Porto, et l'importation des marchandises anglaises.

Le cabinet de Saint-James ne se soucie des chartes étrangères qu'autant qu'elles favorisent ses marchands. M. Canning, si longtemps ennemi de notre révolution et des radicaux de son pays, a cherché la popularité industrielle; voilà tout. Sa politique n'est point romantique : il a rudement déclaré à l'Espagne que l'Angleterre n'avait jamais pris les armes pour les Bourbons, et il a tout aussi rudement fait arrêter les secours que l'on préparait sur la Tamise pour les Hellènes. Pourvu que son pays soit libre, il fera tout aussi bien servir à la prospérité de l'Angleterre l'esclavage des nations que l'indépendance des hommes. Il préfère Bolivar au Grand-Turc; mais il sera contre les Grecs avec les marchands de Londres, comme il sera pour les républiques espagnoles avec les marchands de Liverpool. Si la fortune change et amène d'autres intérêts, il sera pour les Grecs et contre les républiques. Selon le caractère du mouvement de la Colombie, il restera ce qu'il est aujourd'hui, ou deviendra un autre homme.

R. — POLÉM.

Or, comme il est plus aisé d'asservir une petite cour despotique, et d'acheter un ministre favori, que de corrompre une assemblée nationale, la politique de l'Angleterre ne s'opposait point du tout à la politique autrichienne à Lisbonne depuis l'abolition des cortès. Et voilà aussi pourquoi, par la raison opposée, la France faisait bien, en 1823, de favoriser auprès du vieux roi, prince d'ailleurs très-généreux, le rétablissement d'un gouvernement constitutionnel. On peut donc regarder la constitution dont on parle pour le Portugal comme le résultat des opinions personnelles de l'empereur du Brésil ; notre ministère, que l'Angleterre n'aura pas prévenu, parce que l'Angleterre ne se mêlait point de cette constitution, aura été tout aussi ébahi de la nouvelle qu'incapable d'en calculer les suites. Ces suites peuvent être immenses par rapport à l'Espagne, si toutefois quelque intrigue secrète ne parvient à entraver l'exécution du noble dessein de don Pèdre.

Que conclure de tout ceci ? Que nous n'occupons, ni par la force des idées, ni par l'ascendant moral, ni par la puissance des armes, le rang que nous sommes destinés à occuper en Europe. Le ministère aurait fait à l'extérieur une France semblable à lui-même, chétive, petite, humiliée, si la France pouvait jamais perdre sa grandeur. Nos hommes d'État, qui, dans l'intérieur de la France, marchandent sans honte des procès, et frappent sans pudeur des gens de bien, feraient mieux de transposer leur politique : qu'ils emploient au dehors leur argent et leur arrogance, et qu'ils se soumettent en dedans à l'empire de l'opinion.

Une chose les trompe : c'est cette prétendue bienveillance qu'ils croient rencontrer dans les cours, et dont ils se vantent à la tribune : ils ne voient pas que l'Europe est gouvernée aujourd'hui par des princes ou par des ministres qui ont traversé la révolution, et qui tous veulent, plus ou moins, jouir en paix des derniers jours de leur existence ; ils ne voient pas que les États n'ont point encore réparé le désordre de leurs finances, et qu'il ne leur convient pas d'agir. De là, la politique à l'ordre du jour renfermée dans cette phrase, que répètent à l'envi tous les cabinets : *Conservons, avant tout, la paix en Europe!* Un ministère qui dit à son tour : « Ne remuons pas, à cause de mes 3 pour cent, de ma Bourse, de mon syndicat, de mon indemnité, et surtout à cause de ma place, » est un ministère qui, dans toutes les dépêches des cabinets étrangers, doit lire autant d'éloges que la France lui donne de témoignages de son improbation.

Mais la nature s'arrête-t-elle ? mais les idées restent-elles stationnaires ? mais les peuples se taisent-ils ? mais les lumières sont-elles tout à coup étouffées ? Non : en Europe, les vieilles générations sont prêtes à disparaître : en Amérique, des nations nouvelles se forment, et cette Amérique, qui a reçu de nous des constitutions, nous les renvoie. Le mouvement est donné, et ne sera point suspendu ; nous serons surpris, au milieu des divisions politiques et religieuses que le ministère a fait naître, par des révolutions qui seront les dernières de l'ancien ordre de choses. Ces révolutions arrivent, elles sont à notre porte. Puisque nous refusons de prendre pour pilotes le talent, la raison, le bon sens et l'expérience, il ne nous reste qu'à nous abandonner, les yeux fermés, à la tempête : nous n'avons pas voulu conduire les événements ; nous serons conduits par eux.

Paris, le 11 octobre 1826.

L'intérêt que nous portons à la cause de la Grèce nous avait empêché jusqu'ici de parler des négociations entamées par les cabinets. Nous savions très-bien que la voix de la raison commençait à se faire entendre : aujourd'hui que des feuilles publiques ont laissé transpirer quelque chose de ce changement d'opinion, nous pouvons dire qu'en effet le changement a lieu, mais qu'il est encore loin d'être arrivé à un résultat. Ce que l'on propose ou proposera est-il acceptable par la Porte ou par les Grecs ? Il n'y a, jusqu'à présent, de certain, dans tout cela, que le triomphe de l'opinion des peuples. Il est fâcheux pour les gouvernements de n'avoir pas pris l'initiative dans une pareille question.

On a traité de jacobins et de révolutionnaires les hommes qui ont élevé la voix en faveur de ces millions de chrétiens que les puissances chrétiennes laissaient égorger, et maintenant on adoptera les plans ou une partie des plans présentés par ces mêmes hommes ! On viendra essayer, peut-être trop tard, et avec des demi-mesures, ce qu'on aurait opéré facilement au commencement des troubles de la Grèce ! On aura laissé massacrer des milliers d'individus de tout âge et de tout sexe, dans le cher espoir du rétablissement de la tyrannie mahométane ; et à présent qu'il est démontré qu'on peut dépeupler la Grèce, mais non la soumettre, on viendra *humainement, charitablement, chrétiennement,* tendre la main au reste des victimes : on aurait désiré qu'elles restassent esclaves ; elles ont la folie de préférer la liberté : qu'y faire ?

Nous avons dit dans un autre article que nos ministres étaient gens à se *vanter à la cantine* d'un succès qui ne serait pas le leur : notre prédiction se vérifie. Vous verrez que le salut de la Grèce, si jamais la Grèce est sauvée, sera sorti de leur génie. Admirez déjà les symptômes d'humanité : on a mis à la disposition d'un préfet quelque argent pour les familles fugitives jetées sur nos rivages. Si l'on eût accordé aux Hellènes, pour se défendre, le secours qu'on ne peut guère leur refuser dans l'exil, le calcul eût été meilleur : ils ne seraient pas restés à la charge du gouvernement ; Missolonghi eût été sauvé. Mais on aime mieux jeter un morceau de pain à un Moraïte proscrit que de donner un mousquet à un Grec libre.

Quoi qu'il en puisse devenir des négociations entamées, soit que M. le président du conseil convertisse en 3 pour cent la liberté de la Grèce comme celle de Saint-Domingue, et qu'Athènes paye une indemnité à Sa Hautesse; soit que tout se réduise à des pourparlers sans résultats, les gens de bien qui, dans les diverses parties de l'Europe, ont plaidé une cause sainte au milieu de toutes les calomnies, ces gens de bien doivent se réjouir : si la chaîne de la Grèce est brisée, cette délivrance sera leur ouvrage. Ils trouveront, dans un succès dû à l'opinion qu'ils ont formée par leur persévérance, la récompense de leurs efforts. Ne cessons jamais de réclamer les droits de la justice, lors même que nos intentions sont méconnues, lors même que la sottise, l'hypocrisie, l'envie, affectent des craintes ou des airs dédaigneux. Tôt ou tard la vérité triomphe, et ceux qui lui faisaient obstacle sont renversés par le mépris public, ou emportés par le cours du temps.

Paris, le 20 octobre 1826.

Nous nous sommes jusqu'ici abstenu de parler du ministre étranger qui, depuis un mois, habite Paris : son séjour se prolongeant, notre silence finirait par paraître de l'affectation ; force nous est donc de le rompre.

Nous ne voulons pas manquer aux convenances de l'hospitalité, mais nous ne pouvons aussi partager l'espoir qui a valu à ce ministre la faveur d'une opinion qui pourrait, en dernier résultat, se trouver trompée. Nous ne voyons pas partout la *perfide* Angleterre, mais aussi nous ne voyons pas partout l'Angleterre *bienveillante*, et marchant à la tête des libertés du monde. Nous pensons que toute sa *bienveillance* est dans son intérêt : aujourd'hui pour les colonies espagnoles, demain contre elles, s'il y a lieu ; témoin sa conduite envers la Grèce. Si on ne part de ce point, on sera déçu, et l'on regrettera de s'être précipité dans des éloges qu'il faudra rétracter.

Les journaux anglais nous mettent d'ailleurs à l'aise pour la franchise ; ils disent ce qu'ils pensent des choses et des individus de la France avec une liberté que nous imiterons, à la grossièreté près. Ils ouvrent leurs colonnes à des *correspondances privées*, que des journaux français n'accepteraient jamais, si d'ailleurs les Anglais pouvaient, comme nous, se calomnier les uns les autres dans des gazettes étrangères.

Tout le monde connaît la vie publique de l'hôte célèbre qui est venu nous visiter, ses talents comme poëte, comme écrivain, comme orateur et comme politique. Laissant le passé de côté, nous dirons, quant au présent, qu'il y avait, ce nous semble, pour l'Angleterre, autre chose à faire que ce que le ministère anglais a fait. Nous pensons qu'il pouvait favoriser les libertés publiques dans l'Amérique espagnole, sans exposer en Europe les principes sur lesquels repose la triple monarchie d'Édouard le Saxon, de Guillaume le Normand et de Guillaume le Hollandais. Nous croyons qu'on pouvait ouvrir des débouchés au commerce de la Grande-Bretagne dans le Nouveau-Monde, sans amener la catastrophe industrielle dont l'Angleterre a été et est encore victime; nous croyons qu'on pouvait réformer le système des douanes des trois royaumes sans être obligé de reculer comme on l'a déjà fait, et sans produire une diminution notable dans l'impôt : voir vite et voir loin sont deux choses. Qu'il renaisse en Angleterre des Burke, des Fox et des Sheridan, et nous pensons qu'une telle opposition aurait bientôt trouvé le côté faible du nouveau système.

Mais cela n'est pas notre affaire. Le public français se contente de demander dans quel dessein le très-honorable ministre anglais est venu à Paris. Dans notre opinion, il n'est venu dans aucun dessein particulier : il regarde autour de lui, il profite de son voyage pour voir où nous en sommes dans ce pays, pour se faire une idée des partis et des opinions, de ce qu'il y a à craindre ou à espérer de la France, pour étudier la capacité, les talents et le caractère des personnages en pouvoir. Sous tous ces rapports, il doit être content. On lui dit tous les jours que nos hommes d'État resteront éternellement en place; que peut-il désirer de mieux ? Si c'est là notre secret, si le ministre d'une puissance peu amie emporte ce secret, le voilà certes bien à l'aise, ce ministre, pour se conduire en Europe comme il voudra, sans s'embarrasser de la France.

Mais ne fait-on rien autre chose dans l'intérieur des cabinets? Si l'on savait à quoi se réduisent les mystères de la diplomatie, on s'en soucierait moins, et souvent on en rirait. On cause vraisemblablement, dans les rencontres fortuites ou préparées, de toutes sortes de choses ; beaucoup moins du Portugal qu'on ne le pense; un peu plus de l'Espagne, afin de l'amener, si faire se pouvait, à reconnaître l'indépendance de ses colonies, vieux plan qui depuis trois ans traîne dans toutes les chancelleries de l'Europe. On parle peut-être davantage de la Russie, et surtout à cause des coups de canon qu'elle vient de tirer. Qui sait où porte un boulet lancé par une puissance qui compte une armée de sept cent mille hommes? Peut-être, forcé par le cri des peuples, s'occupe-t-on de la pacification de la Grèce : c'est encore, peut-être, quelque vieux plan d'*hospodarat*, qui se changerait selon l'occasion en *protectorat*. On laisserait la Russie occuper (si la Turquie ne l'a pas déjà satisfaite) la Valachie et la Moldavie; l'Angleterre *protégerait* la Grèce : et nous, nous écririons peut-être des dépêches pour offrir nos bons services à tout le monde, sans demander un village ou une obole. Verrait-on jamais rien de plus désintéressé, de plus bénin, de meilleur pour la sûreté de la France, s'il y avait quelque vérité dans tous ces *on dit?*

Mais avons-nous besoin de quelque chose, et n'avons-nous pas nos 3 pour cent pour les présenter à nos amis et à nos ennemis? En faut-il davantage à la gloire de M. le président du conseil et à la nôtre ? Voyez monter ces 3 pour cent que l'on disait frappés de réprobation : ils sont déjà, après un an de sueurs et de travaux, à 68 ; il ne reste plus que 7 à gagner pour arriver à 75, hausse qui ne profiterait pas aux pauvres premiers convertis qui se sont dépêchés de revendre dans la descente à 60. Mais n'est-il pas certain que si, pendant quelques années, on sacrifie encore la caisse d'amortissement aux 3 pour cent, et que le syndicat et les banquiers cosmopolites continuent à les remorquer, il faudra que ces 3 pour cent, bon gré, mal gré, soient amortis, et que la dernière inscription de cette rente soit nécessairement achetée, à la volonté du vendeur, à 100 et au-dessus par la caisse d'amortissement ? Alors, qui pourra nier que les 3 pour cent se soient élevés par le *crédit public* au pair du 5 ? Oh ! la belle opération ! 80 millions sacrifiés pendant plusieurs années à l'amortissement de 20 millions de rentes en 3 pour cent ! Quel génie il a fallu pour enfanter cette œuvre financière !

Et le milliard des émigrés, que devient-il ? Si l'on prenait une moyenne proportionnelle entre les sommes réclamées et les sommes à réclamer, les demandes pourraient s'élever de 12 à 1,500 millions; et l'on a tout juste un milliard à donner en *principe*.

Ce milliard en *théorie*, étant en 3 pour cent en *pratique*, et ces 3 pour cent de l'émigré ne se vendant pas au-dessus et peut-être se brocantant au-dessous de 60, le milliard se trouve réduit à 450 millions, sur lesquels il faut défalquer les fonds de réserve : somme totale, 400 ou 450 millions; et il faudrait peut-être, pour un acquittement tolérable, une somme d'un milliard 500 millions. Oh ! la belle opération ! quel succès ! quel génie !

Et l'indemnité de Saint-Domingue? 30 millions reçus sur 150 à recevoir, reste 120 millions que vraisemblablement on ne touchera pas si tôt. Oh ! la belle opération ! quel succès ! quel génie ! Tout cela ne fait rien à M. le président du conseil ; et s'il meurt jamais politiquement, il compte expirer sur un monceau de boules blanches, comme Vert-Vert sur un tas de dragées.

D'ailleurs, détracteurs que nous sommes, rivaux mordus du serpent de l'envie, ne devons-nous pas voir la prospérité dans la plus-value de l'impôt? Qu'avons-nous à répondre?

Rien du tout, si c'est le ministère qui a fait la terre, l'air, l'eau et le soleil de la France ; si c'est lui qui a fait la Charte, où repose, dans les libertés publiques, un fonds de prospérité que l'on ne peut nous ravir ; si le filon de nos richesses naturelles et industrielles est abondant. Les impôts, qui grâce au temps ne nous manquent pas, exploitent merveilleusement ce filon : reste à savoir s'il est inépuisable. Voulez-vous qu'il y ait encore une plus grande plus-value dans l'impôt, ajoutez une taxe à toutes celles dont nous sommes écrasés, et vous aurez le plaisir de publier à chaque trimestre la preuve de la prospérité de la France : ce jeu-là pourrait réussir quelques mois ; mais après?

Voulez-vous savoir où en est la prospérité produite par les opérations du ministère? Supposez demain l'apparence d'une guerre pour la France, et vous verrez ce que deviendra toute cette machine financière, construite à si grands frais et si déplorablement inventée! Vos fonds tomberont, vos impôts diminueront, et il ne restera que le néant du système financier, où tout est illusion, fantasmagorie, et réelle misère.

La France est dans ce moment tranquille pour des regards qui ne veulent pas plonger au fond des choses, mais il n'y a pas deux hommes qui aillent ensemble; la France paye l'impôt, mais chaque jour la position des propriétaires s'empirera ; la France est mâle et robuste, mais pourtant ses enfants si guerriers sont dégoûtés du service militaire; la France a encore des forteresses, mais elles croulent de toutes parts ; la France pourrait jouer un rôle important en Europe, mais elle suit la politique la moins propre au sentiment de sa force.

Cette France, que des adulateurs à gages veulent voir si paisible, est remplie des éléments de troubles que le ministère y a jetés; elle s'avance vers l'avenir le plus obscur et peut-être le plus orageux : mais elle dort en marchant, et la flatterie et la sottise prennent ce dangereux sommeil pour du repos. Les talents qui consolaient notre belle patrie s'éteignent tour à tour ; quelque chose d'étroit nous étouffe : cet état est trop opposé au tempérament de la France pour qu'il dure longtemps.

Aussi sommes-nous à l'apogée de cette prospérité ministérielle, objet de l'admiration des valets du pouvoir : cette prospérité ne peut plus que descendre. Les élections viendront dans deux ou trois ans; et quand elles ne viendraient pas, nous vieillissons : le temps où nous devons disparaître est proche. Si nous étions jeunes, nous pourrions dire : « Allons toujours comme cela une vingtaine d'années, et puis nous verrons. » Mais, dans deux ou trois ans, nous serons arrivés aux jours de grâce, à ces jours où l'on ne compte plus. Rien de ce qui nous succédera ne suivra notre système : le monde appartiendra à des générations nouvelles.

Ministres, songez-y bien : si vous êtes encore en place ou sur la terre, vous répondrez alors de ce que vous aurez fait ; vous répondrez de la désunion politique que vous avez établie entre les serviteurs du roi, des divisions religieuses commencées sous votre administration, de la corruption que vous avez répandue, des injustices dont on aura eu à se plaindre, et qui ont laissé au fond des cœurs tant d'amertume ; de l'indifférence, plus déplorable encore, que vous aurez fait naître sur des choses d'où dépend la vie de la France monarchique, et enfin du chemin que vous aurez laissé faire aux idées républicaines. Songez-y bien, vous êtes arrivés trop tard au pouvoir pour vous y perpétuer ; vous avez fait un mal immense, car le mal se fait vite, et vous n'avez ni le génie ni le temps de le réparer.

Paris, ce 3 novembre 1826.

On a beaucoup parlé, ces derniers jours, de l'occupation de Lisbonne par nos voisins insulaires. Si cette nouvelle se confirmait, elle mériterait de fixer l'attention publique.

On sait que le gouvernement constitutionnel du Portugal, sous le vieux roi, s'était débarrassé de la protection de la Grande-Bretagne, qu'il avait renvoyé tous les officiers anglais servant dans les troupes portugaises, et aboli les priviléges commerciaux arrachés par un allié puissant à un peuple malheureux. Le parti anglais était réduit à un très-petit nombre de négociants à Porto, à Lisbonne et à Coïmbre. Le parti français, au contraire, était devenu extrêmement populaire dans ces mêmes villes et dans les campagnes, grâce au dévouement et à l'habileté de M. Hyde de Neuville. Tous les corps de l'État et même le clergé inclinaient vers la France. Il ne restait donc plus qu'à nourrir ces sentiments nationaux, de telle sorte que les Anglais ne pussent arriver que *de force* sur les rives du Tage, jamais du *consentement* et par *l'autorité* du gouvernement portugais.

Arriver de force en Portugal n'était pas chose aisée pour la politique du cabinet de Saint-James. L'Europe est inquiète, et l'équilibre continental est dérangé toutes les fois que les Anglais mettent le pied en terre ferme.

Mais arriver en Portugal à la réquisition des autorités de Lisbonne changerait l'état de la question, et mettrait les Anglais fort à l'aise. Ils nous diraient : « Nous occupons le Portugal comme vous occupez l'Espagne, comme l'Autriche occupe le royaume de Naples. Qu'avez-vous à répondre? »

Rien du tout en vérité, sinon qu'une occupation anglaise effectuée sous les yeux de l'armée française, tandis que nous avions tous les moyens politiques, moraux et militaires de prévenir cette occupation, serait une chose sans exemple dans notre histoire, une chose aussi humiliante pour notre diplomatie que déplorable pour la France.

Quand un gouvernement prépare un mouvement militaire, il en avertit ordinairement les autres puissances, ce qui donne lieu à un échange de notes. L'armée anglaise aurait-elle reparu sur le continent? Si cet événement, de la plus sérieuse nature, a eu lieu, en avons-nous été prévenus? M. Canning aurait-il fait entendre *raison* sur ce point à nos ministres bénévoles? Il nous serait impossible de le croire. Mais si nous n'avions été prévenus de rien, et si par hasard les Anglais étaient à Lisbonne, comment nous serions-nous ainsi laissé surprendre? Ici, on se trouverait nécessairement placé entre la faiblesse et l'incurie.

Si le Portugal était occupé, le ministère français serait responsable en notre pays d'avoir laissé les Anglais aborder au continent, et d'autant plus responsable que nous avions une armée aux avant-postes.

Mais aurait-il donc fallu faire la guerre à l'Angleterre, pour l'empêcher de mettre garnison dans Lisbonne?

C'est déplacer la question : il fallait se conduire avec assez d'habileté à Lisbonne pour qu'on n'y désirât pas les troupes de la Grande-Bretagne, ou pour qu'on y préférât, en cas de besoin, notre protection à celle de l'Angleterre.

Voyez un peu ce qui résulterait pour la France de l'occupation du Portugal par les Anglais.

S'il arrivait, par une raison ou par une autre, que nous fussions obligés d'évacuer l'Espagne, pourrions-nous le faire tant que les Anglais tiendraient le Portugal? L'honneur français ne pousserait-il pas un cri d'indignation si nos troupes sortaient de Barcelone, de Cadix, de Madrid, tandis que les troupes anglaises resteraient à Lisbonne? Car enfin ce n'est certainement pas pour remettre le Portugal au nombre des colonies anglaises que M. le dauphin a remporté ses généreuses victoires.

D'un autre côté, le cas de l'occupation de Lisbonne par les Anglais échéant, pourrions-nous demeurer en Espagne avec une armée aussi faible que celle que nous y avons aujourd'hui? La plus simple prévoyance ne nous obligerait-elle pas de renforcer nos garnisons, et même de les porter sur la frontière de la Galice, de Zamora et de l'Estramadure? Mais si nous renforcions ces garnisons, les cours étrangères n'en prendraient-elles pas ombrage? N'augmenterions-nous pas en même temps les frais déjà si considérables de notre occupation militaire? Complication d'embarras de toutes parts.

Raisonnons maintenant dans une autre hypothèse. Supposerons-nous que les deux gouvernements français et anglais se soient entendus, qu'ils se soient dit : « Nous occuperons respectivement le Portugal et l'Espagne; nous évacuerons ces deux royaumes quand cela nous conviendra, d'un commun accord, ensemble, et le même jour? »

Qui serait la dupe dans cette convention? Bien évidemment la France. L'Angleterre, déjà maîtresse au Brésil, doit désirer l'être encore en Portugal, où elle trouvera moyen de faire payer ses troupes, et de se dédommager de ses *soins* par des avantages commerciaux. Nous, nous n'avons qu'à perdre à rester en Espagne.

Ainsi l'Angleterre nous forcerait, par une convention en apparence équitable, à évacuer l'Espagne ou à rester, à sa volonté?

A l'évacuer, en nous déclarant qu'elle va sortir du Portugal, peut-être au moment même où il nous conviendrait de demeurer en Espagne;

A y rester, en nous notifiant qu'elle veut prolonger le séjour de ses troupes en Portugal.

Dans ce dernier cas, elle obtiendrait un double avantage : elle affaiblirait notre armée sur nos frontières du nord, en retenant une partie de nos troupes en Espagne; et elle nous obligerait à continuer nos sacrifices d'argent : car, encore une fois, si les Anglais restaient à Lisbonne, il n'y aurait aucun moyen sûr et honorable pour nous d'évacuer l'Espagne.

Bien d'autres inconvénients résulteraient de l'occupation du Portugal par l'Angleterre. Le cabinet de Saint-James pourrait prendre sur le cabinet de Madrid, par ce voisinage, une influence que nous avons achetée assez cher pour désirer la conserver. Ce même voisinage pourrait susciter des troubles sur les frontières espagnoles; ces troubles pourraient exiger la présence des troupes de George IV. Quel parti prendrions-nous alors? Laisserions-nous faire la police par des patrouilles anglaises dans un pays où les soldats du roi de France veillent à la sûreté d'un petit-fils de Louis XIV?

Nous espérons encore que les Anglais ne règnent pas à Lisbonne; nous espérons que, s'ils ont paru dans cette ville, ils n'auront agi fortuitement que pour rétablir l'ordre, et qu'ils se seront bientôt retirés; nous espérons surtout que l'on s'empressera de donner à la France les éclaircissements qu'elle a le droit d'attendre. Cette affaire du Portugal est très-obscure; on la glisse dans les feuilles ministérielles en passant comme une chose qui ne vaut pas la peine qu'on s'en occupe, et pourtant elle est d'une importance majeure.

Les troupes anglaises ont-elles de nouveau, oui ou non, débarqué sur le continent? sont-elles, oui ou non, en Portugal?

Et qu'on ne vienne pas nous dire que quelques soldats de marine ont seulement descendu de leur vaisseau. *Un seul* soldat anglais stationné sur les bords du Tage résout la question comme *mille* soldats : il n'y a pas loin, pour la marine anglaise, de Corck ou de Gibraltar à Lisbonne.

Perdons notre argent au 3 pour cent, si telle est notre folie ; mais ne jouons jamais avec l'honneur de la France. Que malheureusement la nouvelle de l'occupation du Portugal par les Anglais se trouve vraie, et ce sera une preuve de plus de l'impuissance, de l'incapacité de ces ministres trop étrangers à la prospérité et à la gloire de leur patrie.

Paris, ce 18 octobre 1826.

La politique ministérielle a agi avec tant d'habileté, qu'elle a fini par rappeler sur le continent européen la puissance anglaise ; faute énorme qui annule ce qui pouvait faire, dans les traités de Vienne et de Paris, une espèce de contre-poids aux préjudices causés à la France par ces traités ; faute que les puissances continentales ne cesseront désormais de reprocher à la déplorable administration qui désole la France. Sans doute il ne faudrait pas écouter ces puissances dans tout ce qui pourrait nuire à la liberté ou à l'honneur de notre pays ; mais ce serait une insigne folie de nous croire isolés sur le continent, et de nous placer de sorte que la politique insulaire et la politique continentale eussent également à se plaindre de nous : ne marchons ni derrière M. Canning, ni derrière M. de Metternich.

Nous demandions s'il était possible pour nous de rester avec si peu de force en Espagne, tandis que l'Angleterre va occuper le sol et les ports du Portugal avec ses troupes et ses vaisseaux. Cinq mille Anglais vont d'abord descendre à Lisbonne ; parmi ces troupes se trouvent des régiments de l'infanterie de la garde de George IV et des corps de cavalerie, ce qui n'annonce pas le projet d'une occupation stationnaire et de peu d'importance. Peut-on jamais prévoir les cas fortuits d'un mouvement militaire dans les événements d'une guerre civile ? Tout en désirant la paix, ne peut-on pas dire, comme M. Canning vient de le dire, qu'il y a deux positions où l'on est toujours obligé de recourir aux armes, savoir : quand l'honneur national et la foi publique sont compromis ? Si nous n'avions pas de troupes en Espagne, l'occupation du Portugal par les Anglais serait fâcheuse, sans être d'un danger immédiat ; mais la présence du drapeau blanc dans la Péninsule complique la question, et préoccupe tous les esprits.

C'est pourtant dans ce moment qu'on paraît diminuer l'actif de notre armée : des Prussiens occupent, assure-t-on, des villages en France; nos places frontières tombent en ruines : mais aujourd'hui bornons-nous à l'Espagne.

On ne peut nier que le mouvement des Portugais réfugiés n'ait eu pour lui l'assentiment du parti que nos armes ont fait triompher en Espagne. Ces masses si ingouvernables, et qui suivent les impulsions de ceux qui les dirigent sans obéir à l'autorité légale, ont les Anglais en horreur ; le gouvernement espagnol n'a pas plus de penchant pour cette nation, et la reconnaissance des républiques espagnoles par la Grande-Bretagne est une plaie récente et vive dans le sein de tout Espagnol, quelles que soient la classe et l'opinion auxquelles il appartient.

Maintenant que l'Angleterre nous déclare ouvertement son allié, et qu'elle nous félicite d'avoir fait, d'accord avec elle, tout ce que nous avons pu faire pour empêcher l'invasion du marquis de Chaves, de quel œil allons-nous être vus en Espagne? Si une guerre s'engageait, non entre nous et l'Angleterre, mais entre l'Espagne et le Portugal ; si les Anglais, pour mieux assurer la paix intérieure du Portugal, mettaient garnison dans les places frontières de l'Espagne, dans quelle position nous trouverions-nous?

Nous sommes les alliés de l'Angleterre; mais nous le sommes aussi de l'Espagne : si les Anglais entraient en Espagne, nos soldats tireraient-ils sur les Espagnols ou sur les Anglais, ou bien regarderaient-ils, l'arme au bras, derrière les remparts, les combats de leurs doubles alliés? Le marquis de Lansdown et lord Holland ont demandé dans la Chambre des pairs de quelle nature était notre *coopération*, et si, lorsque nous pouvions agir, nous nous sommes contentés de parler : les troupes anglaises feraient-elles les mêmes interpellations aux nôtres sur le champ de bataille; les Espagnols, de leur côté, ne nous sommeraient-ils pas de venir à leur secours?

Mais, dit-on, il n'y aura pas de guerre entre le Portugal et l'Espagne : ces dangers sont donc imaginaires. Dieu le veuille! Dieu fasse qu'on puisse compter sur quelque chose avec les passions de ces peuples du Midi, qui trompent tous les calculs de la raison! Mais, nous le répétons, comment serons-nous vus maintenant du peuple espagnol? Nos faibles garnisons ne seront-elles point insultées? Nos soldats seront-ils obligés de faire feu sur les sujets d'un roi, d'un Bourbon qu'ils sont venus délivrer, ou de supporter les insultes d'une populace fanatique?

La prévoyance la plus commune nous oblige donc à augmenter le nombre de nos troupes en Espagne, ou à évacuer ce pays.

Si nous renforçons nos garnisons, nous nous exposons aux représentations les plus vives, et à une augmentation de dépenses militaires; si nous retirons nos troupes, laisserons-nous donc le Portugal aux mains des Anglais? L'arrivée des gardes du roi d'Angleterre à Lisbonne sera-t-elle le signal de la retraite des gardes du roi de France à Madrid? Les victoires de M. le dauphin auraient-elles pour résultat définitif le rappel des Anglais sur le continent, et l'occupation du Portugal par cette nation? L'honneur ne permet plus à notre ministère d'évacuer l'Espagne; la sûreté ne nous permet plus d'y rester aussi faibles : notre double politique nous met aux prises avec les Anglais et les Espagnols, et cette impossibilité de notre ministère de prendre un parti sur quoi que ce soit nous crée partout des ennemis.

Quand on apprendrait demain que l'insurrection portugaise est apaisée, que le marquis de Chaves est battu, ou que les Anglais, descendus à Lisbonne, ont empêché l'occupation de cette capitale par les ennemis de la régence, notre position n'en serait pas beaucoup meilleure : les Anglais resteront désormais en Portugal; et tant qu'ils y resteront, pouvons-nous honorablement sortir d'Espagne?

Notre rôle dans tout cela sera toujours misérable, et la France ne se trouve point placée au rang qu'elle doit occuper. Il est remarquable que M. Canning dans son discours n'a pas même fait un compliment à la France; notre alliance méritait cependant bien un petit mot d'encouragement. M. le ministre des finances n'a pas osé lui-même avouer franchement l'Angleterre, et dans le discours de la couronne il a fait dire seulement à la couronne : « D'accord avec nos *alliés*. » Cette petite précaution diplomatique aura été peu agréable à l'Angleterre, qui a si hautement avoué le roi de France; et il est probable que cette précaution n'aura pas eu beaucoup de succès auprès de MM. les ambassadeurs résidants à Paris.

Il est certain que la tendance de tous les gouvernements en Europe est vers la paix : le caractère des monarques et des ministres, la lassitude des peuples, le délabrement des finances en tous les pays, expliquent assez cette tendance générale; mais ce serait s'abuser que de croire que rien ne peut détruire ce penchant à la paix, surtout si l'Angleterre continuait à voir l'Espagne au fond des affaires du Portugal.

Aurions-nous pu, à une certaine époque, prévenir les malheurs dont le Portugal est aujourd'hui affligé? Oui, sans doute, nous l'aurions pu, si l'on avait continué à suivre une politique digne à la fois de la grandeur et de la générosité de la France. Que de choses seraient connues, si le gouvernement constitutionnel avait dans nos Chambres législatives l'action qu'il devrait avoir.

M. le président du conseil pense-t-il à l'avenir? Croit-il maintenant au péril de sa politique? Oui; mais seulement pour le 3 pour cent. Il aura été mille fois plus occupé d'une dépression d'agiotage de cinquante sous que des atteintes qui pourraient être portées à la dignité de son pays. Toutes ses sollicitudes sont pour la Bourse. L'alarme est au camp, mais seulement dans l'intérêt des banquiers, du syndicat, des joueurs à la hausse et à la baisse : pas une idée au delà. Les fonds ont descendu ; qu'ils remontent vite, tout sera sauvé ! Qu'importe la gloire de la France exposée dans la Péninsule ! Qu'importe la liberté de la France menacée par une loi sur la presse ! Le 3 pour cent va-t-il bien ? A l'aide d'un amortissement de 80 millions, à l'aide du syndicat, à l'aide des prêts sur dépôts de rentes, et des efforts de la compagnie financière, 20 millions de rentes 3 pour cent à 75 sont à 67 : victoire ! tout prospère, tout est à l'abri, gloire, honneur, liberté !

On a parlé de division dans le conseil : peu importe. La France ne s'embarrasse guère des querelles de la petite famille. Elle voudrait être libre, glorieuse, paisible : tôt ou tard elle le sera, quand son excellent monarque, instruit par la voix publique et les humbles doléances de ses peuples, aura secoué son manteau royal, et appelé d'autres mains au soutien de la couronne.

FIN DE LA POLÉMIQUE.

TABLE DES MATIÈRES

POLEMIQUE.

	Pages.
Préface.	1
Paris, 22 octobre 1818. — De la situation des royalistes et de la marche du gouvernement	3
29 octobre. — Du principe de l'indépendance des élections.	12
2 novembre. — Des procès politiques de MM. Canuel, Songis, de Romilly, de Chauvigny, Blot, de Chapdelaine et Joannis.	15
17 novembre. — De la censure	17
30 novembre. — Des événements intérieurs.	18
3 décembre. — Des événements intérieurs	21
5 décembre. — De la dislocation du ministère.	29
22 décembre. — De l'ouverture de la session	32
28 décembre. — Des comités d'électeurs.	35
8 janvier 1819. — Revue politique.	37
18 janvier. — De la correspondance privée	42
21 janvier. — De la commémoration de la mort de Louis XVI.	51
17 février. — De la police générale du royaume.	58
1er mars. — De la proposition de M. Barthélemy, relative au vote électoral.	65
3 mai. — Sur le mont Valérien.	70
12 mai. — De la proscription royaliste.	77
25 mai. — De la polémique.	86
1er juin. — Des hommes d'État.	89
13 juin. — Des finances.	91
29 juin. — Sur la législature.	97
2 juillet. — De la partialité du ministère	102
7 août. — De l'esprit public	108
13 août. — Des fautes du ministère.	117
31 août. — Des fraudes électorales.	129
21 septembre. — Des intrigues politiques et littéraires	130
15 octobre. — Des entraves de la presse.	135
30 novembre. — De la variété des systèmes politiques.	141
14 janvier 1820. — De la nouvelle dictature ministérielle.	146
20 janvier. — De l'administration	150
18 février. — De la mort du duc de Berry.	153
3 mars. — Des lois d'exception.	154
21 juin 1824. — Des journaux.	158
28 juin. — Du procès de *la Quotidienne*	159
5 juillet. — De la rédaction actuelle des lois.	146

	Pages.
29 juin 1825. — Du sacre de Charles X.	172
13 juillet. — Des 3 pour cent.	174
29 juillet. — De la liberté de penser et d'écrire.	177
8 août. — De la conversion des rentes.	181
14 août. — De la mission de M. de Mackau.	191
16 août. — Sur l'ordonnance royale sur Saint-Domingue.	197
25 août. — De la fête de la Saint-Louis.	202
4 septembre. — De la mort de Bessières	204
17 septembre. — Du crédit public	209
6 octobre. — Reproches aux ministres.	211
17 octobre. — De l'isolement du ministère de toutes les opinions.	214
23 octobre. — De la cause des Hellènes.	218
24 octobre. — Du discours d'adieux du président des États-Unis au général Lafayette.	220
28 octobre. — Des républiques d'Amérique et de France	229
3 novembre. — De la Saint-Charles.	233
7 décembre. — Sur les affaires de la Morée.	235
31 décembre. — Revue de l'année.	240
11 janvier 1826. — Des événements de Saint-Pétersbourg.	242
19 juillet. — De la clôture de la session de la Chambre des pairs.	245
11 octobre. — Des négociations relatives à la Grèce.	251
20 octobre. — Du séjour de M. Canning à Paris	252
3 novembre. — De l'occupation de Lisbonne par les Anglais.	256
18 octobre 1826. — Sur la politique ministérielle.	259

FIN DE LA TABLE DE LA POLÉMIQUE.

Lagny. — Typographie de Vialat.

EN VENTE CHEZ LES MÊMES ÉDITEURS

Œuvres de M. de Chateaubriand, ancienne édition, 16 vol. grand in-8°, illustrés de 64 gravures sur acier.

Œuvres de Buffon, 10 demi-vol. in-8°, 100 gravures sur acier coloriées à la main, et le portrait de l'auteur.

Histoire de France, 6 beaux vol., 34 gravures.

Histoire de Paris depuis les premiers temps historiques, par J.-A. Dulaure, continuée jusqu'à nos jours par C. Leynadier, 8 vol., 150 gravures dont 50 coloriées à la main.

Histoire maritime de France, par M. Léon Guérin, historien titulaire de la marine, 8 vol. grand in-8°, 50 gravures sur acier ou plans.
Les quatre derniers volumes, qui comprennent les événements maritimes depuis 1789 jusqu'en 1857, se vendent à part.

Les Héros du Christianisme à travers les Ages, magnifique ouvrage illustré de 48 splendides gravures sur acier, 4 parties de 2 vol. chaque.

Histoire de Napoléon III et de la Dynastie napoléonienne, par Paul Lacroix (Bibliophile Jacob), 4 vol. illustrés de 40 gravures inédites sur acier.

La Collection de l'Écho des Feuilletons, 17 vol., 480 gravures sur acier, et 540 gravures sur bois.

Louis XIV et son siècle, par A. Dumas, 60 gravures, 240 vignettes, 2 vol. grand in-8°.

Histoire de Louis XVI et de Marie-Antoinette, par A. Dumas, 3 vol., 40 gravures.

Monte-Cristo, par A. Dumas, 2 vol. grand in-8°, 30 gravures sur acier.

Les Mousquetaires, par A. Dumas, 1 vol. grand in-8°, 33 gravures.

Vingt ans après, par le même, 1 vol., 37 gravures.

Le Vicomte de Bragelonne, par A. Dumas, 2 très-beaux vol. grand in-8°, 60 gravures.

Mémoires d'un Médecin, par A. Dumas, comprenant : *Joseph Balsamo, le Collier de la Reine, Ange Pitou et la Comtesse de Charny,* 6 volumes divisés en 12 tomes ornés de 200 gravures inédites sur papier teinté chiné.

EN COURS DE PUBLICATION

Histoire de la dernière guerre de Russie, par Léon Guérin, 2 vol. grand in-8° jésus, divisés en 4 tomes, 12 gravures, 4 cartes et plans, le tout inédit et sur acier.

Œuvres de Chateaubriand, nouvelle et riche édition, 20 vol. grand in-8° jésus, ornés de 100 gravures inédites sur acier.

Géographie universelle de Malte-Brun, revue, rectifiée et complétement mise au niveau de l'état actuel des connaissances géographiques, par M. CORTAMBERT, membre et ancien secrétaire général de la Société de Géographie, 8 forts tomes divisés en 16 vol., illustrés de 80 gravures et types coloriés; plus, de 8 cartes inédites.

Nouvelles Œuvres illustrées de A. Dumas, comprenant : *El Salteador, Maître Adam le Calabrais, Aventures de John Davys, un Page du duc de Savoie, les Mohicans de Paris, Salvator le Commissionnaire, Journal de madame Giovanni, les Compagnons de Jéhu, le Capitaine Richard,* etc., etc., etc.

LAGNY. — Imprimerie de VIALAT.

www.ingramcontent.com/pod-product-compliance
Lightning Source LLC
Chambersburg PA
CBHW050633170426
43200CB00008B/994